本书由华东师范大学马克思主义学院资助出版

理论智慧与实践探索丛书

社会主义市场经济的伦理辩护问题

赵修义◎著

上海人民出版社

总 序

本丛书是华东师范大学马克思主义学科几代学人的成果荟萃。丛书之所以名为“理论智慧与实践探索”，是为了把170多年前以《共产党宣言》问世为标志而诞生的马克思主义理论体系，与40多年前以确立“解放思想，开动脑筋，实事求是，团结一致向前看”的指导方针、把全党工作重点转移到社会主义现代化建设上来为标志的改革开放事业，密切结合起来，在当代世界尤其是当代中国的改造世界的实践探索的基础上，推进包括“以马克思主义为对象的研究”和“以马克思主义为指导的研究”两个方面的认识世界的理论活动。

在华东师范大学这样一所综合性研究型大学里，由这双重研究而得到的“理论智慧”，应该不仅体现和提炼西方传统，而且也体现和提炼中国传统；为这种研究提供立足基础的“实践探索”，不仅包括迄今为止的奋斗经历，而且也指向从今往后的前进过程，为中国特色社会主义的理论事业和教育事业，作出应有贡献。

本丛书首批著作出版于2018年，那时正值马克思诞辰200周年、《共产党宣言》发表170周年，以及改革开放40周年。三年之后，我们迎来了中国共产党百年华诞；学校相关同事们在这样的时刻推出丛书第二批著作，我想一定是以此向建党百年献礼，以展示学校在马克思主义理论教学和科研方面薪火相传的实力和前景的方式，以展示各相关学科教师在马克思主义立场观点方法指导下用好本学科资源加强马克思主义学科建设的努力和成果的方式，献上来自70年前建立的新中国第一所社会主义师范大学的一份特殊厚礼。

童世骏

2021年3月29日

目　录

第三篇　市场经济的道德要求与道德难题

第四篇　对自由主义经济思想史的哲学分析

第五篇　西方经济危机的反思

前　言

本书所汇集的文稿，围绕的主题是“社会主义市场经济体制的伦理辩护问题”。

这里所说的“伦理辩护”，通俗地说，就是从道义上辨明其正当性和合理性。也就是从伦理观、价值观上辨明社会主义市场经济体制的合理性、可行性和正当性。价值领域是人的需要、目的同合乎理想的可能世界的结合。如果说，事实的领域涉及“是什么”，那么价值的领域、伦理的领域涉及的则是“什么是合乎理想的”“正当的”“应当或值得追求的”。就经济体制来说，一方面人们要认识它的事实存在及其运行机制，另一方面又总要从价值上辨明它是不是值得追求的、合乎理想的。

从历史上看，任何一种新的经济体制都要求有伦理上的、价值观上的辩护，只有从伦理上得到辩护的经济体制，才能建立起一条道德的纽带，把从事经济活动的人联结起来，使他们赞同这种新经济体制的合理性，从而自愿地遵循其运行规则。如果得不到价值观、伦理观上的辩护，它的规则就无法为人们所接受，新制度便难以建立，其规则也不可能得到遵循。

1992年邓小平南方谈话之后，中央提出了“在本世纪末初步建成社会主义市场经济体制”的历史任务，开启了新的历史征程，这是史无前例的创举。历史上有与资本主义基本制度相结合的市场经济的先例可以援引，也有社会主义计划经济的现成模式。二者在不同国家和不同时代都曾从伦理上得到过辩护。我们现在面对的是一个全新的未曾见过的可能世界。从现实生活的观察中可以发现，人们往往容易从各自不同的利益和自觉不自觉地接受的各不相同的价值观念出发，对其道义上的正当性，作出不同的评价。有的从计划经济的观念出发，质疑社会主义市场经济的道义上的正当性；有的则相反，自觉不自觉地用西方传统的价值观念来对待它，要求照搬自由放任的市场经济模式（即所谓“自调节市场”），不承认与社会主义基本制度相结合的、由国家宏观调控的社会主义市场经济体制在道义上的正当性,甚至主张抛弃社会主义的价值目标。这种情况固然是历史转折关头难以避免的,但它事实上影响着并已经影响了为建立社会主义市场经济体制而采取的许多改革措施的贯彻执行。

此外,笔者从自己的经历中,体悟到这是一个实实在在的问题,不仅与大政方针有关,而且涉及黎民百姓。少年时代,农村里高唱"地主得是农民,到底啥恁(人)养活啥恁(人)"。全社会都来学习社会发展史,学习恩格斯的《劳动在从猿到人中的作用》。著名学者沈志远先生亲自给我们这些初中生讲授社会发展史;回头去看,就是为土地改革和即将来临的生产资料所有制的社会主义改造所作的舆论准备的;而政府大力表彰劳动模范,兴建工人新村、工人俱乐部、工人疗养院等等实实在在的举措,将这种辩护在现实生活中具体地体现出来。于是,社会上响起了劳动光荣的强音,人们以做一个自食其力的劳动者为荣。中学生毕业之时踊跃报名参加市政建设;报考大学的,也把各自理解的社会最需要的专业作为自己的志愿。我的同班同学,有的选择了地质学院这个最艰苦的专业,还有好几位女同学选择了农学、畜牧学。一些作家关闭了自家办的出版社,家父和老舍先生议定尽早结束俩人合办的出版公司。进入国营出版社的那天,高高兴兴地穿上了特地新置的中山装。这就是 1950 年代的社会风貌。它为所有制的社会主义改造,从价值观上创造了条件。

西方近代从自然经济向市场经济的转变,也经历了一场持续几个世纪的伦理辩护。我们甚至可以说,市场经济的伦理辩护实际上是西方近代伦理学说和经济学说的中心议题。英国著名经济学家罗宾逊夫人,在概括西方经济学说史时写道:"任何一种经济制度都需要一套规则,需要一套意识形态来为它们辩护,并且需要一种个人的良知促使他们去努力实行这些规则。"这一结论可视为反映了发达国家发展市场经济的一般规律的一条基本经验,值得我们借鉴。它从一个侧面启示我们,在着手建立社会主义市场经济体制的时候,必须进行有力的伦理辩护。

1949 年之后中国所建立的经济体制,仿效苏联,是一个全盘计划经济的经济体制,许多人已经在这种体制下生活了几十年。不仅如此,这种体制还被视为体现了区别于资本主义的社会主义经济体制的本质特征,是社会主义的优越性所在。由于从 20 世纪 50 年代起,就一直向干部和民众灌输这样的观念;因此,要转向社会主义市场经济必须有一场新思想解放运动。而其焦点,就是辨明它为什么是值得追求的?这就是 90 年代初,中国舆论场不可回避的问题。

笔者在 1993 年发表了《社会主义市场经济的伦理辩护问题》一文,就是想提出问题,求教于方家。引起了各方面的关注。被选入第三届“建设有中国特色社会主义理论讨论会”,次年入选中宣部“五个一工程”。不知何故,入选之时,文章的标题,删去了“问题”二字。

可文章所论,也仅仅是提出了有待澄明的问题而已。这个问题,文章用“社会主义市场经济的价值目标”作概括,大致可以归纳为三类。一是效率论,也就是邓小平南方谈话中提出的三个有利于——“是否有利于发展社会主义社会的生产力,是否有利于增强社会主义国家的综合国力,是否有利于提高人民的生活水平”。二是公正(公平正义)观,它需要回答的是,社会主义市场经济体制在何种意义上体现了公正原则,如何在不同的发展阶段把公正原则落到实处。三是精神文明的问题。究竟市场经济能否带来道德的进步和文明程度的提升?又带来了哪些道德难题?这一问题,其实是社会各界最为担忧的所在。本书的第二第三篇集中讨论了这些问题。

本人在改革开放之后,主要从事现当代西方哲学和思想史的研究。这一学科背景,使得我在思考这些现实问题的时候,经常借鉴西方市场经济勃兴和演进过程中围绕为市场经济作辩护的各种学说的经验教训。本书的第四篇,汇集的就是这一方面的论述。

有鉴于从 90 年代开始,经济学在中国成为显学,而其主流则是新自由主义的经济思想。这一潮流,一方面以“经济学帝国主义”自诩,声称自由主义经济学的基本假设——“经济人”假说,不仅不够解释所有的经济现象,可以解释人类社会的各种问题,甚至可以解释动物的行为;另一方面则强调经济学是价值中立的实证科学,没有任何哲学和伦理学的预设,所以哲学与伦理学无权置喙。如果,这一主张得以成立,那么前面所讨论的问题都无法成立。有鉴于此,本书将“哲学、伦理学与经济学的关系”置于卷首。

第四篇和第五篇分别从学说史和经济史的角度对西方的市场经济及其无可避免的经济危机作出学理性的反思。

以上,便是本书的主要内容。

第一篇

哲学、伦理学与经济学的关系

市场经济、经济学与伦理学*

当今中国社会正在向社会主义市场经济转变,以道德价值为对象的伦理学如何有所作为,成为一大问题。有些论者以为,市场经济的形成和发展主要依赖于经济活动主体(个人或企业法人)追逐利润的活动,因此只有人欲横流,才能繁荣经济,而讲究道德价值的伦理学似难以有所作为。然而,倘若我们翻阅一下西方市场经济演变的历史,就不难发现,市场经济与相应的经济学说是相辅相成的,而经济学同伦理学又共结姻缘,互相提携。这里,我们将西方市场经济演变过程中经济学和伦理学的关系作一粗略的历史考察,以资借鉴,并为探索我国伦理学在社会主义市场经济条件下的地位及如何作为提供一点启示。

西方市场经济的演变:经济学与伦理学

西方的市场经济最初是自发地产生的。后来,经济学兴起,各种经济学说竞相争鸣,而其主流常常对经济活动的运行产生巨大的影响。伦理学不但反映经济生活的变迁,而且也对经济学说并以经济学说为中介对经济活动发生直接或间接的影响。市场经济、经济学说和伦理学,三者交相作用,构成了一幅共变的图景。

大体上说,自英国古典经济学兴起以来,这种演变经历了三个阶段。以亚当·斯密为代表的古典经济学,主张建立放任自由的市场经济,强调经济活动的内在动力是个人的利欲冲动。在这个阶段,伦理学的主流是为个人的利己的利欲冲动的合理性作理论上的辩护,从而为市场经济的合理性作辩护。像

---

* 本文原载《学术月刊》1994 年第 2 期。

曼德维尔的"私恶即公益"、法国启蒙思想家的"合理的利己主义"、边沁的"道德算术"等,都是如此。即使加尔文派的新教伦理也在禁欲主义的框架之内承认了世俗的谋利活动的合理性。此外,伦理学还对市场运作必需的社会条件(社会和平、法治)和规则(等价交换、信守契约)作了独自的辩护,并在此基础上讨论了市场经济向个人行为提出的道德要求。经济学同伦理学的联姻,在英国表现得最为突出。正像马克思指出的,英国功利主义的伦理学说同政治经济学是结合在一起的。

19世纪末及20世纪的前三十年,经济学界用"边际效用"论代替了古典经济学的劳动价值论,把放任自由的市场经济学说推到了一个新的阶段。特别是"帕累托佳境"的提出,描绘了一个在完全竞争、无外部性等条件下,市场制度将自动地使社会资源有效地达到最佳配置的完美境界。这一境界不但展现为一个经济上配置最佳的理想世界,而且在道德上是一个守信、公平交易、讲究平等的君子国。

20世纪20年代末、30年代初席卷欧美的经济危机打破了市场万能的幻想,西方经济学界转而主张政府干预。1936年凯恩斯《就业,利息和货币概论》一书的发表,标志着西方经济学说的一大转折,由崇尚自由放任转向崇尚政府干预。与此同时,主张实行中央计划经济,以消除无政府状态和过分的两极分化的种种"社会主义"学说,也开始流行。诺贝尔奖获得者、美国经济学家J.M.布坎南写道:"1957年,反自由社会主义者在学术界处于优势。我指的是那些从意识形态上主张由国家对一切经济事务实行仁爱领导的人(在法语中有个更恰当的词:dirigistes,即统制经济论者)。"①布坎南所说的"社会主义"并不是单指苏联所实行的全盘计划经济,而是泛指一切认为市场失灵而诉诸政府干预的"统制经济论"的学说。这种学说确实不但在学术界占优势,在许多国家被付诸实施,而且本身就是一种伦理思想。

进入60年代后,随着政府干预的局限性的日渐显露,"统制经济论"的优势逐渐消失。经济学界转而揭示政府干预的缺陷和局限性,要求重返亚当·斯密的古典经济学传统,出现了重视市场机制的新自由主义。同时出现了"公

---

① [美]布坎南:《自由、市场与国家》,上海三联书店1989年版,第15页。

共选择理论”,对政府干预的方式、限度和道德上的合理性作出分析,并要求对政治制度进行改革,以期使公共选择的程序、规则、机制能保证决策者在谋求自身利益的同时,使整个社会的福利有所提高,并且使市场机制能使每个谋求私利的行为在客观上起到有利于社会整体的作用。尽管这些学说未必能得到普遍的认同,但它们对经济决策和实际的经济运行的影响都不可忽视。

这三个阶段的演变表明,以市场经济为基础的西方工业化国家,经历了一个由放任自由到政府干预的转变、一个由弱政府到强政府的转变。这是现代市场经济的一个重要特征。各种现代经济学说,都力求对政府干预与市场的关系作出自己的说明,提供对策并加以理论上的论证,其中包括从伦理上来论证它的合理性。而许多伦理学家和社会学家也参与其中,力图从各自的角度,从伦理上来论证自己的经济和政治主张。这里,伦理学和经济学的联姻客观存在,而且相当牢固。

以美国社会学家贝尔为例。他在分析当代经济发展的特点时指出了政府干预的必要性,认为自由放任的市场经济有两个特点:一是生产目的是个人化的;二是获得商品的动机不是满足基本的生活需要(即凯恩斯所谓“绝对需要”),而是漫无限制和无法满足的欲求。而工业化的发展、大城市的兴起又促使人们不断地产生许多必不可少的而又日益增加的共同需要,如军事保护、道路、铁路等等,这些商品和服务是个人无法在市场上买到的,只能由政府来承担。贝尔借用亚里士多德的术语,把这一特殊的经济领域称为“公众家庭”。贝尔认为,自20世纪30年代以来,“公众家庭”的任务在不断扩大,在三个方面尤其突出:一是政府制定规范性的经济政策,采取自觉行动控制整个经济活动的倾向,如用税收和货币政策来引导投资趋向,以政府开支控制经济活动水平,通过拨款、补贴等对收入作再分配。二是承担科学技术发展的费用。政府不但卷入了科技政策的制定,而且发展科技和高等教育的人员和经费直接或间接地也依赖于政府。三是政府承担了制定规范性社会政策(住房、保健、环保等)的义务,以补偿经济和社会不平等带来的损失。这样,“公众家庭现在不仅成为表现共同需要的场所,也成为表现个人欲求的场所”①。于是,政府不但

① [美]贝尔:《资本主义文化矛盾》,读书·生活·新知三联书店1989年版,第262页。

要对经济增长负责,而且要面对大众提出的各种要求,它既要负责再分配,又要对个人的经济欲求加以抑制。这种情况把一系列伦理问题重新提上了日程。

在贝尔看来,无论是"公众家庭"在处理上述问题时伦理价值上的依据,还是对个人行为的道德要求都面临新的问题,其中最突出的,一是首要的社会单位是什么?是个人、中间性群体,还是作为整体的全社会?二是个人自由与平等的关系,包括如何看待条件的平等、手段的平等和后果的平等之间的关系?三是如何实现效率与公正,即经济效率与非经济价值的社会标准之间的平衡?四是如何处理公众与私人之间的关系?贝尔认为必须有一种新的大众哲学去回答这些问题以"抵制和控制那些最为流行的欲望和意见",从而维系社会生活,特别是"公众家庭"的正常而合理的运行。

贝尔提出的这些问题大体上概括了现代市场经济提出的伦理问题。这些问题,既是哲学家、伦理学家如罗尔斯、诺齐克、布坎南等关注的问题,也是经济学家(主要是以"经邦济世"为己任的理论经济学家,即不仅仅为公司服务的经济学家)关注的问题。正是围绕着这些问题,各派思想家展开了激烈的争论,使经济伦理以及以经济伦理为主的经济哲学成为西方学界的热点之一。

市场经济的伦理学辩护

争辩的各方所持论据不尽相同,结论往往又大相径庭,但是围绕的中心是两个相互关联的问题:一是市场经济在道德上的合理性和正当性问题,即市场经济的伦理学辩护;二是市场经济对个人行为的道德要求。我们首先讨论第一个问题。

关于市场经济制度在道德上的合理性和正当性,许多理论家首先从历史发展的一般特征上提出这个问题。贝尔指出:"归根到底,任何社会都是一种道德秩序,它必须证明它的分配原则是合理的(社会学的术语是,给以合法地位);它必须证明自由和强制的兼而并用对于推行和实施它的分配原则来说是必要的,是天经地义的。"只有当一种制度拥有为全社会,至少是为大多数人所接受的行使社会权威的正当性时,才能得到民众的最大支持,由此才能使社会秩序得以维系。社会的经济秩序也必须具有道义上的合理性和正当性，才能维持自身。一旦失去道德的纽带，制度就会发生动摇。

英国著名经济学家罗宾逊夫人也持相同的观点。她在《经济哲学》一书中指出："任何一种经济制度都需要一套规则，需要一种意识形态来为它们辩护（justify），并且需要一种个人的良知促使他努力去实践它们。"①"除非社会成员对如何处理事件的恰当方法有共同的看法，否则，社会将无法存在；而这些共同的看法是通过意识形态来表达的。"②这里所说的"意识形态"，主要是指"提供人们追求的目标"，包括"道德标准"和"政治生活方案"。据此，她断言，经济学作为一门研究经济制度的学说，一方面是作为科学研究的方法，具有实证的内容，另一方面总是"每一时期占主导地位的意识形态的载体"③。正是这种表现意识形态的"道德标准"、价值观念构成了各种经济学说的"前提"和"基本的假设"。《经济哲学》一书的主要内容就是揭示从亚当·斯密的古典经济学到凯恩斯主义所蕴含的作为其前提的伦理价值观念，从而说明了这些经济学说如何从伦理上为各自所设计的市场经济制度作出辩护；同时也就中央计划的社会主义经济制度的伦理学辩护，提出了自己的分析。

作为一个著名经济学家，罗宾逊夫人对这些辩护所持的评价不尽公正，但她所揭示的经济学同伦理学在市场经济发展和演变过程中内在的姻缘关系，却是一个不容否定的事实。

这一事实，从伦理学在西方近现代的演变也可得到佐证。从总体上看，近代西方伦理学说虽然争纷不休，但各派思想家都关注于自由市场经济制度的伦理学辩护。大体上可以把这种辩护分成两类：一类是目的论的或功利论的辩护；另一类是道义论的，或正义论的。

第一类辩护从趋乐避苦是人的本性、追求最大幸福是人的生活目的、最大多数人的最大幸福是最高善，这一伦理原则出发，把社会功利的总量的提高作为应当追求的目标。因此，功利论一般来说都同经济学说中对市场的效率论的辩护联系在一起，而且成为后者的伦理前提。效率论的辩护特点是从经济

① Joan Robison: *Economic Philosophy*, Penguin Books, 1964, p.13.

② Ibid., p.14.

③ Ibid., p.1.

上辨明市场是不是能达到资源的最合理使用并产生最大经济效益的经济制度。帕累托佳境是支持市场具有最大效率的最典型的论证。而曼德维尔的"私恶即公益"的命题,则可视为最先用目的论的伦理原则来说明在市场和分工的条件下可达到社会财富总量的增长,从而开了把目的论的伦理学同对市场经济的效率论辩护结合起来之先河。古典的功利主义把行为的正当性或规则的正当性规定为最大限度的总功利,进而以构成市场的那些经济、社会和法律的规则如何得到普遍的服从,社会总功利就能最大限度地提高为由,证明市场的正当性和合理性。

这种观点的一个显著特征是不考察社会成员之间的差异,而只考察社会功利的总量,财富的最大值。"一美元就是一美元的价值,不必管它分配的后果",这就是它的通俗的表达。从这种观点可以推论,只要一些人的牺牲能极大地增加另一些人的利益,从而最大限度地提高社会的总功利,那么牺牲这部分人的利益就是可以允许的、合理的。因此它在道德上存在着明显的缺陷。有鉴于此,有些目的论者转而用互利原则来为市场辩护,力图证明市场交易对当事人双方是互利的,整个市场体系也是互利的,甚至断言市场比任何其他经济体系更为互利,并以此说明市场在道德上是合理的、正当的。

第二种类型的辩护,把个人的自由、个人的权利和平等、公正等伦理原则作为出发点,而不是以功利式社会福利的总量作为出发点,去辨明市场经济的合理性与正当性。这种辩护肇始于康德。康德在伦理思想史上以道义论或义务论著称。值得注意的是,康德的义务论,不仅体现在"善德"的领域中,而且体现法律或权利的领域中。正是通过对权利的讨论,他提出了市场经济的道义论辩护的基本原则。这一点十分清楚地体现在康德晚年发表的《道德形而上学》一书中。在该书的总导言中,康德称自己所讨论的一般义务体系,包含两种不同的义务,即善德的义务和权利的(即法律上)的义务,并且说明,由于我们唯有通过作为义务的直接命令的道德命令才能认识我们的自由;由于我们是自由的,我们才能产生一切道德法则和由此而来的一切权利和义务;由于权利概念是由道德命令发展而来,所以他把包含权利的义务在内的一般义务体系称为"道德形而上学"。这就表明康德倡导的道德义务论包含了权利的义务在内,它作为一种基本原则可运用于内在的精神生活,也可运用于外在的法权关系，包括体现于法权关系中的经济关系。作为该书上卷的《法的形而上学原理》，在讨论私人权利时，涉及所有权、财产权（包括土地所有权）、转让、货币等一系列经济问题，并指出要使这种所有权得以成立，只有在“法律的状态或文明的社会中，有了公共的立法机关制定的法规才有可能。”在讨论公共权利时，他明确地提出了“社会正义”原则，其中包括“保护的正义，交换的正义和分配的正义”，并且认为，只有贯彻这些原则，才能使每个人有效地得到他应得的权利。在上述三种正义中，康德认为，分配的正义至关重要，因为“无法律状态是指一种没有分配正义的社会，通常称之为自然状态，……与自然状态相对立的是文明状态，因为这种社会是建立在分配正义之上的”①。

尽管康德没有像英国功利主义那样，直接把自己的伦理学说同政治经济学结合在一起，而只是把自己的伦理学说同法学、“权利的科学”联系在一起，但是，通过“权利的科学”他确实为处理市场的经济与法权关系提出了道义论的原则，尤其是“分配正义”的原则。这一原则对目的论的辩护从理论上提出了挑战，而且在后来，尤其在当代为一些伦理学家所采纳，作为他们着手进行市场经济辩护的理论前提。《正义论》的作者罗尔斯就是一个突出的代表。

上述两种类型的辩护，只是理论原则上的差异。从此，可以对市场经济作出支持和反对两种不同态度的辩护。就近代西方伦理思想的主流而言，提供支持的论据是占优势的。它们提供的论据，为相当多的社会成员认可，成为维系自由市场经济的一条道德和精神的纽带。但是，目的论与道义论之间的论战不但展示了各自论据之弱点，而且在一定程度上展示了自由市场经济本身的问题，尤其是它造成的事实上的不平等导致的道义力量的薄弱。于是在各派观点的内部也出现了批评市场的学说，如功利论内部出现了主张平等分配财富的主张。

随着 20 世纪 20 年代末经济危机的深化，市场缺陷的充分暴露，在经济学界，要求政府干预、实现统制经济的呼声日渐强劲，西方市场经济开始向政府干预的现代市场经济转变。这一转变又提出了新的问题，要求重新在伦理上得到辩护。

① [德]康德：《法的形而上学原理》，商务印书馆 1991 年版，第 133 页。

新问题主要有两个。一是政府对经济的干预在道德上的合理性和正当性问题。这一问题涉及政府干预同市场的关系、政治制度的起源、作用及其干预经济的限度,作为"公众家庭"的政府的经济功能的合理性,以及政府经济决策的伦理依据,公共选择程序在伦理上的合理性,等等。二是政府如何合理地满足不同人的要求才具有道德上的正当性。这一问题是第二次世界大战后,政府干预下福利国家形成后逐渐提出的。福利制度的形成,使"公众家庭"不但要负担安全、道路建设等传统任务,而且要负责再分配政策的制定、不得不面对人们对权利的日益增长要求。而权利平等的要求已经越过条件的平等和手段的平等而在一定程度上涉及结果的平等。这种要求在 50 年代之后日益扩大。贝尔在 1978 年写道:过去二十五年间,人们对社会寄予的期望越来越高,出现了一场"争取应享权利的革命"(revolution of rising entitlements),其具体要求是:保障终生受雇,每人有权接受十二至十六年的免费教育,保障每个家庭的最低生活标准,享受日益高涨的卫生保健等等。

围绕这些新的问题,西方伦理学界和经济学界就现代市场经济及其经济立法和经济决策的伦理辩护问题,展开了深入的研究。从理论上看,与效率论相连的功利主义和道义论仍然是两大主流,但是它所涉及的问题已大大扩展。至今仍然是西方伦理学研究的热点。

经济学与哲学的内在联系*

近年来,经济哲学的研究引起了学界的关注。现在的问题是通过什么途径、采用什么方法才能使经济哲学的研究成为一门有明确研究对象、合乎学术规范的学科。以我之见,把握历史上和现实中经济学说与哲学思想之间的关系,是一个重要的、可行的切入点。

从历史上看,经济学和哲学之间是存在着内在联系的。亚当·斯密的古典经济学本来就是从广义的道德哲学中分化出来的。后来整个英国古典经济学与英国的经验论哲学有着密切的关系。正是英国的经验论哲学为古典经济学奠定了哲学的基础。马克思对此有过许多论述。在《剩余价值学说史》中讨论洛克关于劳动的一般观点及利息与地租的起源的观点时,马克思指出:“洛克是同封建社会相对立的资产阶级社会的法权观念的经典表达者;此外,洛克哲学成了以后整个英国政治经济学的一切观念的基础,所以他的观点就更加重要。”①在《资本论》中,马克思考察了近代政治经济学的哲学前提,指出笛卡尔和培根的哲学,尤其是笛卡尔的哲学使经济研究摆脱了古代的神话和迷信。“但一般说来,英国早期的经济学家都把培根和霍布斯当作自己的哲学家,而后来洛克成了英国、法国、意大利的政治经济学的主要的‘哲学家’。”②在《德意志意识形态》中,马克思和恩格斯还考察了近代经济思想和伦理思想之间的互动关系,对洛克、爱尔维修、霍尔巴赫、边沁、穆勒的伦理思想与近代的经济学说之间的关系作了具体的分析,并指出:“我们在穆勒的学说里可以看到,功利论和政治经济学是完全结合在一起了。”③马克思的这些论断也为当代的经济

---

* 本文原载《中国社会科学》1999 年第 2 期。

① 《马克思恩格斯全集》第 26 卷第 1 册,人民出版社 1956—1985 年版,第 393 页。

② 《马克思恩格斯全集》第 23 卷,人民出版社 1956—1985 年版,第 428 页注。

③ 《马克思恩格斯全集》第 3 卷,人民出版社 1956—1985 年版,第 483 页。

思想史研究者所认可。如《经济思想流派》的作者惠特克就认为，霍布斯、洛克和休谟“为古典经济学奠定了哲学基础”①，德国历史学派的经济学则同黑格尔的哲学有着不可分割的联系。

至于马克思的经济学说同他的哲学思想之间的内在联系，更是大家公认的事实。

新古典主义产生以后，西方的主流经济学往往强调经济学是一门纯粹描述性的“实证科学”。这种主张是当时盛行的实证主义哲学思潮影响的产物。为了论证把实证主义的科学观贯彻到经济学领域的合理性和必要性，自19世纪70年代新古典主义的边际主义产生之时起，一些经济学家就围绕着经济学的方法论问题，同历史主义的经济学派展开争论，形成了三次影响较大的争论热潮。在争论中出现了“经济学的哲学”这一概念，提出了“经济学何以成为科学”，甚至提出了“经济学为什么还不是一门科学”②这样尖锐的问题，向主流经济学及其方法论的霸权地位提出了挑战。

在“经济学的哲学”这一概念下对经济学的方法论问题的研究和争论，基本上是在实证主义思潮的范围内进行的，同实证论传统下的科学哲学有着紧密的联系。其特点是强调经济哲学不直接面对世界本身，也不直接面对经济现象和经济生活本身，而是把知识论和科学方法论作为研究的主要对象。这种“经济学的哲学”，事实上就成为广义的科学哲学的一个分支学科。经济学方法论的代表人物往往引用科学哲学中某一学派的观点来作为自己论证的出发点。比如19世纪的经济学方法论的一些代表人物，同当时的实证论哲学就比较接近，强调科学是对事实的观察。凯尔恩斯(J.E.Cairnes)在1875年初版的《政治经济学的特征和逻辑方法》中就认为，政治经济学的前提的基础是“人的本质和世界的可归纳的事实”，诸如“以尽可能小的牺牲取得财富”等经济学的基本前提都是事实，是从观察中得出的③。纳维利·凯恩斯(J.N.Keynes)在1891年发表的《政治经济学的范畴和方法》中，断言经济学必须“以观察开始以

① [英]惠特克：《经济思想流派》，上海人民出版社1974年版，第105页。

② 参见[美]阿尔弗雷德·艾克纳主编：《经济学为什么还不是一门科学》，北京大学出版社1990年版。

③ [英]布劳格：《经济学方法论》，北京大学出版社1990年版，第87页。

观察结束"[①]。他们都把经济学看作一种"价值中立"的事实科学。20世纪的经济学方法论受到逻辑实证主义的可证实性原则的深刻影响,而哈奇森则把卡尔·波普的可证伪性方法论标准作为划分科学与非科学的标准,引入经济学方法论的论争之中。80年代的论争与对逻辑实证主义、证伪主义的科学哲学本身及其在经济学方法论中的表现密切相关。可见,新古典主义兴起之后,在"经济学的哲学"这一框架之内,以科学方法论,尤其是社会科学方法论为重点,形成了哲学与经济学沟通的桥梁。

对新古典主义持批评态度的经济学家,对于实证主义的"价值中立"说提出异议,把事实和价值的关系这一哲学问题引入了经济学的理论论争。其中英国著名的经济学家罗宾逊夫人是一个突出的代表。她在《经济哲学》一书中指出:"任何一种经济制度都需要一套规则,需要一种意识形态来为它们辩护(justify),需要一种个人的良知促使他去实践它们。"[②]"除非社会成员对如何处理事件的恰当方法有共同的看法,否则,社会将无法存在;而这些共同的看法是通过意识形态来表达的。"[③]这里所说的意识形态是指"提供人们追求的目标",其中包括"道德标准"和"政治生活方案"。据此,她断言,经济学作为一门研究经济制度的学说,一方面作为科学研究的方法,具有实证的内容,另一方面总是"每一时期占主导地位的意识形态的载体"[④]。在她看来,正是这些"道德标准"、价值观念构成各种不同的经济学说的"前提"和"基本假设"。这就是说,实证经济学由此出发的许多基本的假设就蕴含着伦理的或价值方面的前提。因此各种经济学说,包括以"价值中立"自诩的经济学派在内,事实上都有哲学的前提蕴含其中,既包括方法论的前提,也包括伦理学的、价值论的和社会哲学的前提。这一思想也为80年代对西方主流经济学提出批评的一些学者所认同,如《现代制度主义经济学宣言》的作者霍奇逊,《经济学的贫困》的作者威尔伯、詹姆森等认为,经济学不是价值中立的,将经济行为同道德标准过分地分离开来,不但是不可能的,而且是有害的。主流经济学本身不但蕴含着

① [英]布劳格:《经济学方法论》,北京大学出版社1990年版,第93页。

② Joan Robinson, *Economic Philosophy*, Penguin Books, 1964, p.13.

③ Ibid., p.14.

④ Ibid., p.1.

一定的伦理假设,而且这些假设本身是成问题的,需要对主流经济学蕴含的经济伦理思想重新作出反思和评价,并且需要提出新的经济伦理。这样,在古典经济学时代已经提出的经济伦理的问题就又一次凸显。

在当代,对于经济学说中蕴含的社会哲学、伦理学的前提的研究,不仅引起经济学家的兴趣,同样也引起哲学家的兴趣,从中引出了经济哲学的许多论题。有些学者指出,不仅科学方法论、伦理学和社会哲学等与经济学说有着内在的关联,甚至像宇宙论这样的哲学学科对经济学说也有深刻的影响。德国学者科斯洛夫斯基认为,西方经济学理论中两种最为典型的经济模型:"新古典主义理论中的普遍平衡的机械论模型"和"奥地利学派的行为间模型",就其历史渊源来说,同霍布斯的机械论的宇宙观,甚至莱布尼茨的预定和谐说是密切相联的①。如果这一分析得以成立,那么哲学中最为古老的学科——本体论和宇宙论也与经济学说有不解之缘。

上述对经济学与哲学之间关系的粗略考察表明,尽管经济学早已成为一门独立的学科,在当代已经发展为一个庞大的学科群,但是经济学同作为世界观和方法论的哲学之间,仍存在着内在的联系。理论经济学的许多基本假设,仍然蕴含着哲学的前提。流派林立的经济学说之间不断发生的理论论争,不仅仅是经济理论的论争,而且往往涉及认识论和方法论的论争,涉及社会哲学、伦理学以至宇宙论上的论争。我们如果不能从哲学和经济学的关系上去把握各种不同流派的经济学说的哲学前提及其在理论上的是非曲直,就很难把握各种经济学说的真实意义。

在经济学与哲学的关系中,还有另一个方面的问题也值得引起重视。这就是,理论经济学不仅被动地受到当时的哲学思潮和价值观念的影响,而且通过它所蕴含的哲学前提、所负载的价值观念也主动地对哲学产生影响。尤其是一些大经济学家就是一身兼二任的。卡尔布隆纳以《世界性的哲学家》为书名来评述一批有世界影响的大经济学家,其中有些经济学家直接地用某种哲学的观点来论证其经济理论,又通过经济理论来阐发其哲学思想。比如哈耶

① 参见[德]科斯洛夫斯基:《资本主义的伦理学》,中国社会科学出版社 1996 年版,第 22—24 页。

克，就是通过认识论的论证来证明其自由主义的经济思想，同时阐发了一系列的社会哲学思想。此外，有的经济学家在论述其经济思想时，实际上已经越出经济学的范围，直接地涉足于哲学和伦理学问题。如新自由主义的经济学家贝克尔不仅把“经济人”的假设推广于说明家庭的经济行为，而且将其作为人性的基本假设，用以说明人类的伦理行为，甚至用以说明动物的行为。对于这些关于人的和社会的普遍性的理论，哲学无疑应当作出自己的判断和回应。

以经济学与哲学的关系为切入点，对于推进哲学自身的研究也有积极的意义。就哲学史的研究而言，以往我们对哲学史尤其是近现代的西方哲学史的研究，往往拘泥于哲学本身的逻辑发展，或者直接地考察其社会历史背景，或者仅仅考察其自然科学的背景，对于哲学如何通过经济学的中介对社会生活发生作用则较少研究。这样对于各种不同的哲学流派和哲学思潮在实际生活和整个社会思潮中的意义，就缺乏深切全面的了解。对于当代哲学中的一些重要的论争，比如普遍主义同共同体主义之间的论争，由于离开了经济哲学的中介，往往也难以理解其社会根源和社会意义。就哲学理论的研究而言，如果我们能够对当代经济学在其方法论和社会哲学、伦理学前提下进行的论争及其所提出的理论问题，进行深入的探讨，作出马克思主义的回答，必将使我们的哲学理论研究更加丰富和深入，更加贴近以和平与发展为主题的当代生活。

经济伦理的研究对象和主要课题*

近年来经济伦理的研究,已经引起学界的重视。如何进一步推进经济伦理的研究,是大家关心的问题。我认为,首先需要明确经济伦理作为一门学科的研究对象和主要的课题。本文拟从历史和现实的结合上作一讨论,就教于学术界同仁。

一

经济学成为一门独立的学科,是近代的事。经济伦理的研究处于经济学和伦理学的交叉处,随经济学的兴起而发生,所以它的课题也是世界历史进入近代时才发生的。这是因为经济生活只是到近代才获得了独立的地位。经济的独立化的过程在伦理上的合理性问题,既是现实生活中经济动机要获得合法地位所必须解决的问题,也是经济学作为一门学科要获得合法地位所必须解决的问题。与此相关的是人们的经济动机在伦理上的正当性问题。

恩格斯在《论未来的联合体》一文中指出:"迄今存在过的联合体,不论是自然地形成的,或者是人为地造成的,实质上都是为经济目的服务的,但是这些目的被意识形态的附带物掩饰和遮盖了。古代的巴力斯、中世纪的城市或行会、封建的土地贵族联盟——这一切都有意识形态的附带目的,它们是奉为神圣的,而在城市望族的血族团体和行会中,则来源于氏族社会的回忆、传统和象征,同古代的巴力斯的情况差不多。"①这就是说,在古代和中世纪,虽然经济生活事实上是社会生活的基础,这些不同类型的共同体都是为经济目的服

---

* 本文原载《复旦学报》(社会科学版)1998年第1期。

① 《马克思恩格斯全集》第21卷,人民出版社1956—1985年版,第447页。

务的，但是经济的目的被意识形态的"附加物"所掩盖，意识形态则被奉为神圣。于是意识形态就成为评价一切活动的最高准则，个人的经济动机是被蔑视的。

马克斯·舍勒也有类似的分析。他认为，在古代和中世纪，通过出生和传承来划分的等级，由此决定的"政治的身份有优先权，有这些身份随后才获取或才能获取财富"。"一切获取追求都是由'与身份相符的生计'的观念来决定衡量和限定的。"在这里，政治权力地位无处不对财富形成的可能性和纯活动空间加以限制和决定①。换言之，政治的身份以及相应的道德才是衡量一切经济活动的最高的准则。关键的问题是等级身份："与身份的相符的生计"才是合法的、符合道德的、正常的；不受身份限制的经济动机是不正常的、不道德的、不合法的。因此，超出身份限制的经济动机只能通过像寻找金银财宝、烧丹炼金、有组织的掠夺、玩弄迷信牟利等非法的手段，"在生活康庄大道之外的旁沟暗角里搞些冒险活动"。从传统社会向近代社会转变的一个关键因素是，使以往被视为"不正常"和"不正当的"经济动机变成"正常"和"正当"的。

当代德国学者科斯洛夫斯基认为，"在传统社会中，由社会和文化价值决定的相互关系占优势地位"，"交换模型受亲缘等级的影响"。经济的动机，尤其是商业的动机结构"从宗教和文化的联系中被解放出来却是现代的特征，它不仅是一种资本主义的特征，而且预示着经济时代的到来"②。他把经济联系从社会与文化准则中脱离出来的过程称为"经济独立化"的过程。这一过程是经济时代到来的一个标志，也是传统社会与现代社会的一个重要的区别所在。而这一过程必定带来一个伦理问题，即对经济动机和经济活动的正当性如何评价的问题。

从西方近代的思想史来看，这一问题确是经济学、伦理学、哲学共同关注的一个焦点。

西方传统的伦理学说，包括古希腊的柏拉图和亚里士多德的学说都强调人们应当遵守其身份所规定的行为规范，而把人们超出"符合身份的维持生

① ［德］马克斯·舍勒：《资本主义的未来》，读书·生活·新知三联书店 1997 年版，第 10 页。
② ［德］科斯洛夫斯基：《资本主义的伦理学》，中国社会科学出版社 1996 年版，第 7—8 页。

计"之外的经济动机视为不正当的。传统的基督教更以禁欲主义为主要信条，对经济活动作了种种具体的限制，如对利息和经济合同的道德上的谴责。争论最初是在基督教内部发生的。中世纪后期关于利息和合同的正当性问题的争论，以放宽传统教义对利息和合同的谴责而告终。后来新教伦理的一个内容就是把人们在现世生活中谋求利益的经济活动及其所取得的成功视为被上帝选中的标记。这就使经济的动机在一定的程度上取得了正当的地位。新教伦理的一些信条，如富兰克林的"时间就是金钱"的信条，就是一个生动的表现。

至于近代的世俗的伦理学说则更是把论证人们的现世欲求的合理性，作为一项主要的任务。从霍布斯开始，英国经验论的哲学就从感觉论出发，把快乐，即欲望的满足视为善，把"权力欲、财富欲、知识欲和荣誉欲"视为人的最基本的欲望。到 18 世纪，法国的爱尔维修明确地提出了"利益"的概念，并且把利益视为人性的根本，强调"利益支配着我们的一切判断"①。"利益在世界上是一个强有力的巫师，他在一切生灵的眼前改变了一切事物的形式。"②"如果说自然界是服从运动的规律的，那么精神界就是不折不扣地服从利益规律的。"③爱尔维修虽然声称"利益"一词的意义是指一切"增进快乐，减少痛苦的事物"，不能仅仅理解为金钱。但是经济利益，显然是作为增进快乐的事物而包含在他的"利益"概念之中的。这样，对经济利益的追求就成为人的行为的原动力而被肯定下来了。把这种人性学说同经济思想联系在一起，并且为人们的经济动机作出最强烈、也是最极端的辩护的，要数曼德维尔。他认为，人类社会是在分工的基础上建立起来的。在社会分工中，每个人都通过自己的劳动和活动来满足自己私利的需要。这种自私心是有益的，人们之间的交换和互相帮助也是自私心的产物。他断言："人生来就是自私的、难以驾驭的动物，因为需要并意识到需要别人帮助才能够使自己生活舒适，从而把他们联合起来；让别人从为其提供的服务中得到的好处和利益才能使这种帮助自觉自愿和持续不断。"④"世上被称为劣行的东西，才是我们成为社会造物主的伟大

---

① 北京大学哲学系外国哲学史教研室编译：《十八世纪法国哲学》，商务印书馆 1979 年版，第 457 页。

②③ 同上书，第 460 页。

④ 转引自 T.W.Huthison, *Before Adam Smith: The Emergence of Political Economy, 1662—1776*, Oxford/New York: Basil Blackwell, 1988, p.117。

原则，才是无所不包的各种贸易和职业的牢固的基础。”①这里他把人们的经济动机，以及由此产生的贪婪、奢侈和傲慢，视为经济繁荣和技艺进步的动力。尽管他所提出的“私恶即公益”的公式，及其非道德主义在后来受到了广泛的批评，但是他把伦理问题同经济问题直接联系在一起，试图通过分工的理论来说明被视为“劣行”的人们的经济动机是经济繁荣所必需，是贸易和其他许多职业的基础，这一观点把超越“符合身份的维持生计”的经济行为从传统的伦理中解放出来，为经济学摆脱传统伦理学的束缚创造了前提，具有深远的影响。他的人性观，事实上为后来作为主流经济学出发点的“经济人”假说奠定了基础，因此被称为大胆的启蒙。

近代西方的伦理思想，对于人们的经济动机在道德上的正当性，虽然也有争议，但是主要的倾向是直接地或间接地予以肯定，或者至少是把经济动机置于一个道德中立的位置上。即使以倡导道义论著称的康德，虽然并没有从道德上肯定个人的经济的动机，但是也承认它在历史上是有积极作用的。他说：“人具有一种要使自己社会化的倾向；……然而他也具有一种强大的、要求自己单独化（孤立化）的倾向。”这两种倾向之间的冲突，形成了个人按自己的意愿来行动时遇到的阻力。正是这种阻力唤起了人类的全部能力；“因此，让我们感谢大自然之有这种不合群性，有这种竞相猜忌的虚荣心，有这种贪得无厌的占有欲和统治欲吧！没有这些东西，人道之中的全部优越的自然本性就会永远沉睡而得不到发展。”②

西方社会从传统社会向现代社会的转变，有其自身的特点，有特殊的历史背景，但是就经济的独立化（即经济活动从文化和宗教的规则中摆脱出来，使人们的经济动机摆脱“与身份相符的维持生计”的限制）而言，却反映了现代化进程的普遍特征。我们通常所说的经济社会化，也就是一个经济联系从家族的、宗法的、政治的关系的限制中摆脱出来的进程。伴随着这一转变的经济活动和经济动机从“与身份相符的维持生计”的限制中解脱出来，也是经济社会化的一个内容。这一过程，同样提出了一个在伦理上给予不受身份限制的经

① 转引自晏智杰：《亚当·斯密以前的经济学》，北京大学出版社 1996 年版，第 209 页。

② ［德］康德：《历史理性批判文集》，商务印书馆 1990 年版，第 7—8 页。

济动机以“正当性”的地位的问题。

中国的传统社会也是一个把“意识形态的附加物”奉为神圣的共同体，经济的目的一直被这些“附加物”所掩盖，人们的经济动机受到等级身份的限制，被局限于“与身份相符的维持生计”的范围之内。在伦理观念上则对经济动机有许多的限制，尤其是对商业动机予以贬斥。在近代以来的中国现代化的进程中，经济社会化及其相应的观念的变革，是一个艰难的历程。许多启蒙思想家为此作过许多努力。但是，“君子罕言利”的传统观念仍然影响甚深。经济体制改革以来，经济社会化的进程大大加快了。在这一进程中，经济活动和经济动机的“正当性”问题是社会各界普遍关注的问题。从现实生活的层面来看，经济活动和经济动机已经开始超越“与身份相符的维持生计”的限制，似乎已经取得了道德中立的正当地位，同时引发了不同观念的冲突。但是在理论上如何作出科学的分析，给予经济活动和经济动机以恰当的评价，仍然是经济伦理的一个重要的课题。此外，在经济独立化的过程中，经济动机带来的道德上和人际关系上的负面作用，也是近代以来西方思想界所关注的一个问题。浪漫主义潮流的思想家着力于批判经济动机的强盛带来的拜金主义和精神价值的失落；人与人之间的疏离，提出了在经济独立化之后如何保存和维系人类历史所积累下来的宝贵的精神价值，使美好的东西不至于丧失的问题。这一问题也可以视为经济动机的正当性问题的一个重要的方面，即经济动机的正当性的限度问题。这类问题在当今中国的现实生活中也是为大家所关注的。因此对于经济动机的正当性的问题需要作出全面的、科学的分析。

二

在超出“与身份相符的维持生计”的经济动机的正当性得到承认之后，面临的一个问题是：要不要、能不能用道德来规范人们的经济行为。如果要的话，那么应当用什么样的道德原则来规范经济行为。这是近代西方伦理史讨论的一个重点，也是经济伦理的一个重要的课题。

对于这一问题，有不同的见解。一种观点认为，经济动机本身就是无可非议的，只能用法律来规范。道德在这一领域里几乎是无能为力的，也是不应当起作用的。这种观点的突出的代表人物就是曼德维尔。在曼德维尔看来，由于人类的自私的本性，在经济活动中必然存在着竞争，存在着由极端的私欲而爆发的侵害性和破坏性行为。对于竞争的协调，对于破坏性行为的控制是必要的。但是正是由于人类的自私的本性，这种控制要能起作用，就要利用人们的自私心和理智能力，加以褒奖或惩罚。所以在他看来，政治和法律的作用是十分重要的。通过法律和政策的强制才能调节人们的利益关系，维系社会秩序。至于道德，那只不过是政治家施展手腕的工具而已。道德是"谀谄和自豪感相配合所生出来的有政治作用的孩子"①。这种观点，具有非道德主义倾向，受到了来自各方面的批评，但是它对法律在规范经济行为中的作用的重视，有着深广的影响。如何用法律来规范人们的经济行为一直是近代西方的思想家们关注的问题。从被马克思称为英国古典经济学的"主要哲学家"的洛克到休谟、边沁和穆勒，对于这一问题始终予以关注，并且在理论上作出了一系列的论证。但是他们都认为道德在规范人们的经济行为方面是有作用的。

近代西方伦理学的主流对于经济独立化之后，道德在规范经济行为方面的作用是持肯定态度的，并且在肯定了人们的利益追求、肯定了经济动机之后，对道德的可能性问题作出了理论的说明。

一部分思想家(如爱尔维修)主要是从感性论的角度说明，实际生活经验告诉人们，个人和社会是不可分离的。单独的、孤立的个人是不可能获得幸福的。如果没有他人的帮助，单靠自己是不能提供为幸福所必需的一切东西的。而其他人只有在察觉到对他们的安全有关系，对他们的幸福有帮助的时候，才会给自己以方便。所以，为了使他人有益于自己的利益，就应该使他在协助自己的时候，发现种种真实的好处。把真实的好处给予别人，就是有了德行。道德学的任务就是教导人们认识这一点，教人正确地认识自己，正确地对待他人。此外，他们还认为，由于只有同类幸福，个人才能幸福，公共利益"是人类一切美德的原则，也是一切法律的基础"②。"在整个世界上，道德的人乃是使这种或那种行为合乎人道、符合公共利益的人。"③另一些思想家持情感论的立

① 《西方伦理学名著选辑》上卷，商务印书馆 1987 年版，第 754 页。

② 北京大学哲学系外国哲学史教研室编译：《十八世纪法国哲学》，商务印书馆 1979 年版，第 463 页。

③ 同上书，第 526 页。

场,用“同感”或“同情”来说明每个人都能理解他人的欲望和情感,都能推己及人。正是这种趋向同类和同种族的同情感,使道德成为可能,使普遍的道德准则有可能为人们所遵循。

还有一些持理性论的思想家(如斯宾诺莎),则强调由于理性的作用,人们可以认识到,为了尊重和实现自己的利益,应当和他人结成友谊。“人要保持他的存在,最有价值的事,莫过于力求所有的人和谐一致,使所有人的心灵和身体好像一个人的心灵和身体一样,人人都团结一致,尽可能去保持他们的存在,人人都追求全体的公共福利。”①在理性主义者看来,凡是以理性作指针寻求自己的利益的人,他们所追求的东西,也就是“他们为别人追求的东西”。据此他们提出了道德的可普遍化的原则:“那些遵循德性的人的最高善是人人共同的,而且是人人皆可同等享受的。”②这一原则为从理论上回答“如何使追求经济利益的个人遵循普遍的社会道德原则”这一难题指出了一条道路。对于近代西方的伦理思想,包括经济伦理,具有深刻的影响。这一点在将经济学和伦理学结合得最为紧密的穆勒的功用主义中表现得十分明显。

约翰·穆勒的功用主义是近代西方经济伦理之集大成者。身兼经济学家和伦理学家的穆勒把自己的伦理学说和英国的古典经济学完全结合在一起,既使功用主义成为古典经济学的伦理前提,又回答了经济生活中普遍的道德规范何以可能的问题。他的学说承袭了英国经验论把人的本性归结为“趋乐避苦”的传统,从心理上和伦理上肯定了人们的经济动机,把幸福,即快乐和痛苦的免除视为善,把最大幸福原则作为道德的基础信条,同时吸收休谟和亚当·斯密的“道德同感论”,将社会感情纳入人性之中,以此说明,社会的发展使人们具有了社会感情,形成了同人类成为一体的欲望,使得别人的利益“成了自然顾到、必定顾到事情”。不仅如此,社会的进步使人与人之间的平等关系得到了发展,“人人都有与他自己同等之人,所以都不得不与别人在这种条件之下共同生活”。人们就养成一种心习:自己至少不作一切大损别人之事,并“深知自己可以和别人合作,提出公共的(不是个人的)利益为他们的行动的目标”③。

① [荷]斯宾诺莎:《伦理学》,商务印书馆 1991 年版,第 184 页。
② 同上书,第 193 页。
③ [英]约翰·穆勒:《功用主义》,商务印书馆 1957 年版,第 34 页。

因此可能也应当关心别人的幸福。“功用主义需要行为者把自己与别人的幸福严格地看作平等，像一个与本身无关的旁观者一样。”①由此提出了“最大多数人的最大幸福”的原则，以将公共利益归结为个人利益的合成的“公益合成论”为基础，视公共善为最高的道德原则。在此基础上，他吸收了理性主义者的道德可普遍化的思想，并作了功用主义的解释。他写道：“康德认为道德的最基本原理是：‘你要这样行为，期于你行为所依据的规则，可以给一切有理性者采取为公例’”，“要使康德这个原理有意义，这个原理一定是说我们的行为应该遵照一个一切有理性的人物为他们的公共利益计，都可采用的规律”②。

穆勒的这些论述看起来似乎只是讨论一些抽象的、一般的伦理问题，其实都是与经济生活中的伦理问题紧密相关的。正如马克思所说，“功利论至少有一个优点，即表明了社会的一切现存关系和经济基础之间的联系”。而且“功利论一开始就带有公益论的性质”③。它对公益问题的讨论，就是要想回答，在经济活动中，人们出自个人的经济动机的行为何以可能纳入道德的轨道，使个人的利益追求同反映公共利益的普遍的道德规则相协调。穆勒想要证明的是，经济的动机是可以而且应当由普遍的道德规则来规范的。同时，他还提出了在经济生活中划分道德与非道德的界限：“事情一到对他人或公众有确定的损害或有确定的损害之虞的时候，他就被提到自由的范围之外而被放进道德和法律的范围之内。”④此外，穆勒提出了一整套的道德制裁的理论，主张用法律的、行政的、舆论的手段作为外在的制裁，同时通过教育等方法培育道德良心，形成内在的制裁机制，以便使将经济动机纳入道德的轨道的设想成为现实。

针对当时实际的经济生活要解决的问题，功用主义的这一整套主张提出了比较切实的原则和方案。与近代以来西方市场经济中通行的惯例——如讲究遵守市场规则，在市场交易中讲究信用，尊重当事人的权益，讲究工作场所的行为规范，等等——比较一致，因此在实际生活中有较大的影响，并渗透在

① [英]约翰·穆勒：《功用主义》，商务印书馆 1957 年版，第 18 页。
② 同上书，第 56—57 页。
③ 《马克思恩格斯全集》第 3 卷，人民出版社 1956—1985 年版，第 484 页。
④ [英]约翰·穆勒：《论自由》，商务印书馆 1959 年版，第 82 页。

社会的公共生活规则、职业行为规范之中。它可以被视为西方近代以来经济伦理的主流。

但是功用主义过分地强调经济动机的作用,有一种把道德问题缩小成经济问题的倾向,即把快乐或愉悦作为一切行为的目的,于是伦理学被缩小成了“最大快乐之目的对资源所进行的最佳的分配”。其结果是“伦理学被经济学所取代”①。自19世纪中叶以后,在提倡价值中立的实证主义思潮的影响下,经济学的主流从政治经济学转向实证的经济学,对于经济伦理问题采取了“悬搁”甚至是排斥的态度。然而,功用主义的伦理原则事实上依然是主流经济学内含的伦理前提,在现实生活中仍然起着规范经济行为,尤其是规范市场行为的作用。

近年来,经济伦理问题,尤其是经济行为的道德规范问题重新在西方引起重视。究其原因,一是现实生活提出了需要。一方面,由于消费主义和大众享乐主义的流行,近代以来形成的工作场所的道德,受到了冲击。许多有识之士担心这种情况的蔓延将会影响经济的发展,正如贝尔在《资本主义文化矛盾》一书中所指出那样。另一方面,企业界的经济丑闻也不时出现,使得规范企业的经济行为成为一个突出的问题。二是经济学本身的变化。强调包括习俗、惯例等道德因素在内的制度因素在经济生活中的作用的制度主义学派认为,人们的经济动机,即主流经济学家所重视的“偏好”,是带有伦理学的特征的,是在伦理的反省中形成的,也是在社会的行为之间形成的。因此,偏好的伦理学和社会学必须置于为了实现这些偏好而实行资源配置的经济学之前。只有用伦理来规范偏好,才能使经济正常发展。

这样,如何规范经济行为的伦理问题又一次引起了哲学、伦理学、经济学和管理学等诸多学科的共同关注。许多学者一方面从宏观上论证,信任和道德所导致的社会整合有助于降低“交易成本”,减轻由外部性导致的社会成本,因而有助于解决经济上的“大的困难”,另一方面从企业的角度,提出企业内部的团结合作和忠诚对企业经济发展的重要性以及企业行为本身如何将经济的、市场的动机和非经济的、伦理的动机协调一致的问题。

---

① [德]科斯洛夫斯基:《资本主义的伦理学》,中国社会科学出版社1996年版,第32页。

西方思想史上的这一历史进程，对于我们认识和解决现实生活中的问题，也是富有启示的。自经济体制改革以来，我国经历着一个经济社会化的过程，经济动机的正当性得到一定程度的肯定之后，要不要和能不能用道德来规范经济行为和经济动机，一度引起不同的看法。一段时间里，类似曼德维尔的主张有一定的市场，实证经济学那种将经济学与伦理学对立起来，否定经济动机应当用道德加以规范的观点，也有相当的社会影响。诸如“只有人欲横流，才能经济繁荣”，经济进步必须以牺牲道德为代价之类的社会舆论就是一例。这也是经济生活中道德失范的一个认识上的原因。近年来，人们从现实生活中已经切身感受到，如果经济的动机不能用法律和道德来加以规范的话，那么经济的秩序就难以形成和维系，经济的发展也会受到阻碍。现在的问题是要从理论上进一步澄清用法律和道德来规范经济行为的必要性，进而具体地探讨经济行为的道德规范的内容和实施的方法。我们不能照搬西方的做法，但是其经验可资借鉴。其中西方近代的经济伦理思想注重探讨如何把经济动机同西方的传统伦理，尤其是基督教的传统伦理协调起来的做法，尤其值得注意。新教伦理自不待言，即使是功用主义也十分强调自己的伦理观念是同基督教的伦理的精神相一致。如穆勒在《功用主义》一书中论及功用主义所认为的行为上的是非标准的幸福是“一切与这行为有关的人的幸福”时指出：“从拿撒勒的耶稣的黄金律内，我们可以见到功用伦理学的全部精神。待人像你期望人待你一样，爱你的邻人像爱你自己一样，做到这两件，那就是功用主义的道德作到理想的完备了。”①中国有自己的独特的文化传统，近代以来又形成了新的传统，如何使经济活动中的道德规范的确立与民族的传统相协调，也是我们要研究的问题。

三

规范经济行为的道德要得以落实，真正成为一种大众道德，有赖于大多数社会成员对经济体制的正当性的认可。因此经济体制在伦理上的正当性问

① ［英］约翰·穆勒：《功用主义》，商务印书馆1957年版，第18页。

题,也是经济伦理所必须回答的问题。这一问题也可称之为经济体制的伦理辩护问题。其主题是从伦理上辩明,这种体制是正当的、符合理想的、值得追求的。任何一种新的经济体制只有从伦理上得到了辩护,使社会成员认同其合理性和正当性,才能建立起一条道德的纽带,把从事经济活动的人们联结起来,从而自愿地遵循其运行的规则。如果得不到伦理上的辩护,其规则的正当性得不到认可,也就难以得到遵循。

事实上,西方社会从自然经济向市场经济的转变,就经历了一场持续几个世纪的伦理辩护。这是近代以来西方经济学说和伦理学说的中心议题之一。就近代市场经济发展最为典型的英国而言,从洛克,经过休谟、亚当·斯密和赫起逊为代表的苏格兰启蒙到以边沁、穆勒为代表的功用主义,经济学和伦理学的联姻,就是以这一问题为纽带的,其中尤以功用主义提出的论据对经济学和现实的经济生活影响最大。

功用主义对市场经济的辩护的最主要的论据就是,以最大多数人的最大幸福为原则,以“公益合成论”为依据,来论证市场经济是最有效率的,也是最合理的、最符合公道的。穆勒在其《功用主义》一书中对于公道问题的讨论就是集中的表现。穆勒认为,对于什么是公道的,什么是不公道的,不同的国家和不同的个人,都有不同的看法。即使在一个人的心目中“公道也不是一个规律,一个原理或一个训诫,而是许多”。在经济生活的问题上,也是如此。比如对于国家的税负,是应当完全不按资产、人人都纳一样的数目,还是以资产为比例,或者更进一步实行累进税制,人们有许多不同的看法。又比如给有技术、有才能的、效率高的工人较高的报酬是公道,还是不论技术和效率如何,给尽力做事的人以同样的报酬更为公道?也是有争议的。“要想解决这种种纠纷,除了用功用主义的方式以外,是没有什么法子的。”[①]这里所谓用功用主义的方式,就是以“公益”、以是否有利于公共利益的增加为标准。在穆勒那里,“公益”是个人利益的合成,所以十分重视个人的权利。他强调,公道是和权利联系在一起的,“凡有权利的场合,都是公道问题”[②]。那么,什么是权利呢?穆

① [英]约翰·穆勒:《功用主义》,商务印书馆1957年版,第63页。
② 同上书,第54页。

勒说:“无论我们把什么事情叫作一个人的权利,我们的意思就是说他可以合法地要求社会用法律,或是教育与舆论的力量使他保有这个权利。”[①]公道的观念就包含了“给每个人所应得的”这一意思。以“公益”为标准,给每个人以按他的权利所应得的,这就是“公道”。这就是功用主义的公道观。

这种“公道观”具体运用到经济生活中,就推出了市场经济是合乎公道的结论。穆勒在论述其公道观时就明确地表示,依据功用主义的公道观,“我们说一个人有权利在正当的职业竞争中赚到他所能赚到的钱;因为社会不应该让任何人障碍他,使他不能够在那些条件下尽量赚钱。可是,虽则他现在每年赚三百镑,他并没有赚三百镑的权利,因为社会没有设法使他赚那么多钱的责任。反之,假如他有一万镑的三厘息公债票,他就有每年收三百镑的权利;因为社会认定了给他这么多收入的义务”[②]。在穆勒看来,市场经济一方面通过市场竞争使每个人得到他所应得的利益,又不妨碍其他人的权利的行使;另一方面由于市场经济能产生经济效益,具有较高的效率,能使作为个人利益的总和的“公益”得以实现,因而是符合公道的。这就是功用主义对经济正义(即公道)问题的回答。

正像马克思所指出的那样,“我们在穆勒的学说里可以看到,功利论和政治经济学是完全结合在一起了”[③]。其结合点就是公益合成论。因为在功用主义者穆勒和边沁那里,“公益归根到底就是一般地表现在竞争中的公益”[④]。而英国的古典政治经济学,尤其是亚当·斯密的学说,又力图证明在分工和市场的条件下,依靠“看不见的手”的作用,单个的私人的活动变成了公益的活动。“经济学的内容逐渐使功利论变成了替现存事物的单纯的辩护,变成了这样的说教:在目前条件下,人们彼此之间的现有关系是最有益的、最有公益的关系”。马克思认为,“在所有现代经济学家的学说里,功利论都是有这种性质”[⑤]。

马克思对当时的主张自由放任的市场经济的英国古典经济学的评价是切中要害的,也是符合历史事实的。事实上,主张自由放任的经济学家大都是以

---

① [英]约翰·穆勒:《功用主义》,商务印书馆1957年版,第57页。
② 同上书,第57—58页。
③ 《马克思恩格斯全集》第3卷,人民出版社1956—1985年版,第483页。
④⑤ 同上书,第484页。

功利论为其伦理前提、来论证自由放任的市场经济在伦理上的正当性的。不仅古典经济学是如此,即使后来的以“价值中立”自诩的经济学(如新古典主义和当代的新自由主义),事实上也是如此。美国学者艾伦·布坎南在考察经济学说史和伦理学说史上支持市场经济的各种伦理论据时,依据大量的材料证明,功利论是诸多论据中最有影响的论据①。西方的主流经济学把经济学的目标定位在解决资源配置的问题上,似乎是价值中立的一种预测科学和描述科学,但是这一目标的前提就是功利主义的效率论辩护,即把有“效率”作为一种经济体制在伦理上的合理性的根据。

功用主义的这种效率论的辩护受到过许多批评,但是一直是西方经济伦理的主流。它不但是主流经济学的伦理前提,而且被视为涉及权利分配和利益分配的公平问题等经济决策的一个主要的理论依据。美国学者阿玛蒂亚·森(Amartya K.Sen)指出,功用主义“在数世纪以来在公共政策思维方面”占有“强有力的支配地位”②。但是,近年来,对功用主义的质疑也十分强烈。

科斯洛夫斯基就指出,功用主义的效率论很容易导致一种“经济主义的错误结论,即相信,一种经济上高效率的系统就已经是一个好的或有道德的社会了,而经济就是社会的全部内容”③。在他看来,这种经济主义的后果,一是忽视了对效率追求不可避免地产生的不平等,事实上取消了分配公正和市场选择性等重大的社会哲学问题,抹煞了人们的道德追求和对一个理想的社会的期望。而作为一种社会哲学的任务应当是拟定一种能够控制人的道德追求和效率追求,并使两个目标同时能够实现的制度化结构,以便促成一个“更好的”世界。二是忽略了人的道德追求,抛弃了对于市场经济在道德上的合理性的探究,其结果也就忽视了市场经济对每一个社会成员提出的相当高的道德要求,而“这是经济自身所无能为力的”。这样就把保护市场经济所必需的条件加以否定,事实上是在“危害市场经济”。经济主义的最极端的表现是以贝克尔等人为代表的一种倾向,它把经济动机、追求利益最大化的“经济人”假说用于解释人的一切行为,包括政治行为、家庭生活、利他主义的行为等,甚至用于

① 见[美]艾伦·布坎南:《伦理学、效率与市场》,中国社会科学出版社 1991 年版。
② 转引自盛庆珠:《功用主义新论》,上海交通大学出版社 1996 年版,第 13 页。
③ [德]科斯洛夫斯基:《资本主义的伦理学》,中国社会科学出版社 1996 年版,第 2 页。

说明动物的行为。当代实证主义经济学理论中出现的这种倾向，事实上是用经济学取代了伦理学，把个人的利己行为视为讨论一切伦理和社会问题的最基本的出发点。针对这种情况，科斯洛夫斯基将这种倾向的特征概括为“把经济学和它的范例变成关于人的行动和社会的普遍的终结性的理论，甚至通过社会生物学变成一切事物的理论”，并把它称为“经济学理论的帝国主义”，而加以批评①。

此外，像罗尔斯的《正义论》从道义论的立场出发，对功用主义的公正观也提出了责难，并提出了自己的分配正义的理论。这些理论的论争把经济体制和经济方面的公共政策在伦理上的合理性问题，又一次推到了前台。这是同当代西方社会的“公共家庭”的扩大，社会福利政策的地位凸显，以及围绕着这些公共政策展开的社会争议是密切相关的。

近代以来西方思想史上的这一段经历表明，经济制度和经济政策在伦理上的合理性、正当性的问题是经济伦理的一个最为基础性的课题。它既是伦理学的一个重要内容，又是任何一种经济学说事实上不可回避的问题。正像英国著名经济学家罗宾逊夫人在其《经济哲学》一书中所说，“任何一种经济制度都需要一套规则，需要一套意识形态来为它们辩护，并且需要一种个人的良知促使他们去努力实行这些规则”②。而经济学作为一门研究经济制度的学科，一方面作为科学研究的方法，总有实证的内容，另一方面总是“每一时期占主导地位的意识形态的载体”③。

我们现在正在实现从传统计划经济向社会主义市场经济的根本性转变。经济体制和经济政策在道义上的正当性的这一经济伦理的问题相当突出。社会主义市场经济及其相应的经济政策在伦理上的正当性迫切需要从理论上加以论证，以便为顺利实现这一历史性的转变创造条件。当然这是一项十分艰巨的任务。因为社会主义市场经济体制是一个创举，历史上没有先例可循。西方既有的理论，可以给我们借鉴，但是不能照搬。现在的问题是，随着西方主流经济学的引入，它所蕴含的伦理前提，尤其是功用主义伦理学说也在中国

① [德]科斯洛夫斯基：《资本主义的伦理学》，中国社会科学出版社1996年版，第1页。

②③ Joan Robison: *Economic Philosophy*, Penguin Books, 1964, p.13, p.1.

社会产生了广泛的影响,如何有分析地对待,亟须我们从理论上加以澄清。

上面的考察表明,经济伦理涉及伦理学、经济学和社会哲学的一些基本问题。如果说,涉及个人的经济行为和企业的经济行为规范的微观、中观问题可以视为应用伦理的话,那么涉及经济体制、经济秩序等宏观问题时就不能简单地将经济伦理归入应用伦理的范畴。即使微观和中观的问题,也离不开那些最基本的伦理原则和社会哲学问题。因此我们在从事经济伦理的研究时,需要把基础理论的研究同它的实际应用有机地结合起来,不能忽视基础性问题的研究。

洛克哲学与英国古典经济学*

——经济学与哲学相互关系的一个案例

经济学与哲学有无关系？作为时代精神的集中表现的哲学对该时代经济思想有无影响？一个经济学派的经济理论是否蕴含着自己的哲学前提？这是一组颇有争议而又必须回答的问题。它不仅涉及思想史上的事实真相，而且涉及当今在这个以和平和发展为主题的世界上，在以经济建设为中心的历史时期，我们如何处理哲学与经济学的关系。我们在吸纳各种经济学说的时候是否需要考察它们的哲学前提？我们对经济现象的研究是否需要自觉地审察自己的世界观和方法论？本文不想对这一重大的理论问题作出系统的论述，仅仅试图对 18 世纪英国经验论哲学大师洛克的学说同英国古典经济学的内在关系作一分析，以此作为一个案例，引出一些必要的结论。①

一

约翰·洛克是近代哲学史上一位极其重要的思想家，被称为“英国启蒙运动的杰出活动家”。罗素在其《西方哲学史》中曾经指出“必须把他看成不但是

---

* 本文原载《学术月刊》1997 年第 2 期。

① 之所以选择洛克作为典型的案例加以分析，是因为洛克不但在哲学史上具有举足轻重的地位，而且是一个对政治经济学家产生过重大影响的哲学家。马克思在《剩余价值学说史》中讨论洛克关于劳动的一般观点及利息与地租的起源的论述时指出：“洛克是同封建社会相对立的资产阶级社会的法权观念的经典表达者；此外，洛克哲学成了以后整个英国古典经济学的一切观念的基础，所以他的观点就更加重要。”(《马克思恩格斯全集》第 26 卷第 1 册，人民出版社 1956—1985 年版，第 393 页)在《资本论》中，马克思曾考察过近代政治经济学的哲学前提，指出笛卡尔和培根的哲学，尤其是笛卡尔使经济研究摆脱了古代的神话和迷信。“但一般说来，英国早期的经济学家都把培根和霍布斯当作自己的哲学家，而后来洛克成了英国、法国、意大利的政治经济学的主要的‘哲学家’”(《马克思恩格斯全集》第 23 卷，人民出版社 1956—1985 年版，第 428 页注)。当代的经济思想史家如《经济思想流派》的作者惠特克也认为，霍布斯、洛克和休谟“为古典经济学奠定了哲学基础”。

认识论中经验主义的奠基者,同样也是哲学上的自由主义的始祖"①。作为经验主义的奠基者,洛克强调我们的全部知识都是来自经验。"我们的一切知识都是建立在经验上的;而且最后是导源于经验的。"②正是这种经验主义为经验科学的发展提供了推动力,同时使得人们对经济现象的研究进入了一个新的阶段。如果说,培根和笛卡尔的哲学在早期政治经济学中的运用,使得"政治经济学在货币、商业等方面摆脱了古代神话和迷信观念"(这是经济学家达德利·诺思爵士在其《贸易论》(1691 年)一书的序言中所作的结论),开始注重对生活中各种有用的经济知识的研究,去探究在实际的经济生活中发生作用的各种力量及其运作;那么,洛克的经验主义则开辟了使政治经济学成为一门经验科学的道路。它启示人们:经济理论知识只能产生于经验材料,政治经济学是根据经验材料建立起来,经济学的原理最终是要由经验事实来证明的。

亚当·斯密的《国富论》是经济学作为一种独立原理"诞生"的标志。虽然斯密并没有系统地论述自己的方法论原则,但是《国富论》所体现的方法,却鲜明地表明了经验主义对他的影响。《国富论》的主题:"一个国家怎样能够变得富强起来,它的人民怎样可以生活得舒适愉快?"是来自对实际生活的考察,这正是当时英国社会的普遍呼声。亚当·斯密对这一问题作出一个系统的回答,使他的著作成为一本经济学的经典。这部著作的一个特点是把经验观察和因果分析结合起来,在经验观察的基础上提出理论的假说以说明、回答上述问题。他在早年所写的《天文学史》中提出:"当我们以确定的哲学观点思忖社会时,人类社会就像一部巨大而缜密的机器"。"机器是由工匠设制,由许多不同的运动和效力的部件连接起来的小小的系统,而社会则是由许多被推动起来的不同的运动和效力的部件连接起来的想象的机器。"③后来他所从事的经济学的研究,则是要去探究这架机器的结构和动力机制。著名的"经济人"假说就是对人类经济动机问题的回答,而"看不见的手"则是对经济机器的运作机制问题的回答。在《国富论》中他曾明确地把它称为"推动人类事务的大发条",而对"经济人"的论证主要是根据经验的观察。

① [英]罗素:《西方哲学史》下卷,上海人民出版社 1974 年版,第 105 页。

② [英]洛克:《人类理解论》上,商务印书馆 1981 年版,第 69 页。

③ 转引自《亚当·斯密与〈国富论〉》,吉林大学出版社 1984 年版,第 51 页。

洛克在认识论上的意义是为经验主义奠定基础,从而为经验科学开辟道路。这种经验主义并不表现为对理论性假说的否定,而是表现为强调假说必须由经验来证明。洛克写道:“我底意思并不是说,我们不当应用任何或然的假设来解释自然中任何现象。……我底意思乃是说,我们不当仓卒采取任何一个假设,我们应当先考察了各个特殊的事物,先试验试验我们用假设所要说明的那种事物,看看它是否与我们底假设相契:应当先考究考究我们底假设是否可以行得通,而且它们虽然彼此符合,实际上究竟与一个自然现象相契不相契,至少我们应当先留神不要使原则一名欺骗我们,使我们顶多是很可疑的推想当做一个毫无问题的真理。”①

至于李嘉图,是以逻辑的精密性、以强调要用科学的精神来研究经济现象而著称的。他比斯密更加关注学科的系统性。因此,“政治经济科学”“政治经济学的法则”这些词句经常出现在李嘉图的著作中。他以人们求利的冲动(相当于斯密的观点)为基本要素推出经济原理,值得注意的是,“李嘉图虽然认为经济原理是以社会基本冲动为依据的一致性,他在推论和证实他的理论或将它们应用到实际立法的时候,并没有忽视实际情况”②。事实上,李嘉图的方法正是当时经验科学的普遍方法,这种方法打上了经验主义的烙印,因为它所重视的作为演绎的前提的“这些基本原理系参考过去和现在的情况加以说明和验证的”,即有经验依据的。我们可以说,这是从斯密到李嘉图的整个英国古典经济学的共同的方法论的特征。

二

洛克之所以成为古典经济学家中“主要的哲学家”,更为突出的原因是,他作为罗素所说的“哲学自由主义的奠基人”,在伦理思想和社会哲学中占有的不可替代的地位。

洛克伦理思想的要旨是,在经验论的基础上提出和论证了快乐主义伦理

① [英]洛克:《人类理解论》下,商务印书馆 1981 年版,第 645 页。
② [美]霍兰德:《大卫·李嘉图——百年评价》,商务印书馆 1979 年版,第 126 页。

学的基本原则,从而为古典经济学奠定了伦理前提。

首先,洛克批判了先验主义的道德论,用经验论回答了道德知识的本性及其可能性问题。洛克具体地说明了他的以简单观念为起点的解证的道德学的内容,认为"快乐和痛苦是简单的观念——在由感觉和反省得来的一切简单观念中,痛苦和快乐是两个很重要的观念"①,它们是善恶观念的根源。

值得注意的是,他在此基础上对"欲望"所作的分析以及由此而引申出来的道德观。

洛克首先对欲望下了一个定义:"欲望(desire)——一种事物在我们当下享受它时,如果能产生出愉快底观念来,则它不在时,亦可以引起一种不安来。这种不安之感就是所谓欲望;因此,欲望之或大或小就是看不安之感或强或弱而定的。"接着就提出:"在这里,我们正可以说,不安之感纵不是人类勤苦和行为的唯一刺激,亦可以说是它们底主要刺激。"②这里,洛克明确地把欲望视为人类行为的基本动机。为了证明这一论点,洛克进一步讨论了意志自由和幸福。

洛克针对基督教的自由意志论提出,意志是不自由的,人在意志作用方面是受必然所支配的。那么,支配着意志的必然又是什么呢?洛克的回答是,只有不快或欲望。他写道:什么来决定意志?"那只有人心。""促动人心使它发生动作的,不快就是它底最大的动机。"③正是欲望中所含的不快驱迫着意志:"只有在我们的欲望按照好事的比例,使我们感觉需要,生起不快时,才能决定我们的意志。"④不快追求的虽是当下的幸福,但恰恰"因为只有不快是当下的",所以不快"独能决定意志"⑤。总之,在洛克看来,只有不快和欲望才是人类行为的真实动机。

他把当下直接的欲望、现世生活中的享乐和幸福提到首位,进而把追求幸福视为一种对意志有强制力的必然:"追求真正的幸福是一种必然性,这种必然性正是一切自由底基础","普遍的幸福就是所谓最大的善,亦就是我们的一

---

① [英]洛克:《人类理解论》上,商务印书馆1981年版,第199页。

② 同上书,第200页。

③ 同上书,第219页。

④ 同上书,第228页。

⑤ 同上书,第224页。

切欲望所趋向的"①。这不仅为快乐论作出了进一步的论证，为世俗生活和现世的功利追求的合理性作出了论证。而且为以功利主义为伦理前提的古典经济学奠定了伦理的基础，甚至，新古典主义经济学的一些基本假定也可以追溯到洛克的这一伦理思想。

经济学成为一门独立的学科，其基本的伦理前提是确认人类对现世生活的追求是合理的，应当予以肯定。因此，对以来世的幸福为唯一价值目标的中世纪宗教伦理观的批判，事实上为经济学的兴起扫清了道路。而洛克所论证的人类动机则为亚当·斯密政治经济学的最基本的假定提供了伦理的依据。如前所述，斯密经济学说的宗旨是要揭示推动人类社会这部大机器的"大发条"，探明经济活动的动力，进而把握经济活动的客观规律。斯密对这一问题的答案，集中体现在"经济人"假设之中。我们只要看看他的说明，就不难发现洛克的印记。

他写道："我们每天所需的食料和饮料，不是出自屠户、酿酒师和烙面师的恩惠，而是出自他们自利的打算。"②"要想仅仅依靠他人的恩惠，那是一定不行的。他如果能刺激他们的利己心，是有利于他，并告诉他们，给他做事，是对他们有利的，他要达到目的就容易得多了。"③"在一切生活比较安定的国家里，有常识的人，无不愿用可供他使用的资财来求目前享乐，或求未来利润。"④"私人利润的打算，是决定资本用途的唯一动机。投在农业上呢，投在工业上呢，投在批发商业上呢，或投在零售商业上呢？要看什么用途的利润最大。"⑤"各个人都不绝努力为他增加所能支配的资本，寻觅最有利的用途。放在他心里的，诚然不是社会的利益，只是他自身的利益。"⑥

上述引文表明，斯密在《国富论》中明确地把个人对自己的当下经济利益的追求看作人们经济行为和经济活动的动机。惠特克在其《经济思想流派》中评论说，在《国富论》中斯密似乎把人们追求利得作为一事实加以接受，这是常

① [英]洛克:《人类理解论》上，商务印书馆1981年版，第236页。
② [英]亚当·斯密:《国民财富的性质和原因的研究》上卷，商务印书馆1972年版，第14页。
③ 同上书，第13页。
④⑤ 同上书，第344页。
⑥ [英]亚当·斯密:《国民财富的性质和原因的研究》下卷，商务印书馆1972年版，第30页。

识范围的事情。这一评论是恰当的,因为在《国富论》中,斯密的确没有对这种动机的合理性作出伦理上的论证。但是如若需要进一步追问斯密何以能把这一结论作为理所当然的事情,这就不能不归因于从洛克开始的近代快乐论。斯密在《国富论》中所要进一步证明的是,由于竞争,由于竞争的协调这一"看不见的手"的动作,个人对利得的追求能产生公共的利得。然而,以公共利得作为价值标准仍然没有离开快乐论的基地。

至于李嘉图,在人类行为的动机问题上,与斯密的观点是没有多大区别的。李嘉图体系的逻辑程序是:"假定一下确定的推动力并推求最终的结果。"那么这个推动力是什么呢?在《金块的高价》第四版附录中,李嘉图写道:"支配一切贸易投机行为的是私利;在这一点可以明确地满意地予以确定的场合,即使我们承认还有其他行动至尊的话,我们也就什么也不顾虑了。"①在给马尔萨斯的信中,他说:"我确实认为,各个国家在商业往来中——特别是现今业务分工和资本充足的良好情况下——都斤斤计较于它们的利益和利润。"②

三

洛克对自由意志批判的重点是否定宗教伦理所说的自由意志,即选择来世而抛弃现世的自由,把追求现世的快乐视为人的必然的行为动机。但是他并未否定自由本身。他说:"自由是属于主体或人的——意志是否自由的问题是不适当的,只有人是否自由的问题才是适当的。"③对后一个问题洛克作了肯定的回答,并为个人的自由作了有力的辩护。正是关于人的自由的学说使洛克成为哲学自由主义的创始人并为经济学中的经济自由主义奠定了思想基础。

洛克对人的自由下了如下的断语:"自由乃是按照人心底指导来发生动作或停止动作的一种能力。"④"一个人如果有一种能力,可以按照自己心里底选

---

① [美]霍兰德:《大卫·李嘉图——百年评价》,商务印书馆1981年版,第125页。
② 同上书,第125—126页。
③ [英]洛克:《人类理解论》上,商务印书馆1981年版,第215页。
④ 同上书,第252页。

择和指导,来思想或不思想,来运动或不运动,则他可以说是自由的。”①这里至少有两层意思。

第一,自由存在的原因是人心有一种能力,来暂停动作,不急于满足他的任何欲望,可以自由地来考察欲望的所有对象,加以比较。这样,在意志决定和动作实现之前,就有机会运用理智的理解能力来考究、观察、判断。简言之,自由只是一种理性地权衡的能力,用以决定何种欲望应先予以满足。自由仅仅是实现欲望的一种方式或一种选择欲望对象的能力。“所谓人底自由,就是不受别物底支配,只受判断所指导的欲望底支配。”加之,人们对各种欲望对象及其可能产生的后果往往会发生选择的错误,所以理性的选择就十分重要。唯有理性地谨慎地运用自由才能达到幸福的目的,“脱离了理性底束缚,而且不受考察同判断底限制,只使自己选择最坏的,或实行最坏的,那并不是自由;如果那是自由,是真正的自由,则疯子和愚人可以说是世上唯一的自由人”②。

自由的第二个含义是,自己的思想支配自己,而不是受别人的支配。洛克说:“人底意志在各种决定中,受自己判断底指导。”“人既是一种含灵之物,所以他便受了自己的组织底支配,不得不受自己思想和判断底决定,来追求最好的事物。否则,他一定会受别人的支配,那就是不自由了。”③“由我们自己底判断来决定,并不是对自由加了限制,……那不但不缩小自由,而且自由底目的和功用还正在于此。”④

把这两层含义联系在一起,我们便可以看到,洛克所说的自由,是以快乐论为基础,是一种个人主义的自由主义。这种自由主义强调每一个人的独立思考和自主判断,有益于人们摆脱中世纪留下来的盲从和迷信,强调个人追求自身的幸福的合理性,具有启蒙的积极作用,这一启蒙是同近代西方市场经济的发展相一致的。它同洛克社会哲学关于自然权利的学说结合在一起,形成了古典经济学的伦理前提。洛克关于自然状态的学说与霍布斯不同。在他看

① [英]洛克:《人类理解论》上,商务印书馆1981年版,第208页。
② 同上书,第235页。
③ 同上书,第234页。
④ 同上书,第233页。

来，自然状态“那是一种完备无缺的自由状态”。人们在自然法的范围内，“按照他们认为适合的办法，决定他们的行动和处理他们的财产和人身，而毋需得到任何人的许可或听命于任何人的意志”①。“人的自然自由，就是不受人间任何上级权力的约束，不处于人们的意志或立法权之下，只以自然法为他的准绳。”②按照自然法，人们具有一种财产权和所有权。源起于劳动的所有权和财产权，在洛克看来是神圣不可侵犯的自然权利。即使在社会状态中也是如此。进入社会状态后，人们只是把裁判和处罚的权力交给了政治社会，“政治社会的首要目的就是保护财产”③。这一论述表明，在洛克那里，人的自然自由是同生命和财产权不可分离的，他的个人自由主义本身就包含着个人的财产权和所有权。

这样一来，以私有财产权为前提，自由地运用和享受自己的财产，独立自主地理性地谨慎地去追求个人的幸福，便成为一种值得追求和应当追求的价值目标。这正是古典经济学得以在伦理上成立的理论前提。古典经济学家的经济个人主义正是洛克思想在经济学领域中的发挥。亚当·斯密在其《国富论》中所要论证的就是，市场中的当事人，出于利己的动机，如何在“看不见的手”的操作下，不但能实现一己的幸福而且能增加社会的利得，从而实现社会的幸福。以此从伦理上来论证市场经济是合理的。这里，洛克和古典经济学家之间的衔接是极其自然和极其密切的。

与近代其他的伦理学家相比，洛克的学说更为直接更为全面地为正在兴起的以私有制为基础的市场经济和反映这一进程的古典经济学理论提供了伦理思想上的准备，明确地把财产权、所有权和以此为基础的个人的现世的幸福和快乐作为价值目标。洛克的自由主义直截了当地肯定个人的财产权和在此基础上对个人幸福的追求，并把理性的作用仅仅限制在对欲望对象所作的选择上。无怪乎斯密在《国富论》中不把自己在《道德情感论》所阐述的同情论的道德论作为经济学说的伦理前提，而采纳洛克的学说。

---

① ［英］洛克：《政府论》下篇，商务印书馆1993年版，第5页。

② 同上书，第16页。

③ 同上书，第52页。

四

洛克的社会哲学不仅肯定了个人的财产权和所有权是自然权利，自由地运用这种权利是基本的自由权，而且通过对“公民社会”和“政治社会”的讨论，规定了政府的职责及其权力的限度，为经济学中的自由放任主义奠定了基础。

首先，洛克提出人类之所以要通过社会契约进入“公民社会”或“政治社会”，目的是要避免陷入战争状态。他认为，在自然状态中，人人都有平等的权利，每个人都有权惩罚违反自然法的人，又没有一种权力和一种权威可以在争论者之间进行裁决，没有共同的裁判者，所以极易产生对另一个人使用强力的情况，从而陷入战争状态。因此，“避免这种战争状态是人类组成社会和脱离自然状态的一个重要原因”①。“真正的和唯一的政治社会是，在这个社会中，每一成员都放弃了这一自然权力，把所有不排斥他可以向社会所建立的法律请求保护的事项都交由社会处理。……社会成了仲裁人，用明确不变的法规来公正地和同等地对待一切当事人；通过那些由社会授权来执行这些法规的人来判断该社会成员之间可能发生的关于权利问题的一切争执，并以法律规定的刑罚来处罚任何成员对社会的犯罪。”②

在洛克看来，人们之所以组成社会，“这只是出于各人为了更好地保护自己、他的自由和财产的动机”；人们之所以愿意置身政府之下，目的是保护他们的财产。那么，经由契约而建立的社会的首要任务就是，保护人们的自由和自然权利(除了私人执行权)，尤其是财产权。他写道：“政治社会的首要目的是保护财产。”③

在确定了政治社会的目的之后，洛克把政治社会或市民社会的权利归结为立法权、执行权和对外权，并进一步论述了立法权和执行权在保护私有财产和个人自由方面的任务及其限度。洛克认为，由于人们参加社会的目的是和平地和安全地享受他们的各种财产，而实现这一目的的工具和手段是法律，所

① [英]洛克：《政府论》下篇，商务印书馆 1993 年版，第 53 页。
② 同上书，第 54 页。
③ 同上书，第 52 页。

以立法权就成了所有国家的最初的和基本的明文法。立法权本身则受到政治社会的目的的限制;法律的稳定是社会状态的稳定特征所必需。洛克对于私人的财产权是极其重视的。他反复论证了政府的目的和职责是保护自然状态下已经形成的财产权的格局,保护个人处分自己的财产的自由这一神圣的自然权利。即使对法律的稳定性的要求,也是出于更好地保护个人的财产权。这一论点正是从亚当·斯密开始的所有自由放任主义的经济学家,对政府在经济生活中的作用问题所持的共同观点的基石。

斯密在其《国富论》中指出:"按照自然自由的制度,君主只有三个应尽的义务……第一,保护社会,使不受其他独立社会的侵犯。第二,尽可能保护社会上各个人,使不受任何其他人的侵害或压迫,这就是说,要设立严正的司法机关。第三,建设并维持某些公共事业即某些公共设施。"①斯密还认为,司法机关的作用是充当法律的监护人,保护财产和竞争规则的实施,而公共设施必须在由个人经营时无法得到补偿的条件下,才能建立,否则也应由私人经营。尤其值得注意的是,斯密对政府干预经济,提出了尖锐的批评。他以洛克的政治自由主义为依据,指出:"一般说来,政治家和计划者都把人看作是借以达到某种政治目的的工具。计划者妨碍了自然界作用于人类事务的正常进程。自然界建立起自身的秩序所需要的,只是让它保护其本来面目,让它们不受妨碍地追求自己的目标。……使国家从最野蛮的状态发展到最富裕的程度所必需的,只不过是和平、轻税和某种程度的司法行政;所有其他的事情都应听其自然发展。阻碍这种自然趋势、使事物向其他方向发展、力图使社会进步停留在某一点的政府都是不自然的。"②在《道德情操论》中,他把企图用政府的力量来规划或干预经济的政治家和计划者称为"制度人",并讽刺"制度人"说:"一个主张某种制度的人,常常自作聪明,常常为他自认为十分美好的理想政府计划所倾倒,以致他不能容忍一丝一毫的偏离。他坚持不懈地要把它完完全全地建成,毫不考虑可能有某种重大的利益或强烈的偏见会同它们发生矛盾。"③在

---

① [英]亚当·斯密:《国民财富的性质和原因的研究》下卷,商务印书馆 1972 年版,第 252—253 页。

② [英]约翰·雷:《亚当·斯密传》,商务印书馆 1992 年版,第 57—58 页。

③ 转引自《亚当·斯密与〈国富论〉》,吉林大学出版社 1984 年版,第 270 页。

《国富论》中他还把“制度人”称为“狡猾的动物”。

以亚当·斯密为代表的古典经济学家把自己的自由放任主义建立在自然秩序论的基础上。这种社会哲学，在西方思想史上源远流长。近代的许多思想家有自己的“自然状态”的学说。但是唯有洛克的学说才真正为自由放任主义的经济学说所引以为据的自然秩序论奠定了哲学基础。

首先，唯有洛克的社会哲学才断定在自然状态下，人民就具有了财产权，并且把财产权视为一种自然权利，为自然法所保障。无论在霍布斯心目中的“人对人是狼”的自然状态中，还是在卢梭笔下的和平、自由、平等的自然状态中，都没有财产，更没有明确的财产权。在他们看来，私有财产是人类摆脱了自然状态，进入社会状态之后从而产生的。就这一意义而言，财产权不是自然权利，而是社会契约的产物。换言之，在财产权的基础上建立起来的经济秩序不能被证明为自然秩序。而洛克则认为，由劳动而形成的财产权是在自由的自然状态中早已被自然法所确认的。自然状态下的财产权，作为一种自然权利，在进入社会状态时，不但没有放弃，不能改变，而且要求得到更为切实有效的保护。这就意味着私有财产和财产权是在社会契约之外形成的，是借助于经济力量本身自发地形成的。财产权作为一种自然权利，就被确定为古典经济学的不证自明的公理。这样，社会哲学中的自然状态的理论同经济学说中的自然秩序论就统一起来了。

其次，唯有洛克的社会哲学主张的经由社会契约组成的政府，才符合斯密期望的那种“只不过是和平、轻税和某种程度的司法行政；所有其他的事情都应听其自然发展”的“自然的”政府。在斯密看来，只要是这样的“自然的”政府，人民就应当遵守其法律。以法律为行为准则，这并不妨碍人的自由，尤其是经济自由。洛克则说：“处在社会中的人的自由，就是除经人们同意在国家内所建立的立法权以外，不受其他规则立法权的支配，除了立法机关根据对它的委托所制定的法律以外，不受任何意志的统辖或任何法律的约束。”①可见，斯密所要的自由放任与洛克所说的社会状态中的自由，是完全吻合的。经济自由主义和洛克哲学的和政治的自由主义是紧密联系在一起的。

① [英]洛克：《政府论》下篇，商务印书馆1993年版，第16页。

此外,洛克明确地把社会状态称为“公民社会”和“政治社会”,同时又称“在自然法的范围内,按照它们认为合适的办法,决定它们的行动和处理它们的财产和人身”,是自然状态的基本特征。从而把经济领域的问题与社会契约这一政治领域的问题区分开来了。这就对财产权的分配是社会契约的对象还是社会契约的前提这一在近代分歧重重的问题,作了明确的回答。从洛克的前提自然地得出的一个结论是:作为社会契约的产物的国家,不但不能改变作为自然权利的财产权,不能人为地改变财产,也不能和不应去干预个人自主地处置自己的财产,进行经济活动的自由;相反有义务去保护个人的经济自由和既有的财产权。这一结论恰恰是古典经济学家引以为不证自明的公理的信条。此外,洛克的这一见解也为把经济领域从政治和法律的领域中剥离出来,加以独立的考察创造了条件,从而为经济学作为一门独立的学科从广义的包括政治学在内的道德哲学中分离出来,提供了理论前提。

综上所述表明,事实确如马克思所说,洛克是古典经济学家的主要哲学家。正是洛克这位经验主义和自由主义哲学的奠基人,为古典经济学的产生提供了认识论、方法论、伦理观、社会历史观的前提。而古典经济学家在创建自己的学说的时候不但自觉或不自觉地假设了一定的方法论原则、一定的伦理前提和社会历史观,而且,在不同程度上对方法论、伦理观和社会历史观的一些基本问题作出了自己的回答。这些古典经济学家的经济学说无不打上了一定的哲学——世界观的印记。可见,在古典经济学家那里,经济学和哲学之间存在着内在的联系。以为经济学与哲学无缘,是没有根据的。正像赫尔布罗纳在《世界性的哲学家们》①一书中所描述的那样,那些伟大的经济思想家从一定的意义上说,都是哲学家。当然,经过两个多世纪的发展,经济学本身的状况已经与亚当·斯密的时代不可同日而语。哲学与经济学的关系,就其具体形式而言,也与古典时代大不相同。在不同的学派和不同的代表人物那里,也有不同的表现。需要我们作过细的研究,具体的分析。确实也有一些相当流行的经济学派,否认自己的学说蕴含着一定的哲学前提。但是,正如近来现代制度主义学派指出的那样,这些学派恰恰是采纳了一定的哲学学说的。因

---

① R.L.Hellbroner: *The Worldly Philosophers*, New York: Simon and Schuster, 1961.

此，我们既没有理由认为，经济学与哲学无缘，对不同经济学派的研究可以不去考察它们的哲学前提，更没有理由由此推论，在经济学成为显学的今天，哲学已经被排挤到了边缘，成为少数人书斋里的玩物，与蓬勃的经济生活无关。相反，我们需要努力去把握经济学与哲学之间的真实联系，认真地辨析各种经济流派蕴含的哲学前提和内涵，探讨运用正确的哲学观点把握经济现象的途径。

货币哲学何以可能?*

——西美尔《货币哲学》的启示

近年来,国内的哲学界出于对现实问题的关注,纷纷开启了许多新的哲学学科,其中有一些就是对具体学科的哲学研究。继经济哲学之后现在又开始关注货币哲学。开展货币哲学的研究,首先遇到的一个问题就是货币作为一种经济现象,一般属于经济学研究的问题,何以能够成为一个哲学研究的对象,从哲学的维度对货币进行研究与经济学研究究竟是什么样的关系,它对于哲学自身的发展又有何意义?

在历史上,德国的西美尔著有《货币哲学》一书,至今还有深远的影响。本文拟从对西美尔货币哲学的解读,对货币哲学何以可能的问题作一探讨。

西美尔是一个兴趣极其广泛、从事跨学科研究的学者。开设过哲学史、形而上学、伦理学、社会学、社会心理学等课程,在哲学、社会学、文化史等方面都有论述。但是就其学养来说最主要的还是哲学。他的哲学思想是比较混杂的,而且其观点在不断地改变,在哲学史上很难说有什么独特的建树。但是,他在把哲学用于分析社会和文化问题,包括货币问题等方面所作的研究却是富有特色的。

西美尔对货币哲学的研究,同他对社会哲学的研究是联系在一起的。他之所以要强调对社会哲学的研究,是为了克服以经验主义为特征的实证主义的社会学的弱点。认为"实证知识由于其内容的不连贯就必然要竭力设法充实自己以形成世界图景,并与全部生活完整性发生关系"①。他的社会哲学的一个特点是要对作为完整性的社会作出一个哲学的阐释,同时还要就社会的

---

* 本文原载《上海师范大学学报》(哲学社会科学版)2004 年第 4 期。

① [苏]И.С.科恩主编:《十九世纪至二十世纪初资产阶级社会学史》,上海译文出版社 1982 年版,第 199 页。

认识论问题作出论证。《货币哲学》一书也是从这样的角度切入货币问题的。

在认识论上，西美尔的观点，打上了新康德主义的印记。在西美尔的时代，新康德主义是德国哲学的主流，他本人也是从研究康德起家的。他的博士论文讨论的就是康德的哲学，还有研究康德的专著。新康德主义的口号是“回到康德，回到认识论”，“只有超越康德，才能理解康德”。西美尔的哲学也是从康德出发，又试图超越康德，力图以此来提供一幅相对主义的世界图景，作为其社会哲学的基础。

西美尔的论证是从对近代知识观与古代知识观的区别开始的。他认为，古代世界人们追求的是：“我们的思想的目的就是要在转瞬即逝的外表和事件之流的背后找到什么是稳定的和可信赖的，并且由互相依赖发展到自足和独立。”①“思想的第一趋向是在波动之中发现一个固定的结构，聚焦于物质与绝对之上。”②换言之，在古代，人们追求的是绝对的知识，是一幅固定的绝对的世界图景。但是到现代，这种思想的趋向已经被颠倒了。科学本身着力于通过运动去了解现象，已经假定组织的、心理的、伦理的和社会的形式不是绝对稳定的，而是不断发展的。它业已放弃了对事物本质的追求，并且妥协于从我们人类精神的视点来看客体与人类精神的关系。③但是近代科学还是保留了一个固定之点，一个绝对的真理。对此，西美尔并不赞同。他认为真理“是一个相对的概念”④。他还用类似心理主义的新康德主义者朗格的论据，试图说明人的认识是受其心理生理组织的支配的。所有的表象“都是一种特殊的物理和心理组织的功能，它并非以任何机械的方式映照出外在世界”⑤。而认识是否真理，主要取决于对该物种的生存方式是否会产生有益的结果。由于“组织的差异需要每一个物种，为了生存并且达到其生命的根本目的，必须用一种独特的、不同于其他物种的方式行为。”“一个表象指导的行为是否将产生有益的结果并不能被这种表象的内容所决定”。所以我们所谓的真理其实只是能够激发我们的有益的行为的东西。所以，“有多少个不相同的组织和生命状态，就有多少基本不同的真理”⑥。真理的意义其实是在理论和实践的旨趣之间。至

① ［德］西美尔：《货币哲学》，华夏出版社 2002 年版，第 40 页。

②③ 同上书，第 41 页。

④⑤ 同上书，第 44 页。

⑥ 同上书，第 45 页。

于其内容是否同客观世界相符,那是无关紧要的。

鉴于真理的意义在理论和实践的旨趣之间,而认识只是一种功能,其着眼之处是如何达到生命的根本目的,而是否真理也取决于能否激发"我们的有益行为",那么认识也就是一个受到以目的、偏好、情感趋向为特征的价值观念所支配的东西了。这正是新康德主义的弗莱堡学派的价值哲学所着意强调的东西。

弗莱堡学派的价值哲学的一个特点,就是把原本是经济学范畴的"价值"提升为一个哲学的范畴,强调实在与价值的区分。认为不能满足那种自然科学的漠不关心的态度,不能按自然秩序的一致性来对待事物,而要把事物按其内在特性安置在价值秩序中。同他们一样,西美尔也认为"存在"和"价值"是无法相互还原的范畴,两者是互相对立的。评价作为一个意识事实是属于自然的,是自然世界的一部分,但是,评价活动所指涉的意义却是独立于世界之外的,也可以说价值与存在是对立的。但是,价值又可以认为是整个世界,因为我们的世界观对世界的看法都是价值与存在连接在一起的。

与文德尔班等人的价值哲学不同,西美尔没有对价值领域本身的特征及其合法性的依据等哲学问题作出系统的论证。他说价值是什么是一个无法回答的问题。[①]但是,他不仅把价值作为一个哲学的范畴来使用,而且认同了弗莱堡学派将价值置于认识之上的观点,强调价值对认识的支配地位。他对社会哲学的研究,对货币问题的研究都基于这样一种哲学立场。其具体的表现有两个方面,一方面表现在他广泛地使用价值的概念,着重从价值的角度去研究各种社会现象。他对于货币问题的研究,一个着眼点就是要探究货币作为一种经济价值的特点是什么,以及它对人们的整个价值观念的影响是什么。另一方面则表现在他对世界图景的理解之中。他对世界图景的理解也不再是一幅客观的绝对的世界图景,而是一种由人们的价值观念所支配的[②],对世界的理解和解释所达致的世界图景了。这是一种相对主义的世界图景。不过,在西美尔看来,相对主义不等于怀疑主义,更不等于可以主观任意地作出解释和

① [德]西美尔:《货币哲学》,华夏出版社 2002 年版,第 6 页。
② 同上书,第 50 页。

理解。

这种世界图景有如下的特点:首先,是历史的态度。不是去寻求社会现象的绝对的本质,而是考察其历史的演变。对货币的考察也是如此。但是,在西美尔那里,所要达到的目标则既不是历史的规律也不是不断漂浮的流变,而是一种"当下的客观性"。其次,是把社会现象看作是交互作用的产物。它是个人之间的交互作用。但是这种交互作用是主观性之间的交互作用,而不仅仅是一种物质的关系,包含了"个人的主观的需要如何被明确化",从而达到了一种客观真理的理想。这里,西美尔所谓的"客观性"主要是指一种人们一致达成的观念,这种观念可以成为合法性的依据,但是它不是一种外在的客观性。他对货币的考察就是把货币视为这样一种相互关系。强调正是这种关系提供了得以使人们对事物的解释达成最后的一致可能性,并为经济价值的解释提供了总的背景。货币之所以重要,之所以会成为哲学研究的对象,其原因就在于此。第三,是主体与客体之间的交互作用,其中人的心理作用是一个十分重要、不可忽视的因素。他强调,一方面,近代以来,人们已经意识到人从自我中制造了世界。"依据它的感受性与构造的形式,心灵创造了世界——我们能够讨论并且对于我们是真的唯一的世界。但是另一方面,这个世界也是心灵第一源流。"①两者的交感、相互否定形成了无穷的交互作用。由此他得出"经济过程只能在特殊的历史心理群体的背景中才有可能被理解"的结论。

西美尔的社会哲学就是要构筑这样的一个世界图景。在他看来,货币在这幅世界图景中具有重要的地位。他通过历史的考察认定货币在现代社会中处于核心的地位。货币是理解现代社会关系和现代人的观念的钥匙。一方面货币是人们的交往关系中的核心部分,另一方面货币关系对于现代人的价值观念,以至整个的世界观都有着决定性的影响。这不仅仅表现在对以货币为代表的经济价值的追求上,一方面把经济价值作为最重要的价值,另一方面把对货币的追求从手段上升为目的,从而呈现出货币拜物教的特征;而且表现在对质和量的关系态度上,表现在对理智与感情的关系问题上。一方面,近代以来的理智主义——包括经验主义、感觉主义在内——与货币关系的发达、货币

① [德]西美尔:《货币哲学》,华夏出版社 2002 年版,第 50 页。

成为最抽象的符号是息息相关的。另一方面，在货币关系发达的现代，以情感为特点的主观文化消退，而以理性为特征的近代的理性主义就是由于货币关系的发达所达致的。所以货币关系对于现代人的世界观就具有决定性的影响。这样货币就有了超越经济学意义的作用，处于现代世界图景的关键位置。这就回答了货币何以能够成为哲学研究对象的问题，使得货币哲学成为可能。

西美尔对货币的研究之所以被认可为一种货币哲学，而不是一种经济学说，首先是因为他所着眼的是一种相对主义的世界图景。他对货币的研究就是要回答作为社会现象的完整性的现代世界的世界图景问题，而据他对世界图景的理解，这种图景不仅仅是一种客观的东西，而且更主要的是现代人对世界的态度，即我们通常所说的世界观。所以，它就不是对作为经济现象的货币的实证研究，如经济学所为。从而把自己的研究与经济学的研究区分开来。由于他对世界图景的理解，以及他所持有的哲学立场，他对货币的研究就有自己的独特视角。既不同于自由主义经济学所持的哲学前提，即从抽象的不变的人性即“经济人”假说出发的推论；也不同于马克思主义的以历史唯物主义为基础的研究，因为西美尔同弗莱堡学派一样并不认同历史规律的概念。他所说的要“为历史唯物主义建造底楼”，也就意味着历史唯物主义的规律论没有达致根本，经济规律还不是本源性的。“从而，经济生活被纳入精神文化的原因的这种说法仍保证其阐释性价值，而与此同时，这些经济形式却被视为心理学的，甚至形而上学的前提的更深沉的评价和潮流的结果。”①

不论西美尔的哲学立场是否恰当，他对货币的哲学研究，确实加深了人们对货币的认识。其中最为突出的是，货币及其制度化对人们的心理、内在生活、精神品格和整个文化的影响的分析。这种分析，不仅揭示了货币与自由的关系、货币对人们的价值追求之间的关系，而且揭示了货币制度所带来的文化的平均化、客观化、量化，如何使得传统的主观文化为客观文化所取代。这些成果对于文化、思想史的研究有独特的贡献，比如对近代理性主义兴起的原因的分析，就是非常独到的，同时，也加深了人们对现代性问题的认识。在货币关系更为发达的当今世界，这些成果仍然是富有启示的。

---

① [德]西美尔:《货币哲学》，华夏出版社 2002 年版，第 3 页。

此外,西美尔对货币的哲学研究,对于哲学自身的发展也有独到的贡献。一个是他对相对主义的世界图景的分析,实际上对于19世纪中后期,在德国哲学中凸显的“世界观”概念作出了独特的阐释。一个是对价值的哲学研究。尽管他宣称,价值是什么,是一个难以回答的问题,但是,他对目的、欲求与价值的关系问题所作的分析,对于价值次序的重视都是富有特色的,后者直接启示了舍勒的价值层次论。

从这里可以看出,对货币等原来属于具体科学的范畴的哲学研究,要成为可能,要成为既不同于经济学的研究又能够对所论的问题作出有意义的探讨的学科,需要满足以下三个条件:第一,既然是哲学就必须有明确的哲学维度并选择一定的哲学立场。即不能停留于泛泛地就非哲学领域的问题发表意见,或者一般地讨论一些具体的对立统一关系。第二,这种研究必须作出比具体学科更具穿透力的分析。第三,对于哲学自身的发展有所推进。这也许是西美尔货币哲学对我们构建自己的货币哲学的主要启示。

意识形态与社会科学*

——从皮凯蒂对“库兹涅茨曲线”的分析说起

过去的一年里,法国学者皮凯蒂大红大紫,在中国亦然。对他的评论见仁见智。读了他的原书和一些评论之后,颇有一些感触。我最关注的问题有两个,一个是他对财富和分配不平等问题的独到见解,另一个就是他对社会科学作为一种实证知识与意识形态、价值观念之间的关系的见解。

作者在“导言”中提出,围绕像财富和收入分配的不平等问题的争议,往往充满着感情的色彩。因为,这是每个人都关心的。加之,每个人都有对其他人的生活以及不同社会阶层之间权利和支配存在的关系有着自己的独特的观察,并依据自己的观念形成自己的是非判断。而这种带有强烈的主观的色彩侧重于心理维度的观感,非常容易带有偏见。而且“这种对于社会不平等的主观和心理维度的认识,必然会造成科学分析无法缓和的政治纷争的升级”。①换句话说,在这样一些问题上,情绪化的意识形态的特征就会表现得非常明显。而社会科学(值得注意的是,在皮凯蒂看来像财富和收入分配这样的问题不单纯是经济学的问题,需要历史学等其他社会科学的介入,所以是一个涉及诸多学科的社会科学的问题)在研究、处理这类问题的时候,需要有一种科学的客观的态度。否则就没有存在的意义了。所以他强调“应该进行系统的和规范的研究”。因为,“如果没有精确的数据概念方法也许会看清一切,也可能一无所获”。也就是说难以获得清醒的认识。

他在为中译本写的序言里肯定中国的探索的同时,提出“彼此的历史经验是我们最好的指引,我们应该相互学习,抛开一切意识形态,并尽可能地超越

---

* 本文为作者读书笔记,写于 2015 年。

① [法]托马斯·皮凯蒂:《21 世纪资本论》,中信出版社 2014 年版,第 3 页。

国家之间的敌对立场"[1]。此话,如果仅仅从字面上看,似乎作者在社会科学与意识形态的关系问题上颇为极端,否定了社会科学与意识形态的关联,但是如果从全书的论说来看,其实不然。这里仅仅是表达了各个国家的学者在彼此学习和借鉴的时候,希望能够更多地采取客观的态度,以获得清醒的客观的认识,如此而已。

他对于库兹涅茨曲线的分析,就是一个实例。

在20世纪80年代西方新保守主义思潮兴起之后,作为其重要的组成部分的新自由主义经济学,就把"库兹涅茨曲线"作为一个非常重要的学理支撑。使得这一在1950年代中期提出的学说,产生了前所未有的影响力。其要旨就是强调,在市场制度下,"经济增长的大潮会使所有的船只扬帆远航"[2]。这一要旨也被称为"涓滴经济学"。在新保守主义盛行的年代,被纳入里根经济学,通俗化地表述为"高山流水原则"。认定只要富人的财富不断增长,财富就会自动地流向包括底层在内社会的各个阶层。分配正义、政府进行再分配等都被认为是没有意义的。这种理论与福山的"历史终结论"等一起,奏响了乐观主义的大合唱。这样,这一曲线的意识形态色彩就变得更加浓重。

这种学说一度在中国也相当流行。许多学者和官员信奉这一原则,把它视为一种规律。唯增长论或者说增长主义的观念与此息息相关。有时还会引申出进一步的推论。有的论者强调经济增长带来的问题,包括分配不公、贫富分化等等都要靠增长来解决。还有的论者则主张要发展就要"依靠资本不依靠劳动,依靠精英不依靠大众,依靠强势不依靠弱势"。其影响力至今不衰。

如何辨析库兹涅茨曲线。破除其迷雾,确实是一个迫切课题。在这一点上,皮凯蒂的著作确实有其独到之处。

首先,皮凯蒂从对思想史的长期演进考察入手,将库兹涅茨曲线加以定位。按照他的梳理,资本主义兴起之后一直存在两种对立观点的争议。一种认为不平等总会加剧,另一种认为不平等会自然衰减。前一种观点可以称为悲观主义(在皮凯蒂的话语中,预言资本主义将被社会主义取代的学说也属于

① [法]托马斯·皮凯蒂:《21世纪资本论》,中信出版社2014年版,第XV页。

② 同上书,第12页。

悲观主义),后一种则可以称为乐观主义。而库兹涅茨曲线则是乐观主义的一个集中的体现。

皮凯蒂的研究作出的一个重要的结论,就是这种乐观主义是没有根据的。这也可以说是他的著作要着力破除的一种观念。就此而言,皮凯蒂是有自己的意识形态倾向的。无怪乎,他的著作受到了持新保守主义立场的人们的强烈反弹。

对于库兹涅茨曲线提出批评的学说早已有之,为什么皮凯蒂的书会引起如此强烈的反应呢?这是一个值得研究的问题。

看来,最主要的是因为皮凯蒂的书对此作了有根有据的仔细的分析,在此基础上用长历史的可靠的实证材料揭示了这一学说的实证基础是靠不住的。

他的考察从该学说提出的历史入手。指出1953年库兹涅茨发表的著作《高收入群体在国民收入与储蓄中所占的份额研究》,首次运用历史序列的收入分配数据进行分析,处理了美国三十五年间的数据。他肯定这本著作的学术价值,认为这是第一次有人试图从这样大的维度来测量收入不平等的问题。"这不得不说是一项重大的贡献。"①

从这些数据中,库兹涅茨发现了一个以往没有注意到的现象:1913—1948年间,美国的收入不平等显然是减轻了。②皮凯蒂肯定了库兹涅茨首创用大维度来测量收入不平等的问题,对1913—1947年间的收入分配数据进行了分析。由此发现的事实是,这一期间美国收入不平等突然减少。这确实是一个相当重要的现象。正是有了这一数据和事实的证明,它的学说才产生重大的影响,改变了19世纪比较普遍的悲观主义占优势的状况。对市场经济和资本主义的悲观主义的末日的预言就无人问津了。这个现象相当重要,它对学术机构以及国际组织就战后经济进行的辩论,产生了巨大的影响。

起初,库兹涅茨对这个结论还是持非常慎重的态度的。他在其著作中指出,这一现象主要是由于"大萧条"时代和第二次世界大战的多重冲击造成的。也就意味着,这一现象未必是普遍适用的经济规律。③这也许就是这一曲线,受

---

① [法]托马斯·皮凯蒂:《21世纪资本论》,中信出版社2014年版,第12页。

② 同上书,第13页。

③ 同上书,第14页。

到学术界的重视和信任的一个原因。但是后来情况就发生了变化。

1955 年,库兹涅茨以美国经济学会主席的身份正式发表前一年所做的演讲稿《经济增长与收入不平等》,使得"库兹涅茨曲线"理论引起广泛的关注。之所以被视为一种理论,就是因为,它把依据特定时期的数据概括出来的曲线上升为一种普遍的规律。他认为在工业化和经济发展的进程中,收入不平等必定会出现先扩大而后缩小的过程。也就是说到了工业化的"高级阶段",收入不平等就会自动减缓,越来越多的公众会参与和分享经济增长的丰硕成果。在库兹涅茨那里,这就成了"经济发展的内在逻辑"。于是就把原本在一个特定的历史时期出现的某种趋势,描述成"一种理论上可以被其他国家复制的普遍现象"①。

这一转变,使得 1953 年的著作中的科学的数据变成一种意识形态,一种如皮凯蒂所说的"政治武器"。而这一转变的发生与 20 世纪 50 年代冷战时期美国的政治有密切的关系。当时美国政府及其主导的舆论,力图证明其自由资本主义的制度是可以解决收入不平等问题的,渲染对资本主义的乐观情绪,抵制社会主义,同时也力图推动将欠发达国家"并入自由发展的轨道"②。进而把它们纳入美国主导的阵营。正是在这一意义上,皮凯蒂得出了"库兹涅茨曲线""在很大程度上可以看作是冷战的产物"③的结论。

皮凯蒂的这些分析,揭示了一种本来在一定的范围内具有实证的科学内容的学说,如何在政治的推力之下转化为一种意识形态、一种政治武器的内在的机制。其中的一个关键就是将反映特定的国家在有限的历史阶段走向的数据,抽去了它的特定的条件和背景,夸大为"经济发展的内在逻辑"、一种可以到处复制的普遍现象。而这种夸大和不恰当的抽象(即把非经济的原因隐去)的动因则是处于意识形态的动机。

但是皮凯蒂并不满足于揭示这一理论的意识形态属性,而是着力于用历史事实的分析来检验库兹涅茨曲线理论,以进一步回答,它是不是一种"可以在理论上其他国家复制的普遍现象",是不是"经济发展的内在逻辑"? 通过对三百多年的历史数据的分析,皮凯蒂的结论是,这一曲线的"实证基础十分薄弱"④,是

①②③④ [法]托马斯·皮凯蒂:《21 世纪资本论》,中信出版社 2014 年版,第 15 页。

"基于错误的原因"。他依托大数据指出,这一曲线依托的数据所处的年代里,几乎所有发达国家收入不平等的锐减都是源于世界大战和这些国家遭受的剧烈的政治经济冲击,包括政府开始进行再分配在内,而并非单纯的经济增长的内在逻辑所致。缩小是"战争的混乱"以及相伴的经济政治冲击,所以不是循序渐进协商一致,和谐民主,"万象更新的是战争"。①其中包括了一系列的新的公共政策(从租金管制到国有化,以及通胀推动的依靠国债为生的食利者阶层的自然消亡)。②他强调,不平等演化的历史,"不是一条漫长而宁静的河流",它始终是"混乱的,具有政治性的"。"它受到了骤发性社会变革的影响,不仅由经济因素主导,还由社会、政治、军事和文化现象等多方面因素所驱动。"社会经济状况的不平等,"通常既是其他领域发展的原因,也是其他领域发展的结果"③。就此而言,所谓"经济发展的内在逻辑"的说法,从方法论的角度来看也是不足取的。

他还进一步用数据表明,20 世纪 70 年代之后,收入不平等的程度加剧,已经回复到 19 世纪和 20 世纪之交的状况。展望 21 世纪,未来几十年人口和经济增长率都可能减慢,使得不平等的趋势更令人担忧。

正是基于花了十几年的时间进行的实证研究和仔细的分析,皮凯蒂对于新保守主义奉为信条的库兹涅茨曲线的批判使得右翼自由主义者难以招架。如克鲁格曼所说:"右翼似乎无法对皮迪克的观点构成任何实质的反击"。此书"真正新颖的东西,在于它摧毁了保守派最为珍视的神话,这种神话坚持认为,我们生活在一个靠才干的时代,富人的巨额财富都是赚得的,也是应得的。"④

上面就是皮凯蒂对库兹涅茨曲线的分析和批判的基本的内容。从中我们可以看出,在社会科学中意识形态与实证的科学知识之间存在着相当复杂的张力。社会科学中不同的学科不同的问题呈现出非常复杂的情况,有的是着重于学理性的,有的则是偏重于操作性的。它们与意识形态的关系有近有远,有直截了当的,也有比较曲折的。但是,就涉及社会经济制度的一些基础性学

①③ [法]托马斯·皮凯蒂:《21 世纪资本论》,中信出版社 2014 年版,第 279 页。
② 同上书,第 280 页。
④ 林行止、何帆:《解读 21 世纪的资本》,上海人民出版社 2014 年版,第 114 页。

科来说，这种关联确实是存在的。诺贝尔奖得主英国经济学家罗宾逊夫人在其《经济哲学》一书中曾经用经济学说史上的大量事实说明，经济学作为一门研究经济制度的学说，一方面是作为科学研究的方法，具有实证的内容，另一方面总是“每个时期占主导地位的意识形态的载体”①。这是因为“如何一种经济制度都需要一套规则，需要一种意识形态来为它们辩护(justify)，并且需要一种个人的良知促使他努力去实践它们”②。“除非社会成员对于如何处理事件的恰当方法有共同的看法，否则，社会将无法存在；而这些共同的看法是通过意识形态来表达的。”③此说相当中肯，说出了问题的症结。

作为意识形态载体的那些学科，在整个社会意识形态中所处的特殊的地位和功能就在于它必定要具有实证的经得起事实检验的客观的知识，也需要有严密的逻辑，够得上科学的资格。也就是说，它不同于那些以情绪性的表达的形态出现的意识形态，它必须讲出自己的道理并且尽可能地令人信服。因为它所担负的任务是为一种特定的意识形态提供学理性的支撑。就此而言，强调在哲学社会科学的教学和研究中要注意其中所负载的价值观是必要的。

难处在于，如何去作出辨析。既要看透不同学说的意识形态立场及其对于我们自己的意识形态建设已经或可能产生的影响，又要识别其实证的科学的内涵，或者是其中包括的深刻的思想。列宁曾经提醒我们，马克思明确地毫不含糊地指出，“在反动分子(历史学家和哲学家)的学说中包含有关于政治事件更替的规律性和阶级斗争的深刻思想”④。唯有如此，我们才能在一个全球化的世界上与世界各国的学术界对话、交流、切磋，汲取新知识，发现新问题。如果看不清其意识形态的实质，就会听任不良的甚至敌对的意识形态扩大其影响，失去了自己的立场；如果满足于仅仅揭示其与我们不同甚至对立的意识形态的政治立场，进行简单的上纲上线的讨伐，也就难以服众，既不能让国内的读者信服，更不可能在世界范围的争论中，争取更多的赞同者。这里，通过深入细致的学术研究，用科学的证据和逻辑的论证，把这些学说中包含的科学

① Joan Robinson, *Economic Philosophy*, Penguin Books, 1964, p.1.

② Ibid., p.13.

③ Ibid., p.14.

④ 《列宁全集》第20卷，人民出版社1989年版，第197页。

的实证的内容通过何种机制转化为虚假的意识形态梳理清楚，在此基础上把这些意识形态的学理性的论证的错误揭示出来，如皮凯蒂对库兹涅茨曲线所作的分析和批评，是非常重要的一环。而要做到这一点，只有沉下心来，做艰苦的持久的研究工作，否则是做不到的。

恩格斯有一句名言值得我们牢记："简单地宣布一种哲学是错误的，还制服不了这种哲学。"①

① 《马克思恩格斯选集》第4卷，人民出版社1995年版，第223页。

经济科学与意识形态*

听了各位经济学行家的发言，很有收获。我是学哲学的，不过我在大学一年级学得最认真的就是政治经济学，当时赵靖先生给我们上课，非常有兴趣。90 年代以后我做思想史和伦理学，研究市场经济的伦理问题，不得不关注经济学，也读了一些书。但是也有很多问题比较纠结，大家谈的把这些问题点到了。

现在我就这些问题同各位做一个交流。主要有三个。

第一，经济学的科学体系和意识形态到底什么关系？

我们年轻的时候读政治经济学，那时非常强调政治经济学的阶级性、意识形态性。80 年代思想解放，很多争论也涉及这个问题。我的印象中，整个社会对经济学远远比哲学宽容。哲学有很多问题，如异化和人道主义的问题、现代西方哲学的许多流派，受到严厉的意识形态批判。对经济学则比较宽容。对经济学不宽容，或者说强调其意识形态性是什么时候开始的呢？大约十几年前在北京开会，中宣部的一位领导在讲话中批了几种思潮，“公共知识分子”、历史虚无主义等，其中就有经济学中的新自由主义，接下来出了刘国光的文章。现在这个阶段到底怎样？我看得不多，很难判断。从对皮凯蒂的《21 世纪资本论》的评论看，有不少是从意识形态的角度着眼的。我自己的看法是这里有几个不同层次的问题。

首先是对经济学说本身如何看？记得罗宾逊夫人在《经济哲学》中说过，从学说史的角度来看，经济学作为一门研究经济制度的学说，一方面作为科学研究的方法，具有实证的内容，另一方面又总是“每一个时期占主导地位的意

* 本文系作者 2014 年 11 月 1 日在《上海思想界》举办的“新时期的经济学：问题与前景座谈会”上的发言。

识形态的载体”。可以说是科学与意识形态的结合。也就是说,经济学家是从事科学的,但是往往也有自己的意识形态的立场,会在自己的学说中自觉或不自觉地表现出来。有些是相当自觉的,比如哈耶克。但是,如果只是意识形态而没有科学的论证,没有科学的内容,那么也就不能算是经济学的学说了。刚才陈宪先生讲到几个阶段都有这样的问题。科学性不是抽象的,各个不同的历史阶段有不同的内涵。田国强教授曾经引用熊彼特的话说,“科学的”经济学家和其他一切对经济课题进行思考、谈论与著述的人们的区别在于掌握了技巧或技术,即历史、统计和“经济理论”,这三者结合起来才构成“经济分析”。首先,学生要有历史视角和触觉。其次,要掌握数据统计实证分析方法。第三,要有扎实的理论训练,包括逻辑学的训练。问题是,在相当一段时期里我们不重视逻辑。曾经发生过这样的事情:教育部下命令,给招生不足的硕士点亮红灯,还说领导主张取消逻辑学。我们华东师大逻辑学比较强,听了非常惊愕。听说逻辑学界后来拿了联合国规定的六大基础学科中有逻辑学的材料来证明,才放手让继续招生。逻辑学科是保留了,但是轻视逻辑思维的问题并没有解决。不讲逻辑,很多话、很多观念没有逻辑,经不住推敲,这是相当普遍的思维。没有逻辑也就谈不上科学性。中国传统文化中有许多有价值的精髓,但最大的毛病就是没有科学,经验式总结的东西较多,现在称为智慧。大师都在讲智慧。

第二个层面,经济学家作为一个公民,或者说作为一个社会成员,对他所言所写的东西怎么看?情况很复杂。有的经济学家就经济谈经济,或者是专注于经济政策、经济走势的预测,但也有的说说就说到其他的领域去了,甚至是与经济无关的其他问题上去了。最典型的是茅(于轼)老先生,这又是一回事。当然这也与有些经济学说有关系。最典型的是有一段时间,有一种经济学帝国主义,以为经济学的一些假设可以解释所有的社会问题,这种学说也传到了中国。我看过一本中国学者编的书,书名就叫《经济学帝国主义》。在序言中作者就宣称“我们就是经济学帝国主义者”,具体的做法就是将经济学中的经济人假设推广到各个领域甚至推广到伦理道德的领域。这客观上就强化了自己的意识形态意蕴,跑到一个自己不熟悉的领域,不免说一些不当的话。

第三个层面就是，在经济学家的圈子外部，人们是怎么看待经济学的？这又是一个性质不同的问题。比如，经济部门就希望经济学能够为经济决策或其他的社会政策提供咨询，他们关注的就是“拿办法来”“拿准确的预测来”。至于公众，有不少人期望经济学家给他们指点迷津，如何理财，如何买房，等等。这里关注的就是经济学的科学性。当然也有的关注分配公正等问题，这里就会涉及一些意识形态的问题。至于管理意识形态的部门，往往就把注意力集中在意识形态上面，这是社会分工带来的，也有职业带来的视角所难免的局限性。

近来一段时间，从网络上看、从报纸上看、从我参加的会议上听到的一些言论来看，意识形态和科学的关系问题，还是有待澄清的。有一次听到一位先生说，“社会科学（自然包括经济学）要宣传化”，而且说这是学术发展的规律。我听了很惊讶。宣传部门现在确实非常强调意识形态，但是，这样看问题是不是会走向极端？问题很尖锐，需要从理论、历史和现实层面把这个问题澄清了。

从基本理论的层面，其实邓小平80年代初在理论务虚会上的讲话，已经给了我们一个基本的方向。这个讲话非常强调意识形态，第一次提出了坚持四项基本原则，但是他同时又强调要承认我们的社会科学落后了，要发展社会学、政治学等学科（这些学科都是从50年代中期之后，当作纯粹的西方意识形态被封杀的）。至于学说史的层面，刚才，陈宪先生从历史上把经济学发展的几个阶段梳理出来了，把马克思主义政治经济学同以前的经济学以及与现当代的经济学之间的承续的关系问题提出来了，很有启发。如果说这两个都没有关系，这是不符合历史事实的。问题是在不同的时代，马克思主义的经济学说与其他的经济学说的关系也是不一样的，需要具体分析。所处的历史条件不同，要解决的问题不同，就会有不同的情况。而所谓的“意识形态”也是不一样的。改革开放以来，尤其是明确了市场体制的改革方向之后，我们要的意识形态就是为改革开放保驾护航的意识形态，而不再是为计划经济体制做辩护的意识形态了。党的十八届三中全会和四中全会明确了市场要起决定作用，要建设法治国家，我们的意识形态不再是走老路的意识形态。要从这个角度去看经济学与意识形态之间的关系，提高自觉性。为此就需要把意识形态在什么意义上在30年里面支撑中国的改革开放、支撑着社会前进搞清楚。希望经济学界对此作点回顾和总结，看看经济学在这个进程中是如何处理科学性和意识形态性之间的关系的，如何从意识形态上推进市场改革，又如何以自己的科学内涵来推进改革开放的。

从自己读经济学著作的体会来看，我觉得对于学者来说，对于研究者来说，科学性是根本，否则不能给意识形态提供真正的支撑。我们年轻的时候读《资本论》，并不是盲目地崇拜马克思，而是为它的逻辑力量、为它的具有穿透力的观察所折服的。那时我才17岁，译本翻译得也非常拗口，开始一个小时读一页，越读越有味道。所以，科学性是根本的东西。

第二个问题是关于本土化和国际化的问题。这个问题从学科外部看和学科里面看是有很大差别的，即使在外部看也是有很大的差别的。意识形态部门看和经济决策部门看是完全不同的两个视角，两个部门还常常会“打架”。经济部门关心如何进一步开放，就需要国际化，至少要了解全球经济及其通行的规则，了解不同国家的法律。务虚的部门常常担心国际化被敌对势力所利用，现在有的人提出国外的SCI都是有问题的，有的人主张不能作为指标。这些部门有的时候可以不管有没有饭吃、经济如何发展、如何开放。这就要提出一个问题，整个社会来说有分工、有独特的视野是正常的，但是不要过分。过分了会怎么样？历史上教训太多了，不能忘记了。

至于从内部如何看，也就是一个学术本身的问题。但是也有一个其他的学科怎么看和经济学内部怎么看的问题。

我前天看到一篇文章很受刺激。题目是“驱逐鞑虏，恢复中华”。讲的是学术该怎么办。这篇文章属于所谓的“政治儒家”。他们的一贯主张就是，只有儒学才能解决中国问题，在学术上，除了儒学之外都是鞑虏，还主张“脱马甲”。有些极端的人讲这个话不可怕，中国这么大，什么鸟都有，怕是怕影响各级决策者，尤其是教育和社科研究部门的。

至于经济学内部如何对待，冯帅章教授结合自己的工作讲得非常好，给我很大的启发。我的理解主要有两点。第一就是不要回避用外国经济学的方法研究中国问题，这也是一个很好的生长点，可以在这个过程中进一步改善外国的方法，发展就从这个里面来。费孝通的《江村调查》，用的就是马林诺夫斯基的方法，国内外评价都很高，改革开放以后，更为大家所推崇。哲学界我的老师一辈很多大学者有一个说法，对西学不能仅照着讲，还要接着讲、对着讲，最后讲出自己东西。这是一个过程，经济学的国际化和本土化也可以这样理解。这个过程肯定存在，总不能凭空创造世界水平中国本土的东西。第二就是从中国现实的研究中间，提炼出人们没有看到的普遍规律。比如人口老龄化、男女比例失调等对经济的影响，这些都要通过实证研究才能回答。有的时候看一些经济学的文章，往往觉得对中国的真正的问题、真正的情况还是比较隔膜。中国的事情太复杂了，有些情况经济学家说的和老百姓感受到的差别很大，还有很多怪现象真的可以好好研究。昨天电视里放上海理财博览会，镜头里居然都是老头老太太，这也是中国特色，仔细想想这是个很大的问题。我想不明白老头、老太怎么一天到晚理财？可能有一个道理，不少年轻人现在不得不依靠长辈，否则很难，舆论还指责他们“啃老”，这是大的问题。近来读皮凯蒂的书，他提出的承袭制、租金等问题中国有没有？有的话，有什么特点，怎么对待？这要靠我们自己研究。从自己的研究里面，也许我们可以发现一些普遍性的规律来。不能老是空洞地议论这个倾向、那个倾向，一会说这个倾向不好，又说那个倾向不好，就是拿不出什么真东西。这种人我们碰到了很多，最后还要靠自己做。

第三点回应一下陈宪，他最后说的一句话我很赞赏，经济学还要想办法和其他学科进行更多的交流和合作。我看皮凯蒂的书有一个感觉，尽管他的书里面有很多缺点，但是比看别人的书有味道，包括他对社会的观察，对当时文学的分析。另外我在读书过程中，包括我跟老朋友交往的过程中，觉得有一个问题，改革开放以来，对中国社会中国的老百姓，特别是中国的农民是怎么一回事，理解不够。我的老朋友王家范先生专门研究明清经济社会的，他做了很细致的工作，有一段时间把县级政府的档案作了仔细的研究，这些成果不知经济学界是否注意到？我读亚当·斯密的书，印象很深的一点是他对中国的自耕农非常赞赏，中国和欧洲的农民不一样。由此联想到一个问题：“为什么改革开放以来，中国的农民中间能冒出这么多的企业家？”过去都认为农民愚昧、农民落后。有的同仁常常说农民是落后生产力。果真是这样吗？看中国的实际，改革开放初期商品经济的发展是农民用脚走出来的，这是可以观察到的，只是没有统计的数据。我有一个希望，希望我们的经济学界同仁，能够跟搞中国历史、搞经济史的同仁多多交流合作。还有其他学科。现在得诺贝尔经济学奖的有心理学家，学科发展到这个程度，是不是我们也需要进行更多的跨学科研究？现在的教育搞得太死，对学生教师都框得太死，这样交叉的结合点上的生长点就比较少。

摆脱经济学帝国主义的束缚，防止“经济人”假设的泛化*

——经济哲学视野下的企业与政府责任问题

当今中国经济伦理面临的一个突出问题是，已经大批成长起来的自由经营的企业如何担当起自身的责任。有一部分企业，一味地追求自身利益的最大化，尤其是经营者自身利益的最大化，对员工的责任、对消费者的责任、对社会对环境的责任、对出资者的责任以及对国家的义务的担当意识则相当薄弱，等而下之者则尽力逃避责任。诸如无视员工的权利、拖欠员工工资、少交或不交社会保障基金，污染环境而又千方百计地逃避监督、偷税漏税等现象相当普遍。尤其突出的是造假成风，假冒伪劣成为社会公害，不仅侵犯他人的知识产权而且严重地坑害消费者。凡此等等，严重地影响着社会和谐以及经济社会的可持续发展。在此背景下，政府如何转变职能，在承担社会保障等责任的同时，引导和监督自由经营的企业，使之承担起自身应当担当的责任，首先保障员工和消费者的权利，确实是经济伦理研究的一个重要课题。

这一课题涉及许多观念层面和操作层面（包括制度设计与制度的实施）的问题。然而无论是观念的层面还是操作的层面都涉及一个基本的方法论问题，那就是用何种方法、以什么样的基本假设为前提去进行思考。这就需要从经济哲学的视角加以审察。

纵观自20世纪90年代以来中国经济理论的发展进程，可以看到经济学的话语权远远超过伦理学。而经济学界的主流是以西方新自由主义为主导的。其中最突出的一个现象就是将“经济人”假设作为推论的基本前提。在企业伦理的问题上，注意力集中于从利己的动机出发来规劝自由经营的企业家为善，

* 本文原载《第二届世界中国学论坛论文集》，2010年。

因而提出诸如道德资本之类的概念，不仅如此，还试图论证只要市场成熟了，在市场的多次博弈中，从利己的动机出发就可以自发地形成诚信守法的观念，具备担当责任的企业伦理。在政府的制度设计上，一方面认为政府应当把主要的注意力用于支持自由资本，依靠资本而不是依靠劳动来发展经济，劳动者待遇等有关权益问题应让市场的自发机制来解决，一次分配应由市场来解决，政府无需多加干预。另一方面认为应当把公务员看作追求利益和权力最大化的“经济人”，以此来设计政府的制度。对于企业和政府的责任问题的许多看法都是基于这样一种观念之上。这种观念已经相当广泛地普及于知识界和官员之中。这种观念是否恰当，值得研究。

无疑，“经济人”假设是当代经济学的一个基本假设，也是市场经济理论的一个基石。但是，这一假设果真像公共选择学派等经济学帝国主义者所认为的那样，不仅可以适用于分析市场经济中诸多经济现象，而且也适用于分析各种社会现象，包括政治、伦理等问题，具有如此广泛的解释力吗？这是一个不得不加以审察的问题。本文拟作一考察，并在此基础上对企业和政府责任问题的研究方法作些探讨。

一

“经济人”假设，缘起于古典经济学兴起之初。在亚当·斯密那里有一种描述性的说明。这就是人们熟知的《国富论》中的一段名言：“我们每天所需的食料和饮料，不是出自屠户、酿酒家和烙面师的恩惠，而是出自他们自利的打算。”①斯密还认为，人本身有一种“改良自身状况的愿望”，“这种愿望，虽然是冷静的、沉着的，但是我们从胎里出来一直到死，从没有一刻放弃过这愿望。我们一生到死，对于自身地位，几乎没有一个人会有一刻觉得完全满意，不求进步，不想改良。怎样改良呢？一般人都觉得，增加财产是必要的手段。”②据此，人们往往把斯密视为“经济人”假设的倡导者。但是，正如马克·布劳格在

① ［英］亚当·斯密：《国民财富的性质和原因的研究》上卷，商务印书馆1996年版，第14页。
② 同上书，第314页。

《经济学方法论》一书中指出的，真正作出“经济人”假设并加以严格界定的却是约翰·穆勒。

穆勒所作的界定，出自1836年《政治经济学定义及研究这门学问的哲学方法》(On the Definition of Political Economy)一文。这是穆勒早年的一篇论文。这篇重要的论文，中国的学术界比较陌生。值得庆幸的是，近来此文的中译文已经在《海派经济学》集刊上发表。我们现在可以比较准确地了解“经济人”假设的出典了。论文首先论述了科学与技艺之间的区别，论说了作为科学的政治经济学，所要探求的是规律而不是一些行动的规则或戒律。就像土地测量学规则与三角学的规律不能等同一样，也不能把经济学的规律同如何进行经济活动的规则(比如从事贸易规则)混为一谈。经济规律探求的只是一般法则而不是“传授国家致富之道”。此外，政治经济学研究的不是生产活动的物理的方面，也就是说，它不是研究人们如何同自然界打交道的，而是研究生产和分配中与人的精神有关的那些东西的。所以在他看来，政治经济学可以这样来定义：“政治经济学研究的就是取决于人性法则而言的财富生产与分配问题”或者说“这门学科相关于财富生产和分配中的道德和心理法则”。[①]这一定义强调，要把生产中人与自然的关系与人与人的关系加以区分。前者也就是我们通常所说的物质的方面或技术的方面，这不是政治经济学所要研究的。只有人们从事这种活动心理的或道德的方面，才是政治经济学所要研究的问题。

在穆勒看来，政治经济学既然是一种不同于技艺的“科学”，目的是要寻求一般的法则，那么它需要采用的方法就是“归纳推理综合法”或者可以直接称为“演绎法”。他说，“在我们已构建的政治经济学定义中，我们将其刻画成一门抽象科学，它的方法是演绎法。无疑所有杰出的政治经济学家都是这样理解和传授这门科学的”。演绎法的特点在于，“这门科学必然是从假设而不是从事实中进行推论的。它以假设为基础，类似于以定义为名的一些假设是其他抽象科学的基础。几何学预设了对线段的任意定义‘线段是有长度而没有宽度的’。同样，政治经济学预设了一个对人的任意定义，把人看作必然是在

① 《海派经济学》第6辑，上海财经大学出版社2004年版，第135—136页。

现有知识水平上以最少劳动和最小生理节制获取最多必需品、享受和奢侈品"①。这一段文字就是"经济人"假设的经典表述。其具体的内涵就是"把人看作必然是在现有知识水平上以最少劳动和最小生理节制获取最多必需品、享受和奢侈品"②。或者说,"只把人看作是渴望占有财富,并能对达到目的的各种手段的有效性进行比较"③。他"宁可要较大份额的财富而不要较小的财富"。简言之,就是把人看作是理性的、自利的、谋求利益最大化的。这也就是后来西方主流经济学对"经济人"的界说的基本内涵。

穆勒在这里着重强调的是,对人的这种定义,仅仅是一种假设,是一种抽象,一种任意的定义,而不是对人事实上是什么所作出的论断,更不是对人的本质的全面概括。当这一假设把人视为仅仅是要取得财富和消费财富的时候,就把在"财富欲望""厌恶劳动"和"对当下纵乐欲求"之外的所有的人类感情和动机(如爱慕、良心、义务感以及对人类福利的关心等)全部抽取掉了。之所以要做这样的一种抽象,是因为"有一些特定的人类事务,其主要的公认的目的就是获取财富"。这种特定的人类事务也就是市场中个人的经济行为。只有抽象出来,才能把这种经济活动与其他的活动加以区别,以便对这类经济现象进行科学的研究,揭示出它的规律来。在穆勒看来,这是诸多简单的假说中,"最接近真理的假说"④。

但是这就像几何学一样,它只是在抽象意义上为"真",也就是说,只是考虑到"全部场合种类中共有的一般的原因",而不是全部原因。在现实社会生活中,没有哪一个人的终生活动仅仅受追求财富的动机而不受任何其他冲动的直接或间接的影响。若考虑到出于非财富追求的其他动机和行为,那么,就一般而言,财富甚至不是人的主要目标,经济学"也并没有假装它的结论可用于对这部分非追求财富行为进行解释"。穆勒指出:"没有一个政治经济学家会如此荒谬地认为人类事实上如此。但这种假设是这门科学研究的必要方法。当一个结果取决于几个同时发生的原因时,如果我们想通过这些原因预测或控制结果的话,就必须一个一个地研究这些原因,研究它们各自

① 《海派经济学》第6辑,上海财经大学出版社2004年版,第140页。

② 同上书,第138页。

③④ 同上书,第137页。

的法则。"①

总之,在穆勒那里,"经济人"仅仅是一个假设。它不是事实上的人。是在一个有限的范围内才有意义的一个假设。

二

穆勒所作的"经济人"假设,有一个严格的界定。首先它是一个适用于人类某种特定事务的假设,这种特定的事务就是指市场中间的人们的经济行为。因为在市场中,每一个个人都是作为一个独立的经济主体出现的。而作为一个经济主体,从事经济活动(包括谋求生计的活动)的一个基本的动机,就是谋求利益的最大化。当人们进入市场从事交易时,既不像从事慈善活动那样,出于对弱者的同情,从利他的动机出发,也不像给亲友馈赠那样出于亲情、友情或对家族成员的义务。对市场中人们的经济动机的这种假设,比较确切地揭示了人们在市场中的经济行为,就这一意义而言,确实是"最接近真理的假说"。这也阐释市场经济的学说,一般都把"经济人"假设作为基本的前提、历久不衰的一个原因。经历了市场经济的洗礼之后,这在当今的中国已经成为一种常识。回到这种常识,人们的经济动机得到了肯定,大大地调动了人们从事经济活动的积极性,使得我们的经济生活充满了活力,进而也使得整个社会的活力得以激发。同时,由于引入"经济人"的假设,我们的经济政策、经济体制和机制的设计,也开始注意到在市场中人们的行为这样一个特点,注意对个人的经济动机的引导,利用各种激励机制来调动人们的积极性。

不过,在穆勒看来,一旦超出了这个界限,把"经济人"假设推广到其他的领域,把"经济人"当作事实上的人,由此作出,人只有利已的动机,对于各种社会问题,无论是经济问题还是伦理问、政治制度的设计问题,都只有从自利的"经济人"出发才能得到合理的解释,那就会陷入荒谬。此外,穆勒还认为,即使在经济生活中,这一假设的适用范围也是有限的。因为,在穆勒看来,还可以有另外的一些假设,或者可以把人视为是与他人联系的,因而会产生诸如爱

① 《海派经济学》第 6 辑,上海财经大学出版社 2004 年版,第 138 页。

慕、良心、义务感，或者把人视为生活在社会中人，即是构成人类整体的一分子，因而会关注整个社会、以至全体人类的福利。如果从后一种假设出发，所考虑的就不仅仅是人类的自利的动机，而是考虑人类的利他的动机。穆勒后来所作的《政治经济学原理》一书，以“及其在社会哲学上的运用”作为副标题，决非偶然。这个副标题，意味着穆勒力图“把政治经济学”扩充为“社会经济学”。这本发行量极大的教科书的一个特点就是在分析经济问题的时候，不仅仅是从“经济人”假设出发，即把从事经济活动的人视为自利的人，而且也把人视为关心社会福利的人，把利他的动机也纳入经济分析的视野，同时对各种社会关系以及历史的因素作了许多具体的分析，力图把经济学从李嘉图以来的英国经济学家的教条精神中解放出来。

后来西方主流经济学中，对穆勒的观点持有异议的大有人在，尤其是当代新自由主义的经济学派。他们不仅把“经济人”假说当作“事实上的人”，把“自利”视为人的不变的唯一的本性，并推行一种“经济学帝国主义”，把这种假设推广到伦理、社会、政治等诸多领域和学科，将集体行为、利他主义等都视为出自利己的动机。这类学说，如果仅仅作为一种抽象的理论，可以展示出，在私利的动机下，人们的行为会产生何种结果，对于认识市场的特征还是具有一定意义的。但是，如果把这种假设和推论视为真理本身，而且视为唯一具有解释力的普遍适用于社会生活各个领域金科玉律，那就像穆勒所说的那样，会陷入荒唐的境地。与此相比，穆勒对“经济人”假设的适用范围所作的严格的界定，其谨慎的态度还是值得肯定的。这一点对于当今中国的思想界尤为重要。至20世纪90年代以降，那种用人的自利动机来解释一切的说法，经常见诸报端，在社会科学的各门学科中也颇有市场。这种情况的出现，固然与当今西方自由主义在经济学中的霸主地位和经济学帝国主义的盛行有关，但是还有其特殊的背景。其中有两个原因是最为突出的。一个是，在向市场经济体制转变之初，经济动机突然被解放出来，社会上形成一个旺盛的利欲冲动，有时甚至是一种狂热的冲动，这种冲动需要学理的支撑，舆论的支持。另一个原因是，由于严格的科学训练不足，由于对学理性的抽象理论与其应用之间的区别缺乏足够的认识，往往难以理解抽象科学中的“假设”的特征，往往会离开了这种“假设”在假定时所蕴含的前提条件，以及其适用的限度，不适当地把假设当作了全部的真理,当作事实本身。或者把为了考察的需要,把抽象出来的单一的原因,当作了原因的全部。

现在,我们已经步入了健全经济秩序、规范市场行为、着手解决市场本身所不可避免的那些弊端、着力建设和谐社会的时期,理应更加冷静地用科学的态度来对待经济生活和社会生活。各门学科也进入了一个从急吼吼地引进外域的观念以适应急剧的变化转向潜心建立自己的学说的阶段。这时,体味一下穆勒对"经济人"假设所持的谨慎冷静的态度、他将科学原理的抽象假设与实际生活和抽象原理的实际运用加以严格区分的科学态度,无疑是一服有益于健全思维的清醒剂。

三

"经济人"假设是通过两重抽象得出的。一是把市场经济中人的行为从整个社会中抽象出来。二是把个人从经济关系中抽象出来,单独考察人们的动机。因此,对"经济人"假设的合理性的评价,必须检验这两重抽象的合理性。

第一层抽象,是把经济生活,尤其是市场中的经济活动从整个社会生活中抽象出来。这种抽象应当说有一定的合理性。这种合理性,与近代以来经济生活的独立化有关。马克思在《政治经济学批判(1857—1858 年草稿)》中把人类的历史划分为三种形态。第一种形态的根本特征是"人的依赖关系"。第二种形态的特征是"以物的依赖性为基础的人的独立性"。"在这种形态下,才形成普遍的物质交换,全面的关系、多方面的需求以及全面的能力的体系。"第三形态的特征是"建立在个人全面发展和他们共同的社会生产能力成为他们的社会财富这一基础上的自由个性"。消灭了"异化",实现了人的本质的复归。也就是说,能够做到"物物而不物于物",成为物的主人。①在第一种形态下,人对人的依赖关系是主要的。这种依附关系下,经济生活并没有独立。如恩格斯所说,经济关系是被各种宗法关系、人伦关系等所掩盖和掩饰着的。在第二种形态下,物的依赖关系成为基础,这样经济生活就独立化了。对经济生活的

① 《马克思恩格斯全集》第 46 卷下,人民出版社 1979 年版,第 104 页。

独立的抽象的研究就成为必要。经济学作为一门独立的学科也就应运而生。但是,“经济人”假设在对市场“这种特定的人类事务”作出抽象的时候,显然把许多对于经济生活来说非常重要的东西(一个是物质资料的占有方式,也就是所有制和财产权,一个是规范市场的各种法律和法规,以及历史上形成的惯例)抽象掉了,单纯地考察人的行为动机,而没有追问动机背后的物质的客观的原因。因而,从这一假设出发的推论,不仅往往与现实有很大的差距,而且会掩盖许多基本的事实。这一点,穆勒在撰写《政治经济学原理》的时候已经意识到。在那里,对经济问题的分析,就不是按照“经济人”假设出发进行演绎推论的。

“经济人”假设所作的第二层抽象,也就是把个人从整个社会关系中抽象出来。这与人的独立性是相关的。马克思在谈到这种独立化的个人时指出,这“一方面是封建社会形式解体的产物,另一方面是十六世纪以来新兴生产力的产物”①。“我们越往前追溯历史,个人,也就是进行生产的个人,越从属于一个更大的整体”。“只有到十八世纪,在‘市民社会’中,社会结合的各种形式,对个人来说,才只是达到他私人目的的手段,才是外在的必然性。”②这也就是说,在市场经济这样一种“市民社会”中,确实存在着个人独立化的倾向。而把个人从社会关系中抽象出来的原子主义的方法,这是这种独立化的理论的表象。但是,在马克思看来,这一时代同时也是“具有迄今为止最发达的社会关系的时代”。“人是最名副其实的社会动物。”③马克思认为,抛开了最发达的社会关系,抛开了这种个人产生的具体历史条件,把这种个人不是看作历史的结果,而是看作历史的起点,把它看作是自然造成的、永恒的,那只能是一种“错觉”④。这是一个不断为事实所证明的科学的论断。

由此看来,“经济人”假设作为研究在私有财产权存在的市场经济中人们的趋利行为的一种方法,无疑是可以和应当采用的。但是,这仅仅是一种假设,即使用以说明经济生活也是远远不够的。至于把它当作超历史的不变的、永恒的人类本性,以此出发推论人类的所有行为,去回答社会的伦理的政治的

① 《马克思恩格斯全集》第 12 卷,人民出版社 1962 年版,第 733 页。
②③④ 同上书,第 734 页。

各种问题，那就会编造种种“错觉”，误导公众。在企业经营自由与社会责任以及在政府责任问题上也是如此。

四

穆勒在其后期的著作将政治经济学扩展为“社会经济学”的同时，在《功利主义》一书中，已经提出个人有其趋乐避苦的追求但是人的快乐包括了精神上的快乐，其中包括了行善的快乐。这是因为人是有社会感情的。这种“与大众一体的感情深植在我们的性格之中”而且会随着社会交往的发达而进一步增强。因此作为一个事实上的人，是有社会感情的，是会领会到自身与“大众一体”的，而不仅仅是一个“经济人”。

穆勒的这种观点，在19世纪下半期西方的社会政治思想中，已经有相当大的影响，并得到进一步的发挥。在英国，如巴克在《现代英国政治思想》[①]一书中指出：从格林（T.H.Green）开始的新哲学强调的是：个人生命和社会生命之间的关联——唯有社会生命给予个人以充分道德发展的力量；个人及其全部权利和全部自由对社会成员的依赖性；而社会则负有保证个人权利的义务。这种哲学接受了希腊哲学家关于穷人是富人的同胞，而政治家理所应当地必须考虑整个国家的幸福的观念。与这种哲学相呼应的还有在法学、政治学、文学等领域中的一批思想家，形成了一股相当广泛的思潮。一起抨击“经济人”假设泛化，强调科学能够研究的人只能是完整的人——具有全部感情和社会关系的人。教导读者起来批判抽象的经济人，以及经济动机的抽象概念。要大家相信，要从完整的人出发，把社会感情和经济动机结合起来，同时强调国家的作用。而国家的宗旨不在于为经济人放手发展生产扫清道路，而在于改善条件，使完整的人能够用手中的工具建立美好的生活。主张国家要负责养老、就业和教育等责任，同时对工人的权利实行一定的保障。在德国，李斯特提出的国民经济学突出地强调了“道德人”的概念，主张以此取代“经济人”的概念。这里所谓的“道德人”就是一个通过爱国主义的纽带同作为实体的国家

① ［英］巴克：《英国政治思想——从赫伯特·斯宾塞到现代》，商务印书馆1987年版。

联系在一起的个人。个人作为一个国家的成员，与其他的社会成员“拥有共同的政府、共同的法律、共同的利益、共同的历史、共同的荣誉、共同的防御和保护他们权利、财富和生命的制度”①。另一些思想家则将以“经济人”假设为基础的契约关系的作用加以限制，将契约关系为基础的“社会”与一传统的礼俗关系为基础的“共同体”加以区别，突出强调在市场经济条件下，共同体的礼俗关系在社会生活中的作用(如滕尼斯)。

这些观念上的变化、公共舆论的变化，在企业自由和政府责任的问题上，也引发了变化。一方面，在企业经营自由的问题上，已经不再完全从“经济人”假设出发，把追求利益最大化作为企业的唯一的目标，而是将工人权利的保障，企业对社会的责任纳入了视野。另一方面，国家不再局限于保障自由竞争和契约自由了，使自己发挥更多的作用。如制定工厂法，在一定程度上开始注意保障工人、被雇佣的劳动者的一些基本的权利。同时要为每个人和全体国民提供有道德的生活的条件。有些国家则开始着手建立社会保障制度。尽管其宗旨可能仅仅是出于上层对下层的家长式的同情和关怀，出于维护其基本的制度，但是摆脱“经济人”假设的抽象，确实是一种观念上的趋势，而且对社会的实际生活产生了影响。这种影响，在整个西方社会打下了烙印，至今依然存在。

在新自由主义盛行、自由主义重新成为主流的今天，我们之所以要回顾这一段历史，就是要证明，西方市场经济发展的历史进程，并不是一部自由主义及其“经济人”假设独步天下的历史。它之所以能够维系，能够在企业责任和政府责任的问题实现一定程度的文明化，今天能够给我们提供一些有益的借鉴，原因就在于它并不是完全按照“经济人”假设的抽象来设计其制度和制定政策的。当今新自由主义重新强化“经济人”假设的地位，并且倡导经济学帝国主义，将经济人假设推广到政治伦理等领域，有其特定的历史背景，也许其中一个重要的原因是希望克服政府的弊端，以及过分的福利制度带来的效益的下降。尽管在学理上，新自由主义是强势，是主流，但是也没有改变那些超越了“经济人”假设所制定出来的制度、法规和惯例。

① [德]弗里德里希·李斯特：《政治经济学的自然体系》，商务印书馆1997年版，第208页。

由此可见,在考察当今中国的企业责任和政府责任的问题时,我们不能追随新自由主义的经济学帝国主义,仅仅从"经济人"假设出发,而必须从事实上的人、从完整的人、从与整个国家和社会的命运紧紧联结在一起的人出发,也就是要从现实的社会关系、从中国特有的国情和历史出发,既要摆脱把社会分解为自足的个人的原子主义方法,也要摆脱把个人视为单纯追求利益最大化的个体的方法。只有这样,才能回答为解决中国的实际问题作出有益的探索。

第二篇

社会主义市场经济的伦理辩护问题

社会主义市场经济的伦理辩护问题*

在20世纪末初步建成社会主义市场经济体制，是新时期的伟大历史任务。要完成这一伟大的历史任务，不仅经济学的理论负有重大的使命，哲学和伦理学同样也责无旁贷。近年来，伦理学界已经就市场经济与道德建设的关系、市场经济的道德要求、市场经济条件下道德建设的途径和方法等问题，作了理论的探讨、实证的调查，也提出了一些可供操作的方案，取得了可喜的成果。现在有必要在此基础上，把经济伦理的研究更加深入、系统地开展起来。笔者认为，把社会主义市场经济的伦理辩护问题提上日程，是不可或缺的一个环节。而认真学习邓小平建设有中国特色社会主义理论，尤其是关于社会主义的价值目标的论述，将为我们回答这一问题提供坚实的基础。

一、社会主义市场经济伦理辩护问题的意义

所谓社会主义市场经济的伦理辩护问题，是指从伦理观、价值观上辨明社会主义市场经济体制的合理性、可行性和正当性。价值领域是人的需要、目的同合乎理想的可能世界的结合。如果说，事实的领域涉及“是什么”，那么价值的领域、伦理的领域涉及的则是“什么是合乎理想的”“正当的”“应当或值得追求的”。就经济体制来说，一方面人们要认识它的事实存在及其运行机制，另一方面又总要从价值上辨明它是不是值得追求的、合乎理想的。

从历史上看，任何一种新的经济体制都要求有伦理上的、价值观上的辩护，只有从伦理上得到辩护的经济体制，才能建立起一条道德的纽带，把从事经济活动的人联结起来，使他们赞同这种新经济体制的合理性，从而自愿地遵

* 本文原载《毛泽东邓小平理论研究》1994年第5期。

循其运行规则。如果得不到价值观、伦理观上的辩护，它的规则就无法为人们所接受，新制度便难以建立，其规则也不可能得到遵循。新中国成立初期，农村高唱“地主与农民，到底是啥人养活啥人？”城市中普及社会发展史，辨明“劳动在从猿到人过程中的作用”，就是为社会主义基本制度所作的伦理辩护，并且为它建立在价值观上提供了条件。

其实，西方近代从自然经济向市场经济的转变，也经历了一场持续几个世纪的伦理辩护。我们甚至可以说，市场经济的伦理辩护实际上是西方近代伦理学说和经济学说的中心议题。就近代市场经济发展最典型的英国而言，从休谟、亚当·斯密和赫起逊为代表的苏格兰启蒙运动，到同古典政治经济学紧密结合在一起的以边沁、穆勒为代表的功利主义伦理学说，经济学和伦理学之间的联姻，就是以这一议题为纽带的。直到今天，这一议题仍然是西方理论经济学和伦理学关注的焦点之一。

英国著名经济学家罗宾逊夫人，在概括西方经济学说史时写道：“任何一种经济制度都需要一套规则，需要一套意识形态来为它们辩护，并且需要一种个人的良知促使他们去努力实行这些规则。”这一结论可视为反映了发达国家发展市场经济的一般规律的一条基本经验，值得我们借鉴。它从一个侧面启示我们，在着手建立社会主义市场经济体制的时候，必须进行有力的伦理辩护。

从中国现时的国情来看，这种辩护更具有迫切性。

首先，经济体制的改革是一场十分深刻的变革。邓小平一再告诫我们，改革，一方面是社会主义基本制度的自我完善，另一方面，又是一场深刻的革命。他指出“改革是中国的第二次革命”。它“是翻天覆地的变化”，“改革涉及人民的切身利害问题，每一步都会影响成亿的人”①。这样一场大的变革，必然在人们的价值观念上产生极大的震动。如果不能从几千年自然经济和几十年计划经济下形成的价值观念中摆脱出来，人们就难以在观念上承受改革所带来的变化。现实生活表明，改革过程中出现的曲折和困难，往往同自然经济和计划经济的价值观念有关。那种把改革开放说成是引进和发展资本主义的“左”的

① 《邓小平文选》第3卷，人民出版社1993年版，第113页。

观念，不仅有认识上的根源，而且在价值观念上也步入了误区。邓小平一再要求我们“解放思想”“换脑筋”，不仅要人们从认识上，而且要从价值观念上获得解放。不仅要换掉错误的认识，也要换掉不恰当的价值观念。伦理辩护正是“解放思想”“换脑筋”的一个不可或缺的组成部分。

其次，从高度集中的计划经济体制向社会主义市场经济体制转变，是在党的领导下自上而下地、有计划有领导地、自觉地实行的，它不同于近代西方从自然经济向市场经济的自发转变。自发的转变过程尚且需要伦理辩护，自觉的转变就更需要从伦理价值观上得到辩护，才能使实施这种变革的干部和群众，在明确的价值目标下，自觉自愿地去实现这场变革。

第三，建立社会主义市场经济体制，是史无前例的创举。历史上有与资本主义基本制度相结合的市场经济的先例可以援引，也有社会主义计划经济的现成模式。二者在不同国家和不同时代都曾从伦理上得到过辩护。现在，面对着这样一个全新的未曾见过的可能世界，人们往往容易从各自不同的利益和自觉不自觉地接受的各不相同的价值观念出发，对其道义上的正当性，作出各种不同的评价。有的从计划经济的观念出发，否定社会主义市场经济的道义上的正当性；有的则相反，自觉不自觉地用西方传统的价值观念来对待它，要求照搬自由放任的市场经济模式(即所谓“自调节市场”)，不承认与社会主义基本制度相结合的、由国家宏观调控的社会主义市场经济体制在道义上的正当性，甚至主张抛弃社会主义的价值目标。这种情况固然是历史转折关头难以避免的，但是在现实生活中却影响着并已经影响了为建立社会主义市场经济体制而采取的许多改革措施的贯彻执行。可见，社会主义市场经济的伦理辩护问题已经显得十分迫切。哲学、伦理学工作者理应承担自己的不可推卸的责任，寻求这一问题的答案，并普及于群众之中，为社会主义市场经济的顺利建立和健全发展作出自己的努力。

二、邓小平关于社会主义的价值目标的论述是回答社会主义市场经济伦理辩护问题的指南

伦理辩护问题不是一个事实问题而是一个价值问题，因此首先必须有一

个价值目标和评价标准作为研究的指南。就社会主义市场经济的伦理辩护问题而言，必须首先明确它的总的价值目标，才能具体地辨明它的体制及其主要的组成部分在伦理上、道义上是正当的。邓小平建设有中国特色社会主义理论，特别是关于社会主义本质的论述，已经对社会主义的价值目标作了明确的论述、详细的说明。它为我们具体地研究和回答社会主义市场经济伦理辩护的种种问题，提供了坚实的基础。据我的理解，主要有以下几个方面的内容。

第一，发展生产，消灭贫穷。

针对"四人帮"叫嚷要搞"穷社会主义""穷共产主义"的主张，邓小平根据马克思主义的历史唯物主义观点，反复申述"社会主义要消灭贫穷。贫穷不是社会主义，更不是共产主义"①。这一论述在价值观上澄清了多年流行的那种把社会主义、共产主义主要视为精神价值，轻视甚至贬斥物质的功利价值的观念，明确地把致富和"小康"作为一个值得追求的价值目标肯定下来。这在中国人的价值观念上是一大解放。同时，邓小平还针对"四人帮"把人民群众的个人利益同全社会的整体利益绝对地对立起来、全然贬斥个人致富的主张，明确地肯定，"勤劳致富对个人来说是正当的"。这就在伦理上肯定了追求物质的功利价值之正当性。既肯定了对全社会来说发展生产，消灭贫穷，提高全体人民的生活水平是一个值得追求而且应当追求的目标，又肯定了个人通过诚实劳动和合法经营谋求富裕生活在伦理上是合宜的。邓小平还制定了在 20 世纪末人民生活达到小康，再过三五十年力争接近世界中等发达国家水平的宏伟战略目标。从价值论的角度看，这一目标可视为物质的功利目标。建立社会主义市场经济体制的首要目标即在于此。

第二，坚持独立自主，提高综合国力，使中国人民"永远岿然屹立于世界民族之林"。

邓小平指出"用一百年时间把我国建设成中等发达国家"的战略目标，提出要用是否有利于增强综合国力作为检验各项工作的标准，强调要坚持独立自主，等等，贯穿的一个基本思想就是要使中国强大起来，实现近代以来无数中华民族的优秀儿女前赴后继为之奋斗的理想。从价值论的角度来看，就是

① 《邓小平文选》第 3 卷，人民出版社 1993 年版，第 63—64 页。

把中华民族的振兴、强盛作为一个价值目标。在这一意义上，建设有中国特色社会主义理论，不只是符合中国特殊国情的理论，而且是“为了使中国强盛”的理论。这就把中国传统的爱国主义精神和革命战争年代的爱国主义，推向一个新的阶段。我们可以称之为社会主义的爱国主义。改革、开放的宗旨即在于此。正是有鉴于此，邓小平同志一再告诫我们：“对我们的国家要爱，要让我们的国家发达起来。”

第三，“走社会主义道路，就是要逐步实现共同富裕”。

针对长期流行的“平均主义”的价值观念，邓小平同志提出了让一部分人、一部分地区先富起来的主张，指出平均主义不是社会主义。这些论述在价值观上起了解放思想的积极作用，为经济体制改革在观念上奠定了基础。同时，邓小平同志指出，让一部分地区先富起来，是希望先发展的地区带动后发展的地区，最终达到共同富裕。他反复强调，作为一种价值目标，“社会主义的目的就是要全国人民共同富裕，不是两极分化”①。“社会主义与资本主义不同的特点就是共同富裕，不搞两极分化。”②因此，这一价值目标也是检验改革成败的一个标志。“如果导致两极分化，改革就算失败了。”③这个价值目标，并不是可望而不可及的康德式的“自在之物”，而是必须贯穿于全过程的指导原则。邓小平在 1990 年 12 月的谈话中说：“共同致富，我们从改革一开始就讲，将来总有一天要成为中心课题。社会主义不是少数人富起来、大多数人穷，不是那个样子。社会主义最大的优越性就是共同富裕，这是体现社会主义本质的一个东西。如果搞两极分化，情况就不同了，民族矛盾、区域间矛盾、阶级矛盾都会发展，相应地中央和地方的矛盾也会发展，就可能出乱子。”④这番高瞻远瞩、语重心长的话告诉我们，共同富裕乃是体现社会主义本质的价值目标，是目的和理想，而让一部分人、一部分地区先富起来是逐步实现价值理想的不可或缺的手段。手段和目的必须统一，但两者又不容混淆，更不能用手段来取代目的。正是这一目的，把中国共产党人一贯坚持的“为人民服务”的宗旨在新的历史

① 《邓小平文选》第 3 卷，人民出版社 1993 年版，第 110—111 页。
② 同上书，第 123 页。
③ 同上书，第 139 页。
④ 同上书，第 364 页。

条件下具体地体现出来了。邓小平同志的这些论述,我们可以概括为社会主义的公正原则。按照这条原则,平均主义是不公正的,两极分化也是不公正的。而逐步实现社会主义的公正原则,正是经济体制改革的价值目标。

第四,建设社会主义精神文明,"教育全国人民做到有理想、有道德、有文化、有纪律"。

精神文明是可有可无的还是必不可少的,是发展经济的手段还是自身就是值得追求和应当追求的价值目标,对此,邓小平的答复是十分明确的。"我们为社会主义奋斗,不但是因为社会主义有条件比资本主义更快地发展生产力,而且因为只有社会主义才能消除资本主义和其他剥削制度所必然产生的种种贪婪、腐败和不公正现象。"①作为社会主义本质特征之一的精神文明和"四有"新人的培养,作为一种价值目标也是贯穿于全过程的,它同样也是检验标准。邓小平在批评社会风气变坏的现象时指出:"风气如果坏下去,经济搞成功又有什么意义?会在另一方面变质,反过来影响整个经济变质,发展下去会形成贪污、盗窃、贿赂横行的世界。"②可见,他不但把精神文明建设当作社会是否会在精神方面变质的根本问题,而且当作包括经济基础在内的整个社会是否会变质的根本问题。就此而言,精神文明乃是社会主义不可或缺的价值目标。我们可称为社会主义的精神价值原则。

上述四个方面构成中国社会主义现代化建设的完整的价值目标。这四个方面是相互联系、不可分割、缺一不可的。如果忽视功利价值,不懂得"发展才是硬道理",只讲精神价值和正义原则,在理论上就会陷入唯心主义的"伦理社会主义",在实践上就会重蹈覆辙,使社会主义理想失去其应有的吸引力,最终连精神价值和正义原则本身也丧失殆尽。如果忽视精神价值和正义原则,片面地把发展和现代化,甚至把经济增长视为唯一的价值目标,把"发展"上升为"主义",忘记了"现在我们搞四个现代化,是搞社会主义的四个现代化,不是搞别的现代化",在理论上会陷入纯经济主义,在实践上同样会使社会主义事业失去对广大人民的吸引力,到头来"发展"也会成为一句空话。

① 《邓小平文选》第3卷,人民出版社1993年版,第143页。
② 同上书,第154页。

建设有中国特色社会主义理论,根据新时代的特征和中国的具体国情,发展了马克思主义,也纠正了一些不适合时代特征的结论。但是它的基本原则,它为社会主义所确定的价值目标,同马克思、恩格斯为社会主义、共产主义规定的价值目标是一脉相承的。马克思和恩格斯在《共产党宣言》中提出,未来的理想社会"将是这样的一个联合体,在那里,每个人的自由发展是一切人的自由发展的条件"①。1884年,恩格斯写下了题为《论未来的联合体》的一篇手稿,阐发了《宣言》的设想。他写道,古代的联合体,包括希腊的城邦、中世纪的城市或行会、封建的土地贵族联盟等,虽然也都是为经济目的服务的,但都带有"来源于氏族社会的回忆、传统和象征"的"意识形态的附带目的",并且把这种"附带目的""奉为神圣"。

"只有资本主义的商业社会才是完全清醒和务实的。然而是庸俗的。""未来的联合体将后者的清醒同古代联合体对共同的社会福利的关心结合起来,并且这样来达到自己的目的。"②这里,恩格斯十分明确地把重视功利价值视为资本主义及其市场经济体制优于古代社会之处,并且将这种"清醒"和"务实"的精神视为"未来联合体"必不可少的甚至是首要的价值目标。同时,他又批评资本主义是"庸俗的",主张"未来的联合体"应当把古代社会对"社会的共同福利的关心",对精神价值的重视同"务实""清醒"结合起来。这段精辟的论述是马克思恩格斯关于社会主义价值目标的思想要义所在。建设有中国特色的社会主义理论,正是这一要义的现代发挥和发展。它要求我们把"务实""清醒"同中华民族自古以来注重社会的共同福利的传统伦理精神结合起来,把脚踏实地的经济建设同中国共产党人一贯坚持的全心全意为人民服务的崇高精神统一起来。

邓小平建设有中国特色社会主义理论的一大突破,是打破了计划经济等于社会主义、市场经济等于资本主义的思想模式,把计划和市场视为社会主义同资本主义都可使用的发展经济的手段。这样近代资本主义留下的文明成果,它的"清醒"和"务实"就不再仅仅体现于科学技术和管理的技能,也体现于

① 《马克思恩格斯选集》第1卷,人民出版社1972年版,第273页。
② 《马克思恩格斯全集》第21卷,人民出版社1956—1985年版,第447页。

作为发展经济手段的市场机制之中。这一突破使得我们有可能在坚持社会主义的价值目标和理想追求的前提下，利用市场机制加速经济发展，为理想的实现找到一条现实的可行的途径。建立社会主义市场经济体制的宗旨即在于此。可见，社会主义市场经济体制同实现社会主义的完整的价值目标是可以统一，也应当统一的。把二者对立起来是没有根据的。这是社会主义市场经济伦理辩护问题得以成立的根据所在。

三、社会主义市场经济伦理辩护的几个迫切课题

邓小平关于社会主义价值目标的论述，为我们研究社会主义市场经济的伦理辩护问题提供了一个基本的价值尺度。现在，摆在我们面前的任务是，如何以这一尺度为指针，针对现实生活提出的问题，抓住主要的迫切的论题展开深入的研究，作出有说服力的论证。看来，以下几个问题是当前首先需要研究的：

第一，市场竞争和市场秩序在伦理上的合理性问题。

社会主义市场经济体制区别于高度集中的计划经济体制的一个重要特征，是在社会主义基本制度上引进市场机制，使市场对资源配置起基础性的作用，而市场机制的一个基本特征是经济人或经济法人在市场上的竞争。因此，如何评价竞争（包括企业之间在商品市场上的竞争和劳动者在劳动力市场上的竞争），就成为伦理价值观上的一个突出问题。

长期生活在自然经济或计划经济下的人们，对于市场竞争导致经济效率的提高，比较容易承认，但是往往适应不了市场竞争带来的风险，缺少在竞争中自主、自立的勇气，更难以信服它在道德上的正当性；甚至不加分析地把各种竞争都看作不道德、不正当的行为，把市场竞争机制的引入视为精神滑坡的根源，因而加以拒斥。

近代西方市场经济兴起之际，对此也发生过争论，产生过拒斥竞争的情况，同时也出现多种从伦理上支持市场竞争的学说。有的以人性论为依据，断言市场竞争是符合人的天然本性的。有的甚至从人的生物本性出发，以生物界存在着普遍的生存竞争为由，论证市场竞争的合理性（如社会达尔文主义）。

有的从功利主义的伦理观出发,说明竞争能提高效率,增加财富的总量,这就达到了“公共善”。有的人甚至认为,在“完全竞争”的条件下,不但能达到效率和资源的最佳配置,而且能自动地实现自由、平等、公正、互利、合作(如帕累托)。这些论据,有的有一定的合理因素,但从总体上看,大多并不科学,有的是根本站不住脚的。有的则抱着意识形态的目的,是为早期资本主义的自由放任主义的经济政策服务的。因此,我们需要作出独自的辩护。

从社会主义价值目标来看,市场竞争机制的引入在伦理上的合理性,主要在于它能比较有效地促进资源的合理配置,提高经济效益,调动全社会成员的积极性和主动性,增强经济的活力,从而达到“发展生产,消灭贫穷”的目标。同时,它有利于使人们摆脱由于生产力水平低下和几千年自然经济所形成的依附观念。马克思曾经说过:“我们越往前追溯历史,个人,也就是进行生产的个人,就越从属于一个更大的整体。”①依附观念正是不发达状态的产物。市场竞争破除了这种观念,促进了自主、自立意识的形成,不但有利于调动经济活动的积极性,而且如果加以正确的引导,便有可能促进“四有”新人的培养。

由于社会主义市场经济体制是出于独自的价值目标才引入市场竞争机制的,因此“市场竞争”也必须有一个限度,以不损害社会主义价值目标的实现为前提,必须与市场秩序相统一。市场竞争与市场秩序的统一,本来是西方发达国家在市场经济演变过程中逐步形成的,为达到资源的最优配置所必需。这是人类文明的一大成果。我们要达到“发展生产,消灭贫穷”的价值目标,有必要借鉴这一成果。况且社会主义的价值目标,还包括经济公正和精神价值的目标,更需要讲究秩序和规则。然而,在现实生活中,把竞争原则泛化,把市场规则、市场秩序同市场竞争对立起来的观念还相当流行。有些人甚至以超越规则、违反秩序为荣。这同长期的小生产所养成的无政府主义积习,民族文化积淀中消极的谋略文化的沉渣泛起,科学、文化落后所造成的理性精神的缺乏,不无关系。这正是市场行为失范、不正当竞争泛滥的一个观念上的原因。进一步从伦理上辨明市场秩序和市场规则的正当性,必将有助于落实党的十四届三中全会提出的规范市场行为的任务。

① 《马克思恩格斯全集》第12卷,人民出版社1956—1985年版,第734页。

第二，分配正义问题。

社会主义市场经济同计划经济的另一个重要区别，表现在经济生活中权利和利益的分配上。社会主义市场经济体制下，公有制为主体的多种经济成分的存在，公有制的国有企业实行企业所有权与企业法人财产权的分离，混合所有制的逐步形成，国有企业内部经营者与职工之间的关系的变化，凡此等等，大大改变了全盘公有制的计划体制格局，权利分配发生了深刻的变化。在个人收益的分配上，企业成为拥有法人财产权的法人团体后，不同企业之间的个人收益差距日益明显：公有制企业内部经营者、管理者、劳动者之间的收入差距扩大，打破了平均主义的“大锅饭”，也改变了计划体制下的“按劳分配”的内涵。以按劳分配为主各种分配方式并存，尤其是允许个人资本等生产要素参与收益分配，等等，都是计划体制下从未遇到的新问题。这些问题的具体解决有待于在实践中作出探索。在此探索中，伦理辩护至少有两个方面的工作可做。一是研究如何在实际操作中，体现社会主义市场经济的价值目标，既有利于生产力的发展、生活水平的总体提高和综合国力的增强，又有利于“逐步实现共同富裕”这一社会主义正义原则的贯彻。二是研究如何从观念上辨明社会主义市场经济体制所规范的权利和权益的分配格局在道义上是正当的和合理的。现实生活表明，要在这两个方面作出令人信服的论证，并非易事，有待于伦理学界和经济学界的共同努力。

这里，借鉴西方市场经济的经验教训，也许可以有所启示。在“分配正义”的问题上，西方经济学和伦理学已进行了长达几百年的争论，持续至今，仍未止息。早期的主要倾向是抽象地谈论权利分配的正义问题，而在实际上则通过“生产费用论”，提倡一种“应得论”，认为劳动、资本、土地作为生产要素各自得到工资、利润和利息、地租，在道义上是完全合理的、应当的，重点是为个人的资本作为主要生产要素取得主要收益作辩护。对于个人收益上的贫富差距和两极分化则往往加以回避和掩饰。西方主流经济学大多以边沁、穆勒的功利主义为其伦理学的基础，提出一种“效率论”的辩护，断言只要达到效率，提高了社会福利的总量，也就实现了“公共善”，无需关注不同个人和不同社会集团在占有社会福利总量中的份额上的差距。20 世纪中叶以来，由于两极分化造成的社会危机，由于社会主义在世界上变成现实所造成的影响，西方舆论不得不正视现实生活中存在的严重的不公正问题。在理论上,从只承认抽象的权利平等和市场竞争中的公平、公开等原则,发展到提出由于进入市场的条件不同,在市场中拥有的手段不同,以及因此而产生的有效运用基本权利方面存在的不公正问题和实际上的利益分配的不公正问题。围绕这些问题展开的争论,对实际生活产生了一定影响,如促进了社会保障体制的建立和通过税收对个人收入的再分配,以缓解两极分化。还有一些关注第三世界的理论家还提出了不发达国家与发达国家在世界市场上的分配不公正问题,以及不发达国家不能把分配正义与发展经济对立起来,只有注意解决前一个问题,才能实现经济增长的目标。

这段历史至少提出了两个问题。一是分配正义是发展经济所不可忽视的,不能以“增长”来牺牲“正义”。一是靠自发的市场竞争的调节,不可能达到分配正义。当然,西方经济学和经济伦理学的主流,是立足于维持以私有制为基础的基本制度及分配形式,因此我们不能照搬其学说。社会主义市场经济体制如何体现社会主义的公正原则,还有待于我们经过长期的努力,作出独立的研究。

但是,当前分配正义问题已经在实际生活中引起广泛的关注,我们必须把最突出的问题提上日程。从观念上看,一方面要辨明,让一部分地方、一部分人先富起来,甚至允许个人资本作为生产要素参与分配,有利于发展生产,增强综合国力,在道义上有其合理性。另一方面则要辨明,逐步实现共同富裕体现了社会主义的价值目标和本质特征,放弃这一价值目标在道义上是不正当的,是有违于中国共产党人为人民服务的根本宗旨的,因此国家采取宏观调控手段,社会提倡公益事业,为实现共同富裕创造条件,在道义上不但是完全正当的,而且是十分必要的。如果我们从观念上辨明了这一问题,将有助于建立起一条道德的纽带,缓解改革过程中不可避免出现的各种矛盾,并使社会主义公正原则这一价值目标,有效地贯穿于改革的全过程之中。

第三,国家对市场的宏观调控和政府对市场的干预在伦理上的正当性问题。

这一问题同上述两个问题是紧密地联系在一起的。市场秩序的建立和维系,对违反市场规则的不正当行为的处置,社会保障体制的建立和运行,通过税收和分配政策来避免少数人收入畸高造成的两极分化，对进入市场条件较差的农民利益的保护，等等，都只能经由政府通过法律、法规，经由财政进行再分配等宏观调控的手段来解决，可见国家宏观调控是实现社会主义价值目标所必需。党的十四届三中全会明确提出，社会主义市场经济的特征是在国家宏观调控下使市场在资源配置方面发挥基础性作用。但是，在现实生活中，把国家宏观调控同市场机制绝对地对立起来的观念还相当流行，要么是自由放任的市场经济(不受限制的市场)，要么是全盘中央计划经济，这种两极对立的思维方式还禁锢着一些人的头脑。这种观念的来源，一是计划体制的旧观念，一是“自调节市场”的乌托邦幻想。

自从英国古典政治经济学以来，西方经济学中一直存在着一个自由放任主义的传统。其要旨是，市场依靠竞争，依靠“看不见的手”的自发运行，便可以形成市场秩序，甚至可以自动地达到均衡，实现资源的最佳配置和社会福利的增长，实现高效率。国家的作用应仅限于一个“守夜人”的角色，看护和维系法律，在经济上则不应干预，或者是越少干预越好。与此相应，在伦理上视国家对经济的干预是对个人自由的束缚，因而是不正当的。20 世纪 30 年代凯恩斯主义兴起，国家的宏观调控得到承认，并在许多国家付诸实施。凯恩斯之后的自由放任主义尽管仍坚持其信条，要求政府尽少干预市场，但也无法否定政府干预的存在及其作用。事实上，国家的宏观控制已成为现代市场经济的普遍特征。当代的制度主义学派在批判自由放任主义时进一步指出，即使在亚当・斯密的时代，“自调节市场”也只是思想家头脑中的幻想，事实上政府对经济的干预和控制一直存在，只不过形式不同而已。他们的观点值得我们借鉴。

我们必须辨明，“自调节市场”的幻想，对于社会主义市场经济体制的建立和正常运行是有害的。如果削弱国家的宏观调控，不但逐步实现共同富裕、避免两极分化的价值目标不能实现，而且维持在世界市场上的国家利益以实现爱国主义的价值目标也会落空，到头来发展经济消灭贫穷的功利目标也无法实现。从伦理上进一步辨明国家宏观调控的正当性，形成强大的舆论，不仅会促进经济发展和体制改革，而且将会形成维系社会凝聚力的道德纽带。

第四，市场交往形式与非市场交往形式的关系问题。

在市场经济中形成的人与人之间的交往形式，深深打上了市场的烙印，以从自利出发的等价交换为特征。这种交往形式本来仅限于物质生活领域中，而且即使在物质生活和经济关系中，也不是唯一的交往形式。在婚姻、家庭、精神生活领域，还有许多不能通行等价交换原则的非市场交往形式。这后一种形式在人类生活和社会生活中是极其有价值的，凝结了人类文明进步的成果。然而，在资本主义条件下，市场经济的发展使市场关系具有一种扩张的趋势，甚至有吞噬一切之虞。不但使家庭、婚姻、两性关系变成赤裸裸的金钱效果，而且造成文化的商品化、精神价值的失落和道德的沦丧。恩格斯之所以把资本主义的商业社会称为“庸俗的”，就是鉴于市场关系对非市场关系的严重侵蚀，造成了精神的衰退和自远古以来就存在的“对共同福利的关心”逐渐沦丧。因此，建设社会主义的市场体系，必须划清市场交往形式和非市场交往形式的界限，并且防止市场关系的无限扩张。

邓小平早在1983年就提出了这个问题。他在批评文艺界某些人用庸俗低级的形式去捞钱的行为时就指出：“把精神产品商品化的倾向，在精神生产的其他方面也有表现。有些混迹于艺术界、出版界、文物界的人简直成了唯利是图的商人。”①遗憾的是，这种倾向至今未得制止，甚至侵蚀到其他精神生产领域，包括像教育这样的领域。造成这种情况的原因很复杂，但是从观念上没有分清市场形式与非市场形式是一个重要的因素。有些人把向社会主义市场经济转变过程中文化教育事业管理体制的改变、筹措经费渠道的扩展，同文化教育的全盘商品化混为一谈，以为可以把市场交往形式中通行的等价交换原则不加分析地推行到整个精神生产中去，听任以在市场上能否取得交换价值为准则来决定一切精神产品的命运。

政治生活的领域到底能否通行市场交往形式？这也是一个有待进一步辨明的问题。人民群众深恶痛绝的不正之风、腐败等，究其认识根源，就是误以为市场交往形式可以到处使用。正是有鉴于此，党的十四届三中全会的决定明确指出，在建立社会主义市场经济体制的过程中，“绝不允许将商品交换原则引入党内政治生活和国家机关的政务活动，搞权钱交易”。

至于家庭、婚姻、两性关系等非市场交往形式，为什么不能通行商品交换

① 《邓小平文选》第3卷，人民出版社1993年版，第43页。

的原则，也有许多问题有待澄清。

需要花力气研究的另一个问题是在经济生活领域中，市场交往形式有没有它的限度，是不是都可以通行市场交往形式的原则。经济学界已经有人提出，要区分营利性单位与非营利性单位的问题。在企业管理的领域，也提出了企业内部能否按市场交往形式来建立人际关系，企业要在市场上生存发展，企业内部是不是需要用非市场的团体精神来增强凝聚力等问题。

凡此种种，可以表明，市场交往形式与非市场交往形式的关系问题极其重要。它一方面涉及社会主义的精神价值目标能否实现，另一方面又涉及社会主义的公正原则能否落实。国家宏观调控能否得到千百万人自愿的支持，因此需要我们花大力气进行研究。当然，这一问题在实际生活中极其复杂，具体操作上极其困难。但惟其重要和困难，我们理当以邓小平所阐明的社会主义的价值目标为指针，通过刻苦的研究，在总结实践经验的基础上，努力去划清两者的界限，找出处理两者关系的正确方法，以便使精神文明建设有机地同社会主义市场经济体制的建立结合在一起。

上述四个论题并未涵盖社会主义市场经济辩护问题的全部内容，而我的分析和概括也未必准确、恰当。本文提出上述议题，旨在引起理论界的关注，把这一问题的讨论、研究提上日程。

企业内部能否通行市场交易原则*

建立现代企业制度是确立社会主义市场经济体制的一个重要环节。在市场经济体制中，企业必须面向市场，这是毫无疑义的，然而企业内部能否通行市场交易原则，是一个颇有争议的问题。澄清这一问题对于我国现代企业制度的健康发育至关重要。

在历史上，确有一种学说，认为企业内部存在着契约关系，企业本身就是由一系列契约关系组成的，因此企业内部的组织和资源分配同普通的市场交易没有什么本质上的区别，市场交易的原则可以而且应当在企业内部通行。在我国的现实生活中，类似的观点也相当流行。似乎从计划经济向社会主义市场经济的转变意味着全部经济生活和社会生活的"市场化"，因此企业改革的关键是在企业内部引入市场交易原则和竞争机制。于是着力将企业划分为一个个独自面向市场的承包单位，在单位和单位之间按市场原则进行交易和竞争，同时在企业与其工作人员之间建立契约关系，并且在工作人员之间展开市场竞争，以期提高效率。在伦理上则主张把市场中通行的"利己不损人"等原则运用于企业内部。这类观点是否妥当，其实是令人怀疑的。

马克思在研究资本主义市场经济时就指出：企业内部存在着劳动分工，但没有成员之间的内部商品交换，因此企业是有别于市场的。工人和资本家在劳动力市场上达成交易，订立契约，这时有一种市场关系，但契约一旦达成，走进工厂时，"工人在占有其劳动的资本家的控制下工作"。市场是自由的，而企业则是"人类固有权力的真正乐园"。恩格斯在分析当时盛行的自由放任主义的市场经济时，把个别工厂的组织性同全社会的无政府状态的对立，作为其根本特征。他们十分明确地认定，企业作为一种组织是不同于市场的，其内部并

* 本文原载《文汇报》1996 年 5 月 16 日。

不通行市场原则。

那么时过一个多世纪之后，特别是许多企业实行所有权和经营权分离之后，这种情况有没有改变呢？当代的管理学和经济学又如何看待这一问题呢？

美国经济学家科斯于 1937 年发表了一篇著名的论文《企业的性质》。他指出："企业的引入基本上是由于市场运行成本的存在。"这里所谓市场运行成本是指在市场交易中为取得信息、寻求交易对象、实施交易所花费的交易费用。科斯认为，交易费并不像有些经济学家假设的那样为零。正是由于"市场的运行是有成本的，通过一个组织，并允许某个权威（一个'企业家'）来支配资源，就能节约某些运行成本"。企业存在的理由，就是通过纵向组织来支配资源，节约交易成本，以达到效率的最大化。因此，"在企业之外，价格变动决定生产，就是通过一系列市场交易来协调的，在企业之内，市场交易被取消，伴随交易的市场结构被企业家所替代，企业家指挥生产"。

科斯的上述观点被经济学界称为科斯定理，在当代有广泛的影响。科斯本人在 1993 年获诺贝尔奖。制度学派的经济学家尤其重视企业与市场的区别。他们在发挥科斯的主张时进一步指出，企业作为一种具有稳定性的组织，还是"一块保护性的飞地"，使自身在一定程度上免受市场变化无常的投机波动的侵扰，同时也使它"有能力来应付将来研究、开发和创新的成果的不确定性状况"。

如果说科斯从经济理论上说明了企业与市场的区别，那么对企业史的研究则从事实上肯定了这种区分。美国企业史专家钱德勒用大量的材料证明，随着市场和技术的发展，大型联合工商企业已成为美国经济中最强大的机构，而这些企业的特点正是在于其内部诸多经营单位的活动和相互之间的交易已不再由市场机制来协调，而是由支薪雇员来协调和控制。钱德勒用"看得见的手"概括这一特征。具体地说，一是用管理协调来替代市场协调，二是通过管理层级制来实现许多经营单位的内部化。层级制即科层制，它是一种自上而下的纵向、垂直的管理系统，突出组织和领导的权威。在其中，高层管理人员监督、协调和评价中级管理人员，而中级管理人员则按高层决策来组织、协调生产和经营。这里通行的不是市场中的等价交换和契约关系，而是上下级的关系。层级制中的各级管理人员都不是自己管辖单位的财产所有者，而是整个企业的支薪雇员。他们以实现整个企业的目标为己任,不能仅以实现自己管辖的小单位的利益为目标。企业则以他们在实现整体目标中所履行的职责和完成的业绩来评价其表现,支付相应的报酬。支薪雇员是职业化和技术化的管理人员,他们运用专业知识和技术形成集体管理,因而始终把注意力放在长远的资源分配上。

钱德勒认为:“现代工商企业在协调经济活动和分配资源方面已取代了亚当·斯密的所谓市场力量的无形的手(即看不见的手,引者注)。市场依旧是对商品和服务需求的创造者。然而现代工商企业已接管了协调流经现有生产和分配过程的产品流量的功能,以及为未来的生产和分配分派资金和人员的功能。”钱德勒的结论与著名社会学家贝尔在《后工业社会的来临》一书中的结论相仿,许多管理学家也持类似的看法。可见,马克思提出的市场与企业的区别,仍然符合当今西方国家的现实,而且已形成广泛的共识。我们在社会主义市场经济条件下建立现代企业制度的过程中,也有必要把两者加以区别,不能盲目地在企业内部引入市场交易原则,更不能以此作为企业改革的方针。

当前,首先需要澄清以下几条界线:

第一,将合理确定企业规模以适应市场竞争同企业内部引入市场交易原则加以区分。

改革初期,由于不少企业规模不当,管理成本过高,缺乏竞争能力,采用承包制以缩小规模,提高竞争力,这在经济上是合理的。科斯曾经对此作过分析,认为企业规模大小取决于管理成本与交易成本的比较。如果管理成本大于交易成本,就应缩小企业规模,如果市场交易成本大于管理成本,就应扩大企业规模,用内部协调来取代市场交易,使交易内部化。然而,这是企业规模的合理性问题,不能混同于企业内部的市场化。如果在企业内部通过层层承包,使各单位成为具有自主财产权的独立主体,并在上下级之间、各下属单位之间实行市场交易原则,其结果又会怎么样呢?首先是在事实上将企业化解为无数的小企业,甚至化解为许多个体经营者,整个企业变成一个交易场所。原有企业名存实亡。其次,每个小单位的管理者不再视自己为企业的支薪雇员,一味追求小单位的眼前利益,企业失却整体和长远目标。再次,企业的效率必将由于市场交易成本和管理成本的增大而下降,终将在市场上失去竞争力。

第二,将企业面向劳动力市场同企业内部引入市场竞争机制加以区分。

劳动力市场形成后,企业面向市场通过竞争机制吸纳人力资源并且通过合同制同雇员建立契约关系,这是企业面向市场的一个重要内容。但是,这同企业内部在劳动力之间实行市场竞争原则是不同性质的问题。现在不少企业为解决冗员众多的问题,精简人员、解聘一部分雇员,让他们到劳动力市场上去重新择业,这是十分必要的。在此过程中,企业采用择优上岗的原则,这是企业管理行使协调职能的表现。企业内部管理层根据职工的能力和业绩给予不同的评价,据此实行调动、分配收益是其管理的职能,不能用市场竞争原则来说明。如果把管理协调等同于市场竞争,甚至把引入竞争机制作为企业内部改革的方向,用于处理员工之间,员工与管理层之间的关系,势必造成内部关系的紧张、企业凝聚力的消解、由层级制形成的组织优势的丧失。现在,有些企业管理松弛,规章制度无法落实,产品质量下降,效率低下,一个重要的原因就是盲目地在企业内部引入市场竞争机制。

第三,把市场中通用的伦理原则同作为层级制组织的企业应具的伦理原则加以区别。

众所周知,市场中通行的伦理原则是以"经济人"假设为前提,以自利基础上的等价交换为指针,即所谓"在不损人的前提下追求个人利益"。然而,作为一种纵向层级制组织的企业,既需要对权威的服从和忠诚,又需要相互之间的高度信任,以便鼓励其成员做其分工范围内不同的事情,为实现企业的整体目标而努力。这是企业生命之所在。正如英国制度主义经济学家霍奇逊所说,企业内部虽然也存在机遇与自我寻求的现象,但是"如果企业没有产生更强的凝聚力……的能力,企业就不会正常地运行"。如果把市场通行的伦理原则引入企业内部,把自我利益的追求无条件地合法化,结果会使人人都沉迷于自我追求,逃避工作责任,对企业目标的忠诚丧失,职业道德瓦解,相互信任的气氛被破坏。这样企业自然就难以正常运行,而且会使企业失去组织优势和由此带来的创新能力,失去其生存所必具的稳定性,结果只能在市场竞争中处于劣势,甚至被淘汰出局。

综上所述，企业内部能否通行市场交易原则不仅是一个重大的理论问题，而且是一个十分迫切的现实问题。在以公有制为基础的社会主义市场经济中，如何划清市场与企业的界限，不仅对现代企业制度的建设而且对全社会的道德建设，都至关重要，值得重视。

社会主义市场经济条件下的精神生产方式初探*

党的十四届五中全会在规划今后十五年的奋斗目标时，指出“必须把物质文明和精神文明作为统一的奋斗目标，始终不渝地坚持两手抓、两手都要硬”，并且强调“必须把社会主义精神文明建设提到更加突出的地位”。落实这一精神，不仅需要一般地从原则上弄清物质文明和精神文明的关系，明确社会主义精神文明建设的意义和目标，尤其需要把握已经变化了的客观条件，探索解决新问题的途径和方法。邓小平指出：“马克思主义理论从来不是教条，而是行动的指南。它要求人们根据它的基本原则和基本方法，不断结合变化着的实际，探索解决新问题的答案，从而也发展马克思主义理论本身。”①现实生活表明，精神文明建设的诸多困难，“一手硬、一手软”的状况的出现，相当大的一个原因是我们的观念和方法未能适应已经变化了的和正在变化着的客观条件。在这些条件中，最关键的是从全盘计划经济向社会主义市场经济体制的转变。这一转变给精神文明建设提出了许多新问题，既有认识层面的问题，又有操作层面的问题，涉及新的条件下精神文明建设的意义与地位，价值观念的变迁与价值目标的确立、运行机制和载体的变化等诸多方面，需要从理论与实践的结合上加以研究。本文拟从精神生产的角度，对社会主义市场经济条件下精神文明建设的运行机制的一些特点及其所提出的理论和对策问题，作一初步的探索，以求教于学界同仁和实际工作部门的专家。

一

精神生产是精神文明建设的一个基础性环节。精神文明建设要解决人们

---

* 本文原载《毛泽东邓小平理论研究》1995 年第 6 期。

① 《邓小平文选》第 3 卷，人民出版社 1993 年版，第 146 页。

精神生活和精神世界的问题。人们的精神生活和社会的精神面貌固然要受到物质生活条件的制约、政治法律制度的影响，但是更直接的是通过精神产品的生产、流传和消费来实现的。即使是社会物质生活条件、政治法律制度的制约和影响，往往也要通过精神生活和精神产品这一中介表现出来，并借此对人们的精神面貌发生作用。精神生产及其产品作为一个时期的精神活动的成果，在社会上的广泛流传，形成一定的精神氛围和舆论环境，对全社会的精神面貌具有深刻的影响。因此，从精神生产的角度去考察精神文明建设问题是十分必要的。

马克思主义的经典作家早已提出“精神生产”这一概念。马克思、恩格斯在《共产党宣言》中论述世界市场形成后的历史特征时，明确地指出了“精神的生产”这一概念，并将它同“物质的生产”相对照，并且指出，随着世界市场的形成“一切国家的生产和消费都成为世界性了”，“物质的生产如此，精神的生产也是如此”[①]。马克思、恩格斯在这里所说的“精神的生产”是一个相当广泛的概念，既包括人们的精神生活，也包括诸如教育等在精神上塑造和培养人的活动以及作为文化品的精神产品的生产。其中，作为精神活动成果的物化载体的精神产品是关键的一环。因为只有此类产品才有生产和流传及消费这两个方面的问题存在。

邓小平在论述社会主义精神文明建设的途径时，突出地强调精神产品的重要性，指出：“思想文化界要多出好的精神产品，要坚决制止坏产品的生产、进口和流传。”[②]这里他明确地区分了精神产品的制作和流传（包括流通、传播和消费）这两大环节，并且针对当代精神产品的生产和流传更具世界性规模的特点和我国实行对外开放政策的实际，把境外精神产品的进口和流传的问题提上了议程。

“精神生产”的概念，是着重从为精神生活所必需的精神产品的生产制作、流传、消费对物质条件的依赖的关系上去考察社会的精神生活。要求我们不仅要考察精神生活的内容对物质生活的依赖关系，而且要考察精神劳作及其

---

① 《马克思恩格斯选集》第1卷，人民出版社1956—1985年版，第255页。

② 《邓小平文选》第3卷，人民出版社1993年版，第145页。

成果对物质条件的依赖关系。要清醒地意识到精神文明建设离不开物质力量的支撑,精神文明建设的运行机制对经济运行方式存在着依赖关系。这种依赖关系,至少表现在如下几个方面:首先,精神生产者本身需要有一定的物质生活资料才能从事精神生产。正像恩格斯所说:“人们首先必须吃、喝、住、穿,然后才能从事政治、科学、艺术、宗教等等。”①其次,精神生产发展到今天,已经不再是个别精神生产者个体的劳作,而是包含许多不同的专业人员分工合作共同体。这些共同体亦即一些机构(包括从事学术和文化交流的团体)的维持和运行都要仰仗一定的财力、物力。这些物质要素的使用、分配、管理本身就具有同物质生产相类似的方式。第三,精神产品的生产都需要仰仗物质上的投入,没有起码的投入,精神活动的成果就无法物化为有形的精神产品而使之进入社会。就像一个作家如果没有纸笔就不能写成作品,作品如果没有物质条件刊印成书籍,那也就只能藏之深山、留之后世了。在当代,精神产品的生产已经工业化了。西方学者在20世纪中叶已经提出“文化工业”的概念,用以描述当代精神生产的大规模、大批量和工业化的特征。既然是工业化的生产,那就需要像其他产业一样的资金、设备、土地、劳务等物质投入。第四,精神产品的流传和消费都有赖于物质的条件。精神产品的传播在当代已经具有极其庞大的规模,延伸到广阔的空间,并且借助于高新技术手段,尤其是微电子与信息产业开发的最新技术,迅速地运用于精神文化的传播。所以,它所依赖的物质支持要求甚高,需要的投入数额巨大。至于精神产品的消费,则不但包括个别消费者的个人消费,而且还包括社会所提供的公共消费。前者受制于社会成员各自的经济条件,后者则受制于社会为它提供的物质条件。

精神生产对物质载体的依赖关系表明,精神生产不仅要受制于全社会能把多少财力、物力、人力投入其中,而且受制于社会经济活动的运行体制。在一定意义上,精神产品的生产、流传和消费的运行机制,实际上是整个国民经济运行体制中一个不可或缺的组成部分。当然这是一个特殊的部分,它既受制于整个体制的运行方式,但又不同于一般的物质生产。因此,当整个国民经济体制发生根本性转变的时候,精神生产的运行机制也就不得不发生变化。

---

① 《马克思恩格斯选集》第4卷,人民出版社1956—1985年版,第574页。

当整个国民经济实现从传统的计划经济体制向社会主义市场经济体制的根本转变时，精神产品的生产、流传和消费的机制也必定会产生重大的变化。从近几年的情况看，已经呈现出如下几个方面的变化。

首先，打破了计划经济体制下全民所有制事业单位一统天下的格局。精神产品的生产机构呈现出多种所有制的局面。合作的、民营的，甚至中外合作的精神生产和流通机构出现，私人书商、私人的影视制品制作单位、独立的精神生产者（自由职业者）数量日增。原有的事业单位也发生了变化，有些已经成为类似于国有企业的自负盈亏的经济法人（如有的电影厂、出版社），其经费来源已不再依赖国家财政拨款；有些虽然保留了事业单位的性质，但政府只承担其一部分人头费和事业费，相当大部分的事业经费和工作人员的工资外收入（包括中央单位的地方津贴）需由各单位自筹，其精神产品的生产除完成国家计划外还享有一定的自主权；其中，有一些原本为非营利性的公益事业单位向营利性或完全营利性的机构转化。

其次，许多物质产品的生产和流通介入精神生产领域。出现了精神生产机构与工商业相互交叉的行业。像电影、电视、音像与作为商业的娱乐业的交叉，文博事业与旅游事业的交叉，等等。加之，一般消费品的生产，在当代已着意通过其商品的品牌、命名、设计，将一定的文化形态、审美情趣，甚至价值观念附加于消费品之上，使之成为一定意义上的文化品。广告业的发达使许多精神产品（如报刊、电视）不得不成为商业广告的载体，不得不把广告同其他精神食粮联结在一起提供给精神产品的消费者。而广告本身，相当大部分已不再是纯粹的商品信息，而成为精心设计、刻意推广某种精神价值的文化品，对社会的精神氛围产生日益增大的影响。凡此种种，使精神生产的外延扩大。

第三，市场机制进入精神生产领域，市场对精神生产者、对精神产品的导向作用日渐增大。一是随着市场成为生产要素配置的基础性机制，精神产品的生产和流传所必需的各种生产要素（资金、劳务、土地、原料、设备）几乎全部要从市场中获取，其价格随市场涨落，各类精神生产机构，不论其所有制、经费来源如何，其所耗成本均受市场支配。这就使市场导向的作用增大。对于隶属于政府的事业单位来说，更面临着上面对它是计划、而前后左右都是市场的两难局面，经常陷入经济上的困难，不得不向营利性的方向转变。二是精神产品的流通和消费日趋市场化。文化市场的形成，使大部分的精神产品(除少量公益事业外)都需要经由市场才能达到消费者手中。而市场本身是不问其流通的东西的来源的。各类精神产品，不论其生产单位属何种性质，按什么要求和方向生产，其成本从何而来，最终都要在市场上相互竞争，争夺市场份额，争取更多的消费者以实现其经济价值，至少要收回成本。这就使商业化的精神生产机构比重日增，全社会的精神生产出现商业化的趋势，从而迫使许多精神生产机构向企业化方向演化。三是从微观上看，精神生产机构企业化的直接后果是，从事整体策划、资金筹集、生产组织、推销发行的经营人员在整个机构中的比例大增，而且日渐起着决定性的作用。与此相比，直接从事精神劳动和精神创造的原创人员(即传统意义上的精神生产者)不但人数比例减少，而且在精神生产机构中所处地位下降，其精神创造的方向和内容，往往受到经营者的支配和控制。由于各种精神产品的生产都需相应的投入，产品要发生影响又必须进入社会。在社会上企业化的精神生产传播机构的力量和所占的比例日益增大的条件下，即便非商业化机构中直接从事精神生产的知识分子，为了使其精神产品进入社会也不得不受精神生产企业经营者的制约，甚至受其支配。因此，市场导向对精神财富、创作的作用日见重要。

上述变化对精神产品的生产以至整个社会主义精神文明建设产生许多积极的影响。一是改变了计划体制下单纯依靠国家财政的局面，拓宽了财力、物力投入的渠道，逐步促成精神生产所需要的各种物质性的生产要素的合理配置，从而为精神生产规模的扩大和物质条件的改善提供了广阔的可能性。二是改变了政府计划一统天下的格局，活跃了精神产品的生产，调动了各种社会力量从事精神生产的主动性和积极性，为精神财富的创造，为“百花齐放，百家争鸣”的方针的落实，为精神产品的多样化，提供了更大的可能性，从而为精神文化的繁荣提供了更为宽广的空间。三是文化市场的形成，促使文化的消费者对精神产品具有更大的选择自由和自主权，并且对精神产品的生产具有更大的影响力。这就促使精神生产者更多地关注社会上作为精神产品消费者的人民群众的要求，更多地注意研究群众的心理、群众的情绪和他们的实际生活，注意去创造人民群众喜闻乐见的精神产品，从而为克服形式主义、教条主义的积习，提高精神产品的吸引力和影响力，提供了新的可能性。

但是，精神生产机制的转变也带来了一系列的矛盾和问题。其中最突出的是追求经济效益与追求社会效益之间矛盾尖锐，自发的市场导向与党和政府实施的自觉的导向之间摩擦频繁。这就使邓小平一再强调的原则——“思想文化教育卫生部门，都要以社会效益为一切活动的唯一准则，它们所属的企业也要以社会效益为最高原则”①——难以落到实处。现实生活中许多令人不安的现象，诸如高雅艺术、学术研究、基础理论困难重重，经费不足、人才流失、精力旁骛，相反，质量低劣的文化品，甚至精神垃圾泛滥于市的趋势难以抑制，等等，都与机制上的矛盾有关。因此，建立一种什么样的精神生产方式和管理体制成为精神文明建设能否取得成效的一个突出问题。对此，理论界存在着不同的看法，分歧的核心是如何看待由于引入市场机制而形成的商业化的精神生产方式及其与非商业化的精神生产方式的关系。

二

商业化的精神生产方式有什么特征？如何看待其必定会产生的后果？这是我们首先要弄清的问题。

从历史上看，商业化的精神生产是伴随着市场经济而兴起的。最早建立市场经济的西方国家都有比较发达的商业化的精神生产，而各派理论家对其功过是非长期争论不休，但对其基本特征有比较一致的概括。借鉴它们的历史教训，可将商业化的精神生产大体上概括为如下几个特征：(1)精神生产以市场为导向，以其精神产品在市场上能否满足消费者的有效需求为目标，不再以某种既定的精神价值为目标。(2)精神产品的消费者不再被动地接受特定的精神产品或精神灌输，而是按自己的口味和需要主动地选择某种精神产品。(3)精神生产的经营者为赢得市场，着力于迎合消费者的口味和情趣，同时又尽力去影响消费者，不断地用“创造的需求”制造出新的口味和需要，推向社会，着力造就一代代新的精神产品的消费群体。因此，精神产品的推销，新的精神产品的炒作(如炒明星、炒新潮、炒新作)对精神产品的生产和消费具有越

① 《邓小平文选》第3卷，人民出版社1993年版，第145页。

来越大的影响。(4)各种精神产品及其生产者在市场上激烈竞争,并在竞争中沉浮,竞争的胜败取决于占有市场的份额,因此市场价值(知名度、销量、经济收益)取代精神价值成为主要的价值尺度,精神产品的命运由其市场价值来定夺。(5)微观上,精神生产日渐企业化,不再是个别精神生产者的个体劳作,也不再单纯是直接从事精神创造的知识分子之间的合作,而成为一个由销售牵头的企业。

精神生产商业化的后果,首先是改变了精神产品的面貌。一是精神产品的内容日益世俗化、大众化。流行音乐、通俗小说、畅销读物,各式各样的文化快餐逐渐成为精神产品的主体,高雅艺术、理论学术等传统精神产品的占比下降。二是精神产品日趋与娱乐品、消闲品结合,文化与娱乐合流,或者同谋取职业所需要的工具性的技能培训合流。三是精神产品更新的速率加快,呈多样化的趋势,具有长久生命力的精神产品锐减。这是精神生产为迎合不断更新的消费者的口味,为夺取市场而不断推出新时尚的结果。四是精神产品更加讲求外在的包装,因而生产成本剧增,所需投入更高,其价格也日渐昂贵。

其次,改变了精神生产队伍的结构。企业化的直接结果是从事整体策划、资金筹集、生产管理、推销发行等经营人员的比例大增,而且在整个精神生产中的作用增大,甚至起着支配的作用。与之相比,直接从事精神创造的原创人员则往往处于从属地位,其创造活动的方向和内容常常要受到制约。

对于这些后果,西方学术界有两种相反的价值评价。一种强调商业化使精神生产获得了活力,日趋繁荣,并促成文化的普及。精神产品不再为少数贵族所拥有,从而大大有益于全社会的精神文化水平的提高,同时,又使精神创造者摆脱意识形态的强制而获得创造的自由,因而大大地有益于精神文化的发展。另一种观点则对商业化的精神生产方式持严厉的批判态度。强调它使精神生产者的人格发生扭曲,沦落为文化市侩,从而使人文精神丧失,社会陷入极度的精神贫困和精神危机。这种人格扭曲主要表现为价值目标的功利化和渺小化,昔日孜孜追求的精神价值——真善美已屈从于市场上的功利价值,对理想和信仰的追求被视为"累赘",赤裸裸地名利追求被视为当然,于是把精神生产视为商业买卖,以市场流行为方向而趋时媚俗,创造精神和创造能力衰退,社会责任感与批判精神衰弱。精神的创造不再以推动社会进步、文化的积累、全社会文明程度的提高为目的，而是着意于表现自我，获取名声、地位和财富。其结果是损害了精神生产者的形象和受尊敬的程度。战后，商业化的精神生产方式在西方国家的发展势头更烈，借助于强大的物质力量和先进的技术手段，对社会生活的影响日增，其弊端也愈加显露，引起了许多有识之士的忧虑。不但继承浪漫主义传统的学派（如法兰克福学派）对此提出了尖锐的批判，指出这种商业化的精神生产方式已经成为意识形态控制的新形式，用千篇一律、不断重复的内容磨灭人们的批判精神，使之屈从于商业利益，还引起了许多原来持不同观点的学者的关注。比如布热津斯基 1992 年在其新著《失去控制》中指出，以好莱坞影片和电视制作厂家为代表的商业化的大众媒介，出于商业利益，迎合人的最低级的本能，倡导颂扬自我满足、自我放纵和贪婪的价值观念，不断传播“自我毁灭的社会伦理”。而市场竞争则使“劣币驱逐良币”的格雷欣法则在文化领域大施其威，造成道德败坏和文化堕落，使社会日益腐败。罗马俱乐部的研究报告“学无止境”则强调，发达国家以金钱为目的的媒介公司，利用其强大的物质和技术力量向不发达国家倾销商业电视的过时节目，提供像镇静剂一般的平庸的精神食粮，以扼杀不发达国家人民的创造精神，使之永远处于落后的地位。

上述两种评价都可以给我们一定的启示。它们揭示的商业化精神生产方式的正反两个方面的作用，具有一定的普遍性。即使在刚刚出现商业化精神生产方式的中国也不例外。我们应当肯定，在经济和文化教育均不发达、居民文化程度不高而国家又缺乏足够财力的当代中国，无疑需要利用商业化精神生产方式提供的可能性，拓宽精神生产的投入渠道，提高精神产品的生产能力，繁荣文化，普及教育，满足广大群众对精神食粮的需要，但是我们也应当清醒地看到商业化精神生产方式的局限性及其弊端。这种弊端，在经济转型期，因种种原因而十分突出。除了法制与管理体制的不完备之外，社会分层未进入正常态，以致有支付能力的文化消费需求呈畸形分化是一大原因（即有些群体支付能力甚强，但审美情趣与格调不高，而格调较高的群体受制于经济收入，不足以形成有效的文化需求）。此外，我们还面临着境外商业化精神生产借助其强大的资金与技术优势的压力。这些情况都说明，我们更需要正视商业化精神生产方式的弊端，并采取切实有效的措施加以矫治。

首先要从认识上澄清维系和确保非商业化精神生产方式的必要性，防止精神生产的全盘商业化和市场化。

非商业化精神生产方式的特点是，以维系和创造精神价值为唯一目标，以追求社会效益为唯一原则。公益性的文化教育事业就是它的典范。公益事业的经费来自政府财政或公益性社会基金。其活动宗旨，一是保存民族文化财富，发扬优秀传统，二是为国家和民族的长远发展和全局性的需要从事理论研究、学术探索、艺术创作等精神价值的创造，三是为普及文化科学知识，提高全民族的道德素养和精神品格而向全体公民提供精神产品和精神消费。公益事业一般不能把自己的产品作为商品到市场上去出售，至少不得以营利为目的，即使有偿使用也只收取部分成本。此类事业对全社会的精神氛围和未来前景意义重大，政府与社会各界理应确保其公益性质，保证其工作人员能获得与其身份相应的体面的生活条件，保证其事业的正常运转和发展，不能让它到市场上去"创收"，自谋生计，或者听任它因经济拮据而蜕变为商业化的生产单位。在政府财力不足的情况下，社会各界理应担负更多的职责。此外，许多志愿从事上述事业的而不愿受市场导向制约的精神生产者的劳作，也属于非商业化精神生产的范畴，需要得到社会各界的支持与鼓励。

还有一类属政府所有的精神生产机构，以大众文化为主业，尤其是与娱乐业相交叉的行业，如电影、电视、音像等，担负着实施社会价值导向和思想教育的重任。但是，在文化市场存在的条件下，为了使其产品占有更大的市场份额，取得更大的社会效益，争取更多的消费者，也必须引进商业化精神生产的某些机制，加强营销活动，参与市场竞争。同时，由于其精神产品带有娱乐品、休闲品的特征，不能像公益事业那样无偿地向所有公民提供，或是只收取部分成本，相反，必须在市场上获得一定的经济效益以维持和发展其事业。但是，此类机构也不能视为完全商业化的精神生产机构，它必须在一定程度上保持非商业化的特性。至少不能像有些完全商业化的精神生产单位那样，以经济利益为唯一目标或者首要目标，大利大干，小利小干，无利不干，甚至见利忘义，不顾社会效益，去制造粗俗、低劣，甚至有害的精神消费品，向社会倾倒精神垃圾。相反，应当努力去贯彻把社会效益放在首位的准则，积极组织文化精品的生产和流传，尤其是思想性和艺术性高度统一能够赢得更多的消费者的为人民大众喜闻乐见又具有高尚精神品位的精神产品。在使用商业化的市场手段时，也要坚持正确的价值目标，使手段服从于目的，并且讲究手段本身的正当性。

有了强大的非商业化的精神生产机构和大量的既有高尚的精神品位又具有强大吸引力的精神产品，就有可能在精神产品的市场竞争中扭转劣胜优汰的局面，并促使商业化的精神生产机构主动地去提高其产品的精神品位。但是仅仅依靠精神产品的市场竞争，还难以使商业化精神生产机构的行为符合社会主义精神文明建设的要求，因此必须加强党和政府对精神生产的领导、调控和管理。

近年来，党和各级政府采取了许多措施加强对全社会精神生产的领导。一方面，尽可能地增加对非商业化精神生产的财政投入，并动员各种社会力量予以支持。另一方面，根据商业化精神生产方式和文化市场形成的新特点，采取了许多新的手段和方法来实施引导和调控。诸如运用法律的手段，制定各种与文化市场相关的法律、法规，首先用于扼制有毒的精神垃圾的生产、进口和流传，运用经济和税收的杠杆加以调节，充分发挥舆论制裁与各种激励机制的作用，大力表彰和奖励优秀作品及生产者，等等，创造了许多行之有效的新鲜经验。理论工作者有责任从理论上加以总结，为完备法制、深化管理体制的改革提供科学的论证。

这里有两个问题是首先需要研究的。

第一，从当代精神生产对物质条件的倚重和精神生产与物质生产在许多领域相互渗透和相互交叉的特点出发，阐明将精神生产纳入整个经济和社会发展的总视野的必要性，纠正将精神生产和物质生产、精神文明建设和经济建设机械地割裂开来，将前者单纯地视为宣传文化教育部门的局部问题的片面观点，为落实党的十四届五中全会提出的把精神文明建设规划“纳入社会发展总体规划并建立必要的物质保障”的精神，提供理论上的论证和思想上的支持。同时，需要从理论上阐明精神生产的特殊规律及其与物质生产的区别。邓小平历来强调要重视精神劳动的特点，尊重精神生产的特征和发展规律。《在中国文学艺术工作者第四次代表大会上的祝词》指出，要“根据文学艺术的特征和发展规律，帮助文艺工作者获得条件来不断繁荣文学艺术事业，提高文学艺术水平”①。在这一文献和其他著作中，他还具体地论述了精神生产的特征和规律，并据此提出了许多重要的方针、政策。如要使精神生产者“把全副身心投入进去，专心致志，精益求精”②，“文艺这种复杂的精神劳动，非常需要文艺家发挥个人的创造精神”③，“作品的思想成就和艺术成就，应当由人民来评定”④，等等。重温邓小平的这些论述，把握精神生产的特殊规律，在精神生产受到物质条件的严重制约，需要加大物质投入的条件下，显得尤为重要，以免简单套用领导、组织和管理物质生产的方法来解决精神生产的特殊问题。

第二，从整体上把握非商业化精神生产方式与商业化生产方式的区别和联系，尤其要具体地把握两者的相互影响、相互制约和相互渗透的机制，以便为制定面向各种不同类型精神生产方式，又具有普遍适用性的法律、法规和各种行业规范提供理论依据。同时，为探明在社会主义市场经济条件下，政府自上而下地管理其直接管辖的精神生产机构的方式与传统计划体制下的管理方式的区别，从而为探索进一步改革管理方式，优化政府行为，推进各种政府所属的精神生产机构的内部改革，提供正确的思路和方法，避免精神生产的全盘市场化或沿袭传统计划体制下的管理模式这两种片面性。

我愿与理论界的同仁一起，继续为此作出理论上的探索。

---

① 《邓小平文选》第2卷，人民出版社1994年版，第213页。
② 同上书，第94页。
③ 同上书，第213页。
④ 同上书，第212页。

保持契约关系和礼俗关系的张力*

——关于和谐社会伦理建设的思考

构建和谐社会的任务的提出，标志着我们对于如何建设中国特色社会主义、实现现代化的认识迈出了一大步，进入了一个新的阶段。相应地，我们的思想道德建设也要有新的思路和新的要求。依我之见，处理好“礼俗关系”和“契约关系”之间的矛盾，力求保持好两者之间必要的张力是至关重要的一个环节。

自20世纪90年代明确了以建立社会主义市场经济为经济体制改革的目标之后，市场关系在中国大地上迅速地发展起来。市场关系的发展，使得人们追求经济利益的动机不仅在事实上获得了解放，而且在伦理上得到了辩护，主流意识形态对于人们通过诚实劳动和合法经营获取经济利益也加以肯定。这就大大地激发了经济的活力，促进了经济的持续快速增长。不仅如此，为市场经济所需要的自立观念、竞争观念也获得了一定程度的肯定，促进了人们的观念更新，这就为人们摆脱依附心理，建立独立人格，养成勤奋、谨慎、专心以及聚精会神等良好的品格，提供了条件。同时，市场经济是一种讲究规则的经济，市场活动有力地促进了规则意识的形成，遵守规则的习惯的养成。由于法律是最基本的规则，法律的实施有赖于规则意识的养成，所以规则意识的形成也就意味着法制意识的提高。市场中的契约关系，又在客观上要求人们形成一种信守契约的信用意识。诚实守信的规范的凸显，受到社会各界的重视，是与契约关系的形成息息相关的。此外，市场交往带来的“陌生人”之间的交往关系也日益发达，尤其是在“陌生人”交往最频繁的公共生活领域，如何遵守规则，和谐相处，成为社会关注的一个焦点，引发了全社会对社会公德建设的重

* 本文原载《探索与争鸣》2005年第9期。

视，尽管由于市场交往和公共生活历史短暂的中国，社会公德方面表现出来的问题还相当突出，但是社会各界的重视确实是大大提高了，而且事实上也取得了相当大的进步。总之，市场中契约关系的发展给伦理关系的处理和道德建设既提出了许多新的要求，又带来了许多积极的影响，在公共生活中的文明习惯和礼貌、礼仪、礼节的养成方面尤其显著。

但是市场经济本身也提出了许多道德建设的难题，其中最为直观的就是党的十四届六中全会的决议所指出的，假冒伪劣成为公害，在一些领域、一些部门、一些地方道德失范，拜金主义泛滥。这些难题中，有一些是由于人们对市场经济不适应所造成的。如规则意识的淡漠，法制观念的薄弱；只讲究私人关系而不懂得公共生活所必须遵守的基本规则；缺乏在公共生活中与陌生人交往所必需的修养和礼貌，只知道在与熟人交往时需要讲究礼貌、礼仪礼节，讲究诚信，不知道在与陌生人交往时同样要信守规则，善待他人；不懂得在市场交往中只有信守契约、信守规则才能建立信誉，赢得市场，赢得消费者；等等。因此，市场关系还有待于完善。道德建设的一项重要的任务，就是要用市场经济所需要的道德规范来规范人们的市场行为和公共交往行为，从而建立起一种比较规范的文明的有序的契约关系。在这一方面，仍然是任重道远。

但是，如果把市场条件下的道德建设，归结为契约关系的完善，以为只要建构起完善的契约关系，一切问题都可以迎刃而解，那就会陷入市场乌托邦的幻想。这一点只要认真地考察一下西方市场经济发展的历史就可以看出。西方市场经济发展的历史上，确实有一种市场乌托邦的学说存在，以为契约关系可以解释一切，无论是市场秩序还是国家的起源，无论是家庭还是社会关系都可以用契约关系来解释，而且相信只要市场交往发展起来了，契约关系完善了，社会就可以和谐了，于是就可以听任契约关系侵蚀到所有的社会生活领域。但是，这种观点在思想史上早就受到了质疑。黑格尔在其《法哲学原理》中提出了家庭、市民社会和国家的三分法。强调以市场中的契约关系为主要特征的市民社会，仅仅是现代社会的伦理关系的一部分。家庭是建立在亲情，也就是建立在道德情感纽带基础上的，如果把家庭当作一种契约关系，就会把人类最美好最可贵的东西丢掉。至于国家，在黑格尔看来也是一种伦理共同体，是用道德的纽带联结在一起的。一个国家的人民，有共同的历史，共同的语言和文化，有共同的习俗，共同的生活方式，还有共同的荣誉，共同的防御和保护他们的权利、财富、生命的共同制度，因而有共同的命运。正是这种道德的纽带把一个国家的人民紧密地联结在一起，“组成一个自由和独立的实体”。契约论的国家观，把个人当作一个自足的实体，是没有道理的，也是不符合事实的。因此黑格尔强调，要防止市场中的契约关系侵蚀到各种非市场的关系之中。

也许有人以为黑格尔这些主张是陈旧的、过时的，好像今天已经没有什么意义了。但是，思想史的事实并非如此。持与黑格尔相似主张的大有人在，连绵不断，且于今为烈。19世纪中叶，社会学的创始人孔德，就提出作为契约关系的基础的个人不是自足的，社会本身才是“伟大的存在”，而社会不能分解为个人，只能分解为各个群体，其中最基础的就是以血缘和情感为纽带的家庭，此外还有宗教教会和各种共同体。到19世纪末，德国社会学家滕尼斯提出了区分Gemeinschaft和Gesellshaflt这两种不同的社会关系的主张。通常“Gemeinschaft”英译为“community(共同体)”，而将“Gesellshaflt”译为“society(社会)”。①在滕尼斯的笔下，后者主要是指以个人决定和自身利益为基础建立起来的关系，也就是社会契约论者所说的契约关系，其最主要的表现就是市场中间的交换和竞争的关系；而前者则是指以高度的人际亲近、情感的深度、道德的义务、社会的凝聚力和经久的连续性为特征的社会关系，它是以情感和传统为纽带建立起来的关系，因此它常常使人感到“温暖”和“亲密”，其中最为基础的就是血缘纽带和家庭关系。因此我们也可以将这两个概念意译为“礼俗关系”和“契约关系”，或者意译为“礼俗社会”和“契约社会”。身处19世纪下半期的滕尼斯，之所以提出这样一种区分，是因为欧洲社会已经转向一个以契约为基础的社会，破坏了传统的共同体(礼俗社会)。但是他深深感到由于市场经济的兴起、市场竞争的激烈，利己主义越来越强势，传统社会那种亲密的情感关系、人类文明积累的道德被无情的市场竞争、狂热的利益追求以及冷冰冰的金钱关系所取代，人与人之间存在着一种“对立的紧张关系”，社会难以和谐。尽管这种契约关系与工业贸易城市等现代文明有密切的联系，但是同时也威

① [德]滕尼斯：《共同体与社会》，商务印书馆1999年版。

胁着现代文明。滕尼斯认为,这表明契约关系阶段的顶峰已经远远过去,对于礼俗关系的要求已经变得越来越引人注目。

经过一个多世纪之后,今天我们再来看滕尼斯在1887年提出的问题,就不难发现,事实确如滕尼斯所预见。西方的现代化进程,确实有过一个阶段,主要是发育"契约关系"并用这种关系去破除前现代的一些弊病,如裙带关系、广泛的腐败,以及等级身份对人们的经济动机和经济活动的限制,等等。但是随着契约关系的弊端日渐显露,及其对社会稳定和和谐的损害,人们开始对"礼俗关系"的健康发育突出地加以重视。对传统文化和道德的重视,对家庭社会结构的非契约性质的保护、对社会福利的关注(包括社会保障制度和慈善事业的重视)等等,都在一定程度上体现了对礼俗关系的重视。当代挪威哲学家希尔贝克在其《西方思想史中》说:"早在19世纪80年代,就出现了试图将Gemeinschaft(礼俗社会)关系和安全机制引入Gesellshaflt(契约社会)的努力(社会政治、福利国家等)。我们当下对邻里关系、私人领域、社会网络、宽厚的价值、非中心化倾向等的兴趣,都表明了滕尼斯所界定的问题(也就是这两者的区分,引者注)依然是相关的。"①这是对西方现代化进程的一个比较客观的概括。20世纪80年代以来,西方思潮的主流转向新保守主义,无论是学界还是政界,无论在理论上还是在实践上都更加重视礼俗关系,强调家庭、社区、传统、宗教及民族文化的认同,以及国家作为伦理共同体的权威性和爱国主义作为道德纽带的重要性。可见,把现代化的进程看作一个不断努力维系"契约关系"和"礼俗关系"之间的张力的进程是比较切合实际的;简单地把现代化等同于单纯地发展契约关系,是有悖于历史事实的。

这里还有一个理论问题值得重视,那就是契约关系的健康发展本身也有赖于礼俗关系。具体地说,市场交往的基本秩序的维系所依赖的道德,往往是借助于市场的契约关系之外的力量才能形成的。最早强调这一问题的是德国思想家韦伯,他用历史事实说明新教伦理对于维系西方的市场秩序所起的作用。贝尔在《资本主义文化矛盾》一书中通过对历史和现状的分析,进一步说明了礼俗关系及其所蕴含的道德对于维系资本主义社会秩序的重要。近年来

① [挪]G.希尔贝克、N.伊耶:《西方哲学史》,上海译文出版社2004年版,第533页。

在美国兴起的商业伦理学的演进，也可以作为一个佐证。商业伦理学兴起的主旨就是“走出丛林”，也就是要用伦理的规范来遏制市场竞争中出现的各种不良的行为，用伦理规范来防止市场成为一个“人对人是狼”的丛林。在诸多的学说中，有不少主张用宗教道德等传统道德的资源来构建，当然也不乏一些用契约关系本身(包括法律)来维系市场道德的主张。但是，安然事件之后，学术界纷纷进行反思，主要的结论是那种以为通过市场的多次博弈本身和外在的法律，就会产生诚信的主张是不现实的，还是需要仰仗礼俗关系的道德才能真正建立起经济伦理。

上面对西方现代化进程中契约关系和礼俗关系演进历史的考察，对于我们构建和谐社会的伦理关系，应当说是有所启示的。当然，我们所要构建的是社会主义的和谐社会，与西方资本主义社会是根本不同的。对于资本主义社会，确如希尔贝克所说：如果把滕尼斯所作的区分，当作从未在经验世界中存在过的两种类型的话，那么“我们的现代社会更接近于契约社会而不是礼俗社会”①，也就是说，契约关系是主导的。社会主义社会则不然。恩格斯在《论未来的联合体》这篇晚年的手稿中曾经写道：古代的联合体是将“来源于氏族社会的回忆、传统和象征”的意识形态“奉为神圣”的联合体，“只有资本主义的商业社会才是完全清醒和务实的，然而是庸俗的”，“未来的联合体将后者的清醒同古代联合体对共同社会福利的关心结合起来，并且这样来达到自己的目的”。②这里所说的“务实、清醒”，我们也可以理解为一种“契约关系”，而对“共同的社会福利的关心”，也可以理解为“礼俗关系”。未来的联合体，即社会主义和共产主义社会的特点，就在于一定要把“礼俗关系”所体现的对共同福利的关心提到更加重要的地位，同时也要努力避免和克服市场关系不可避免地带来的拜金主义等精神上和人际关系上的“庸俗”。所以，社会主义和谐社会的构建，在处理契约关系和礼俗关系的时候，理应更加突出礼俗关系的位置。

中华民族自古以来就有注重社会的共同福利和精神价值的伦理传统，中国共产党人又有为人民服务的传统。在这样的文化背景下，在建设中国特色

① ［挪］G.希尔贝克、N.伊耶：《西方哲学史》，上海译文出版社 2004 年版，第 533 页。
② 《马克思恩格斯全集》第 21 卷，人民出版社 1956—1985 年版，第 477 页。

社会主义和谐社会的过程中，应当更加关注具有丰富传统资源的礼俗关系，充分发挥它在实现社会和谐中的积极作用。

具体地说，我们需要注意以下几个方面的问题：

第一，在观念上、指导思想上既要关注契约关系的健康发展，更要注意防止那种一味强调契约关系，听任甚至推进市场中的契约关系向非市场领域侵蚀的倾向。这种倾向在有的地方有的时候还相当突出。比如有的人主张要把家庭(尤其是夫妻)关系契约化，甚至要纳入法律规范中去；还比如将有关公共福利的机构的改革简单地看作是实现市场化，诸如“教育产业化”、医疗机构“市场化”等口号一度几乎统治着我们的舆论；还有人主张按照经济人假设来设计我们的干部制度；等等。这些问题需要从理论上加以澄清，以正视听。

第二，关注国家认同，其中包括历史的认同、语言和文字的认同、健康的民俗的认同，克服学校教育和文化传播中轻视自己民族的历史、语言、习俗的不良倾向。这是弘扬以爱国主义为重点的民族精神的基础。改变那种将爱国主义简单地归结为政治，将这些根本的文化问题视为微不足道的观念。以此入手，对于许多具体的做法(如中小学的双语教学、大量减少历史课程、文理分班等)重新加以评估。

第三，加强礼俗社会的最重要的一些机构和载体的道德建设。一是政府机关。中国历史上有“以吏为师”的传统，政府官员的垂范具有重要的作用。二是巩固和维系作为非市场关系的家庭关系。家庭关系不能简单地归结为核心家庭内部的关系。因此要考虑拓展家庭美德的内涵，将家族关系纳入视野。对于家族主义要取一种分析的态度，不能一概否定。要充分发挥其积极作用，尤其是对于家族内部相互帮助、周济困难成员、用优良的家族传统教育后代等，在舆论宣传上要给以一定的地位。三是学校、科学研究和人文学术机构、医疗卫生单位等部门，本来礼俗关系就相当明显，又承担着传承文化传统的重任，这些特殊部门的思想道德建设和制度建设，尤其需要加以重视。在这些单位的体制改革和制度设计中，要改变已经出现的礼俗关系的传统(如师生关系、同学之间的关系、同行之间的业缘关系)和人文资源大量流失的局面，遏制将这些机构的内部关系全部改造为市场中的契约关系(如知识和才能的买卖关系)的趋势。四是城乡社区建设中对于礼俗社会的遗存，要加以精心保护。

如城市社区的亲密的邻里关系、乡村中的地缘关系等。在新建居民区大量出现和乡村城市化加速的背景下,礼俗关系的资源正在流失。有必要集中力量总结新鲜经验,破解在不少新建居民社区中,邻里关系淡漠、趋向于原子化的难题。

此外,需要注意的是,对礼俗关系的破坏,不仅有直接的市场关系的影响,而且还有消费主义的文化以及在大众文化中有相当影响的西方后现代主义的作用。其特点就是大力传播价值相对主义和道德虚无主义,其主要的表现是提倡"去道德化""审美化"(实际上也就是将感官欲望的满足作为唯一的追求),宣扬"只要活得开心,而无需接受管教"。面对这种文化格局,主管部门要引起高度重视,并切实地负起责任。在文化创新的问题上,尤其需要防止将创新等同于盲目地追赶时尚的现象发生,防止"新的就是好的"这样一种"唯新主义"。

关于中国特色社会主义“公平正义”观的研究报告*

党的十八大报告将“公平正义”列入中国特色社会主义基本要求。在表述社会主义核心价值观的基本内容时,已经正式将“公正”二字纳入。党的十八届三中全会强调全面深化改革,必须以促进社会公平正义、增进人民福祉为出发点和落脚点。突出了“公平正义”或“公正”在整个中国特色社会主义理论体系中的地位,这是一个重大的理论创新。

进一步科学地阐释公平正义在整个中国特色社会主义理论体系中的地位,以及中国特色社会主义公平正义观的内涵与特征,无论在理论上还是在实践上,都有重大的意义。

一、公平正义:实现中国梦的价值基石

——中国特色社会主义公正观(公平正义观)的重大理论意义和实践意义

公平正义,不是一个新问题。中外历史上,对“公平正义”的追求历久不衰。许多思想家对公平正义作出过不同的论说,不同的国家,不同的社会制度,不同的思想体系,都会对公平正义提出自己的阐释,在自己的体系中赋予其不同的地位。即使是同一个思想体系,在不同的国家、不同的时代,也需要提出适合于自己的时代特征、民族特色的公平正义观。

世界历史进入近代以来,追求新的社会制度的社会主义运动,在批判资本主义社会制度的斗争中,更加重视“公平正义”。从空想社会主义开始就把“公平正义”作为首要的价值,并以此占领道德制高点。马克思恩格斯创立的科学

* 本文系华东师大中国现代思想文化研究所下设的“公平正义”课题组历时六年写成的总报告,由赵修义、朱贻庭共同执笔,完成于2014年。

社会主义，揭示了资本主义产生、运行，以及必将被社会主义取代的历史规律，把社会主义从空想变成了科学。当时占统治地位的意识形态常常用使用“公平”“正义”等概念来为资本主义的合理性作辩护，所以马克思、恩格斯花了很多的力气来批判这种意识形态的虚伪性，而较少使用“公平”“正义”这样的概念。但是这并不意味着科学社会主义没有自己的公平正义观。恩格斯在评论英国工联的口号——“做一天公平的工作，拿一天公平的工资”时，一方面指出这一口号有一定的积极意义，动员工人阶级维护自己的权益，限制资本家的剥削，并使工人联合起来，另一方面指出，只有从根本上推翻资本主义制度，才有真正的“公平”“正义”可言①。这就意味着，用社会主义代替资本主义才是实现公平正义的根本出路。这是马克思主义的科学社会主义的公平正义观不同于历史上的各种公平正义观的最根本的特点。

邓小平在20世纪70年代末80年代初提出走有中国特色的社会主义道路时就强调：“我们为社会主义奋斗，不但是因为社会主义有条件比资本主义更快地发展生产力，而且因为只有社会主义才能消除资本主义和其他剥削制度所必然产生的贪婪、腐败和不公正现象。”邓小平对中国特色社会主义的本质特征和价值目标的论述，一方面着力纠正在一段时期里片面强调生产关系的变革，忽视生产力发展的错误观点，强调发展生产力是社会主义的本质特征之一，另一方面则强调了社会主义的目标是“共同富裕”或“共同致富”，实际上把公平正义作为社会主义不可或缺的价值目标，提了出来。

改革开放三十多年，我们在建设中国特色社会主义的道路上取得了巨大的成就，积累了丰富的经验，也遇到了许多前所未见的新问题，经历了许多曲折。尤其是在进入市场取向的经济体制改革之后，无论从理论上还是实践上都遇到了新的挑战。在回应这些挑战的过程中，我们对于什么是社会主义、如何建设社会主义的认识不断加深。党的十八大和十八届三中全会对于公平正义的论说，就是这些新的认识的总结和概括之一，具有理论意义和实践意义。

---

① 详见恩格斯的三篇文章：《做一天公平的工作，得一天公平的工资》《雇佣劳动制度》《工联》，载《马克思恩格斯全集》第19卷，人民出版社1963年版。

从理论上看，这是对"什么是社会主义、如何建设社会主义"这一根本问题再认识的新成果。一方面鲜明地确认了"公平正义"是中国特色社会主义不可或缺的价值目标，另一方面，提出了把这一价值目标加以落实的一系列切实可行的改革措施。这表明了中国共产党人在新的历史条件下继续坚持"公平正义"这一一贯主张的决心，进一步回答了市场在资源配置中起决定作用的条件下，如何坚持社会主义方向这一理论上的难题。如果能够在对中国特色社会主义公平正义观的阐释中，充分依托中国自身的经验尤其是改革开放以来的历史经验，展示民族特征和时代特点，就有可能在理论上澄清多年积累的一些理论和思想是非，进一步划清我们所搞的社会主义与原先的苏联模式的社会主义之间的界限①，划清中国特色社会主义与一度被一些舆论推崇的社会民主主义的界限②，划清在市场改革之后在一些领域成为强势的西方自由主义的界限③。同时，从理论上回答国内外舆论提出的中国是不是在走权贵资本主义或裙带资本主义的质疑。（这种质疑，在外域不仅存在于一些蓄意反对中国的敌对势力中，而且存在于国外一部分相信马克思主义、相信社会主义的左翼人士

---

① 苏联模式的社会主义在公平正义的问题上的主要的问题是，第一，离开了生产力的发展水平，片面地强调通过生产关系的全盘公有化来实现公平正义；第二，忽视公民包括党员和干部的个人权利，采取了许多剥夺个人的基本权利的措施；第三，同时又建立起了一套特权制度，最终失去了民心。我国学习苏联实施全盘计划经济的时代，也有许多教训。其中最为突出的是在 1957 年之后，尤其是在"文化大革命"之中，在"破除资产阶级法权"的名义下，否定按劳分配原则，大搞平均主义，大锅饭，还继续施行离开生产力发展水平的一大二公，试图通过不断提升公有化水平来实现公平正义，甚至提出了"穷过渡"的口号。

② 一段时间里，有些舆论推崇社会民主主义。原因之一是认为我们在市场改革之后，效率至上的观念在实际工作中成为主流，忽视社会公正，两极分化的趋势难以遏制，社会保障制度等体现社会公正的建设滞后，远不如北欧的一些社会民主主义国家。

③ "自由主义"在公平正义的问题上的主要特点有三个。第一，将自由置于优先地位，这里所说的自由主要就是在私有财产权基础上的经济自由和相应的政治制度；第二，强调保护私有财产权和合法地转移财产或所有权；第三，只要市场交易公平，也就实现了公平正义。自由主义的右翼，如哈耶克等则从根本上否定平等意义上的公正概念。20 世纪 80 年代兴起的从属于以里根和撒切尔为代表的经济领域的新自由主义则提出所谓的"高山流水"原则（学名为"涓滴经济学"），认为只要经济发展了，财富的总量增加了，即使在资本主义制度下，财富总会自动地流到穷人手中。中国的主流经济学家主要接受和宣扬的就是这种涓滴经济学。在西方，"自由主义"是一个包括众多流派的思潮，其左翼如罗尔斯等则提出了公平优先兼顾效率的原则，并且提出了所谓的"差别原则"，强调除了个人的努力造成的经济不平等可以得到道德上的辩护之外，无论是社会出身还是自然禀赋造成的经济不平等都不能得到道德上的辩护；因此就需要通过"机会均等"原则和"差异"原则消除由于社会出身和自然禀赋造成的不平等，来限制经济分配的不平等，给最少受益（或受惠）的社会成员带来最大利益，由此减少贫富差异。

中。[1]国内的一部分民众和干部也有类似的质疑提出。)在此基础上,把“公正”二字纳入核心价值,写在中国特色社会主义的旗帜上。将“公平正义”作为中国梦的价值基石,就可以更加清晰地向国内外解释我们将往何处去,进一步增强中国特色社会主义在道义上的合理性和吸引力,从而赢得更为广泛的理解和支持。

这在实践上至少有如下四个方面的重要意义:

第一,回应广大人民强烈的诉求,增强执政党的道义合法性,凝聚人心。

毋庸讳言,进入21世纪之后,公众的心态和诉求已经大大不同于改革开放的初期和市场改革启动之时。三十年的改革开放和高速的经济增长,在取得巨大的成就的同时,也积累了许多社会矛盾。其中的突出问题有三个:一是分配不公。地区之间,城乡之间,不同社会身份的公民之间,社会各阶层之间的收入差距呈扩大的趋势。“两极分化”如邓小平在对邓垦的谈话中所指出的,“已经自然发生”,且难以遏制,还出现了阶层固化的趋势,使得许多民众在住房、教育、养老等方面面临许多困境。二是司法不公的现象也相当普遍。侵害国家利益和公民权利等违法行为不能得到有效的遏制,社会公正的底线受到冲击。三是干部的腐败日益滋生蔓延,特权现象严重,引起公众极大的反感。这些公众情绪的集中体现,就是“公平正义”诉求的突显。

一度主流意识形态曾经以“和谐”来回应这些诉求,但是实际效果不佳。这与“和谐”这一概念本身的模糊性和弱点有关。一方面“和”可以仅仅解读为一种处事态度(和为贵),也可以是一种制度性的安排(义分则和)。另一方面“和谐”具有静态的特征。在静态下将和谐解释为“各尽所能,各得其所”,会引起许多误读。因为,这里前一个“各”是泛指所有的公民,而后一个“各”则是指处于不同社会阶层、不同社会地位的人们。静态地强调各得其所,也就意味着维系现有的社会格局(不论是否公正)。这种静态的和谐观,客观上给人留下了维系现有格局、肯定阶层固化的印象,因而无法回应公众强烈的诉求。而

---

① 据参加过国际上马克思主义者的集会的一些学者反映,国外的左派、国外的马克思主义者对现在的中国很鄙视,一个重要的原因是认为中国两极分化严重,放弃了马克思主义的公平正义原则。中国的马克思主义者“没有一句真话”。有学者强调,核心价值观面对的一个问题是要在世界上去解释中国到底准备往什么地方走的问题,就此而言,公平正义纳入核心价值是非常重要的。

“公正”则包括了纠正的正义，也就是要进一步通过深化改革来逐步实现“公平正义”。因此，唯有突出公平正义，明确地将公正纳入核心价值，将公平正义作为中国特色社会主义的基本要求，才能凝聚人心。

第二，端正党政干部的政绩观念，使得深化改革的顶层设计得以比较顺利地实现。

干部的政绩观，对于我们社会主义建设是至关重要的，这是中国社会的特色。毋庸置疑，在近三十年社会演进的进程中，尤其是在市场化的改革之后，干部的政绩观发生很大的变化。既有积极的方面，也有消极的方面。就后一方面而言，最为突出的问题有两个：一个是以西方的功利主义为背景的“唯效率论”通过各种途径对干部产生很大影响。这种“唯效率论”的特点就是认为只要社会的总功利提高了，也就实现了社会公正，无需作人际之间的比较。其在实际生活中的表现就是唯 GDP 主义。于是就对公众强烈的公平正义的诉求漠然处之，对于中央为落实公平正义采取的各种政策措施采取消极的态度。另一个是西方自由主义的经济思潮，其中尤其是与新保守主义的主张结合在一起的新自由主义，对干部产生了很大的影响。这种新自由主义的一个特点就是信奉所谓的“高山流水原则”，即相信只要社会财富增长了，就会自然而然地流到穷人那里。因此根本无需讲究什么公平正义。而且他们相信，财富仅仅是资本、技术、管理才能等创造的，而不是劳动创造的。由此就推演出要发展就要三个依靠（即“依靠资本而不依靠劳动，依靠精英而不依靠大众，依靠强势而不依靠弱势”）的结论。许多干部信奉了这种主张，并付诸实行。如果这种政绩观不能得到矫正，三中全会决策落实公平正义的深化改革措施就难以得到落实。相反，如果干部能从观念上明确，公平正义是中国共产党的一贯主张，是改革的社会主义方向的具体体现，就会自觉地主动地加以落实，并尽力去探索在具体的条件下实现公平正义的途径。

第三，提升全社会对反对腐败、限制特权、整顿党风的深远意义的认识。

党的十八大以来，从八项规定、群众路线教育实践活动，打“老虎”拍“苍蝇”，到公车改革，中央的一系列强有力的举措深得民心。但是，公众往往单纯从消除腐败等消极现象的角度理解这些举措，而我们的宣传往往只强调如何提高了执政党的公信力。通过公正观的阐释可以使人们认识到，这些举措正是落实"公平正义",体现我们国家的社会主义性质和改革的社会主义方向,具有深远的意义。

第四,更好地发挥核心价值观在引导社会舆论和社会风尚方面的作用,推进社会风气的改善与社会的道德进步。

毋庸讳言,尽管我们一直在致力于加强道德建设,但是社会风气没有多大的改善。其中一个突出的现象就是荀子所说的用"势荣"来取代"义荣"。以富为荣、以贵为荣、以奢为荣,成为风尚。由此带来的就是狂热的逐利冲动、纯经济主义、社会的失序失范,尤其是道德的失范。这种现象的思想来源,一方面是以效率否定公正的、来自西方的极端功利主义,以及倡导高山流水原则的新自由主义,另一方面则是中国封建社会盛行的讲究权势、俸禄、等级的陈腐观念的遗毒。将"公正"列入核心价值,阐明社会主义的公正观,努力使全社会,尤其是担负较多社会责任的干部和知识界人士,把追求一个更加公正的社会、经济结构当作值得追求并应当追求的目标,才能在不同的社会群体之间建立必要的互信互尊,从而为纠正社会失序、道德失范奠定坚实的基础。此外,只有当公众从生活中切实地体会到,我们的社会是一个公正的社会,才会自愿自觉地遵循社会的道德规范,在追求经济利益的同时,承担起自己的社会责任。

二、中国特色社会主义公平正义观的重要原则和主要特征

中国特色社会主义公平正义观既是社会主义的又是中国的。它是在马克思主义时代化中国化实践化的进程中逐步形成的,所以既要体现中国特色也要体现时代特点。

第一,马克思主义的科学社会主义与西方自由主义的一个重要的区别是,自由主义是个体本位的,在社会观上以契约论为特征(即社会和国家是个人之间的一桩契约),他们所主张的公正都是以此为出发点的,即使像罗尔斯这样突出地强调公正原则的思想家也是如此。而马克思主义的基本观点是"人是社会关系的总和",孤立的自足的个体是不存在的,社会主义则是把作为联合体的"社会"放在优先地位。恩格斯曾经指出,与古代社会不同,资本主义社会是清醒和务实的,"未来的联合体将后者的清醒和同古代社会对共同福利的关

心结合起来”。[①]这里所说的未来的联合体就是取代资本主义社会的社会主义与共产主义。关心联合体的共同利益,以联合体而不是以个人为本位,这是社会主义的公平正义观与自由主义的公平正义观的一个重大的区别。

第二,对公平正义观的阐释要符合中国人的民族心理,与中国传统的“公正观”相承续。

中国传统社会是家国本位的社会,又是一个大一统的泱泱大国。中国古代的优秀文化传统中,“公正”具有重要的地位,最集中地体现在明朝嘉靖万历年间宁陵人吕坤所著《呻吟语·治道》中的一段论说:“‘公正’二字是撑持世界底。没了这二字,便塌了天。”[②]其具体的含义有以下几个方面:

(1) 以“公正”为执政之要,其核心理念是“公天下”。强调“天下非一人之天下,天下之天下也”。要求为政者,“必先公”,不偏私,“毋以私好恶害公正”。就是要“以民为本”,顺应民心,“天视自我民视,天听自我民听”[③],“因民之所利而利之”[④]。利民就在“裕民”。尽管在当时的历史条件下,这是一个不可能完全兑现的价值目标,但是它成为一种传统,深入人心,对于官员甚至于君主都产生过道义上的约束力。成为历代志士仁人的信念,也是他们反抗恶政的思想武器。[⑤]孙中山的“天下为公”就是这一传统在近代的延续和发挥。中国共产党“立党为公”的宗旨,则是这一优秀传统的继承和升华;而且,只有理论和实践相统一,言行一致的共产党人才有可能真正把这一理念付诸实践。

---

① 参见恩格斯:《论未来的联合体》,载《马克思恩格斯全集》第21卷,人民出版社1965年版,第447页。全文如下:“迄今存在过的联合体,不论是自然形成的还是,或者是人为造成的,实质上都是为经济目的服务的,但是,这些目的被意识形态的附带物掩饰和遮盖了。古代的巴力斯、中世纪的城市或行会、封建的土地贵族联盟——这一切都有意识形态的附带目的,这些附带目的,它们是奉为神圣的。而在城市望族的血族团体和行会中,则来源于氏族社会的回忆、传统和象征,同古代巴力斯的情况差不多。只有资本主义商业社会才是完全清醒的和务实的,然而是庸俗的。未来的联合体把后者的清醒同古代联合体对共同的社会福利的关心结合起来,并且这样来达到自己的目的。”

② 王国轩、王秀美编:《呻吟语》,学院出版社1994年版。

③ 《尚书·泰誓中》。

④ 《论语·尧曰》。

⑤ 如明末清初的思想家黄宗羲明确肯定天下万民的利益是“公利”,而损害天下万民之利则是“公害”,并认为“天下为主,君为客”,君是为天下万民的“公利”服务的,“凡君之所毕世而经营者,为天下也”。如果颠倒了主客关系,就会使君者“以为天下利害之权皆出于我,我以天下之利尽归于己,以天下之害尽归于人”;“以我之大私为天下之大公”,视天下为我之“莫大之产业”,并“传之子孙,受享无穷”。这样的君主,就必然会丧失其公信力和合法性,理所当然地要受到天下人的“怨恶”。(《明夷待访录·原君》)

(2) 以“公制”实现“义分”，即对社会资源分配作出制度性的安排，合理分配，防止贫富悬殊。晋人傅玄说：“夫有公心必有公道，有公道必有公制。”①即为了实现“公正”就必须设立“公制”，即体现公正的制度安排。这是很有见地的思想。具体地说，在社会资源分配上所要达致的“正义”——当于“理”，就是按“礼”的等级差序而“分”，即所谓“制礼义以分之”，使之“各得其所”“各得其分”②；荀子称之为“义分”，也就是：“贵贱有等，长幼有差，贫富轻重皆有称者也。”③这种观念尽管有很大的历史局限性，维系的是一个等级制度下的差序结构，但是其中包含着抑制贫富悬殊的合理思想。一些有见地的思想家，以此为据，批判土地兼并导致的“贫者无立锥之地，而富者连田阡陌”的现象，并敏锐地指出：“富者益富，贫者益贫，二者皆乱之本也。”④据此提出“均”“均平”“平均”的主张，其目的就是使悬殊的贫富差距回到合乎“礼”度的“各得其分”，即“正义”轨道上来。认为中国历史上有所谓的“平均主义”传统，是没有根据的。⑤据此而担心倡导“公平正义”会导致重复曾经发生过的“平均主义”的担忧是没有道理的。

---

① 《傅子·通志篇》。该文还指出，要达致公道，就需要“通天下之志”。而“能通天下之志，莫大乎至公”“通天下之志”，也就是使天下之言路通、民情达。执政者如以一己之好恶待人，则有所好之流独进，而所不好之流退矣，就会使“通者一而塞者万，则公道废而私道行矣，于是天下之志塞而不通”，谏言充耳不闻，民情不能上达，这是执政者“自闭之道”。

②③ 《荀子·富国》。

④ 方孝孺：《逊志斋集·与友人论井田书》。

⑤ 关于中国先人所说的“均”“平均”，今人多有争议。有人认为“均”就是“平均主义”，并溯源于孔子，认为《论语·季氏》中所谓“不患寡而患不均，不患贫而患不安”（后人据下文“均无贫，和无寡”语，读为“不患贫而患不均”），讲的就是“平均主义”。这实在是一种误读。其实，自语常“梦见周公”和向往“周礼”的孔子，绝无可能在分配问题上主张“平均主义”。后儒的解读也无此义。汉董仲舒就认为孔子言“不患贫而患不均”，其意是“使富者足以示贵而不至于骄，贫者足以养生而不至于忧。以此为度而调均之，是以财不匮而上下相安，故易治也”（《春秋繁露·度制》），并不是拉平上下等差的平均主义。朱熹注“均无贫”语说的更为明白：“‘均’，谓各得其分。”（《论语集注·季氏》）近代思想家康有为同意朱熹所注，在《论语注·季氏》也说：“均，谓各得其分。”显然，孔子所说的“均”，不是“平均主义”。上文所引的关于“均”“均平”的史料，以及历史上统治者在操作层面上提出“均田均粮”的政策（史学家对此都有明确的解释），也不是什么“平均主义”。清代龚自珍作《平均篇》说：“君取盂焉，臣取勺焉，民取卮焉”，便是“平”（“均”）。之前明朝嘉靖万历年间宁陵人吕坤也曾做过明确的论述：“‘平’之一字极有意味，所以至治之世只说个天下平。或言：水无高下，一经流注无不得平。曰：此是一味平了。世间千种人、万般物、百样事，各得分量，各有差等，只各安其位而无一毫拂戾不安之意，这便是太平。”若水流注之平，使“尊卑贵贱小大而齐之矣，不平莫大乎是”（王国轩、王秀美编：《呻吟语·治道》，学院出版社 1994 年版）。显然，在中国古代宗法等级制的礼治社会，在社会资源分配上的“正义”观不是“一味平了”的“平均主义”，而是以“礼”为度的“各得其所”“各得其分”。由此可见，认为中国历史上有所谓的“平均主义”传统，是没有根据的。

这些先人的智慧启示我们，要着力通过制度安排来保障社会的公平正义，要不断地审视我们的体制机制和政策安排，及时改革，并加紧建设社会公平保障体系。

(3)“公正”需要社会道德风尚的支撑。中国传统伦理强调义利统一、反对“唯利无义”的“义利观”和强调个体对家庭、国家的责任伦理，都是传统公正观的道德支撑。民间对于讲公道的重视，在许多成语、谚语中有鲜明的体现，如“见义勇为”“仗义执言”“公道自在人心”等。民间对一些历史人物的尊崇也体现了这种精神。这也是今天实现“公平正义”所需要继承的道德资源。如果接受西方近代以来许多自由主义者的主张，把每一个社会成员假设为追求自己的利益最大化的个人，甚至接受社会达尔文主义的生存竞争的观念，必将导致个体之间的恶性竞争与物欲的膨胀。这样就会破坏公平正义得以实现的道德基础。

第三，顺应时代潮流，呼应当今时代公众对未来的期望和追求，体现马克思主义的时代化。

经过三十多年的改革开放，中国社会已经发生深刻的变化。引发这种变化的最关键的环节就是我们确立了社会主义市场经济的改革方向，朝市场在资源配置中起决定性作用的方向前进。由此引发的变化突出地表现在两个方面。一方面在国内转向了以公有制为主体的多种所有制，私有经济有了长足的增长而且通过《物权法》等法律的制定取得了合法的地位，在分配上实行要素分配与按劳分配相结合的方针。另一方面对外开放逐步融入世界市场，世界市场通行的许多规则也逐渐内化，在中国的经济和社会生活中发生作用。因此，近代以来，发达国家治理其内部的社会经济以及治理世界市场中所积累的经验，就必须为我们所借鉴。这也就是恩格斯所说的“清醒”和“务实”。这些治理的技艺和规则，都是一定的价值观念的载体。这些价值观念也随着市场改革和融入世界市场，已经在中国社会发生作用，引起公众价值观念的变化。这是现代化的成果，是社会的进步，不能简单地认为都是消极的。其中最为突出的是个体的进一步的觉醒和个人的权利意识的增长，以及与此相关的公民权利、经济自由(包括自由竞争)、权利平等、机会均等、程序公正等，不仅成为人们广泛认同的观念，而且有许多已经被官方所认可，在我们的激励机制、市场法规等制度性的层面化为现实，有的已经成为法律。因此，今天我们对公平正义观的阐释必须把权利平等、机会均等、程序公正等纳入其中。

发展市场经济的过程带来的另一个问题就是，社会分层与利益分化凸显。计划经济时代遗留的城乡二元结构等问题产生的权利的不平等，以及公共资源供应不足和享受的不均等问题，在市场经济条件下发酵，与市场带来的问题犬牙交错，这些问题的集中表现就是社会上不同的阶层都发出了分配不公的怨言，对高层原先提出的“共同富裕”的社会主义的价值目标能否实现心存疑虑，并质疑当局是否有诚意、有能力去落实这一价值目标。有鉴于此，在阐释公正这一价值目标的时候，必须把经济公正、分配的正义纳入其中，并且作出有现实可能性的释义。

马克思主义的一个最大的特点就是理论与实践的统一。价值目标作为一种面向未来理想性的东西，必须给人提供一种值得追求的愿景，才能发挥其导向的作用，也才会具有吸引力和凝聚力。但是这种愿景必须是具有现实可能性的。在权利和利益的分配上尤其如此。马克思在《哥达纲领批判》中强调，“权利决不能超出社会经济结构以及由经济结构制约的社会文化发展”①。这是至理名言。我们在解释公平正义的时候，必须遵循这一原则。

在社会主义建设的历史上，不顾客观条件的限制，忽视现实可能性，盲目地追求某种分配的公正，曾经带了严重的后果。前苏联在30年代有过这种教训，中国20世纪的50年代后期到“文化大革命”，搞过平均主义，严重地打击了群众的积极性。这样的历史教训，必须记取。我们现在讲权利平等、分配正义的时候，需要把握好一个度。一方面要充分反映公众的诉求，尤其是在改革开放的过程中那些最少受惠者的诉求，另一方面也要防止平均主义，防止迁就部分民众的不合理的诉求的倾向。②

三、中国特色社会主义公平正义观的基本内涵与思想要义

中国特色社会主义理论体系是中国共产党的理论创新，是马克思主义科

① 《马克思恩格斯选集》第3卷，人民出版社1996年版，第305页。

② 学界有人称之为“民粹主义”，我们认为，民粹主义在历史中有确定的概念，用来描述当前民众中出现的或者是在干部实际工作中出现的这种倾向并不合适。

学社会主义理论的新发展,中国特色社会主义制度的最大特点是中国共产党的领导地位。对中国特色社会主义公平正义观的基本内涵进行阐释的目的,一方面是要向全体人民,向遍布世界的华夏儿女宣示中国共产党人的价值目标和理想追求,向世界各国解释我们国家的努力方向,另一方面是要将"公平正义"作为中国特色社会主义道路的八项基本要求之一,付诸实践。因此对其基本内涵的释义,必须对于以国家治理现代化和治理能力的提高为总目标的改革和发展具有可操作的指导意义,与现阶段的改革发展的顶层设计和各项政策和举措相协调。这是我们试作阐释时遵循的原则。

中国特色社会主义公平正义观的基本内涵,可以表述为:**"以立党为公、执政为民为核心理念;以权利平等、规则公平、机会均等和分配正义为基本原则;以司法公正、建设法治社会为重点;以崇道义、讲公道、尊规则、守法律为支撑。让全体人民共享发展成果,实现共同致富。"**具体论述如下:

(一)以立党为公,执政为民为核心理念

中国特色社会主义制度的最大特点是中国共产党的领导地位。党的为人民服务的宗旨、执政为民的理念是公正观的最集中的体现。之所以说"公平正义是中国共产党的一贯主张",就是因为无论在民主革命时期还是在社会主义建设时期,中国共产党始终坚持为人民服务的宗旨,赢得了广大人民的拥戴。这是历史经验所证明了的一个真理。

把这一理念作为公平正义观的核心,也是符合中国人的民族心理、思维习惯和现实期待的。中国传统公正观的一个特点就是,为政之道将公正观置于首要地位。并且以"公天下"为基本理念。而中国共产党"立党为公"(全心全意为人民服务)的宗旨,则是这一优秀传统的继承和升华。在新的历史条件下,坚持这一执政理念,正是公众最大的期待。

三十多年的改革开放,正因为坚持了这一执政理念,不仅发展了经济,提高了人民的生活水平,而且解决了计划经济时代留下的许多社会不公的问题。而向市场经济的转变过程中出现的许多违背公平正义的现象,都有赖于执政党坚持"立党为公"的宗旨,才能克服。如果对违背公平正义的各种现象加以分析,就可以看到,一类社会不公的现象是由于不遵守已有的、体现公正的制度和规章,违背宗旨的"潜规则"盛行而造成的,另一类是由于制度不完善和规

则不合理、不公正所造成的。而最为公众诟病的则是一些当政者以权谋私、以权枉法，以及各种特权观念、特权现象滋长对公平正义带来的破坏。这些问题要得到解决，都有赖于反腐和党风廉政建设。

（二）以权利平等①、规则公平②、机会均等③、分配正义④为基本原则

在新的历史条件下，"公平正义"必须实现权利平等。在社会主义的初级阶段，在市场经济的条件下，"权利"（而非单纯的"利益"观念）已经深入人心。公众的权利意识觉醒，权利诉求增长，维护公民权利已经成为社会各界的共识。而且改革开放的三十年来，立法的进步已经把宪法规定的公民权利加以具体化，（诸如财产权、知识产权、人身自由的权利、流动迁移的权利、劳动的权利、受教育的权利、公共政策的知情权与参与权，等等），并且采取了一系列的政策来保障和逐步实现这些权利。这些进步是受到公众的肯定的。有待破解的难题则是如何克服计划经济时代遗留下来的身份不平等、不同所有制在诸多方面的不平等待遇等制度机制带来的有违公平正义的现象。此外权利平等，也意味着每一个公民既能享受权利，又须承担相应的义务。克服一部分社会成员享受很多权利而所尽义务较少，另一部分社会成员享受权利甚少而所

① 权利问题主要是一个平等的问题，而不是公平的问题。而且 1949 年之后的中国又是一个经历过平等主义的试验的国家，平等的观念还是颇有影响力的观念。

② 以往文件的表述中"公平"一词出现的频率甚高，但是"公平"这一概念有较大的模糊性。而近年来中国学界与社会舆论所说的公平或作为公平的正义，主要是从罗尔斯学说逐译过来的。据一些专家研究，在罗尔斯的《正义论》中，汉语中通常译成"公平"的那个概念即"fairness"，主要是一种程序性的或方法论的概念，用来论证"justice"即汉语通常译为"正义"的原则。在这个意义上，汉语论者所说的"公平"，更接近于在罗尔斯政治哲学中的 justice 而不是 fairness，确切些说更接近于罗尔斯正义观中占据核心地位的"平等"（equality）概念。所以，这里将几个不同的问题分别使用不同的表述。"规则公平"主要有两个意思，一个是程序性；一个是在规则面前人人平等，与法律面前人人平等是同一系列的概念，在西方的语境下，常常使用"程序公正"或译为"程序正义"，这一用法有的时候也已经被有些官方文件所采纳。考虑到，"规则"一词涵盖更广，不仅有程序性的规则，也有实质性的规则，而我们所倡导的公正，在注重程序公正的时候还主张实质的公正，故在此处使用"规则公平"的表述方法。

③ 通常的表述是"机会公平"，这里所说的公平实际上就是平等的意思，即个人有同等的机会，没有特权，身份等等的差别。建议表述为"机会均等"，以避免公平正义等字眼的多次重复。

④ 用"分配正义"而不用"分配公平"的理由是，"公平"在中国的语境下重点在"平"、在"均"，而"义"则是根据发展水平而定，是相对的，不一定是平等，更不是事实上的平等。马克思早就指出事实上的平等即使在全盘公有制实现按劳分配的历史阶段也是无法实现的。分配正义的含义也就是如何在做大蛋糕的同时分好蛋糕。

尽义务甚多的不均衡状态。

现代化的一个重要特征是讲究程序与规则,包括市场交易的规则、契约关系的规则,以及公共生活中许多运行规则和游戏规则。而规则公开、透明与公平则是这些规则和程序得以正常运行的保障,所以规则公平成为"公平正义"题中应有之义。反观现实生活,许多有损公平正义的现象之所以会泛滥,引起公众的不满,一个重要的原因就是有些政府行为、市场交易的行为,违背了程序公正与规则透明、公开的原则,进行黑箱操作。

三十年来,市场取向的改革给了人民许多选择的自由,也就是有了自主选择的机会。而各种职业和岗位的开放,使得机会均等有了实现的可能性。这种可能性也使社会流动得以实现。但是,由于特权、由于身份的不平等,由于初始条件的巨大差异,以及讲关系、靠背景等不良风气的存在等这些历史的和现实的原因,造成社会分层有固化的趋势,"二代"现象出现,严重地破坏了公平正义,引起社会的不满。不失时机地将"机会均等"纳入公正观,至关重要。以此表明我们决心逐步消除特权,保证每个人都能平等地享有接受教育、自由择业、自主创业、公平竞争的机会,致力于让人民共同享有人生出彩的机会、共同享有梦想成真的机会。

(三)以坚持司法公正,建设法治社会为重点

司法是保护公民权利、维系公平正义的最后一道防线。三十年来,我们形成了自己的法律体系,已经有法可依。但是,有法不依、执法不公、徇私枉法,甚至滥用权力侵犯群众的合法利益等违背公平正义的现象还是大量存在。明确把"司法公正"作为公平正义观必不可少的要素,不仅可以为司法改革确立方向,将公平正义视为政法工作的生命线,而且可以使得老百姓从生活中感受到公平正义。

无论是权利的平等(权利的平等首先是法律面前的人人平等)、规则的公平、机会的均等还是分配的正义,都需要由法治社会的建设来加以统领,更不用说是司法公正了。鉴于中国传统社会是一个"官本—人治"社会,法治意识的缺乏是一大弱点,官员习惯于以权代法,公众比较习惯于讲人情、托关系,而不习惯于依靠法律来解决问题。这已经成为国家治理的一个难点。许多人为造成违背公平正义的现象就是由此产生的。因此有必要把法治国家、法治政府和法治社会的建设,作为实现公平正义的重点。之所以把法治社会的建设作为重点而不把“分配正义”这一群众十分关切的问题作为重点,一个重要的理由是,只有法治完善了,司法公正了,无论是公民个体(包括干部在内的所有公民)和所有的法人才会有稳定的预期,从而自愿地去执行体现分配公平的法律和规则,体现分配正义的各项政策和法规才会落到实处(“劳动法”的制定和实施,就是一个范例)。

(四)以崇道义、讲公道、尊规则、守法律为支撑

公平正义作为一种价值目标,既是执政党和政府行为的导引,又是所有公民的行为导向。确立和践行正确的公平正义观,不仅是政府官员的事情,而且也是全体公民的事情。[①]没有普及于全社会的道德观念和社会风尚的支撑,再好的政策也不易落到实处。

崇尚道义,讲究公道,这是中国传统文化的一个重要特征,也是深埋于中国人心中的文化禀赋,是我们培育和践行公平正义的道德资源。把它发扬光大有助于遏制自由主义的“经济人”假设所倡导的“利益最大化”原则导致的“唯利无义”的不良风尚。现实生活中的事例表明,许多违背公平正义的现象就是由此发生的。有一些民众中发生的不满情绪也许就是由于无条件地追逐个人利益的最大化的奢望无法达到所致。

中国传统文化中比较缺乏的是现代社会维系公平正义所不可或缺的规则意识和守法精神。这也是我们需要着力培育的,否则再好的制度也难以落到实处。

(五)以全体人民共享发展成果,实现共同致富为目标

通过分配正义来实现“共同富裕”,如邓小平所说是社会主义的本质特征之一。在改革开放的初期,这一观念已经深入人心。但是在进入市场取向的改革之后,社会分层、贫富分化自然而然地出现了。一段时间里,地区之间、城乡之间、不同的社会群体之间的差距不断拉大,特权现象的存在和钱权勾结又进一步扩大市场带来的分化和分层,计划经济遗留的城乡二元结构的消极后

① 社会层面的核心价值观,面临的一个问题是它的践行主体到底是谁?在中国的国情下,政府或者说政府官员无疑是最重要的。但是,公众或者说是处于不同社会地位的公民也是不可或缺的实践主体。澄清这一点,在现实生活中有重要的意义,有利于避免一味要求政府履行公平正义的职责,而忽视公民自身的责任的倾向的滋生蔓延。

果发酵，一部分群体不仅收入低下而且处于困难的境地，引起公众强烈的不公平感(甚至是被剥夺感)。自"和谐社会"提出之后，开始把淡出多年的"公平正义"这一价值目标逐渐强化，并且采取了一系列的措施加以落实，同时不断地调整政策和口号，如从"一次分配讲效率，二次分配讲公平"，调整为"一次分配也要讲公平"。但是迄今为止，"分配不公"还是公众舆论关注的焦点，也是群众最大的关切。值得注意的是，不仅生活比较困难的一些社会群体，而且许多生活水平相对不低的社会群体，包括一些城市白领，也普遍地对就医、住房、教育等问题上的困难不满，舆论一度称之为"三座大山"。这种情况不仅引发对于改革开放的怀疑，而且引发对于"我们今天搞的是不是社会主义""社会主义到底体现在哪里"的质疑。因此，回应分配不公的呼吁，努力在现有的条件下，逐步实现"分配正义"，重申并强化让全体人民共享改革发展的成果，实现共同致富的价值目标，十分迫切。必须把这一内容置于社会主义的公平正义观之中。

现在的难题是，尽管这一价值目标已经成为大多数公众的共识，但是在解读和理解上面临许多难题。传统社会主义理论对这一问题的界定和解释，难以适应处于社会主义初级阶段，又实行社会主义市场经济体制的当代中国。在现有的生产力水平和经济结构下，如何以"既尽力而为、又量力而行"为操作原则，恰当地、有分寸地阐释分配正义，使之既能回应公众的诉求，又能与改革的设计和实际步骤相协调；既要给公众提供希望，又能避免引发不切实际难以兑现的期望。

对这些问题，学术界政界存在很大的歧见。这里仅就我们这些年的思考，提出一些不成熟的看法。

第一，把"共同富裕"调整为"共同致富"。邓小平对此有过两种不同的表述方式。改革开放初期用的是"共同富裕"，而在 1990 年的一次谈话中还用过另一个表述方式——"共同致富"①。这两种表述尽管只有一字之差，但是意味深长。"富裕"是静态的，侧重的是结果或状态，"致富"是动态的，侧重的是过

① "共同致富，我们从改革一开始就讲，将来总有一天要成为中心议题。"见《善于利用发展时机解决发展问题》，载《邓小平文集》第 3 卷，人民出版社 1993 年版，第 364 页。

程，是趋势。"共同致富"意味着在发展的过程中，尽力做到使得全体社会成员，都能不断地提高生活水平，增加自己的收入和财富。这种解释能够比较贴切地反映改革开放以来所达致的成绩，也比较符合群众的实际感受。也是我们在今天所能做到的事情。"共同致富""先富帮后富"的观念提出的时候，人们对"富"的理解还是聚焦于小康、富足(衣食无忧)之上。但是，如今在社会舆论中，"富"已经不再仅仅意味着较高的收入，而且侧重于金融资产、不动产，甚至是资本等所谓的"身价"上了。此类对"富裕""富人"的解读已经普及，成为许多公众理解官方文件的先入之见。按此含义，在社会分层、要素分配中，对于资本、技术、管理等要素给予高额激励，并在这种政策已经成为制度的条件下，"共同富裕"在一段相当长的时期里，已经是一件不可能的事情。与其对"富"和"共同富裕"作出重新解释，不如回归到邓小平用过的"共同致富"这一提法，在"分配正义"的原则下，把"富裕"观引导到正确轨道上来。

第二，突出"发展成果的共享"，以此来遏制贫富差距拉大的趋势。鉴于中国的国情和历史，地区之间、城乡之间的发展不平衡和收入的差距，需要一个较长的发展和调节的过程才能解决。其中的一些制度性的障碍(如城乡二元结构)需要通过发展(如城镇化)和改革(如户籍制度的改革)逐步加以解决。还有一些需要通过建设以"学有所教、劳有所得、病有所医、老有所养、住有所居"为目标的社会保障制度加以解决。在收入分配问题上主要以建立"合理有序的分配格局"为切入点。在这样的背景下，在价值目标的阐释中，采用"共享"这一弹性比较大的表述方式，比较合适。可以与诸多的政策措施相容，也为及时地调整政策留出了空间。

第三，把"共享"的重点，放在解决社会上的困难群体，或者说是改革发展过程中的最少受惠者①最迫切的民生问题上。

① 近年来社会舆论习惯于采取"弱势群体"的概念。但是这一概念，带有浓厚的社会达尔文主义的色彩，也带有尼采的强者生存的"超人哲学"的印痕。与之相比较，还是罗尔斯的"最少受惠者"的概念比较合适。一方面可以指称那些低收入者或者是因为各种原因而在市场竞争中处于不利地位的人士；另一方面可以说明，这些人士在三十多年的改革发展的历程中，也是受益或受惠者，只是相对而言，受惠最少而已，有益于减低人们的不公正感。

作为社会主义国家制度的首要价值的“公平正义”

一、“公平正义”是社会主义题中应有之义

社会主义的理想在它最初提出的时候,已经包括两个方面。一方面是对人类社会发展规律的认知,并在此基础上对社会主义的历史必然性作出的论证,另一方面,就是价值的追求。这种追求是人类历史上一些基本价值的发扬光大。一方面追求的是,从自然界束缚和社会的压迫下解放出来而获得的自由、劳动的解放、富足的安定的生活、人的全面发展和个性的真正的解放,另一方面是摆脱社会的各种不公正、不平等的现象,实现“天下为公”的高尚的精神境界和和谐的人际关系等。最基本的是劳动者的权利和利益得到充分的保障。这一理想既是对人类历史规律的深刻把握,又提出了一个具有道德感召力的、人们值得为之奋斗的价值目标。

中国特色社会主义的共同理想也包括这两个方面:一是对社会主义发展规律以及建设中国特色社会主义的途径和方法的认识,一是对社会主义的价值目标的把握。邓小平在总结历史经验、对“什么是社会主义、如何建设社会主义”这一问题作出创造性回答的时候,就提出社会主义的价值目标。其最主要的内容,就是一方面要解放生产力,发展生产力,实现近百年来中国人梦寐以求的“富民强国”理想,另一方面就是要实现共同富裕,实现社会的公平公正。他反复强调“社会主义的目的就是要全国人民共同富裕,不是两极分化”①。“社会主义与资本主义不同的特点就是共同富裕,不搞两极分化。”②他还把这一价值目标能否实现作为检验改革成败的一个标志。“如果导致两极

① 《邓小平文选》第3卷,人民出版社1993年版,第110—111页。
② 同上书,第123页。

分化，改革就算失败了。”[①]这两个价值目标是缺一不可的，也是相辅相成的。

邓小平理论的一个突出的特点就是实事求是，一切从实际出发。所以他特别注意既要把社会主义的价值目标作为贯穿于社会主义建设的全过程的指导原则，又要求我们注意到在社会主义建设的不同的历史阶段，各个价值目标的优先地位与具体的内涵是会发生变化的。必须依据具体的历史条件，去把握这些价值目标的内涵及其相互关系。

邓小平的这一思想集中地体现在其在南方视察前后的一系列谈话中。在这些谈话中，邓小平提出了“发展是硬道理”的论断，突出地强调了发展市场经济、将经济上一个台阶的要求，并提出“三有利”标准，也就是要把的解放和发展生产力提高综合国力作为最主要的价值目标。同时，肯定了20世纪80年代以来，针对平均主义的弊端提出的“让一部分地区一部分人先富起来的政策”，突出了公平公正这一价值目标中反对平均主义的内涵。他又高瞻远瞩地指出：“走社会主义道路，就是要逐步实现共同富裕。共同富裕的构想是这样提出的：一部分地区有条件先发展起来，一部分地区发展慢点，先发展起来的地区带动后发展的地区，最终达到共同富裕。如果富的愈来愈富，穷的愈来愈穷，两极分化就会产生，而社会主义制度就应该而且能够避免两极分化。解决的办法之一，就是先富起来的地区多交点利税，支持贫困地区的发展。当然，太早这样办也不行，现在不能削弱发达地区的活力，也不能鼓励吃‘大锅饭’。什么时候突出地提出和解决这个问题，在什么基础上提出和解决这个问题，要研究。可以设想，在本世纪末达到小康水平的时候，就要突出地提出和解决这个问题。”[②]他又说：“共同致富，我们从改革一开始就讲，将来总有一天要成为中心课题。社会主义不是少数人富起来、大多数人穷，不是那个样子。社会主义最大的优越性就是共同富裕，这是体现社会主义本质的一个东西。如果搞两极分化，情况就不同了，民族矛盾、区域间矛盾、阶级矛盾都会发展，相应地中央和地方的矛盾也会发展就可能出乱子。”[③]

1993年在与邓垦谈话时，邓小平说：“十二亿人口怎样实现富裕，富裕起来

① 《邓小平文选》第3卷，人民出版社1993年版，第139页。
② 同上书，第373—374页。
③ 同上书，第364页。

以后财富怎样分配，这都是大问题。题目已经出来了，解决这个问题比解决发展起来的问题还困难。分配的问题大得很。我们讲要防止两极分化，实际上两极分化自然出现。要利用各种手段、各种方法、各种方案来解决这些问题。”“比如刚才讲的分配问题。少部分人获得那么多财富，大多数人没有，这样发展下去总有一天会出问题。分配不公，会导致两极分化，到一定时候问题就会出来。这个问题要解决。过去我们讲先发展起来。现在看，发展起来以后的问题不比不发展时少。”①

这三段文字对于中国特色社会主义的公平公正观所作的论述，内涵丰富。主要有以下几个方面：

首先，实现共同富裕、不搞两极分化是社会主义的一个根本目标。这是不能动摇的。让一部分地区一部分人先富裕起来，是实现共同富裕这一目标的手段或途径，不能用手段来代替目的。这一价值目标与发展的目标一样是极其重要的。不能把经济增长作为唯一的价值目标，也不能认为只要发展起来了，分配等公平公正的问题就会自然而然地解决了。离开了这一价值目标，会从根本上损害社会主义制度。

其次，在经济发展的不同阶段有不同的重点。在经济发展的初期，要突出地反对平均主义，在经济发展起来之后，就要把重点放到解决贫富差距问题上来。因此，需要把握好时机。他高瞻远瞩地预计，“在本世纪末到达小康水平的时候，就要突出地提出和解决这个问题”。

第三，必须正视事实上已经“自然出现”的两极分化现象。

第四，实现公平公正的价值目标，也许比实现发展这一价值目标更困难。要充分估计实现这一价值目标的难度。

二、公平正义这一价值目标的凸显

正如邓小平预见的那样，在世纪之交，在中国社会基本实现小康的历史阶段，公平公正的问题更加突出地提上了日程。党的十六大以后，党中央审时度

① 《邓小平年谱》，中央文献出版社 2004 年版，第 1364 页。

势，不失时机地提出构建和谐社会的任务，强调要把"维护社会公平放到更加突出的位置"。

胡锦涛在省部级主要领导干部提高构建社会主义和谐社会能力专题研讨班上的讲话把"公平正义"作为社会主义的"本质要求"，赋予了这一价值目标极其重要的地位。他说："维护和实现社会公平和正义，涉及最广大人民的根本利益，是我们党坚持立党为公、执政为民的必然要求，也是我国社会主义制度的本质要求。只有切实维护和实现社会公平和正义，人们的心情才能舒畅，各方面的社会关系才能协调，人们的积极性、主动性、创造性才能充分发挥出来。"

将逐步实现"公平公正"这一价值提上日程，既是中国社会发展的客观需要，又具有现实的可能性。一方面，正如胡锦涛指出的，"目前，我国改革发展正处在一个关键时期。""随着我国社会主义市场经济不断发展，随着我国公有制为主体、多种所有制经济共同发展的基本经济制度和按劳分配为主体、多种分配方式并存的分配制度不断完善，随着我国工业化、城镇化和经济结构调整加速，随着我国社会组织形式、就业结构、社会结构的变革加快，我们正面临着并将长期面对一些亟待解决的突出矛盾和问题"。其中一个突出的问题是"城乡发展不平衡、地区发展不平衡、经济社会发展不平衡的矛盾更加突出，缩小发展差距和促进经济社会协调发展任务艰巨。"这些矛盾和问题是在改革和发展的进程中日渐显露的，尤其是在市场改革的进程中凸显的。其中为广大群众最深切感受到的是，诸多的民生问题困扰着他们。诸如城乡尤其是农村的困难群体的大量存在、就业、医疗教育、住房等社会问题已经成为全社会关注的焦点。把逐步实现社会公平公正放到更加突出的地位，着力解决这些迫切的民生问题，既是历史的必然也是顺应民心所必需。另一方面，逐步实现社会公平公正，已经具备现实的可能性。如胡锦涛所说，"经过新中国成立以来特别是改革开放以来的不断发展，我国社会生产力水平明显提高，综合国力显著增强，人民生活总体上实现了由温饱到小康的历史性跨越，我们已经具备了较为坚实的物质基础，可以为缩小社会差距、促进社会公平、完善社会保障、发展社会事业、加强社会建设和管理等提供更充分的物质保证"。

近年来，中央采取了一系列的强有力的政策、措施，落实这一价值目标。

诸如取消农业税，实施农村的免费义务教育，加大公共卫生的投入，加快各种社会保障制度的改革和落实，努力使社会保障覆盖农村居民、城市农民工等以往被忽视的群体。凡此等等，大大缓解了民生，受到了广大群众发自内心的拥戴，调动了人们共建共享社会主义和谐社会的积极性。实践证明，不失时机地把"公平公正"这一社会主义的价值目标放到更加突出的地位，确实是顺应历史发展的要求，顺应民心的明智之举。同时，也必将增强公众对中国特色社会主义共同理想的认同感，大大提高整个社会的凝聚力。

三、制度上落实公平公正的价值目标

"公平公正"的价值目标的逐步实现是一个历史的进程，需要作坚持不懈的努力。然而，要持久地坚持这一价值目标，就必须把许多政策措施加以整合和完善，使之成为制度，成为法律。

现在中央政府已经宣示：把推进社会公平与正义，特别是让正义成为社会主义国家制度的首要价值，作为两大长期的任务之一。以此为目标，进一步推进以市场为取向的经济体制改革和以发展民主政治为目标的政治体制改革。这是一件十分艰巨、复杂的任务。

做好这件事情，首先需要澄清观念，加深对"公平公正"这一体现社会主义本质的价值目标的重要意义和地位的认识。克服在一部分干部中间存在的将发展经济与实现公平公正对立起来的观念。我们必须看到，在一段时间里，来自西方自由主义经济学的观念在一些干部中颇有影响。按照这种观念，只要经济发展了，蛋糕做大了，公平公正就会自然而然地实现。似乎突出地强调"公平公正"，把资源用于解决困难群体的民生问题，就会妨碍经济发展；甚至认为，要发展经济就要依靠资本、依靠精英、依靠强势群体。因此，对落实"公平公正"的价值目标采取消极冷漠的态度。另一种观念认为，市场本身就是"公平公正"，因此把实现公平公正归结为市场秩序的健全，或富人的私人财产权的保护，有意无意地忽视政府在落实"公平公正"这一价值目标中承担的重大的责任。这种观念如果不能得到纠正，那么作为社会主义国家制度的首要价值的"公平公正"就难以落实，相关的制度也就难以建立和维系。

其次,需要准确把握在社会主义市场经济条件下,作为社会主义价值目标的“公平公正”所蕴含的新的特征。既要克服那种把公平公正等同于平均分配或结果的公平的观念,也要克服那种把社会公正仅仅视为对私人财产权的保护的观念,否则,就难以实现“依法逐步建立以权利公平、机会公平、规则公平、分配公平为主要内容的社会公平保障体系”的目标。

第三,精心地谨慎地进行制度设计。公平公正的问题,诚如邓小平所说,“解决这个问题比解决发展起来的问题还困难”。既要考虑各方面的诉求,又要考虑现实的可能性;既要考虑最迫切的需要,又要考虑作为一种制度而不是临时性的措施所必须具备的持续实施的可能性。为此,需要发扬民主,使得各种不同的利益能够得到充分的表达,更需要政府作出精心的调查研究、经验总结和试点。社会科学界也应以严谨的负责的态度,作出创造性的研究,为政府决策提供咨询。

平等观念该不该缺席*

——当代中国关于平等观念的回顾

“平等”观念的缺席，是多年来中国社会生活的一个现实。不仅在我们的权力话语中，而且在日常生活的话语中也是如此，连学术研究中也不多见。近来有些学者开始把“平等”观念纳入研究的视野，发人深省。高瑞泉的新著[①]就以平等观念的历史考察为主题，细致地描述了20世纪上半期平等观念在中国是如何凸显和演进的。许耀桐在论述马克思主义的社会主义的核心价值观的时候，依据马恩的文本把“解放、自由、民主、平等、改革”视为社会主义核心价值的五个基本理念，并认为“平等是社会主义最富有魅力的一个价值观”[②]。这就向我们提出了一个问题：20世纪70年代之前在中国非常强势的“平等”观念后来何以会缺席？“平等”观念该不该缺席？当我们在阐释“公平正义”或者“公正”这样一个价值目标的时候，要不要把它找回来，纳入我们的话语系统？

我们这一代经历了六十多年风风雨雨的老人，对于平等观念的魅力是深有体会的。民主革命的胜利打破了几千年来人们观念中一直视为天经地义的“贫富贵贱”的等级观念。我们的少年时期，被灌输的就是“解放”“平等”这样一些价值观念。平等这个富有魅力的观念，确实吸引了公众，尤其是年轻的一代人。人们为革命者在践行“平等”上作出的真诚的努力所感召和吸引。那时理解的革命传统中就有一个“平等”的传统。这一点也可以从近来纪念延安文艺座谈会的许多回忆的材料得到佐证。当时大批的知识青年文化人奔赴延安，欣赏延安，都是受到这种精神的感召。

在青年时期，我们受到的教育最突出的一点就是要立志做一个“普通劳动

---

* 本文原载《探索与争鸣》2012年第9期。

① 高瑞泉：《平等观念史论略》，上海人民出版社2011年版。

② 许耀桐：《论马克思主义社会主义的核心价值观》，上海行政学院学报2012年第5期。

者”。这种教育不是抽象的口号，而是在无数次的上山下乡、务工务农的实践中强化的，至今仍然铭刻在心头。反观今日，无所不在的颂扬权势、强化贵贱贫富等级的种种舆论相当强烈，等级的区分在生活中时时处处可见，由此带来的荀子所谓的“势荣”盛行于世，出人头地的观念弥漫整个社会，处于社会中下层的公众经常受到精神的压力，连小孩子也难以幸免。我强烈地感受到其与我们青年时代受到的教育之间的巨大反差，于是不得不经常会去思考，如此的反差是怎么发生的？

想来，这与三十年的平等原则实验中发生的问题是密切相关的。1949年之后的三十年，中国几乎成了推进平等原则的试验场。尽管在对于平等的理解上有不少分歧和摇摆（主要的摇摆是在对“按劳分配”的态度上），然而在消灭阶级进而消灭差别这一点上，是一以贯之的。

这种平等观念主要是从苏联输入的。我们的实验也在一定程度上是效法苏联的。对于苏联的试验，当今东欧的一些学者有这样的概括：苏联曾经力图建立一个平均主义的或者说是经济上的平等主义的社会结构。[①]国内也有人将那个时期，视为一个平均主义的时代，并以那个时代的基尼指数等作为佐证。此说确有一定的道理。特别是中国从1958年开始在舆论上和政策上比苏联还要激进，公开提出了取消“资产阶级法权”的主张，连按劳分配的八级工资制（在工人中间实行的）也加以批判，而且力图在生产力十分低下的情况下，实行穷过渡，消灭差别，推行平均主义的工资政策（如“文革”期间参加工作的都是拿平均的低工资）。但是，如果仔细地加以考察的话，事情就相当复杂，决不是平均主义这个概念所能概括的。

一方面往往会为了贯彻发展原则（当时称之为“经济建设”）而牺牲平等。波兰学者W.兰曾经指出，由于社会主义首先是在经济不发达的国家和那些被近两次世界大战消耗殆尽的国家建立的。所以在社会主义的基本建设时期中，“追赶”并加速工业化是这些国家要实现的基本任务。于是，在社会主义建设初期，公正和平等的要求不得不部分地服从于社会主义制度的政治稳定的需要，服从它的加强防御力量和加速经济发展的目标。这些客观困难，使“按

① W.兰（Lang）：《马克思主义的公正观》，《哲学译丛》1991年第5期。

劳取酬”这一原则也受到相当大的局限。在某种程度上,不同社会团体和专业团体中国家产品分配的不平等,却在国民经济的或在国家不同地区的重要分支的发展中,起着刺激的作用。社会主要产品分配的标准,不仅是根据“按劳分配”原则,而且也是基于纯粹经济性的原因。除经济因素之外,在一个“发达”的社会主义国家中,某些经济上的不平等的根源,包括个人不同的遗传天赋,家庭组织作为社会主义社会的基本社会单位,以及在私人财产领域内的继承法,依然在社会主义国家中有效。①所以实际上的不平等,也是十分突出的。

中国的情况与此类似。但是也有自己的特点。一方面中国的工业化也是参照了苏联的做法,也以赶超为目标,于是就像苏联一样采取用剪刀差的办法从农民那里筹集工业化所必需的资金。不仅如此,还出于发展、建设、效率的需要而制定了一些固化甚至强化不平等强化等差关系的政策和制度。其中最突出的就是建立了禁止农村人口流动的户籍制度以及由此带来的城乡工农之间结构性的差别——二元结构,将城乡和工农之间的差别加以固化。另一方面,出于发展的需要,对于社会的管理和知识精英给予了特殊的待遇。而中国在革命时期就有一个具有一定的等差秩序的供给制的传统,在转向建设时期的时候,仍然是一种路径依赖。结果就是形成了一种干部(包括体制内的知识精英)的身份制度。加上具有不同等级的单位制的存在,具有一定的等级身份的社会成员,尤其是在等级之中处于上层的成员就客观上形成了某种特权(既有明文规定的也有许多没有规定却成为惯例的)。这种情况在物质资料比较匮乏的情况下,从数量上看好像差别不像今天那么巨大,但是差序等级还是非常明显的。

我本人在“四清”的时候有一个非常强烈的感受。当我们作为工作队员到安徽农村时候,有一条极其严格的纪律:绝对不允许向一起工作的当地干部透露自己的工资收入,更不用说是对农民了。究其原因就是,至少在“文革”之前,大城市里的知识分子,尽管在政治上处于被改造的地位,但是在经济收入上与农民和农村基层干部收入上是有极大的差距。

另一方面,即在平等原则处于首要地位因而抑制经济收入上的差别的时

① W.兰(Lang):《马克思主义的公正观》,《哲学译丛》1991年第5期。

候出现了另一方面的问题。其集中表现是，在消灭阶级作为平等的根本诉求的背景下，不同阶级出身的人在政治上的身份差别就显得尤其突出。特别在经过三大改造从经济上已经取消了原有的阶级差别之后，又强化了以政治态度和思想观念来划分阶级的做法，于是政治身份带来的等级秩序，不断得到强化。平等权利是不存在的，而且由于从政治态度和思想观念上来划分阶级并给予不同的待遇，具有很大的不确定性。即使是出身很好而且有革命功劳的高级干部也有可能由于政治态度、思想观念甚至是莫须有的理由被列入另册。而一旦打入另册，那么所有的物质待遇就会发生根本的变化。

这种情况使得我们对于这三十年平等观念的实践到底形成了一个怎么样的格局，很难用一个简单的概念来加以概括。不仅非常复杂，而且有些悖论。在普遍的贫困中，实际的差别，尤其是城乡的差别与工农的差别都是相当大的。权利的平等事实上也是不存在的。之所以要说明这一情况，是因为当今中国在公正和平等问题上出现的许多问题与前三十年计划经济时代遗留下来的问题是息息相关的。不能仅仅完全归结为市场体制改革带来的弊端。没有亲历这一阶段的有些人士不时会把那样一个时期非常浪漫地想象为一个普遍平等的时代，这与事实相去甚远。

不过，尽管实际情况非常复杂，这一时期在舆论上平等观念却是一种强势的权力话语。这在“文革”期间达到顶峰。然而观念是犟不过客观历史进程的。

平等观念的消退是从“拨乱反正”开始的。一方面是由于不顾客观条件不断地在生产力水平十分低下的条件下，去消灭差别，这种情况在“文革”期间是达到了极致。结果就是人们经常所说的“普遍的贫困”和经济的停滞。另一方面，在“文革”中原来居于等级秩序中较高层次的管理和知识精英，对于那些极端的政策也极其反感，而普通的劳动者由于按劳分配的原则受到破坏，干多干少一个样，也失去了劳动的积极性。于是平等原则的引力也就消失殆尽。这就是当时提出反对平均主义的口号，之所以能够有那么大的吸引力，赢得上上下下各个社会阶层的赞同的一个原因。

反对平均主义的口号提出之初，主要针对的是“文革”中对按劳分配的原则的贬斥，许多深层次的问题并未触及，所以不能简单地视为对平等原则的否定。平等观念消退最关键契机是在把发展原则、效率原则提上了首位之际。许多变化就是由此发端的。如效率优先、让一部分人先富起来等等口号就是这样产生的。市场体制的改革最先也是从效率原则得到辩护和肯定的。这就意味着发展与平等的关系上，天平向发展、效率一边倾斜。对于一个落后的后发的国家来说，这种转变是非常必要也是非常及时的。在相当一段时间里，发展成为全社会的首要的价值目标，是有历史的理由的，也是得到相当广泛的认同的。问题在于，当发展成为首要的价值目标的时候，平等原则该不该完全退出？如果不该的话，那么平等原则的缺席又是怎么会发生的呢？这是一个有待探究的问题。

仅就观念的层面来看，平等观念的退席，有两个基本的推力。一个是来自外部的。改革开放之时，正逢新保守主义在世界上大行其道。它的一个重要的特征是在二战后西方国家比较全面地调整了发展和平等关系，扩大了平等权利，建立在一定程度上体现平等的福利国家之后，提出了一些极端的观念，进行反拨。一方面在经济上强调自由市场的自发的调节功能并否定经济公正和平等的意义（如哈耶克），将公正问题归结为保护私有财产权和交易的公平，提出所谓的涓滴经济学（trickle-down economics），也可简称为“高山流水”原则，即强调只要富人的财富增加，会自然而然地流向下层。另一方面则在政治上偏爱贵族制和等级制（如列奥·斯特劳斯），而敌视平等原则。这两种观念是紧密地结合在一起的。我们在融入全球市场学习市场经济的时候，一些人就把这种观念抛开了在其发生地的历史前提（一定程度上的平等权利的实现）生硬地搬到了中国，对学界和决策层都产生了深刻的影响。

从内部来说，根植于我们的文化基因中贫富贵贱的等级观念再次泛起，同对于存在于前三十年的等级差别（如城乡二元和一些特权）的自然认同结合在一起，在市场化的进程中随着物质财富的增长而发酵。

当今中国社会许多积累已久的深层次社会问题上所表现出来的平等观念的缺席，观念上这两大推力难辞其责。

然而，从一般的规律来看，诚如资中筠先生在总结20世纪世界历史时所说：“从某种意义上讲，就一个社会的内部而言，‘发展和平等’，成为20世纪的两大追求”。但是两者又充满了悖论。就一个国家而言，成败“要看相对来说哪个能更好地满足人类的这两大诉求，同时较好地解决或至少缓解二者的矛盾取得平衡的进展，从而达到真正的兴旺发达”。①自金融危机以来，有识之士一再指出，走出危机必须正视和纠正自新保守主义盛行以来急剧加深的不平等。诺贝尔经济学奖得主斯蒂格利茨近来连续发出的呼声，就是一个典型。从中国的国情来看，我们毕竟是经历过几十年革命的国家，平等观念在国民心理的积淀也是一个不容低估的事实。诚如一位以倡导改良著称的学者所说，“平等、社会正义等等观念在有过革命的地方比没有经过革命的地方，要深厚得多，这仍是值得珍惜的宝贵遗产”。②看来唤回“平等”观念，纳入“公正”这一价值目标之中，给予它一个合理的恰当的地位，不仅把它当作一个“抗议性的理想”而且把它当作一个建构性的、范导性的原则，以便达成改革共识，处理好发展与平等这对矛盾，该是时候了。

① 资中筠：《坐观天下》，广西师范大学出版社 2011 年版，第 91 页。
② 李泽厚、刘绪源：《该中国哲学登场了》，上海译文出版社 2011 年版，第 40 页。

“平均主义”究竟意味着什么?*

——对不同语境下“平均主义”一词意蕴的辨析

一

进入21世纪之后,由于分配不公、司法不公等社会问题呈现加剧趋势,人民群众对“公平正义”的诉求愈发凸显。科学发展观的提出及时回应了这些诉求,“公平正义”逐步作为一个重要的价值目标提出,并引发了热烈的讨论。在讨论中,经常可以看到一种现象,不少文章,包括有的官方出面的不署名的评论,往往都要强调,坚持“公平正义”不能搞“平均主义”。由此看来,真正把党的十八大报告中论述的中国特色社会主义的八项基本要求之一的“公平正义”落到实处,如何看待“平均主义”,则是一个绕不过去的问题。

可是,在中国的语境下,一方面“平均主义”几乎为大家所熟悉,不能搞平均主义似乎是一个共识;另一方面,对于“平均主义”到底意味着什么,却又不甚了了。只要把近几年发表的一些文章,细细阅读就会发现,无论是平均主义的表现还是其根源和实质,都是各说各的,谈不到一起来。

其中最具代表性用法有两种。一种是沿用从民主革命时期就开始的用法,将“平均主义”作为一种革命或建设中出现的错误倾向,而对这种倾向的概括和分析则采用斯大林在20世纪30年代提出的论说。这方面,《辞海》的释义最具代表性。①许多论者都从这个定义出发来解释和理解“平均主义”。有些论

---

* 本文原载《探索与争鸣》2013年第7期。

① 第六版《辞海》“平均主义”条:“平均主义,亦称绝对平均主义。要求平均享有社会一切财富的思想。手工业和小农经济的产物,主张消灭一切差别,要求人与人之间在工作条件、生活条件、物质消费和个人需要方面的绝对平均。在社会主义制度下,它直接违背‘各尽所能、按劳分配’的原则,具有落后性和破坏性。”另有“平均共产主义”条:“空想共产主义思想。以18世纪法国的巴贝夫和19世纪德国的魏德林等为代表。认为社会不平等是一切罪恶的根源,反对土地及其他财产的私有制度。主张社会革命,消灭阶级,宣扬禁欲主义和绝对平均主义思想,要求建立一个绝对平均分配的‘共有共享’的‘共产主义社会’。”

者还以此为依据进一步推论出，由于中国原本是一个以小农经济为主体的国家，所以，中国社会有一个平均主义的传统。

另一种是在近年来关于平均主义的论说中出现了的。其主要的特征是，把土地改革和农业合作化等等视为“平均主义”。①还有的文章则走得更远，认为中国近代以来存在着一种时隐时现的“平均主义”的线索，孙中山的“平均地权”，中国共产党领导的土地革命都属于平均主义。只不过认为“平均主义作为一种整合工具，对社会的发展起着极大的推动作用”②。显然，这些论点对平均主义的界定与以往对于平均主义的界定是不一致的。

至于今天在讨论社会公正的问题时，那些提出要反对“平均主义”的学者所指的到底是什么，大多语焉不详。看来把历史上曾经使用“平均主义”这一话语的语用学的情景，一一加以厘清就显得很有必要了。本文拟就此做一考察，以期在此基础上，对于不同时期的“平均主义”的不同含义和解释作出辨析，看看哪些论说是有道理的，哪些是不足取的，今天如果还要使用这一话语的话，该在何种意义上使用才比较恰当。

二

在中国革命史上，最早把“绝对平均主义”当作一种错误倾向提出来，是在第一次国内革命战争时期。首见于 1929 年毛泽东在红四军党代会上所作的报告《关于纠正党内的错误思想》。当时处于非常艰苦的环境中，革命队伍内部总体实行的是平等原则。大家同甘共苦，内部没有多大的等级区分，与旧军队的等级森严形成了鲜明对照。只是出于工作和斗争的需要，待遇上有一些差别。而被称为“绝对平均主义”的那种思想或情绪就是对这种必要的差别的否定。毛泽东在红四军党代会上的报告所列举的现象，诸如“官长骑马，不认为是工作需要，而认为是不平等制度”，“分物品要求极端平均，不愿意有特别情形的部分多分去一点”等等，说的都是革命队伍内部在物质生活方面如何分

① 温锐：《农民平均主义？还是平均主义改造农民？——关于农村集体化运动与中国农民研究的反思》，《福建师范大学学报（哲学社会科学版）》2003 年第 5 期。

② 朱晓鸿：《论近代中国的平均主义》，《华北水利水电学院学报（社科版）》，2009 年第 2 期。

配的问题上，表现出来的某种情绪和想法。①其特点就是，它是一种观念或情绪，是一种客观上不利于革命斗争的倾向，并不是某种理论或学说。鉴于当时在革命队伍里物质的分配是以“大体上的平均”（如官兵薪饷平等）为原则的。所以，反对的都是“绝对”的“平均主义”。这也可以理解为，并不反对平等和平均本身而是反对把平等和平均绝对化。1942 年在延安整风的时候，也有过对“绝对平均主义”的批判，其情况大体相似。不同地方在于，针对的主要是刚刚到延安参加革命的一些知识分子如王实味、丁玲等人，在文章中表现出来的“绝对平均主义”。而且，延安时期的物质条件与红军初创时期相比已经有了一定的改善，革命队伍内部的差别也开始扩大。这可以说是“平均主义”所指的第一种情况。而这些错误的思想的根源则可以归之于手工业和小农经济，或小资产阶级。

第二种是在土地问题上发生的。最典型的是解放战争时期的土地改革。针对的是土地改革中出现的“左”的倾向，当时也被称为“绝对平均主义”。其主要的表现为，侵犯民族资产阶级，侵犯地主富农所经营的工商业；不去区分地主、富农和大中小地主，扩大打击面，甚至打击中农，花了很多的力气分浮财，以及土改中的乱打乱杀等。这一时期处理的核心问题是土地所有制。之所以把这些现象称为“绝对平均主义”而不是一般地反对平均，关键在于，土地改革本身的一个原则就是实现“耕者有其田”，平均分配土地。毛泽东指出：“中国土地法大纲规定，在消灭封建性和半封建性剥削的土地制度，实行耕者有其田的土地制度的原则下，按照人口平均分配土地。”②“土地改革的中心是平分封建阶级的土地及其粮食、牲畜、农具等财产（富农只拿出其多余部分），不应过分强调斗地财，尤其不应在斗地财上耗费很长的时间，妨碍主要工作。”③

土改中出现的这些问题，按照毛泽东当时的分析，既有群众运动中难免的一些自发的倾向，更有领导层在政策把握上的问题。他在给刘少奇的信中写道：有些是下层的干部实行自以为正确的其实是错误的政策，“但是各中央局

① 《毛泽东选集》第 1 卷，人民出版社 1992 年版，第 90—91 页。
② 《毛泽东选集》第 4 卷，人民出版社 1992 年版，第 1250 页。
③ 同上书，第 1271 页。

自己在政策上的犯了错误的也不少,例如晋绥分局,对于订成分上侵犯中农,对于毁灭性的工商业政策,对于抛弃开明绅士,都是自己犯了错误的。但是这类'左'倾错误犯得比较严重的还不是晋绥,而是华北华东华中各区……"①可见领导层的指导思想上的问题,是毛泽东提出反对绝对平均主义的一个重点。关键是要不要提倡绝对平均主义。这里与前面所说的革命队伍内部处理物质待遇问题,有极大的区别。毛泽东写道:"土地改革的一个任务,是满足某些中农的要求。必须容许一部分中农保有比较一般贫农所得的土地的平均水平为高的土地量。我们赞成农民平分土地的要求,是为了发动群众迅速地消灭封建地主阶级的土地所有制度,并非提倡绝对平均主义。谁要是提倡绝对平均主义,那就是错误的。现在农村中流行一种破坏工商业,在分配土地问题上主张绝对平均主义的思想是一种农业社会主义的思想。这种思想的性质是反动的,落后的,倒退的,我们应当批判这种思想。"②

关于农业社会主义,当时新华社发表的《关于农业社会主义的问答》指出:农业社会主义"是指在小农经济的基础上产生出来的一种平均主义思想。抱有这种思想的人们,企图用小农经济的标准,来认识和改造全世界,以为把整个社会经济都改造为划一的'平均的'小农经济,就是实行社会主义,而可以避免资本主义的发展……"其"平均的结果,不独是要破坏封建的土地财产关系,而且要破坏非封建的自然资本主义的财产关系,就是要平均主义地破坏工商业及一部分中农和新式富农的土地和财产,因而也要打击工业和农业生产者的向上积极性。这样,就不能提高社会生产力,而且必然要使社会主义生产力大大降低和后退"③。

可见,这时所说的绝对平均主义,已经提升到理论的高度,而且主要是针对高层在指导土地改革时所面临的问题。鉴于当时进行的土地改革,宗旨是要"平分土地",所以也采用了"绝对平均主义"的概念,而不是泛泛地反对平等与平均,这种修辞在当时是有历史的理由的。

① 《毛泽东文集》第5卷,人民出版社1996年版,第75页。
② 《毛泽东选集》第4卷,人民出版社1992年版,第1314页。
③ 《中共中央文件选编》第14册,中共中央党校出版社1987年版,第236—237页。

三

由于中国的许多理论和概念均是从苏联学来的,《联共(布)党史简明教程》成为干部教育最重要的教科书后尤其如此。对平均主义的分析框架和理论依据大部分来自斯大林。所以,有必要对斯大林的论说作比较详细的考察。

斯大林是在苏联工业化和农业集体化的过程中,提出反对平均主义的问题的。他最初是在分析劳动力的流动问题时提出“平均主义”这一概念的。当时出现了熟练工人普遍流动的现象,给工业的发展带来了困境,斯大林认为劳动力流动的原因之一就是“工资方面的有‘左的’平均主义”。没有注意熟练劳动与非熟练劳动,重劳动和轻劳动之间的区别。应当“取消平均主义”[①]以刺激非熟练工人前进和上升。

工业中的熟练劳动力普遍流动,还有更为深刻的原因,那就是农村人口向城市的自发的流动。斯大林认为应该制止这种流动,让农民安居于农村,以便有组织地招工。这又是与农业和农村问题紧密联系在一起的,与当时正在进行的农业集体化运动息息相关。这就是此后斯大林在谈论平均主义的问题时,把焦点集中到农村问题上来的缘由。这一点在 1934 年 1 月为联共(布)十七大所做的报告中体现得最为鲜明。他在报告中说:“公社直到不久之前为止不仅把生产资料公有化,而且把每个社员的生活也公共化了。就是说,公社社员……没有私有的家禽、小家畜、奶牛、谷物和宅旁园地。这就是说,在公社中,与其说照顾到社会的个人生活利益,把它和公共利益结合起来,不如说是为了达到小资产阶级的平均主义而用公共利益把社员的个人利益压抑下去了。很明显这是公社的最大弱点。”[②]“实践证明,如果公社不放弃平均主义……那么它们就一定会灭亡。”

这是对农业集体化的进程中出现的问题的回顾和总结。在 20 世纪 20 年代的末期,斯大林在否定了布哈林的主张之后,确立了社会主义建设的总体框

---

① 《斯大林文选》下,人民出版社 1979 年版,第 280 页。
② 同上书,第 333 页。

架。这个框架就是，苏联面临着必须快速工业化以赶上资本主义发达国家的局面。“落后者是要挨打的。”①他反复强调，没有别的办法，必须在10年内跑完落后50到100年的距离。那么快速工业化的途径是什么呢？斯大林否定了布哈林等人所持的给个体农民以更加宽松的条件以解决粮食问题，并为工业化提供资金和粮食的主张，坚持用工农业之间的剪刀差的办法来取得工业化所需要的资金和粮食，而且认为，农业要发展就必须消灭小生产，使得农业成为以拖拉机等先进装备武装起来的大生产。为此，就要快速推行农业的集体化，并消灭富农。于是从1929年开始，苏联大力推进群众性的集体农庄运动，并从城市中派遣了许多工人和干部到农村强行推进。于是整村、整乡、整区加入集体农庄，快速地实现集体化。在此过程中，出现了许多问题：诸如，完全违反自愿原则，用暴力对待中农，不分地区全面推广，超过了现实的条件，建立“公社”等等。在建立公社的时候，许多地方采取了住宅、全部产乳牲畜、全部小牲畜和家禽“公有化”等等极端的措施。不但在农村造成了极大的恐慌，而且带来了粮食生产的急剧下降，大量的农村人口流入城市，也带来了城市里熟练工人的大量流动，对经济生活造成了严重的影响。最后酿成了大饥荒。为了制止这种局面的蔓延，斯大林发表了《胜利冲昏头脑》《答集体农庄庄员同志们》等著名文章，力图纠偏。他指出干部中存在着一种“我们什么都能干！”“我们什么都不在乎！”的鲁莽情绪。不仅违反自愿原则，用官僚式的命令手段，用强力去建立集体农庄，而且“拿住宅、全部产乳牲畜、全部小牲畜和家禽‘公有化’来戏弄集体农民”②。他还指出某些同志，“把个体农民径直‘引向’公社章程……用强迫手段使小牲畜、家禽、自用产乳牲畜和住宅‘公有化’”③。

时隔四五年之后，斯大林之所以还要用非常大的篇幅来批判平均主义，原因之一就是，类似的做法，还在一些地方继续。比如报告指出有的地方还想把公社的做法用到工业企业，熟练工人和非熟练工人都把各自的收入拿出来平分。所以报告一再指出，一部分党员中间存在糊涂观念，赞成原始禁欲主义，否认生活方面的差别。“这些人以为社会主义要求社会全体成员的需要都是

① 《斯大林文选》下，人民出版社1979年版，第273页。

② 同上书，第243页。

③ 同上书，第252页。

平均的，相等的，一律的。”不仅如此，斯大林还把这些现象都称为已经被清除的反对派的遗毒，表明“已被击溃的反党集团的思想体系的残余还有相当大的生命力”①，并称“平均主义是马克思主义的敌人”②。

而斯大林对平均主义最为经典的最为人们所熟知的论述是在1931年12月与德国作家路德维希的谈话中。其文字如下：

“路德维希：请允许我向你提出下面的问题：你谈到‘平均主义’，而且对普遍平等来说带有一定的讽刺意味。但是要知道，普遍的平等是社会主义的理想。

斯大林：所有人都领取同样的工资、同等数量的肉、同等数量的面包，穿同样的衣服，领取同样的和同等数量的产品——这一种社会主义是马克思主义所不知道的。

马克思主义只是说：在阶级还没有彻底消灭的时候，在劳动还没有从生存手段变成人们的第一需要，变成为社会谋福利的自愿的劳动的时候，人们将按照自己的劳动来领取工作报酬。‘各尽所能，按劳分配’，——这就是马克思主义的社会主义公式，也就是共产主义社会的第一阶段的公式。

只有在共产主义的社会，每个人一方面尽自己的能力来劳动，另一方面将按照自己的需要来领取报酬。‘各尽所能，按需分配’。”

“十分明显，在社会主义制度下，不同的人具有而且将来也会具有不同的需要。社会主义从来不否认人们在口味上、在需要的数量和质量上的差别。只要读一读马克思对斯蒂纳平均主义倾向的批判，只要读一读马克思1875年对《哥达纲领》的批判，只要读一读马克思、恩格斯、列宁后来的著作，你就会看到他们对平均主义的抨击是多么尖锐。平均主义的根源就是个体农民的思想方式，是平分一切财富的心理，是朴素农民的‘共产主义’心理。平均主义和马克思主义的社会主义是毫无共同之处的。只有不懂马克思主义的人才会这样幼稚地设想，似乎俄国布尔什维克想把一切财富聚集在一起，然后将它们平均分配。和马克思主义毫无共同之处的人，就是这样设想的。像克伦威尔时期

① 《斯大林文选》下，人民出版社1979年版，第337页。
② 同上书，第335页。

和法国革命时期的原始‘共产主义者’就是这样设想共产主义的。但是马克思主义以及俄国的布尔什维克和这种平均主义的共产主义者是毫无共同之处的。”①

斯大林对平均主义的批判,与前两种不同,已经不再局限于“绝对平均主义”,所论的都是在已经取得政权以后的社会主义建设中出现的问题。把重点放在建立公有制的经济之后的分配与物质生活方面的问题。这可以说是对平均主义的第三种解释或界定。

四

第四种是毛泽东在 20 世纪 50 年代末到 60 年代初期,针对 1958 年人民公社化运动中产生的严重的问题而提出的。

1958 年毛泽东在郑州会议上指出,目前在我们与农民的关系上存在着紧张状态,一些不当的措施引起了农民的恐慌。因此,必须及时检查和纠正两种倾向“即平均主义倾向和过分集中倾向”②。此后,他在 1961 年 3 月 13 日给刘少奇、周恩来等的信中,又进一步指出:“大队内部生产队与生产队之间的平均主义问题,生产队(过去小队)内部的人与人之间的平均主义问题,是两个极端严重的大问题。”③这段话就是这一封信的主题,编辑《毛泽东文集》时就用“反对两个平均主义”作为这封信的标题。

在 3 月 23 日的广州中央工作会议上,毛泽东又一次提到要解决两个平均主义的问题。④同年九月毛泽东给中央常委写信,转发一批材料并提出,这些材料表明:我们对农业方面的严重平均主义的问题,至今还没有完全解决。还留下一个问题。⑤

这里所说的平均主义,广义地说,针对的就是在公社化运动中产生的后来被称为“共产风”的那些做法留下的各种弊病。其中最主要的有以下几个

① 《斯大林文选》下,人民出版社 1979 年版,第 308—309 页。
② 《毛泽东文集》第 8 卷,人民出版社 1999 年版,第 11 页。
③ 同上书,第 250 页。
④ 同上书,第 258 页。
⑤ 同上书,第 284 页。

方面：

第一，在“一大二公”“跑步进入共产主义”等口号下，把原来的农业社(包括初级社和高级社)的生产资料全部收归公社所有，甚至把公社所有阐释为全民所有；对合作社的所有的集体财产进行平调。在此过程中，有的地方的县政府也平调下面的财产和物资。不仅如此，有的部队、机关和学校也无偿地占有农民的土地。这就是后来遏制“共产风”的时候提出的所谓“一平二调”。

第二，将社员(农民)的所有的自留地、私有的牲畜、苇塘、林木、农具等生产资料和房屋“无代价地转为公社所有”。

第三，在公社实行供给制和公共食堂。把过去“按劳分配”分到各家各户的粮食，集中到公共食堂，社员不分男女老幼均有权利到公共食堂免费吃饭，有的地方还扒屋并村。

1958 年的郑州会议开始逐步纠正这些做法。第一个重要的步骤就是发布了“十二条”，着力纠正“一平二调”。1960 年 11 月中央发出紧急指示信，提出要实行“队为基础三级所有”，“坚决反对和纠正一平二调的错误”。11 月 28 日毛泽东又发出“永远不许一平二调”的指示信，承认自己以前写的北戴河决议，规定的过渡时间太快了。“总之，无论何时，队的产业归队所有或使用，永远不许一平二调。”①毛泽东要求向农民退赔，还要求尽快落实。毛泽东强调，“县、社宁可把家业统统赔进去，破产也要赔。因为我们剥夺了农民，这是马列主义完全不许可的。平调农民的劳动果实，比地主、资本家剥削还厉害，资本家还要花点代价，只是不平等，平调却什么都不给”②。“不要怕公社没有东西，公社原来就没有东西，它不是白手起家，而是黑手起家。”

他还指出在民主革命时期我们就强调要买卖公平，现在却把这一原则自己否定了。这种情况不仅在农村，还出现了机关、部队、学校圈用群众土地的事情，毛泽东强调“要坚决退还”。

在一定程度上刹住了“平调风”之后，问题就集中到人民公社制度本身。1962 年 2 月毛泽东提出搞一个工作条例。两种平均主义的问题就是在制定人

---

① 《毛泽东文集》第 8 卷，人民出版社 1999 年版，第 223 页。

② 同上书，第 227 页。

民公社的条例,即“六十条”的时候提出的。这也可以理解为狭义的平均主义。

这里所涉及的是两个不同层面的问题。一个是人民公社内部各个生产队之间的关系问题,另一个是生产队内部的社员与社员之间的关系问题。

第一个问题,经过了多次的调整,最后在“六十条”第三次修订时,采用了把生产队作为基本核算单位的办法加以解决。也就是说,不再由公社或生产大队来统一分配各个生产队的劳动成果,而是由生产队自己来进行生产和分配。这样就避免了各个不同生产队之间的平均主义。

第二个问题,通过取消供给制和公共食堂,不再由公共食堂无偿地、平均地让所有社员免费吃饭,而是把收获的粮食按劳分配给社员。

到“六十条”的第三次修订,这次反平均主义告一段落。

60 年代反对平均主义有其特殊的背景,对平均主义的界定及其根源的分析,都有其自身的特点。

第一,针对的问题与民主革命胜利之前的土地改革不同,它不是局部的、个别地区的而是全局性的。这一问题历时多年才得以遏制。

第二,所涉及的民众无论从广度和深度上都是空前的。在一定意义上说,这场由上面发动的运动从根本上动摇了原有的制度和几千年来农民的生产方式和生活方式。公共食堂在一定程度上把农民的根拔掉了,意味着“农民把命根子完全交到了基层干部手里”。在农村内部制造出一批包括“生产队长、伙食团长、炊事员”等在内的权贵阶层。以至于毛泽东在 1961 年 3 月的一次讲话中对那些搞得农民没有肉吃,靠扒房子砍树来维系的食堂斥之为“反社会主义的”①。

第三,对平均主义的界定与以往不同,一方面指的是在公社化运动中出现的一种相当普遍的倾向,即“一平二调”的“共产风”。另一方面则指的是在公社化运动中积淀下来的制度性的东西。一方面涉及所有制(集体还是全民,集体所有制在什么层次上建立最基本的核算单位),另一方面涉及分配制度(公共食堂等都是一种制度)。毛泽东所说的“两种平均主义”都是制度性的问题,其深度和解决的难度都非常大。这里所说的平均主义已经不再是一种观念,

① 《毛泽东文集》第 8 卷,人民出版社 1999 年版,第 254 页。

一种学说，也不仅是一种自发的思想倾向或者是一种情绪，也不再局限于指导群众运动的政策偏向，而是某种制度性的东西了。

第四，对于平均主义的根源的分析，已经不再将它归为小资产阶级或者个体农民的观念了。相反将这种做法归之于“小资产阶级的狂热性”的主张并被扣上“右倾机会主义”的帽子，并进而归结为资产阶级对无产阶级的攻击。毛泽东在1962年前后对这种平均主义的思想根源的分析，着力点已经从阶级和社会根源转移到认识论上来。从重新发表《反对本本主义》开始，一方面提倡调查研究；另一方面则花了很大的力气来论述认识论问题，而其中的一个焦点则在说明：问题之所以发生主要是因为没有经验，产生了盲目性。1961年9月，他在《给中央常委的信》中非常感慨地说，在所有制方面体现出的平均主义这个问题上“我们过去过了六年之久的糊涂日子(一九五六年，高级社成立起)，第七年该醒过来了吧”①。在1962年的七千人大会上，毛泽东说：“在社会主义建设上，我们还有很大的盲目性。社会主义经济对我们来说面还有许多未被认识的必然王国。”②“所谓必然，就是客观存在的规律性，在没有认识它以前，我们的行动总是不自觉的，带着盲目性的。这时候我们还是一些蠢人。最近几年我们不是干过许多蠢事吗？”③他还说道：“拿我来说，经济建设中许多问题还不懂得。工业、商业我就不大懂。”④他强调实际工作中的问题主要是因为“对社会主义建设，我们还缺乏经验”。他还从认识规律上加以论证，强调“对于建设社会主义的规律的认识，必须有一个过程，必须从实际出发，从没有经验到有经验，从有较少的经验，到有较多的经验，从建设社会主义这个未被认识的必然王国，到逐步克服盲目性，认识客观规律，从而获得自由，在认识上出现一个飞跃，到达自由王国”⑤。而在缺乏经验的条件下，就会产生盲目性。他在另一些场合还提出：“人类总是要犯一些错误才能显示他们的正确。对于客观规律不认识而受它的支配，使自己成为客观世界的奴隶，直到现在以及将来，乃至无穷，都是在所难免。”针对有些人提出，苏联在集体化的过程中曾经

---

① 《毛泽东文集》第8卷，人民出版社1999年版，第285页。
② 《毛泽东文集》第8卷，人民出版社2004年版，第302页。
③ 同上书，第306页。
④ 《毛泽东文集》第8卷，人民出版社1999年版，第299页。
⑤ 同上书，第300页。

有过这样的经验教训，为什么我们还会重犯，毛泽东解释说："苏联的经验是苏联的经验，他们碰了钉子是他们碰了钉子，我们自己还要碰。好比人害病一样，有些病他害过就有了免疫力，我们还没有免疫力。"①

这里我们可以看出，这个时候对于平均主义的根源的分析已经不同于斯大林的分析，也不同于民主革命时期在土地改革中作出的分析，这与这次平均主义发生的过程是有关系的。它是从上面开始提倡和大力推行的而公社化运动是自上而下地推进的。后来的一些制度性的问题肇始于关于建立人民公社的决定，以及在《红旗》杂志上发布的，由上面的官员与一些基层干部所制定的几个典型的人民公社的章程。②

五

在改革开放的新时期，邓小平也曾使用过"平均主义"一词。但是仅用以概括改革开放初期所取得的进展，针对的是改革开放之前存在的弊端。1978年在十一届三中全会上，邓小平提出，"要允许一部分地区、一部分企业、一部分工人农民，由于辛勤努力成绩大而收入先多一些，生活先好起来。一部分人生活先好起来，就必然产生极大的示范力量，影响左邻右舍，带动其他地区、其他单位的人们向他们学习。这样就会使整个国民经济不断地波浪式地向前发展，是全国各族人民都能比较快地富裕起来"③。他强调这是一个大政策。经过了几年的实践之后，1986 年 3 月 28 日，邓小平在会见新西兰总理朗伊时，回顾了这一进程。把这一政策所带来的突破，用"打破平均主义"一语来加以概括。他在介绍从农村开始的改革之后，强调"我们的政策是让一部分人、一部分地区先富起来，以带动和帮助落后的地区，先进地区帮助落后地区是一个义

① 《毛泽东文集》第 8 卷，人民出版社 1999 年版，第 276 页。

② 1958 年 8 月通过的《中共中央关于在农村建立人民公社问题的决议》，所定的基本原则以及由中央下派的官员与当地干部共同起草的由官方的《红旗》杂志刊布的"嵖岈山卫星人民公社""七里营人民公社"等制定的章程草案或试行简章倡导的。后来的《建国以来党的若干历史问题的决议》写道：这种超越现实条件的制度设计付诸实践的结果"使得以高指标、瞎指挥、浮夸风和'共产风'为主要标志的左倾错误严重地泛滥开了"。

③ 《邓小平文选》第 2 卷，人民出版社 1994 年版，第 152 页。

务。我们坚持走社会主义道路,根本目标是实现共同富裕,然而平均发展是不可能的。过去搞平均主义,吃'大锅饭',实际上是共同落后,共同贫穷,平均贫困,这样是搞不好的,我们管它叫吃'大锅饭'。过去就是吃了它的亏。我们的改革首先要打破平均主义,打破这个'大锅饭'。现在看来,这个路子是对的"①。这是邓小平关于平均主义的最为经典的论述。

这里所说的平均主义,与前面三种解释都不相同。既不是在土改、集体化或公社化等运动中产生的某种偏向,也不局限于物质生活资料的分配方式,而是整个国民经济发展的政策和道路。"平均主义"或"吃'大锅饭'",成了以往社会主义建设中的许多弊端的一个集中的体现。而其中就涉及许多制度性的问题。就此而言,与20世纪50至60年代的平均主义有一定程度的关联。历史上积累下来的弊端,是经济体制改革要破除的首要的障碍。从邓小平的这些表述来看,"平均主义"最为关键的是把"共同富裕"理解为"平均发展"。这里回答的是如何发展,通过什么样的途径来实现共同富裕的问题。这就赋予了"平均主义"这一概念更为宽泛的含义。

至于"过去搞平均主义""吃'大锅饭'"究竟有哪些具体的表现,还是一个有待进一步研究的问题。近年来学界在研究和分析前30年经济建设中的时候,也有一些文章对此作出了解释。一种观点认为,平均主义主要是指大跃进和"文革"期间在"破除资产阶级法权"的名义下对于"按劳分配""八级工资制"等等的否定,而带来的"干好干坏一个样"等违背"按劳分配"原则的各种做法,这种解释与斯大林的解释比较接近。但是,这种说法是否足以说明邓小平所说的"平均主义",值得商榷。从改革尤其是经济体制的改革的进程所破除的限制来看,显然就不仅仅局限于恢复在企业和单位内部的"按劳分配"。像农村的联产承包责任制的实行和人民公社的解体等等,都是制度上的重大的突破。此外,近来朱镕基发表的《讲话实录》,从国有企业改革的实践中所遇到的各种问题,对"吃大锅饭"、平均主义的痼疾做了如下的诊断:"造成国有企业困难的原因,实实在在地分析,主要有三个:一是重复建设,二是盲目建设,三是

① 《邓小平文选》第3卷,人民出版社1994年版,第155页。

人员膨胀。"[1]这些问题都与大锅饭有关。重复建设、盲目建设之所以会不断发生，一个重要的原因就是企业吃国家的"大锅饭"。他指出，"搞好企业，关键还在企业自身。内部机制不转换，企业躺在国家身上，职工躺在企业身上，捧'铁饭碗'吃'大锅饭'，外部环境再好也没有用"[2]。"企业没有搞活，没有约束机制，上项目没有控制，大家吃'大锅饭'，项目搞坏了没有人负责，亏损也没有责任，这都触及了深层次的问题"[3]。至于人员膨胀，也与"大锅饭"有关，一是把企业当作大家"吃大锅饭"的场所和安排人员的场所。"一听说上项目，就七大姑八大姨安排一大堆人。阜新光气厂在大连时 300 多人，刚才听说搬到你们这里后现在是 1 500 人。"[4]另一个就是企业内部，干好干坏一个样。也就是让人在企业里面混。他指出，"不能让大家都在企业里面混吧，'一个人干，一个人看，一个人捣蛋'，那样是干不好工作的，必须把另外两个人请走，不叫他看了，更不能让他捣蛋了，就留一个人在那里干"[5]。

由此可见，改革开放初期所破除的平均主义，触及的已经是经济体制的问题，而不再是一种思想倾向或者是运动中出现的诸多问题了。

六

从上面的简要的梳理中可以看出，在不同的历史条件下，使用"平均主义"这个概念的时候，所指是大不相同的。尤其是邓小平在改革开放初期所使用的含义与以往的用法有很大的区别。所以，从《辞海》为代表的流行的定义出发来界定平均主义，并不加辨析地用到改革开放 30 多年之后的当今中国，是没有意义的。《辞海》的这个定义是以斯大林在 1931 年与路德维希的谈话对平均主义所做的论析为依据的。其最核心的论断就是"平均主义的根源是个体农民的思想方式，是平分一切财富的心理，是素朴的农民'共产主义'心理"。

---

① 《朱镕基讲话实录》第 3 卷，人民出版社 2011 年版，第 17 页。
② 《朱镕基讲话实录》第 1 卷，人民出版社 2011 年版，第 102 页。
③ 同上书，第 45 页。
④ 同上书，第 24 页。
⑤ 同上书，第 18 页。

这一论断，本身就是值得商榷的。尽管这一论述，就其所引述的思想史的资料来看，是有一定的根据的。确实，在马克思主义刚刚产生的时候，为划清共产主义与其他的各式各样的社会主义之间的界限，曾对带有粗陋的平均主义色彩的一些空想的社会主义学说进行过批判，并把他们归结为小资产阶级的思想体系。但是需要注意的是，斯大林当时对平均主义的批判，除了要解决社会主义建设尤其是工业化和农业集体化中产生的一些实际问题之外，一个非常重要的背景就是要彻底地清除布哈林派的势力和影响。这一点只要从他在联共(布)十七次党代会上的报告中，对平均主义的批判不是放在有关社会主义建设的部分而是放在有关党的建设的部分展开，就不难看出。他担心的是“已被击溃的反党集团的思想体系的残余还有相当大的生命力”①，所以就一定要上纲上线地把“平均主义”称为“马克思主义的敌人”②。这是从“随着社会主义的胜利和建设的发展必定导致‘阶级斗争尖锐化’”这一错误的形势估价下作出的阶级分析。而作出这种论断的一个理论前提，就是把小农，不仅看作是与工业现代化格格不入的落后的生产方式，而且把个体农民看作是资本主义的自发势力，是一个本身会分泌、产生和滋养出资本家、富农以及其他剥削分子的阶级，是最后一个资本主义阶级。但是历史证明，这样一种观点在实践上带来的却是无休止的党内斗争、大清洗、强行推行集体化、损害农民的利益，甚至不惜剥夺农民，以及由此导致的农业生产的停滞和倒退，甚至引发了大饥荒。现在这种被称为“苏联模式”的建设道路，已经被我们所抛弃。那么对于平均主义的这种定义，难道就不需要重新审视吗？

此外，从斯大林的文本本身来看，也有许多内在的矛盾。其中最集中的一点就是，当他直面现实中出现的许多问题的时候，非常明确地指出，无论是集体化中出现的强迫命令还是把生活资料公有化等极端的做法，都是违背农民的意愿的，都是上面派下去的干部和工人，用“行政热情”快速推进集体化的结果。是其中的某些人用“纸上的官僚主义命令”，“把个体农民径直‘引向’公社章程，……用强迫手段使小牲畜、家禽、自用产乳牲畜和住宅‘公有化’”③。也

① 《斯大林文选》下，人民出版社 1979 年版，第 337 页。
② 同上书，第 335 页。
③ 同上书，第 243 页。

就是说，这些被称之为“平均主义”倾向都是违背个体农民的意愿的。但是在同路德维希的谈话中，斯大林却把“平均主义”归结为“个体农民的思想方式，是平分一切财富的心理，是朴素农民的‘共产主义’心理。”这岂不自相矛盾？当然，也可以理解为在面对外国作家的时候，需要声明一度出现过的平分财产的做法，不是官方的政策，农民也不存在对集体化的恐惧情绪。这种“内外有别”的做法，即使可以给予同情的理解，但毕竟是在掩盖事实的真相，推诿责任，更谈不上是什么真理。

也许，由于俄国在历史上存在过“村社”，19世纪的一些俄国革命者也曾经非常重视“村社”中的公有共享的传统，因此若要说俄国的一部分农民有朴素的“共产主义”心理，还有一定的依据。但是把它当作普遍适用的“个体农民的思想方式”，到处套用就会失之谬误。套用到从来没有村社传统的中国，更是失之千里。

从中国在社会主义建设时期农村政策上出现的反复来看，对于汪洋大海般的个体农民，对于小生产到底如何看待，确实是一个重大的理论和政策问题。总体而言，小生产或者个体农民是不是有“平分一切财富的心理”，曾经出现的那种“平分财富”的做法，如公社化时期的“一平二调”“共产风”等等到底是出于老实巴交、依靠自己的辛勤劳动来维系生活的个体农民的意愿，符合于他们的心理还是出于自上而下的强迫命令或某些不事生产的二流子之类的农村游民的心理？其实，这是很清楚的。相反，改革开放之初破除的“平均主义”“吃大锅饭”等等，很多出自农民的自发的行为。小岗村这个典型，就是最好的证明。邓小平对于个体农民的这种创造给予了高度的肯定。

邓小平在回顾这个历程的时候，多次强调“改革开放中许许多多的东西，都是群众在实践中提出来的”①。农村改革的两大创造，都是如此。“农村搞家庭联产承包，这个发明权是农民的。”②“农村改革中，我们完全没有预料到的最大收获，就是乡镇企业发展起来了，突然冒出搞多种行业，搞商品经济，搞各种小型企业，异军突起。这不是我们中央的功绩。乡镇企业每年都是百分之二

① 《邓小平建设有中国特色社会主义论述摘编》，中央文献出版社1995年版，第30页。
② 《邓小平文选》第3卷，人民出版社1994年版，第382页。

十几的增长率，持续了几年，一直到现在还是这样。乡镇企业的发展，主要是在工业，还包括其他行业，解决了占农村剩余劳动力百分之五十的人的出路问题。……如果说在这个问题上中央有点什么功绩的话，就是中央制定的搞活政策是对头的。这个政策取得了这样好的效果，使我们知道我们做了一件非常好的事情。这是我个人没有预料到的，许多同志也没有预料到，是突然冒出这样一个效果。”①他反复强调“那不是我们领导出的主意，而是基层农业单位和农民自己创造的。把权力下放给基层和人民，在农村就是下放给农民，这就是最大的民主。我们讲社会主义民主，这就是一个重要内容”②。领导人的作用，一方面是把群众的发明“概括起来，提出了方针政策”，把群众的智慧，把许许多多各级干部的智慧，“拿来加工作为全国的指导”；另一方面在面对新问题的时候，“随时听取群众的呼声，了解群众的情绪，代表群众的利益”③。

阅读这些文字我们不难看出，改革开放初期邓小平对从事小生产的个体农民的态度与斯大林的态度有极大的区别。中国特色的建设道路与苏联模式的鲜明对照，提示我们，斯大林定义对平均主义及其阶级根源的判断，今天不该继续成为金科玉律。可惜经过改革开放 30 多年之后的今天，我们还不时听到要反对按照斯大林的定义来解释的“平均主义”。

至于有的论者以这个定义为依据，以中国有小生产的传统为由，推论出中国古代的历史上就有平均主义的传统，所以在实现公平正义的时候要高度警惕“平均主义”等等论说，其论据也是难以服人的。④这是笔者从历史的考察中的得出的观感之一。

此外，“平均主义”按其历史上的用法，至少有三种不同的情况。现在若要继续使用就必须谨慎地加以区分。

一种是针对“自下而上”的诉求，是下层对于上层的诉求或者不满情绪的表达，重要的是对于在生活待遇等问题上的等级秩序和特权的非议，如延安时期的一些知识分子的批评。上层则以平均主义加以反对，这时，“平均主义”是

---

① 《邓小平文选》第 3 卷，人民出版社 1994 年版，第 238 页。

② 同上书，第 251—252 页。

③ 《邓小平文选》第 2 卷，人民出版社 1994 年版，第 342 页。

④ 参见《毛泽东邓小平理论研究》2011 年第 8 期的一组文章《中国传统文化视阈中的公正观——在传统与现实之间》。

上层在矫正这种情绪时使用的一顶帽子，以便上纲上线，显示其错误的严重性，在此舆论先导的基础上再采取相应的具体的措施加以遏制。

另一种是“自上而下”的导引。也就是在领导土地改革、合作化和公社化等生产关系变革的政治运动中，存在的主观指导上、政策上的平均主义。从上面的历史考察可以看出，这是最主要的也是后果最为严重的。因为它否定了等价交换的原则，剥夺百姓，尤其是农民，造成了共产党与人民，尤其是农民关系的紧张。一旦成为全局性的问题，就有可能成为一种制度性的建构，难以解决。公社化中产生的问题就是如此。而其主要思想根源就是“左”的观念，这种“左”不仅表现在“超越历史阶段”上，而且表现在违背最基本的历史规律、经济常识上，还表现在不惜用强迫群众的手段去推行错误的损害基本群众利益的政策上。

第三种就是制度性的问题，邓小平在改革开放初期所说的“反对平均主义”，就是对这种超越历史阶段、脱离基本国情的做法和体制，着手加以大刀阔斧的改革所作的概括。

在“平均主义”的三种类型中，第一种比较易于克服，后两者一旦形成就难以解决。在改革开放 30 多年之后的今天，社会不公和分配差距日益扩大，基尼系数面临临界点的情况下，我们还要不要使用这样的概念？要不要继续提出反对平均主义的口号？我们必须冷静地判断形势，看看到底有没有出现这样的倾向。即使要用的话，也必须做出符合当今现实的，具有鲜明的具体的针对性的阐释，赋予这一概念十分明确的具有现实针对性的内涵。如果从词典上本来就理据不足的定义出发，本本主义地泛泛谈论，就有可能成为某些反映既得利益集团的诉求的论者，拒斥已经作为中国特色社会主义的“八个必须坚持”的“公平正义”这一价值目标的借口。

租金、承袭制与社会公正*

最近一段时期,法国学者皮凯蒂大红大紫。《探索与争鸣》杂志也给我寄来了中信出版社翻译的《21 世纪资本论》的中译本。事前已经读到报刊上发表的一些章节和《东方早报》编辑的评论选,后来收到了两个讨论会的邀请。老人老习惯,总觉得光看一点评论或者节选就去发表意见,不是回事。于是就埋头读起这本六七百页的厚书。老眼昏花,读了一两个月。读下来觉得确实是一本功夫扎实、富有新意的好书。曾经有过的担心担忧:“这是不是一个泡沫,中国学术界有没有必要随着外国学术界翩翩起舞”,一下子消除了。

此书最让我感兴趣的是皮凯蒂对分配公正问题的独到的见解。自从 20 年前,我撰写“社会主义市场经济的伦理辩护问题”之后,市场经济下的公正问题或者说是“分配正义”的问题一直萦绕于心头。现实生活中出现的许多现象让人非常纠结,有些本来以为还比较清楚的事情,却越来越觉得不明白了,困惑多多。最近几年,我所在的华东师大社会科学创新基地邀集许多专家开了十多次讨论会,就古今中西的公正观以及当今中国的现实问题展开了比较充分的讨论和梳理。今年,我们又将这些成果汇总成一篇“中国特色社会主义公正观”的研究报告,其中相当一部分也涉及分配公正的问题,但是仍然觉得有许多问题是不甚了了。到底从什么视角去分析社会不平等和收入差距,贫富分化、贫富差距在什么范围内是合理的,超出了什么限度就会引发激烈的社会冲突? 两极分化的原因和机理到底在哪里? 缩小贫富差距,舒缓社会矛盾,有没有良策? 都是让人十分困惑的问题。

恰好,分配公正的问题,正是皮凯蒂于这本《资本在 21 世纪》①的一个主

* 本文原载《探索与争鸣》2015 年第 3 期。

① 中信出版社的译本用《21 世纪资本论》的书名,读了原书之后,觉得有炒作之嫌。还是译为《21 世纪的资本》或《资本在 21 世纪》为妥。——作者注

题。该书的导言开宗明义就引用了《人权宣言》第一条的文字:“在权利方面,人人生而俱来而且始终自由与平等,非基于公共福祉不得建立社会差异。”①不过与常人对《人权宣言》的理解不同,皮凯蒂的着眼点放在了“社会差异”的问题上。“社会差异”在一定意义上也就是一种不平等。按照皮书的解读,《人权宣言》第一条的后半句话,就是承认在基于公共福祉的前提下,社会差异的存在或者说是不平等的存在是有道理的。所以关键的问题就成了“社会差异在什么限度内才是合理的、正当的”。在后面的文字中,他把这一观点表述为:“不平等本身未必是坏事,关键是判断它是否正当、是否有存在的理由。”②而不平等的一个集中的体现就是财富的分配。所以这个问题可以转换为,财富分配的不平等总是存在的,关键在于它是否正当、是否有存在的理由。这就是在当今中国人们关注的公平正义问题中的焦点之一。

皮凯蒂全书就是想通过对好不容易收集到的 300 年的历史数据的分析,对此问题,提出自己的看法,以回应在进入 21 世纪之后日渐为世界各国关注的财富恶化收入不平等问题。

尽管这一问题在历史上一直是存在的,至少从法国大革命之后各种不同的学派有过许多的争论,争论的内容一个是对发展趋势的估计,到底经济和技术的发展会加剧财富和收入的不平等还是会日渐消除差距?按皮凯蒂的归纳就是乐观主义或理想主义与悲观主义的争议。与此相关的就是对产生财富和收入不平等的原因到底是什么?它的合理性的限度在哪里?

一

皮书的一个主题就是要否定从 20 世纪中叶开始盛行的乐观主义。这种乐观主义始于库兹涅茨曲线的提出。这种观点的核心是对经济增长的崇拜:“经济增长的大潮会使所有的船只扬帆远航。”③这种可以被称为“增长主义”的乐观的估计在 20 世纪下半期相当长的一段时期里十分流行。在改革开放初

① [法]托马斯·皮凯蒂:《21 世纪资本论》,中信出版社 2014 年版,第 1 页。

② 同上书,第 20 页。

③ 同上书,第 12 页。

期就流入中国。其原因,是得到了20世纪70年代末到80年代初在美英兴起的里根和撒切尔为代表的新保守主义的支撑,而我们的改革开放正值这一时期,经济学家和当政者最初接触到的就是这样一种学说。而且对于亟须摆脱落后状态的中国来说,快速的经济增长又是为这个社会所公认的目标。按照丹尼斯·贝尔的说法,这种以“经济发展和国家实力”为动力的意识形态是第二次世界大战之后亚非许多新兴国家共同的增长主义。它又是二战之后许多新兴国家的共同的意识形态。[①]中国作为最大的发展中国家自然也在所难免。加之中国在高速增长的时候,人们普遍地尝到了经济增长的甜头,一时间成为大家所认同的观念形态。可以称之为一个“增长主义”的时代,“效率优先”成为时代的主题。这一学说的出现与流行是有一定的历史理由的,但是随着增长过程中贫富分化的速率加快,而且长期得不到遏制,社会上“分配不公”的呼声日渐强劲,其弊端也就日渐显现。但是无论在政界还是学术界,坚信这种被称为“涓滴经济学”的“高山流水”原则的还是大有人在。这是中国的情况。

皮凯蒂的大数据大历史的分析的一项重要的工作是让人们比较清醒地全面地看待库兹涅茨学说,而不是简单地从意识形态的角度加以批判。他肯定了库兹涅茨首创用大维度来测量收入不平等的问题,对1913—1947年的收入分配数据进行了分析。由此发现的事实是,这一期间美国收入不平等突然减少。这确实是一个相当重要的现象。正是有了这一数据和事实的证明,它的学说才产生重大的影响,改变了19世纪比较普遍的悲观主义占优势的状况;但他对市场经济和资本主义的悲观主义的末日的预言就无人问津了。库兹涅茨从这一曲线引申出的结论是,在工业化和经济发展的进程中,必然出现先扩大后缩小的过程,[②]因为有越来越多的公众参与和分享经济增长的丰硕成果。[③]

但皮凯蒂紧接着就从学理上指出,这一神奇曲线的产生,很大程度上是“基于错误的原因”,而且“它的实证基础十分薄弱”。[④]事实上,这一时期收入不

---

① 《西方意识形态的末路》,载《当代美国资产阶级哲学资料》第四集,商务印书馆1980年版,第150页。

② [法]托马斯·皮凯蒂:《21世纪资本论》,中信出版社2014年版,第14页。

③ 同上书,第14—15页。

④ 同上书,第15页。

平等的锐减,总体上都是源于“世界大战和这些国家”所遭受的剧烈的经济政治冲击。①库兹涅茨开始也承认外部冲击,但是出于意识形态的原因,后来就不再考虑这些问题了。这里所谓的意识形态的原因就是战后美国的冷战政策需要推动欠发达国家“并入自由发展的轨道”,也就是要把美国的自由市场经济模式作为普遍的规律,抵制和消除在冷战格局下主张计划经济的社会主义思想在欠发达国家的影响。而转化为一种意识形态的主要的途径就是把美国在一段时期里出现的现象描述为“一种在理论上可以被其他国家复制的普遍现象”②。

应该说,皮凯蒂的这项工作不仅从学理上破除了涓滴经济学的迷雾,而且也揭示了经济学科与意识形态的复杂关系,尤其是揭示了在一定限度内有事实根据的学说如何转化为一种意识形态的。这可以说是此书作出的否定性的结论。

二

那么此书所做的正面的工作主要是什么呢?这里较早向中国读者介绍此书的林行止先生的概括,还是比较贴切的。他认为,该书主要论述二百五十年来美国、英国、法国、瑞典和德国等社会财富“钱落谁家”的问题,也就是说核心问题是财富的不平等问题。

皮凯蒂对财富分配问题考察不是就财富论财富、就经济论经济的,而是放在一个大历史的框架下来观察的。所以称自己是一个历史学家而不是一个狭义的经济学家。他以法国的历史数据说明,不平等演化的历史,“不是一条漫长而宁静的河流”,它始终是“混乱的,具有政治性的”,“它受到了骤发性社会变革的影响,不仅由经济因素主导,还由社会、政治、军事和文化现象等多方面因素所驱动。”社会经济状况的不平等,“通常既是其他领域发展的原因,也是其他领域发展的结果”。“财富分配的历史可以从更一般意义上诠释一国的历史。”③而在

①② [法]托马斯·皮凯蒂:《21世纪资本论》,中信出版社2014年版,第15页。
③ 同上书,第14页。

其导言中，则比较概括地说明了，考察财富分配的问题，有几个不可或缺的视角。一是“财富和收入不平等的经济决定机制”。二是政治，强调“财富分配的历史总是深受政治影响，是无法通过纯经济运行机制解释的”。三是“经济、社会和政治力量看待‘什么正当，什么不正当’的方式，各社会主体的相对实力以及由此导致的共同选择——这些共同塑造了财富和收入不平等的历史”。“总之，不平等是所有相关力量联合作用的产物”。①

这一论述，涵盖了三个相互制约的视角。其中，第一个视角也就是经济的视角是常见的。第二个政治的视角在自由主义的经济学中是被遮蔽的，但是对于具有马克思主义常识的人来说还是比较熟悉的。第三个视角中所谓的“什么正当，什么不正当”就是我们通常所说的社会的价值观念。一方面把价值观念不仅看作客观的经济关系的反映，而且把价值观念对社会的实际的财富和收入分配的作用提到了一个重要的位置，还特别强调了，价值观念不仅仅是抽象的、观念性的东西，它实际所起的作用是与各种社会主体之间的实力（也可以说是势力）相关的，由此形成的合力，才使得社会作出某种共同的选择。受法国年鉴学派等历史学家影响颇深的皮凯蒂的这些观点，在一个经济学成为显学的时代，无疑是发人深省的。

自从新保守主义盛行以来，新自由主义的经济学可以说是独霸天下。他们往往以经济学帝国主义者自居，声称可以用经济学的基本假设——“经济人”假设来回答和分析所有的社会问题。一段时期里，经济学的成本收益分析方法可以说是浸淫了许多学科。而经济学又被视为一种纯粹数量分析的学科，“目前的经济科学不惜牺牲历史研究，牺牲与其他社会科学相结合的研究方法，而盲目地追求数学模型，追求纯理论的高度理想化的推测。这种幼稚的做法应该抛弃了”②。经济学只有与其他社会科学结合起来才能获得进步，这种情况也在中国发生了。

人们往往过多地依靠经济学的分析。财富和收入分配的问题也经常被视为一个纯经济的问题，仅仅置于经济的视角下加以考察。我们自己也难以避

---

① ［法］托马斯·皮凯蒂：《21世纪资本论》，中信出版社2014年版，第21—22页。

② 同上书，第33页。

免，常常把财富和收入分配的问题归在“经济伦理”项下。由此产生的一个结果，就是往往把分配正义的问题聚焦于市场经济。由此而引发的争论往往在两个极端之间摇摆：要么强调分配不公是市场带来的，由此而否定市场取向的改革；要么强调分配不公是由于没有建立真正的市场经济而带来的。这种抽象的争议往往还带有强烈的情绪性并且带有强烈的意识形态色彩。而皮凯蒂则明确地提出，财富和收入分配的问题实际上是由经济、政治、观念等几个层面的合力所决定的，而且只有将这些方面的因素一一加以考察之后才能作出比较确切的分析来。这并不意味着这一问题与意识形态无关，相反恰恰，是通过这些综合的考察才能把意识形态到底在什么环节上发生作用的问题搞清楚。

皮凯蒂还强调，在财富和收入分配的问题上，需要处理好情绪性的社会舆论与科学分析之间的关系，并指出在许多地方普遍存在的情况：在这一敏感的问题上，往往充满偏见和热情但是缺乏事实根据。

他认为，对此，每个人都有自己的直观认识。既有自己生活中的感受，又都有对其他人的生活以及不同社会阶层之间权利和支配存在的关系有着自己的独特的观察，并依据自己形成的是非判断。况且这是关乎每个人的切身利益的，是每个人都关心的。于是就自然会激发尖锐但又矛盾的政治评判。但是每个人的“这种对于社会不平等的主观和心理维度的认识，必然会造成科学分析无法缓和的政治纷争的升级”①。这种情况无论在历史上还是在现实中都是存在的，确实应该重视，不应低估“文学的描述”在认识这一问题上的重要性。皮凯蒂在此书中对巴尔扎克和奥斯丁的小说的分析，就是这样做的。他还认为，其重要性是数据统计和理论分析无法相比的。这一点在当今的中国也不应忽视。在中国，尽管至今还没有出现像巴尔扎克那样对当时社会生活包括当时的财富分配和流行的财富观念的深刻的描述和剖析的名著，但是许多文学作品，包括纪实文学和相关的社会学调查的作品，以及在网络上出现的人们对自己在生活中的切身感受的倾诉，都是社会现实的一种反映。这对于人们当今财富和收入分配中存在的问题的认识产生了非常大的社会影响力。

① [法]托马斯·皮凯蒂：《21世纪资本论》，中信出版社2014年版，第3页。

但是，它也确实容易引发情绪化的争论。如何化解这种矛盾也是一个亟待解决的问题。

皮凯蒂认为，对于学者来说，应担的职责是进行系统的和规范的研究。“一方面是因为，如果没有精确的数据概念方法也许会看清一切，也可能一无所获。也就是在这个问题上无法获得清醒的认识”①，另一方面，只有这种研究才能廓清一些欺骗性的或者是缺乏科学依据的观念。这类观念，往往会加剧情绪化的论争。皮凯蒂写作这本书的一个动机，就是要用可靠的数据，廓清一些基本的问题。当然在进行概念分析的时候，作者也是充分利用了巴尔扎克和奥斯丁的小说中的生动的鲜活的描述，把那个时代人们的财富观念勾勒出来，与此同时，与数据所揭示的具体情况互相映照。这一方法也是富有启示的。他可以使得比较枯燥的数字和概念变成活生生的生活。这也是本书的一个特点，不仅增强了学术著作的可读性，而且使得论证变得更加真实可信。

三

既然要进行系统的规范的研究，就需要有比较精确的概念和必要的推理逻辑。那么他到底用了哪些概念工具，这些概念工具的解释力又如何呢？这是我在阅读皮凯蒂的时候最为关注的问题。也许因为我是一个哲学匠，习惯于关注概念。这里仅就他所使用的概念作一考察。本文的基本的看法是在他的概念系统中对于分析和解释财富不平等的问题而言，也许“租金”的概念是最为关键的。

按照皮凯蒂本人的叙述，与“劳动”概念相对照的“资本”以及与此相关的“劳动收入”与“资本收入”的概念是最为重要的。但是，如果仔细地阅读的话就会发现，这些概念恰恰是非常模糊和不确定的，因而对于不平等的问题缺乏足够的解释力。我们切不可把它与马克思对资本的阐释混为一谈。

诚然，此书的第一章就对“什么是资本”这一问题作出回答。其特点就是，首先是排除了主流经济学惯用的“人力资本”的概念，强调此书所用的资本的

① [法]托马斯·皮凯蒂：《21 世纪资本论》，中信出版社 2014 年版，第 3 页。

概念不包含“个人的劳动力、技术、熟练程度和能力”。“资本指的是能够划分所有权、可在市场中交换的非人力资本的总和，不仅包括所有形式的不动产（含居民住宅），还包括公司和政府机构所使用的金融资本和专业资本（厂房、基础设施、机器、专利等）。”①他自己也承认，“我这里使用的‘资本’与‘财富’的含义完全一样，两个词可以相互替换”②。正像林行止先生所说，由于皮凯蒂要回答的是社会财富“钱落谁家”的问题，所以在他笔下的 capital，包括股票、债券、土地和现金，译为“财富”，似较“资本”更能达意。而全书所谈均与过去、现在及未来的财富有关。所以译成“财富”，更为合适。③此说比较接近皮书的原意。在一定意义上，此书可以解读为“财富在 21 世纪”。此书的主题是“资本收益大于经济增长的收益”（r>g），并从中推导出，占有资本的“富者愈富”，穷人的收入也有增长，未必越来越穷，但是其收入的增幅远远追不上富人的增幅，结果贫富差距越来越大。全书用长历史的数据证明了，尽管二三百年来，中间有过一段贫富差距缩小，但是自 20 世纪 80 年代以来，又呈现出拉大的趋势。当代的西方社会仍然是一个承袭制的资本主义社会，这是诸多的评论者或解读者都认可的。所以，在一定的意义上可以把在“财富”意义上的“资本”视为该书的核心概念。

把“资本”等同于“财富”，显示出皮凯蒂的资本概念，与古典经济学的资本概念是不一样的，与马克思的资本概念也是不一样的。马克思把资本视为一种生产关系，深入到资本主义的生产关系的内部去解释雇佣劳动和资本的关系，揭示出剩余价值的秘密，并把资本作为一个动态的过程来分析其内在的矛盾，以及这一矛盾导致的资本主义演变的规律。

对此学术界提出了各种质疑。有的论者认为把财富和资本混同在一起，从根本上是错误的。因为，资本从本质上看是一个动态的过程，是一个循环过程；正是在这个过程中，货币被经常性地——不只限于剥削劳动力——用于赚取更多的货币。皮凯蒂把资本定义为私人、企业和政府持有的能够在市场上交易的所有资产的存量，不管这些资产是否用于赚钱。近来发表的张军先生

① ［法］托马斯·皮凯蒂：《21 世纪资本论》，中信出版社 2014 年版，第 46 页。

② 同上书，第 47 页。

③ 《解读 21 世纪的资本》，上海人民出版社 2014 年版。

与皮凯蒂的对话中,也明确地提出了这个问题。皮凯蒂的回答是:为了更好地展现资本的多维度的历史。也就是说,资本作为一种财富在不同时期有不同的形式,要具体地历史地考察资本的形式需要把土地、不动产、产业资本、金融资本、知识产权等不同的形式在不同时期的作用加以细致的分析和考察。显然,这一回答,事实上是答非所问。说的只是考察财富形式的必要性,而回避了为什么要把财富与资本混同起来。

确实,对各种不同的财富加以分梳并且对于各种不同的财富形式在历史时期的作用加以仔细的考察,是皮书的一个长处。正是在这种考察中,他突出了“租金”的概念,指出,在 19 世纪,“财富似乎是为租金而存在的,能给某种资产所有者可以有可靠的定期回报,常见的财富形式为土地或者政府债券”①。而后来特别是由于工业革命的兴起,商业建筑、基础设施、机器、库房、办公楼、工具以及其他的物质和非物质的资本有了巨大的积累。住宅、工业和金融资产成为主体。而进一步的发展就是一些非物质的财富的重要性日益显现:专利是其一,其他的知识产权是其二。其中包括企业的声誉、商标、信息系统、组织规模等,但是都是为了让公司的产品和服务更具有吸引力。②

皮凯蒂认为,尽管到了 21 世纪,资产的类型发生了变化,资产更加多元了,“然而,产生持续且可靠的收入,难道不是资本再自然不过的属性吗?而这实际上正是经济学家定义完美的资本市场的目标”③。他还强调,尽管资本往往会进行有风险的投资,资本也伴随着开拓创新的企业家精神,但是,资本“总是在积累到够大的数额后向租金的形式转化,那是它的使命,也是它的逻辑终点”④。

行文至此,可以看出,在皮凯蒂那里,“资本”概念尽管有多种的定义,资本有多种的形式,不同时期情况也不相同,但是作为资本的最自然不过的属性,就是取得租金,所以,“租金”概念可以视作他对资本的阐释中最为关键的一个概念,在学说体系中具有至关重要的地位。他对二三百年的历史数据的分析

① [法]托马斯·皮凯蒂:《21 世纪资本论》,中信出版社 2014 年版,第 113 页。
② 同上书,第 49 页。
③ 同上书,第 114 页。
④ 同上书,第 116 页。

最终要论证的是，即使进入了 21 世纪，“租金”仍然是资本的“逻辑终点”，而现代世界的不平等的加剧，“租金”和与此息息相关的“承袭制”是关键所在。

四

对“租金”(rent)问题的讨论，是从第 11 章“劳动收入与继承财富之间的关系的历史变化”开始的。

这里的考察，首先是回顾了 18 世纪的观念。他指出，在 18 世纪，“租金”这一概念指的是单笔资本所产生的年度收入。而这一概念又是与“食利者”(renter)概念联系在一起的。食利者就是指靠租金过活的人，也可以解读为“食租者”，也就是可以依靠财富带来的租金无需通过任何的劳作或者是经营取得不菲的收入。租金与承袭制是紧密联系在一起的。那些靠馈赠或遗产从前辈那里继承来的财富取得租金正是食利者过上奢华的生活的来源。

对“租金”的态度是考察社会的价值观念的一个重要的标志。在 18 世纪，整个的上层社会对此是持肯定态度的。集中体现这一时期的观念形态的巴尔扎克和奥斯丁的小说，就把“租金”以及赖此为生的“食利者”生活状态当作天经地义的事情。

巴尔扎克的《高老头》中两位主人公伏脱冷和拉斯蒂涅的对话，集中体现了这个世道的“是非观念”。这篇被称为“伏脱冷教导”的对话的要旨，可以归结为一个简要的问题：“如果单凭自己努力挣钱会过上什么样的生活，如果继承丰厚的遗产又可以过上什么样的生活？”[1]或者更为简要地说，就是“通过勤劳还是祖先的庇荫致富”？对于这个问题，伏脱冷给予拉斯蒂涅的教导是十分明确的：在社会上通过学习、天赋和勤奋就能成功的想法是异想天开。遗产胜过学业。[2]对于享有巨额遗产的人来说，工作不是问题，唯一重要的是财富的多寡，而不管财富的来源是继承还是婚姻。总之，问题就在于是“靠工作还是靠吃遗产”？而作为教导者伏脱冷给出的答案也是非常明确的。鉴于在那个时

① [法]托马斯·皮凯蒂：《21 世纪资本论》，中信出版社 2014 年版，第 416 页。

② 同上书，第 244 页。

代，最富裕人群的生活水平是仅仅靠劳动收入的人无法企及的(至少需要劳动收入的20～30倍)，所以“在这样的条件下，为什么还去工作？做事为什么必须遵守道德？既然社会不平等本质上是不道德、不正当的，那为什么不能彻头彻尾地不讲道德、使用一切手段获取资本?”①总之，只有想尽办法不择手段地获得大额的遗产或者是馈赠，才能过上上等人的生活，否则无论如何靠自己奋斗是根本不可能的。这种观念，反映的是巴尔扎克时代的社会现实：“那些有幸继承财富的人将会过上舒适的日子，其舒适程度要远远超过需要靠自己打拼的人。”

“伏脱冷教导”还反映了这样一种公正观：依靠财产的继承建立起来的不平等是完全必要的。皮凯蒂指出，巴尔扎克小说对这些1%的人的生活的细腻描写传达这样一个意思：“如果没有这样的贫富差距，那么社会上就无法形成这样少数的精英阶层来讨论超越柴米油盐之外的事情，意即——极端的不公平几乎是文明的条件”。在他们的描述中，“不平等几乎被认定是必要的：如果没有少数富人，那么所有人谈论的都将是如何谋生”②。对此，皮凯蒂是采取否定态度的。他指出，那种认为“资本产生租金和收入而资本所有者可以不劳而获的观点”，“似乎与常识相悖”③。这可以视为皮凯蒂的公正观念的一个要旨，也是他用于考察贫富分化和相应的观念变化的一个标尺。

在皮凯蒂那里，租金、承袭制以及为这种现象辩护的价值观念是连接在一起的。对“租金”这种经济现象的肯定支撑着租金和承袭制。这是一种具有深厚的历史基础的观念形态。因为“在所有的传统社会”，顶尖群体几乎全部是靠继承财富，所以可以称为“超级世袭社会”④。那么，到了法国大革命之后，到了市场经济兴起之后，这种观念，为什么在巴尔扎克所处的时代还那么盛行呢？皮凯蒂的回答是：法国大革命看起来相当激进地反对这个“超级世袭社会”。当时的革命者以为，只要废止了特权，实现了权利和机会的平等，就有可能在自由主义的法律的保护下，找到一条可以通向未来的平等社会的钥

① [法]托马斯·皮凯蒂：《21世纪资本论》，中信出版社2014年版，第245页。
② 同上书，第427页。
③ 同上书，第437页。
④ 同上书，第420页。

匙。法国革命的一个举措就是废除世袭罔替和长子继承制，而是采取兄弟姐妹平分财产的办法，在此基础上，建立了统一的税制。人们曾经乐观地以为，这是一条通向平等之路。但是，后来的事实表明，“权利和机会的平等不能确保财富的平均分配”①。财富不平等同没有经过革命的英国趋同。1%的人占有的财富，两国都是在90%上下。巴尔扎克的小说描述的正是这样一种情况。

五

在评述了18世纪之后，皮凯蒂进一步讨论的问题是，此后的二三百年间，“租金”和继承财富是否继续存在，发生了哪些变化，进入21世纪“租金”还会继续存在吗？与“租金”相关联的社会上的价值观念又发生了什么变化，伏脱冷教导还起作用吗？与此相关的是，租金作为一个经济学的概念在经济学说中还要不要继续使用？

对于前两个问题的历史考察得出的结论是：巴尔扎克小说中描述的这种情况一直延续到第一次世界大战。但是在1914—1915年间，由于多种原因（包括战争与革命的破坏、再分配政策的实施等）资本和劳动所得的比例发生了变化。劳动所得的比例有所增加，租金和继承财富的比例随之下降。这在观念上引发的变化，就是相信伏脱冷教导的人数也就随之下降。法国的数据表明，“年度的遗产和馈赠额”占国民收入的比重，20世纪50—60年代下降到很低的水平，以致许多人认为继承财富的效应已经消失。大多数人相信，“努力奋斗就能富有”，以至于有许多人认为财富的继承效应已经消失。但是，到了70年代之后，就有所变化，人们或多或少地感受到遗产或馈赠的重要性。接下来的几十年情况将发生很大的变化。可能会向19世纪回归。尽管现在还没有回到19世纪和第一次世界大战之前的水平，但是确实存在着一种趋势，“租金”的比重逐渐增加，使得贫富差距进一步扩大。如果进入一个低增长时期的话，后果就会更加凸显。

① ［法］托马斯·皮凯蒂：《21世纪资本论》，中信出版社2014年版，第373页。

在当代西方社会，确实出现了许多新的现象，最主要是由自由资本市场的发展、金融中介的发达、经营权和使用权的分离、财产继承方式的变化等所产生的，但是租金依然是存在的。其中最为值得注意的新现象有以下几个：

一是“世袭中产阶层”的形成。他强调这是一个重大的变化，将会深刻改变社会面貌和社会政治结构。①这里所谓的“世袭中产阶层”，皮凯蒂没有给予明确的定义。从他散落在各处的描述中，大体上可以解读为，当今世界的资本的形式发生了变化，积累的方式也有了变化，“以前资本积累主要靠继承，但现在却主要靠一辈子的辛劳所得的积蓄”。于是中产阶层就崛起了，他们可以依靠积蓄积累得到财富。于是继承财富与储蓄财富的区分就明显地出现了。然而中产阶层也有固化的趋势，即他们积累的财富和各种相对的优势（如教育资源的占有、智力的优势等）也是可以代代相传的。这样一来，收入最高的人群的结构有了变化。但是，财富的集中度依然很高。白人的“世袭中产阶层”在19世纪就已经存在，在镀金时代受挫，20世纪中叶重获新生，1980年后再次受挫。

二是从“食利者社会”转向“经理人社会”。这是第二次世界大战之后的一大变化，就是“超级经理人”的出现，他们在收入最高的1%的人中占有一定的比例。确实，食利者大部分往往落后于经理人，但是经理人并没有走到食利者的前面。②于是整个社会就从“超级食利者”社会走向一个不那么极端的食利者的社会。

皮凯蒂认为，这些经理人常常被视为创业者，但是他们与食利者是相互交织和相互转化的。两者可能是共存的。一个人可能既是超级经理人也可能又是食利者。一方面“每个创业者最终都会变成食利者”③。这样的转变哪怕是在后半生发生。结果企业家的努力最终还是强化并巩固了一个食利者的社会，而且无法阻挡超级经理人的子女成为食利者。另一方面，诚然，继承者与创业者确实是有区别的，但是无论来源如何，“一旦财富超过了某个门槛，那么

① [法]托马斯·皮凯蒂：《21世纪资本论》，中信出版社2014年版，第266页。
② 同上书，第283页。
③ 同上书，第406页。

就会以极高的速度增长，无论财富的拥有者是否继续工作”[①]。财富是自有其机制在增值的。“一旦财富形成，那么资本就会按自身的规律增长，而且只要规模足够大，那么财富可能继续增长数十年。”[②]其中的机理就是财富达到一定的门槛之后，资产组合管理和风险调控机制就可以形成规模效应，而资本的回报几乎都能用于再投资。只要拿出可以不计的小部分，就可以让自己过上奢侈的生活。总之，“钱自己可以生钱”[③]。在金融全球化的背景下尤其如此。

三是“小型食利者组成的社会”。他在分析法国社会的变化时指出，确实，当今时代，与19世纪相比，超级数额的财产确实减少了。但是，继承（包括身后的遗产和生前的馈赠）“并未终结”。每一笔继承的数额在降低。这样的遗产的数额虽然不至于大到可以让继承者彻底放弃职业而完全靠利息生活，但归根到底还是相当可观的数目，毕竟许多人毕生劳碌也不见得挣到那么多的钱。换言之，“我们的社会从数量稀少的庞大食利者变成数量众多的小型食利者组成的社会”[④]。其特点在于“这种不公平不再是一部分上层对比大众，而是一种渗入各个人口阶层的普遍的不公平”[⑤]。因而也更难像巴尔扎克时代那样用文学来体现，也很难通过政治手段来解决。

不过从社会观念的层面看，从总体上说，迄今为止许多民众还是停留在“努力奋斗就能富裕的状态”。也就是说客观上，租金和继承的财富（遗产和馈赠）所占比例上升的趋势，还没有完全在观念层面反映出来。皮凯蒂认为，个中的一个原因，就是媒体（包括电视剧、富豪排行榜等）常常会明显地表现出思想的偏袒，为创业者炫富，为富豪们辩护。一方面把一些靠创业起家的富豪的本身就是继承者的事实掩盖了（比如福布斯本人就是一个继承者）。另一方面，对于超级经理人的高额收入作出不恰当的辩护。拿破仑时代有过一种观念：“最聪明能干的人所获的薪水应该能够让他们过上与最富裕的财产继承者相当的生活”。现在，这类讨论和辩护也出现在最富裕的社会。比如在美国，我们时常可以听到类似的对高管人员那种惊人收入的辩护（他们的收入至少

① [法]托马斯·皮凯蒂：《21世纪资本论》，中信出版社2014年版，第453页。
② 同上书，第454页。
③④ 同上书，第433页。
⑤ 同上书，第435页。

是平均收入的50～100倍)。这种观点认为,如果没有这么高的薪水,那么只有巨额财富继承者才能享有真正的财富,这是不公平的。每年支付给高管的上百万甚至上亿薪酬最终是为了实现社会公正。皮凯蒂则认为:“这样的论调容易为将来贫富差距的拉大和恶化铺平道路”,“未来的世界可能糅合了过去世界的两大弊端:一方面存在巨大的由继承财富造成的不公,另一方面又存在以能力和效率为理由的因薪酬造成的巨大贫富差距(其实这种说法并无道理)。因为每次走向极端的精英主义就很容易产生高管和食利者之间的赛跑,最终受损者则是一旁观赛的普通大众”①。

至于在经济学的学理层面,18、19世纪的古典经济学家,对于以地租为主要形式的“租金”概念是十分重视的。他们往往将地租和资本严格加以区分,并且将地租以及食租者——地主加以贬斥。以亚当·斯密为例。他在《国富论》中,对产业资本家大加赞赏,称之为“生产性劳动者”,对于地主则不然。在斯密的眼中,地主的收入来自土地的租金,而租金归根结底是劳动创造的。地租会随经济的增长而自然提高,但是地主对此毫无贡献。这个“特殊阶级”,“他们不用劳动,不用劳心,更用不着任何计划和打算,就自然可以得到收入。安乐稳定,流于懒惰。无知,也不能动脑筋来预测和了解一切国家规章的后果”。“劳动者在繁荣社会中不能享得地主阶级那样大的利益,在衰退的社会中却要蒙受任何阶级所经验不到的痛苦。”②即使是对于那些并非地主,而是依靠出租房屋收取租金者,斯密也颇有微词:租屋予人,对私人有资本的作用,可以提供收入,但“对社会公众,则不提供收入,不能有资本的作用。它丝毫不能增加全体人民的收入”③。至于其他的依靠世袭或其他说不清楚的来源握有大额资财,但只知用于满足眼前的享乐、炫耀财富者,斯密十分蔑视。他把这些人统称为“游惰阶级”。他非常无奈地写道:“无论哪一个国家,都不是用全年的生产物来维持勤劳阶级。无论哪一个国家,每年都有大部分生产物归游惰阶级消费。”④

---

① [法]托马斯·皮凯蒂:《21世纪资本论》,中信出版社2014年版,第430页。
② [英]亚当·斯密:《国民财富的性质和原因的研究》上卷,商务印书馆2011年版,第241页。
③ 同上书,第256页。
④ 同上书,第49页。

但是正如皮凯蒂所说，后来“租金”尽管继续存在，但其内涵发生了变化。随着历史的进步，“租金”变成贬义词。但是，在主流经济学中，“租金”仅仅用于指称“市场的不完全竞争”即所谓的“垄断租金”，或者干脆用来形容不合理的收入。据我的理解，皮凯蒂这里所说的不合理的收入，主要就是中国学界已经非常熟悉的“寻租”概念。这一概念主要就是指政府及其工作人员用政治权力来设租、寻租。按照这种用法，作为贬义词的“租金”，就是由于市场的不完备或者是市场原则没有实现所产生的，而在一个纯粹的完全的市场经济中，租金是不存在的。这也就意味着只要实现了完备的纯粹的市场经济，就不会有租金问题存在。对于这种释义，皮卡迪是不同意的。他强调“租金不是市场失灵的体现；相反这是资本在‘纯粹而完全’的市场上的必然结果”。[①]他的重点就在剖析市场经济中的租金问题。

在皮凯蒂看来，“租金”是与劳动收入相对立的。第 11 章之所以用“劳动收入与继承财富之间的关系”为题，就是要表明这两者之间是对立的，尽管可以相互转化。

在市场中必然产生的“钱生钱”的机制，这种机制的一个集中表现就是食利者的存在。食利者靠着过去积累的或者是承袭的财富，就可以不经任何努力而获得稳定的持续的收入。最无能的遗产继承者，只要有资本，就可以通过多元化的资产实现最高的收益。这就是一种非劳动收入。它可以无需做任何的努力，不断地获取财富。

这里需要指出，皮凯蒂的劳动和劳动收入的概念，与马克思是不同的，甚至与主张劳动价值论的古典经济学家也是不同的。这是一个非常宽泛的概念，所指的不仅仅是传统意义上所说的从事物质生产的劳动或者是从事精神生产的劳动收入，而且包括几乎所有的工资收入、管理者的收入，甚至包括像金融高管一类的极高的工资收入（也就是香港人俗称的“打工皇帝”）。此外，各行各业的明星的巨额收入，也被归在劳动收入的项下。在他的笔下，企业家的一部分收入也可以视为劳动收入（即经营管理的所得）。也可以说，在皮凯蒂那里，凡是不属于财富的租金收入的都可以归在劳动收入项下。皮凯蒂对

① [法]托马斯·皮凯蒂：《21 世纪资本论》，中信出版社 2014 年版，第 437 页。

劳动收入的分析，确有许多自相矛盾之处，暂且存而不论。但是可以确定的是，皮凯蒂是想用“租金”这一概念与“劳动收入”相对照，并且通过大量的数据分析，证明在当今世界，不仅存在着“食利者”，而且这些“食利者”的租金收入有日益增高之势。

这些论证的焦点就是要驳斥那种认为“经济发展可以慢慢消融劳动和资本之间的界限”的观点，说明事实恰恰与这种论断相反，“资本市场和金融中介的日益发达使得所有权和管理权日渐分离，因此纯粹资本所得与劳动所得之间的鸿沟实际上是扩大了”①。“认为现代经济增长的本质特征或者市场经济法则能够确保降低财富不平等并实现社会和谐稳定是一种幻想。”②

这里他提出了一个“纯粹资本”的概念，以澄清他在本书的前面一些章节在论说其核心观点时的含糊之处。他在讨论租金问题之后总结说，总而言之，“贫富差距的根本动因就是本书从头到尾都在强调的以 r＞g 公式表达的不平等，这种不平等机制与市场竞争机制不完全没有关系，因而不会因为市场变得更加自由或竞争变得更加完全而消失”。“因此认为完全的自由竞争会让继承财富消失并让世界形成精英治理的公序良俗，这种想法属于危险幻想”。全民投票，以及无财产权门槛的投票权的形成，“使得富人不再拥有法律上的特权，但这并未消除形成食利者社会的经济力量”③。而他之所以在论述了自己的基本观点之后，还要在本书后面的章节中从“租金”的角度进一步加以论说，一个重要的原因就是要强调继承的财产（包括馈赠和遗产）在财富中的作用，以及计算遗赠总额及其在国民收入中的比重是必要的。

正是在“租金”也就是“纯粹资本”概念的基础上，皮凯蒂对于主流经济学常用的测评社会分配不公的一些概念工具，提出了质疑，指出有些概念工具一开始就是有意识地不考虑分配和不平等的，只是考虑“总和”与“平均数”。比如，国民账户的概念，就是一个实例。还有许多官方的出版物的数据“忽视顶端情况，这不是出于公心”。“经常人为地给出不平等的乐观的图景”④。掩盖数字的反常和矛盾现象。有的如帕累托指数，更是说明不了什么问题的。对

①③　[法]托马斯·皮凯蒂：《21 世纪资本论》，中信出版社 2014 年版，第 437 页。
②　同上书，第 386 页。
④　同上书，第 272 页。

于常用的基尼指数，皮凯蒂认为，它“把劳动不平等和资本不平等混淆”，客观上并不利于搞清事实，而且人们也难以找到自己在当前的层级中的位置。所以主张要把计算馈赠与遗产的总额及其在国民收入比重，作为衡量社会不平等程度的一个重要的标记。

六

皮凯蒂对租金、承袭制和社会公正问题的独到见解，对于我们认识当今世界尤其是西方发达资本主义国家的经济、社会结构及其演变的趋势，确实富有启示。不仅如此，他的一些概念工具，对于我们观察市场改革以来中国经济社会结构的变化，尤其是多年来为社会诟病的贫富分化问题，也提供了一个重要的视角。

我们现在还是比较习惯于用基尼指数来度量社会公正尤其是分配公正的问题。但是恰如皮凯蒂所指出，这一概念工具把劳动收入的不平等与资本收入的不平等问题混淆起来，其后果之一就是容易把注意力放到劳动收入的不平等上面。易于把贫富差距的问题仅仅视为劳动收入的不平等。同时，将解决贫富差距的问题，聚焦于“增量改革”上。一方面力图通过各种改善民生的举措来提高劳动者的收入，另一方面则着力于缩小劳动者之间的差距。这无疑是必要的。尤其是在还有相当一部分社会成员还没有脱贫，而社会保障还远远没有比较均衡地覆盖所有的劳动者的当代中国。但是在一个存在着私有财产、存在着资本的社会里，仅仅关注劳动收入的不平等是难以解决贫富分化的问题的。况且劳动收入在一定范围内的差别，对于经济和社会发展都是具有积极意义的，也是发展经济科学技术等所不可或缺的，所以其调整的空间也是有限的。

“租金”概念则给我们提供了另一个不可或缺的视角。发展到今天，“租金”至少已经有了三种形式。一是当今主流经济学强调的垄断带来的租金，二是权力设租和寻租，三是皮凯蒂所强调的在市场中必然会产生的“钱生钱”的机制，这种机制的一个集中表现就是食利者的存在。食利者靠着过去积累的或者是承袭的财富，就可以不经任何努力而获得稳定的持续的收入。

垄断租金的问题,经过这些年的改革,已经引起社会的高度的重视,近来许多改革措施的出台为解决这一问题指明了方向。“寻租”(Rent-seeking)理论,就比较复杂。这一理论,尤其是公共选择学派的关于权力寻租的学说二十多年前就引入了中国,曾经引起争议。其中,赞同者认为,寻租行为就是寻求直接的非生产性利润,主要是通过政府影响收入和财富分配,竭力改变法律规定的权利来实现某个人或某个集团的利益。寻租的特点就是利用合法或非法手段得到占有“租金”(超经济暴利)的特权。寻租的对象主要是政府官员和国有财产。中国出现的寻租可分为事前寻租(影响政策)和事后寻租(利用政策的空隙,寻找租金)。由于转轨体制的漏洞非常多,寻租有广阔天地。在价格双轨制、股份制改革以及房地产热中,部分人得以进行大规模的肆无忌惮的寻租活动,引起了社会结构和价值观念的恶性畸变。①有的论者还进一步指出,传统的注重关系的文化,已经演变成为一种由“关系网”组成的寻租网络,在观念层面则出现的“无钱有权,以权换钱;有钱无权,以钱换权”的流行观念,都说明“寻租”已经成为中国现代化的一个陷阱,需要高度警惕并采取有效措施加以遏制。而反对者则强调公共选择学派的寻租理论是反对政府干预的自由主义的意识形态。如果把政府干预作为腐败的原因,那么就会把矛头对准政府,而取消政府干预就会蜕变为自由资本主义的社会。至于把政府官员的寻租视为腐败生成的原因,就把官员中的个别问题扩大,是一种“政治虚无主义”,实际上是在抹黑中国的社会主义制度,因为腐败归根结底是剥削制度的产物。这种观点一度为某些高层人士所认可,对“寻租”论的赞同者的著作则加以贬斥。

20年之后的今天,许多人已经把这番争论忘记了。然而,腐败现象长年得不到遏制,愈演愈烈。在事实的教育下,现在“寻租”概念早已被公共舆论所接纳,有时还写进官方文件。而党的十八大以来,声势浩大的反腐败斗争揭露出来的大量事实已经远远超过善良的人们的想象力。而“老虎”、“苍蝇”包括许多小官巨贪,无不靠的是“寻租”。用法治的办法把权力关进笼子,以遏制或消除“寻租”已经成为社会的共识。这一历史进程,表明权力寻租确实是造成两极分化的一个重要的原因。

---

① 何清涟:《现代化的陷阱》,今日中国出版社1998年版,第120页。

皮凯蒂为此书的中文版自序中写道:“目前中国正在大力反腐。腐败算得上是一种最不合理的财富不平等,让巨额财富源源不断地流入极少数人手中”。“不过,若以为腐败是导致极为不公的财富不平等和财富过度集中的唯一根源,就想得过于简单了。”①

他更为重视的是私人资本的积累和分配中出现的“租金”和承袭制及其所带来的财富的不平等。如前所述,在他看来,“租金”不是市场失灵的结果,而是一个纯粹而完全的市场的“必然结果”。在这里,最无能的遗产继承者,只要有资本,可以通过多元化的资产实现最高的收益。租金,尤其是通过承袭(馈赠和遗产)而产生的食利者,是造成贫富分化的重要原因,也是实现社会公平的一个最大的障碍。既要正视租金给社会带来的消极的影响,尤其要遏制食利者社会的膨胀,又要在道义上破除那种赞美靠租金不劳而获的食利者的观念。

这种“租金”概念恰恰是在中国的舆论中没有引起重视的。那么,这种“租金”对于分析中国出现的贫富分化的现象,到底有没有意义呢?答案应该是肯定的。从客观的事实来看,“租金”作为市场经济的必然结果在中国已经大量存在。依靠租金生活的食利者或食租者也随处可见。尽管,在20世纪中国曾经经历过相当彻底的革命,把各种租金和食利者都消灭了。但是,经过三十来年的变化,无论是通过合法或者非常的途径,通过非劳动收入或者是劳动收入,如皮凯蒂所说,一旦财富超过了一定的门槛,自然就会形成“租金”,“钱生钱”的机制就自然而然地发生作用。尤其值得注意的是,反腐败斗争中揭露的事实,让人看到了一个惊人的事实,靠寻租得来的财富,如何成为“租金”像雪球一样地滚起来,迅速地膨胀。

与租金相连的承袭制也开始出现。由于中国在历史上,很长时期就是一个“超级世袭社会”,一旦有了合适的条件,就很容易死灰复燃。近来已有文章指出,即使在国有企业中至今还存在着世袭制的遗风。加之与西方国家相比,我们至今对于馈赠与遗产,既没有登记的制度,也没有税收的制约,成为一个黑洞。而大量的社会现象(诸如经常见于报端的“二代”现象)都在告诫我们,

① [法]托马斯·皮凯蒂:《21世纪资本论》,中信出版社2014年版,第XVIII页。

如果不加注意，那么承袭制必将兴起。

在价值观念的层面，对于已经出现的对食利者的仰慕，以及在一些年轻人中存在的试图仰仗馈赠和遗产过享乐生活的倾向也已经出现，而且为一些媒体所倡导。几千年超级世袭社会，留给我们的文化遗产中对依靠继承的食利者的仰慕有深厚的土壤，现在又一次被激活了。尽管近代以来的革命进程留给我们的崇尚依靠自己的劳动自食其力、不齿于靠继承和馈赠享受生活观念，在经历过革命的一代人那里依然在起作用，但是其影响力在消退，而肯定甚至颂扬“租金”的价值观念却受到一些势力的支持，通过各种途径，在媒体上传播，以至于出现了家有十几套房的学生，认为只要学会收租就无需学习和奋斗、厌学弃学的令人扼腕的典型案例。尽管舆论对此已经有所关注，但是这种关注往往停留于道德教育的范畴，并没有从中着力分析它所折射出的社会和经济问题。可见，现今，“租金”已经是不可缺的一个分析工具了，与此相关的如何对待继承财富的问题也不得不提上研究的日程。

第三篇

市场经济的道德要求与道德难题

道德建设在经济变革中的地位
试论市场之德
论市场十德
试论经济动机
和谐社会与经济动机的再认识
不要让“社会达尔文主义”成为婴儿的乳汁
经济全球化与经济伦理的新课题
经济全球化与我国道德教育面临的新挑战
惯例与规则:惯例的两重性

道德建设在经济变革中的地位*

在邓小平建设有中国特色的社会主义理论的指引下，中国社会正在经历着一场极其深刻的经济变革，其实质就是从计划经济体制向社会主义市场经济转变。在这一转变中道德建设处于何等地位？市场经济要不要道德？市场经济体制的建立是否有赖于道德建设来作保障？这些问题尚有歧见。本文拟借鉴西方市场经济形成与演变过程中伦理学界、哲学界、经济学界对道德与市场经济关系问题的讨论，作一分析。

之所以要借鉴西方国家的经验教训，是因为中国历史上缺少市场经济的经验。诚然，近代中国在一些大城市中商品经济已有一定程度的发展，也有相应的市场机制。但从全国范围来看，它处于汪洋大海的自给自足的自然经济的包围之中，它同今天我们要建立的与世界市场接轨的市场经济体制差别甚大。近来，经济学界已经提出，不仅要在市场运作的机制和方法等操作性的层面借鉴西方，而且要在经济理论上向西方学习。而西方的经济理论不仅是对经济现象的实证研究和操作程序的研究，而且以严密的系统的理论研究为核心，其中包含着经济哲学的若干假设，并以此作为理论体系的出发点。一个相当流行的假设是“经济人”。不少经济学说以“经济人”这个主体的行为动机来论证市场经济体制的可行性和优越性，考察市场运作中的各种问题。正是以“经济人”这个假说为中介，经济学和伦理学、经济学和哲学联结起来了。马克思在评论18、19世纪英法两国的经济学和哲学时早就揭示了这一现象。他说，开始英国的政治经济学富有实证的经济内容，在法国人那里变成了哲学体系，“最后我们在穆勒的学说里可以看到，功利论和政治经济学完全结合在一

* 本文原载《华东师范大学学报》(哲学社会科学版)1994年第1期。

起了"①。近代西方,有一些著名的经济学家就是在伦理思想史上占有重要地位的思想家,亚当·斯密、边沁、穆勒就是其中的佼佼者。以功利论为主流,西方的伦理学有一个经济伦理或曰经济哲学的传统,延续至今。当代获诺贝尔奖的经济学家中,有些人如哈耶克等著有颇具影响的伦理方面的著作;有些哲学家也从伦理的角度对市场经济问题进行探讨,如《正义论》的作者罗尔斯。他们对市场经济与道德的关系的讨论,提出了许多发人深省的见解,可资借鉴。本文将借鉴他们提出的一些见解,对现实生活中提出的一些问题,试作探索性的回答。

一

道德建设在向社会主义市场经济转变的过程中占有何等地位,这个问题在原则上是十分明确的。党中央一再申述精神文明建设的重要性,一再告诫要"坚持两手抓,两手都要硬",要使精神文明这一手真正硬起来,一再强调道德建设的重要性。但是在实际生活中,不少人对此心存疑虑,理论界也有不同看法,其中,有三种观点比较流行。

一种观点认为,市场经济要发展,必须鼓励人们去争取个人的物质利益,追求个人的功利和成功,为此要激励人们去追求个人欲望的满足,而道德却是束缚人的欲望的外在的东西。有的文章甚至提出,人欲横流才有经济繁荣,因为恶是历史发展的动力。这种观点可以称为道德建设的"取消论"。

另一种观点认为,市场经济之所以有活力、有效率,就是因为它把人们的物欲追求解放出来,其不可避免的后果是道德水准的下降。因此经济效率和道德进步是"二律背反",鱼和熊掌不可兼得。由此推论,在以经济建设为中心的历史阶段,只能以牺牲道德为代价来换取经济增长和社会发展。持这种观点的人,往往并不否认道德建设的必要性,但担心强调道德会束缚个人的功利冲动,影响市场发育、经济增长,因此不得不为发展经济而牺牲一部分道德。是谓"代价论"。

---

① 《马克思恩格斯全集》第3卷,人民出版社1956—1985年版,第482—483页。

第三种观点认为,道德建设是必要的,但在市场发育的初期必定会经过一个比较活跃但在一定程度上无序的阶段。道德和社会约束力的松弛,道德水准的下降(如不正之风的蔓延),不但是不可避免的,而且是有益于经济繁荣。只有等到经济发展了,市场发育完备了,才具备道德建设的条件,才能着手进行道德建设。这种观点可以称为道德建设的"滞后论"。

上述三种观点的共同之处是强调市场经济要求肯定个体的功利欲望和对自己的利益的追求,又担心道德会束缚个体的追求,而阻碍市场经济的发展。其症结是把个体觉醒和个人权利意识的增长同道德建设对立起来。

确实,市场经济的兴起,在人们观念形态上引起的一个突出的显著的变化是个体的觉醒,即个人开始意识到自己的独特地位,重视自身的价值和欲求,因而要求个性解放。从历史上看,西方社会走出中世纪的自然经济的过程就伴随着一个个体觉醒的历程。反映在思想史上,从文艺复兴到宗教改革,其主题就是个体的觉醒。

最初,在商品经济比较发达的意大利城市中出现了崇高个性自由、关注个人声誉的社会心理。人文主义者则从理论上集中表现了这种观念的变化。但丁提出了"凡一部分为真,其全体为真"的命题,与中世纪流行的"整体、共相高于个人和具象"的观念相抗衡。蒙田、拉伯雷从不同的角度明确地提出了个性解放和个人自由的要求。嗣后,宗教改革的大师马丁·路德提出了"单因信称义""因信有善""善在内心"等信条,强调依靠个人的信仰和内心的反省就可以得到上帝的赦恩,无需仰仗现存教会的权威机构和宗教崇拜的繁文缛节。他把信仰的重心从教阶制的教会向个人转移,赋予无权无势的个人以极大的荣耀和权威。这是在宗教形式下表现出来的个体觉醒。

到了17、18世纪,市场经济日益发育成熟,在英国尤为明显。反映在观念形态上,个体觉醒日渐在理论上得到系统的辩护,并赋有了现实的内容(包括经济的、政治的和社会的内容),衍化为个人的权利意识。一方面要求思想自由和独立思考的权利。"要敢于认识!要有勇气运用你自己的理智!这就是启蒙运动的口号"。"启蒙运动就是人类脱离自己所加之于自己的不成熟状态。不成熟状态就是不经别人的引导,就对运用自己的理智无能为力。当其原因不在于缺乏理智,而在于不经别人的引导就缺乏勇气和决心去加以运用时，那么这种不成熟状态就是自己加之于自己的了。”①康德这一席话，集中概括了18世纪启蒙精神所赋予个体觉醒的理性内容。另一方面要求经济、政治和社会方面的权利。英国哲学家霍布斯把个体的感性欲求具体规定为“权力欲、财富欲、知识欲和荣誉欲”，突出了财富、权力和荣誉，即名、利、地位的追求。法国启蒙思想家把种种欲望概括为一个“利益”概念，提出了“利益原则”。“个人利益是人们行为价值的唯一而且普遍的鉴定者”。

“如果说自然界是服从运动的规律的，那么精神界就是不折不扣地服从利益的规律的。利益在世界上是一个强有力的巫师，它在一切生灵的眼前改变了一切事物的形式。”②这种观念亦反映在宗教伦理之中。加尔文派的新教伦理要求人们在世俗生活中努力工作并取得成功，它使人确信这是一个人被上帝选中的实际证明。新教伦理把勤劳和节俭视为美德。其所谓劳作也指谋利和经商，其所谓节俭是节省开支积累财富。总之，赚钱和积钱，既是人生的目的又是为上帝所赞许的美德。“时间就是金钱”，这句广为流传的富兰克林的名言，正是新教伦理的生动体现。

如果说，在霍布斯和爱尔维修那里个人对利益的追求是作为一种合理的欲望被肯定下来的话，那么洛克则把这种要求作为自然或社会的权利加以维护。例如霍布斯所说的“财富欲”，在洛克那里就变成了作为自然权利或略加限制的社会权利。他说，财产权是个人的基本权利，是指“人们在他们的身心和物质方面的财产而言”③。在自然状态中，一旦人们通过自己的劳动在自然物上加上某种东西，就成为他的财产，因而就有了财产权。在经由社会契约建立起来的社会中，人们让渡了一部分权利，但有些权利是不可剥夺的，财产权即是其中之一。“在社会中享有财产权的人们，对于那些根据社会的法律属于他们的财产，就享有这样一种权利；即未经他们本人的同意，任何人无权夺取他们的财产或其中的任何一部分，否则他们就并不享有财产权了。”④其他，如生存权、平等权、同意权（选举权）等，在洛克那里都被视为“基本人权”而在理

① ［德］康德：《历史理性批判文集》，商务印书馆1990年版，第22页。
② 北京大学哲学系外国哲学史教研室编译：《十八世纪法国哲学》，商务印书馆1979年版，第460页。
③ ［英］洛克：《政府论》下篇，商务印书馆1993年版，第106页。
④ 同上书，第86页。

论上被肯定。

尽管不同思想家对个人权利的具体规定各不相同,但是对个人权利的重视是他们的共识,而且日益成为一种社会潮流,使得个人权利意识的增长成为市场经济成熟过程中带有普遍性的趋势。这种个人权利意识,在 18 世纪的理论家那里采取了一种抽象人性论和天赋人权论的理论形式,把现实的内容掩敝在抽象的永恒的超历史的概念之下。马克思对此曾作过精辟的分析。他说,18 世纪思想家所说的个人,就其理论形式而言是错误的,因为它离开了具体历史条件来谈论抽象的人。就其内容来说,“一方面是封建社会形式解体的产物,另一方面是十六世纪以来新兴生产力的产物”①。这里,马克思把个体觉醒和个人权利意识的增长视为生产力发展和新的交往形式的产物,视为历史的进步。马克思还从整个人类历史演变的高度,指出了一种带有规律性的现象:“我们越往前追溯历史,个人,也就是进行生产的个人,就显得越不独立,越从属于一个更大的整体。”“只有到十八世纪,在‘市民社会’中,社会结合的各种形式,对个人说来,才只是达到他私人目的的手段,才是外在的必然性。但是,产生这种孤立个人的观点的时代,正是具有迄今为止最发达的社会关系的时代。”②

以往,我们往往把个体觉醒、个人权利意识的增长看作是私有制的产物、资产阶级的意识形态。其实,这是一种简单化的看法。固然,用抽象的人,这种错误的理论形式表达的个体觉醒确实是资产阶级的意识形态,而在 18 世纪的欧洲,市场经济及其带来的个体觉醒又是在私有制的条件下实现的,自然就它的具体表现而言也打上了私有制的烙印。但是,个体觉醒和个人权利意识的增长本身,确如马克思所说,是生产规模扩大、生产力增长的产物,是以自给自足的自然经济为基础的封建交往形式解体、市场交往形式形成的产物,也是社会关系、社会交往形式日渐发达的结果。它是自然经济向市场经济的转变在观念形态上的集中表现,它构成了向市场经济转变的社会转型期观念变革的主要内容。

① 《马克思恩格斯全集》第 12 卷,人民出版社 1956—1985 年版,第 733 页。
② 同上书,第 734 页。

这一点，在当代中国经济变革的历史进程中，已得到佐证。从农村实行联产承包开始，农民得到生产的自主权，不再依附于一个整体，不再把解决生老病死的难题，谋求生存、温饱和发展的期望全然托付给一个整体，开始了个体的觉醒。正是由于在观念上增强了运用自己的理智的勇气，敢于自主地争取个人的权益，靠自己的努力去满足自己的需求，才能打破地域和行业的局限，广泛地发展各种交往形式，兴办乡镇工业，从事第三产业。至于在城市改革中，自主择业、竞争观念、风险意识等新观念的形成，其核心不正是个体觉醒和个人权利意识的增长吗？

总之，历史经验表明，个体觉醒和个人权利意识的增长是向市场经济转变过程中必然产生的，是观念转变的主要内容。这是我们讨论以建立社会主义市场经济为中心的经济变革与道德建设之间的关系问题时，必须首先确认的一个基本事实。而寻求这一问题的答案的关键，在于对这一事实作什么样的评价和分析。

从逻辑上看，有三种可能的评价。一是从传统的、反映自然经济或非市场经济的观念出发，把个体觉醒和个人权利意识的增长视为大逆不道，“礼崩乐坏”，视为道德的堕落。这样势必把市场经济与道德进步绝对地对立起来。要么以市场经济带来个人觉醒导致道德退步为由，对市场经济作道德化的批评，得出否定向市场经济转变的必要性和合理性的结论；要么得出发展市场经济必定要以道德退步为代价的结论。

二是肯定市场经济带来的个体觉醒是历史的进步，同时又无条件地全盘肯定它的道德意义，以为个体觉醒和个人权利意识的增长可以自然而然地趋向“善”，由此推论市场经济带来的观念变化，由它所引发的个体对自己的利益、欲望、权利的追求都是合理的，因而自觉地进行道德建设是不必要的，多余的。

三是既肯定个体觉醒和个人权利意识的增长是历史进步的产物，为道德的进步提供了广泛的可能性，又指出它给道德建设提出了一系列新的问题。如果放任自流，放松道德建设，那么意识到自己权利的个人有可能为追求个人的私欲走上道德堕落的歧途，整个社会的道德水准将会下降，而且势必会危及社会的稳定和发展。

二

那么，上述三种评价中，哪一种更加符合于实际情况呢？哪一种在理论上较为合理呢？这里我们不妨对西方市场经济形成与演化过程中，伦理思想的演变作一宏观考察，以资借鉴。

近代西方的伦理学说，从学理上看，歧见纷呈。感性论、情感论和理性论，三足鼎立。争辩的中心问题之一，便是在个体觉醒和个人权利意识增长的情况下，道德是否需要？道德何以可能？什么样的价值方针是可能而又适应于新的历史条件的？争论的结果，歧见而一致，大体上达到一种共识，即道德是必要的，也是可能的。

感性论者从趋乐避苦是人的本性这一前提出发，从心理上确认自保、自爱或自利是人的行为的最终的动因，从而肯定了个人对自己的利益和权利的追求的合理性。然而除少数比较偏激的思想家之外，大多数感性论者同时又认为，个人要实现自己的利益，达到幸福的目标，必须正确地认识什么是真正的个人利益所在，必须顾及大多数人的利益或公共的福利。在他们看来，“公共的福利”或“最大多数人的最大幸福”，乃是基本道德原则的目标。

情感论者断言，人不但有一种仅只引向对个人自身的好处的“自我感情”，而且有一种引向公众的好处的“天然情感”（即对他人利益或公众利益的一种爱好的意向），并将后者视为道德得以形成的基础，由此来论证道德的可能性、必要性和提高道德水准的途径。

理性论者倚重于人性中的理性因素。或者强调理性是满足个体感性欲求的主要手段，理性告诫人们，实现自我利益的最好途径是把个人利益与他人利益、社会利益结合起来，由此推论维系社会利益的普遍道德之必要（如斯宾诺莎）；或者认为道德观念起源于先验的理性，人既是感性的存在，必定要追求幸福，又是理性的存在，能按普遍律令，实行道德自律，达到道德的境界（如康德）。

上述三种学说的共同的理论前提是抽象的普遍的人性论，即假设每一个体都具有人所普遍具有的共性，因而每一个体有相同的天赋的权利。由此推及每一个体都应互相尊重各自的权利，并引申出普遍道德律令的必要性。建立在普遍人性论之上的社会契约论，是他们用以论证社会道德之必要性的中介环节。通过对契约论的剖析，不难发现，他们之所以苦心构思一个理论框架，旨在寻求市场经济条件下达到社会稳定与和谐的途径，进而论证市场经济的道德要求。

社会契约论有两个基本概念：一是自然状态和社会状态的区别，二是社会契约。它把有无契约视为社会状态区别于自然状态的根本标志，把社会契约视为一个社会得以正常运行的基本条件。大家知道，契约即合同，契约关系即合同关系乃是市场经济下人们经济交往活动的基本形式。用契约关系来解释社会的形成正是从市场形式的交往关系来考察社会关系，而用契约论来论证道德，实质上就是要阐明市场经济条件下道德的地位和作用。这一点，在霍布斯的学说中表现得十分清楚。

霍布斯在《利维坦》中描述的自然状态，是一个“人对人是狼”的局面。人与人之间由于竞争和对抗，处于永无休止的战斗之中。

在他看来，这种状态无法长期维系，连个人的生存和自保也得不到保障。只有缔结契约，才能维系和平。这里所描述的自然状态，其实并不是对史前期的猜测，而是对市场经济下自由竞争和无政府状态的“实然”状况的描述，是对缺乏法治和道德约束的社会现实的针砭。而所谓契约社会，则是他所致力于实现的“应然”的理想状态。在他的笔下，缔结契约，需要依据“自然法”。其基本原则有三条：(1)寻求并信守和平与秩序。(2)个人放弃为所欲为地占有他物的权利。我对别人享受的自由，以他人对我享有的自由为限度。我不愿他人对我做的行为，我也决不对他人去做。这也就是耶稣的黄金律，“你们愿意别人怎样对待你们，你们也要怎样对待别人”。(3)守信，即人人必须履行其所签订的契约。即守信为正义，失约为不义。这三条原则都包含有经济的内容。一是市场经济必须以一个稳定的社会秩序为前提，竞争和对抗以不导致社会稳定的破坏为界限。二是市场交往必须以相互尊重对方的权利为前提，等价交换而不能任意占有，平等交易而不能强买强卖。三是必须遵守交易的合同，讲究信用，以守信为基本的行为规范。

这里，霍布斯并没有明确地把道德和法区分开来，甚至混淆了道德和法的界限。但是,他十分明确地提出了市场经济要求法律和规则来保障其正常运行的思想,这是正确的论断。马克思曾经指出,市场经济代替封建的自然经济,造成了竞争和生产的无政府状态,同时“代替特权的是法”。从一定意义上说,市场经济就是法治经济。而且,霍布斯也看到了规则和法需要有一定的道德来保障其实行。他把“守信”、“履约”、“己所不欲,勿施于人”、公道、以德报恩等伦理观念作为法和规则得以实施的必要条件。尽管这种道德观念,像恩格斯在批评费尔巴哈的“人类之爱”时所说的那样,乃是一种交易所的道德,并非高尚的道德境界,但是,它却是维系市场经济秩序所必不可少的。霍布斯学说的意义,就在于明确地表达了市场经济本身有一定的道德要求。市场经济不能单凭个人的利欲冲动,而必须有法、规则和相应的道德来保障其发展。这是西方向市场经济转变过程的历史经验的总结。

其实,不少近代思想家在讨论伦理问题时,都直接间接地着眼于用道德来维系市场经济。如新教伦理的道德箴言“信用就是金钱”,不仅把“信用”视为生财之道、处世良方,而且赋予它道德的意义。此外,有些经济学家也在其经济学说中直接提出对法和道德的要求。19 世纪末、20 世纪初,意大利经济学家帕累托提出了一个市场经济的理想模式,认为在“完全竞争”“完善信息”“无外部性”以及交易费为零的条件下,资源和财富可以在每一种用途和每一个人之间实现最优配置,达到最高效率。这个“帕累托佳境”在经济学界被视为以效率为标准来支持市场经济的代表性学说。帕累托所述的实现佳境的条件,包括道德的要求,如要求公平而反对歧视(即任何人对任何人都要奉行同一规则),要求“信守承诺”“诚实”(反对欺骗),等等。

这些理论自然带有理想的,甚至虚幻的色彩,在现实生活中难以实现,但是毕竟已清醒地意识到道德和法是维系市场经济有效运行的必不可少的条件。伦理学家和经济学家所作的努力,确实对克服个体觉醒之后,在市场竞争中产生的种种混乱和弊病产生了一定的效果。这个历史经验从一个侧面告诉我们,把发展市场经济同道德建设对立起来是不足取的。以为只要个体追逐自己的利益,增强竞争意识,使“人欲横流”,便可促进市场经济的正常发育,至少是对市场经济本身的曲解。相反,在个体觉醒和个人权利意识增长的条件下,只有把个体对自身利益的追求纳入法治和市场规则的轨道,引向维系这些规则和法制所必需的起码的道德准则,市场经济才能健康、有效地发育,否则市场经济将遭致破坏。

市场经济本身具有道德的要求,这是近现代西方伦理学家和经济学家论证道德建设必要性的一个主要论据。另一个论据是市场交往形式与非市场交往形式的关系问题。市场经济首先在物质交换的经济领域给人与人之间的交往形式打上了自己的烙印,形成了诸如公平交易、等价交换、契约关系等带有市场特征的交往形式。而这种交往形式不但表现在物质生活中,而且在法律制度,以至思想方式上有所体现。凡带有市场特征的交往形式就称为市场关系或市场形式。但是,人类生活中还有许多领域处在市场关系之外,这些领域中存在着非市场关系或非市场交往形式。随着市场规模的扩大,市场观念对人们的思想和行为的影响日增,以至原来处在市场之外的一些人际关系和交往形式也被市场关系所吞噬。面对这种现实,西方不少思想家担心,如果不加限制地听任市场形式扩张的趋势发展下去,那么许多有价值的人类交往形式,即使不被消灭,也会被贬低。于是就提出了市场形式与非市场形式的关系问题,以期划清两者的界限。

亚当·斯密,这位自由市场经济理论的鼻祖,曾伤感地指出,商业的发展使那种为祖国而勇于牺牲自己生命和财产的"勇敢精神"每况愈下。黑格尔在《法哲学原理》中强调,不能把家庭和婚姻关系归结为一种民事契约关系,如果把作为亲密无间的感情关系的家庭关系视为自私的、审慎算计的市场关系,那么这种有价值的人类交往形式必将失落。近代许多伦理学家,尤其是情感论者和理性论者,都出于这种担忧,强调道德在维系非市场交往形式中有价值的交往关系的作用,力图通过道德建设来阻止市场形式对非市场形式的吞噬。

19 世纪中下叶,市场形式在西方资本主义国家的泛化,引发了一股强大的批判潮流。像尼采、卡莱尔、克尔凯郭尔等著名思想家,尖锐地抨击文化和教育的商品化、市场化,谴责文化市侩。20 世纪的存在主义继承了这一传统,致力于揭露市场关系造成的人的异化、人的本真状态的丧失、精神上的沉沦。尽管其中有些人由此走上了极端,导致价值相对主义,但他们的努力对于扼止市场关系对非市场关系的吞噬,无疑有积极的平衡作用。当代的西方经济伦理学中,市场形式与非市场形式的关系是一个重要的课题。艾伦·布坎南、高蒂尔、蒂斯马特等著名学者都认为，“假如人类关系都变成市场关系，人类生活的价值就会降低”①，因此主张为非市场形式保留一个独立的领地，尤其要维系利他主义、仁爱精神、爱国主义等道德价值，并通过道德教育来阻止市场形式的无限扩张。

上面两个论据，分别从市场经济本身健全发展的要求和市场形式同非市场形式的关系上，说明了市场经济形成和发展的过程中，自觉地进行道德建设是十分必要的。即使在资本主义条件下，听任市场形式的自发发展，也会使个体觉醒和个人权利意识的增长走上非道德主义的歧途，以致危及社会的稳定和经济的有序运行。

三

当前中国正处于急骤的经济变革之中。随着向市场经济的转变，观念迅速更新，体现个体觉醒和个人权利意识增长的“竞争观念”“个人奋斗”“追求成功”“风险意识”等适合于市场经济的观念，正在推动着市场体制的形成和市场的发育。然而，市场经济所必需的“公平交易”“守信”等道德观念的薄弱，由小生产的积习所造成的守法精神和遵守规则的习惯的缺乏，加之民族文化传统中那种以超越规则为荣的谋略文化的沉渣泛起，已经给市场机制的发育造成严重的损害。这是有目共睹的事实。市场交往形式虽然还在形成和发育过程之中，但是它对非市场交往形式的侵袭已经十分明显，而且正在以惊人的速度扩展。钱权交易、权力的商品化、以权谋利、以权经商，使本应超然于市场之上对市场进行调控的机构难以发挥其维系市场秩序和社会稳定的功能。文化商品化的狂潮使所有的文化事业不得不面对市场效益的取舍，保存着人类精神价值宝贵遗产的严肃文化濒临危机。教育不仅被迫面向市场，而且学校内外的各种交往形式面临着被市场关系吞噬的可能。至于两性关系的商品化，妇女被视为性商品，家庭关系被市场关系吞噬的现象更是屡见不鲜。拜金主义和权力崇拜的结合对社会风气的侵蚀已经引起普遍的忧虑。

① [美]艾伦·布坎南：《伦理学、效率与市场》，中国社会科学出版社 1991 年版，第 143 页。

这种情况的产生有错综复杂的原因，既有历史的、文化的因素，也是市场经济发展进程中不可避免的负效应所致。但是，人们主观认识上走入误区，将市场经济与道德对立起来，误以为只有靠“人欲横流”才能发展市场经济，忽视非市场交往形式的价值，无视道德对于保存人类有价值的交往形式的重大意义及其在市场经济条件下不可或缺的社会整合功能，不能说不是一个重要的因素。

借鉴西方的经验教训，澄清认识，走出误区，进一步根据中国国情，阐明道德建设在向社会主义市场经济体制转变中的重要地位与功能，克服纯经济主义倾向，以提高道德建设的自觉性，是现实生活向理论界提出的一个迫切课题。

试论市场之德*

市场经济要不要道德，市场运行有没有自己的道德规范？如果有的话，市场之德的内容是什么？它的适用范围有没有限度？这是市场经济发展史上争论不休的问题，也是我国从计划体制向社会主义市场经济转变过程中大家十分关注的问题。

对此，历史上有两种看法最为突出。一种认为，市场是人们相互欺骗的场所，市场无道德可言；另一种则强调，市场是公平交易的场所，它不但有德、需德，而且借助于市场的力量，可以形成一个讲究公平、公正、自由、平等的君子国，因此应当从市场特征出发来确立全社会的价值方针。

一

讨论市场之需德、有德还是无德，首先需要弄清市场究竟是什么，市场经济的基本特征到底是什么？

对中国人来讲，在相当一段时间里，“市场经济”是一个陌生的概念，常常还是“资本主义”的同义词。短短的几年，一下子几乎又成了人人皆知、人人皆以为熟悉的东西。一时间“市场化”之风席卷神州大地。然而，熟悉的东西我们未必理解，未加理解而普遍使用的概念必定是模糊不清、歧见纷呈的。用这样的概念去讨论问题，只能陷入混乱。“分析好，大有益。”借助于分析的工具，澄清“市场”的概念，是讨论市场之德的前提。

市场到底是什么呢？或者说，什么是市场呢？公元前6世纪阿纳盖西斯提出了一个定义：“市场是人们可以互相欺骗的场所。”这一定义是一事实判

* 本文原载《华东师范大学学报》(哲学社会科学版)1995年第4期。

断，也是一价值评价。作为价值评价，它与中国古谚“无商不奸”相类似。这是市场不发达的时代，人们的一种看法。近代西方著名思想家曼德维尔也有类似的主张。他在《蜜蜂的寓言》中写道：“商人们在市场上卖掉掺假的货物”，“无数的人们彼此满足虚荣和欲望”。不过，曼德维尔对市场的评价是肯定的。他赞扬市场上的相互欺骗使“整个社会变成了幸福的天堂”。“没有伟大的罪恶，头脑中的乌托邦就是空想的。欺诈、奢侈和傲慢必须存在，我们从它们存在中得到利益。”上述两种相反的评价的相同之处是，把市场视为互相欺骗的场所，“私恶”的温床，是与道德无法相容的。

这种“市场”概念，在古典经济学兴起之后就发生了变化。亚当·斯密这位最早对市场经济作出系统研究的经济学大师把市场视为由交换而形成的社会分工体系。而后新古典主义的经济学家也大多持这种观点。如杰文斯认为，市场是“处在密切的商业关系中，并且从事各种商品的广泛交易的个人的总和”。古诺在 1897 年提出，市场是“买者和卖者之间互相频繁地交换，以致同一产品的价格轻易而又迅速地趋向相同的区域”。20 世纪自由放任主义的经济学说中，以米塞斯的定义最为著名：“市场是生产工具私有制条件下劳动分工的社会体系，市场不是一个场所、一件物品或者一个集体。市场是一个过程，它是由劳动分工下合作的不同个人之间的行为的相互影响来驱动的。”①这三个定义的侧重点不同。杰文斯强调从事交易的“个人的总和”，古诺强调“地域”或“场所”，米塞斯则强调动态的“过程”。但三者都着意将个别的、孤立的交易行为、买卖活动同作为社会分工体系的整体性的市场区别开来。其中有些经济学家则从这种体系的整体性中推论市场机制可以促使道德的养成，以至成为一个讲究公平、公正、自由、平等的“君子国”（如帕累托）。

20 世纪 70 年代后出现的“市场”定义，更加突出市场的整体性，并根据现代市场经济的特点，把重点放到提供更充分的信息和达成价格一致上。如劳里指出，市场创造了一种环境，这里对价格确定建立一种一致性。莫斯写道：“商品和劳务在市场上进行交换，交换的过程包括价格的确定和公布，包括使

① [英]霍奇逊：《现代制度主义经济学宣言》，北京大学出版社 1993 年版，第 207 页。

供给者知道他们的产品是有需求的,包括提供劳动、把商品和资源运送给消费者。总之,交换过程在待售商品的买者和卖者之间增加了通信和运输。"①

现代制度主义经济学家霍奇逊把市场定义为"组织化、制度化的交换"。他写道:"我们把市场定义为一套社会制度,其中大量的特种商品的交换有规律地发生,并且在某种程度上受到那种制度的促成和构造。"②这一定义突出了市场的"制度化""组织化"的特征,强调市场交易的合规则性。制度主义学派所理解的"制度"并不是纯经济的,它总是同一定的法律、习俗、惯例联结在一起的,并且是由后者保证其正常运行的。因此,在制度主义学派看来,道德的因素不仅内涵于市场制度之中,而且以道德、习俗等先在地促成和构造着特定的市场。

综观上述定义,可以看出,尽管不同学派的经济学家持有不同的理论体系,但都认为,从经济的角度来看,市场不同于简单商品生产条件下孤立的、个别的、偶然的交换,它是一个劳动分工和交换的体系,其中有众多的买者与卖者参与,而其交换过程则是一系列复杂而又有规则的行为。从历史的演变来看,越是晚近的思想家越强调市场不再是一个固定的场所,而是一超越地域的交易过程。此过程的核心是通过信息的交流以达成价格的一致,并在此基础上通过劳务和运输达到交易的实际完成。这一复杂而有众多当事人参与的过程必须有规则地进行。我们有理由相信,这些晚近经济学家的理解,似更准确地把握了现代市场经济的特征。

按照对市场特征的现代理解,市场运作是一种有规则的运作,至少是按照普遍公认的约定规则,公开地、有序地运行的。确实,在市场中经常会发生违反规则的欺诈行为,但这种行为恰恰是市场规则所不能允许的。正像竞技体育中经常会发生违规行为(如服用兴奋剂、打假球等),而这些行为却又为竞技体育所不容一样。我们不能因竞技体育中有违规行为而断言竞技体育是欺骗的场所,只能断定违规者、欺骗者行为不端。同理,我们不能因市场上有诈骗者而断定市场是人们相互欺骗的场所,只能判定诈骗者在市场上行为不轨。

市场规则如果细加区分,大体上有如下几类:一是纯属为操作方便而约定

①② [英]霍奇逊:《现代制度主义经济学宣言》,北京大学出版社1993年版,第208页。

的游戏规则；二是根据规律而制定的技术规则；三是具有伦理意义的道德规则。法律规定往往兼具三者的特性。游戏规则本身不具伦理的意义，违反这类规则不一定是不道德的，但是它也与道德规则相关。“不能故意违反自愿加入的游戏的规则”，这是任何一种游戏得以正常进行的前提，而这一前提正是一条具有道德意义的规则。因此，从总体上看，在一个组织化、制度化的交易中，在现代市场经济中，道德规则和尊重、遵守规则的道德意识是不可或缺的。近来，商业伦理学在发达国家中盛行，便是有力的佐证。把市场看作与道德不相容的、非道德的场所是没有根据的。市场需德、市场有德是合乎逻辑的结论。有些在市场中借欺骗、违规暴富的人，常常把“市场是人们相互欺骗的场所”奉为金科玉律，甚至自以为悟市场之真谛，得风气之先，其实他们的观念恰恰是十分陈旧的，散发着陈腐的气息，一旦法制健全，规则完备，就会被历史无情地淘汰。

二

市场需德，市场有德，那么市场之德究竟包含一些什么内容呢？

这里，我们还是要从市场交易的特征说起。亚当·斯密曾经给交易下过这样一个定义：“不论是谁，如果要同旁人作买卖，他首先要这样提议，请给我以我所需要的东西吧，同时，你也可以获得你所需要的东西，这句话是交易的通义。”①在解释这一定义时，他说，在劳动分工的条件下，交换的特点是“互通有无，物物交换，互相交易”。交易是人类求得其同胞协助的一种手段，其特征是，它既不是单方面的赠与或恩赐，也不是单方面的乞讨，更不是单方面的索取或抢夺。因此，市场不是行乞的场所，也不是慈善的所在，而是等价交换的场所。

市场的这一特征要求参与交易的当事人，首先必须具备自尊、自立的品格。从事实的层面来说，他必须具有自主权，至少对于投入市场用以出卖的商

① ［英］亚当·斯密：《国民财富的性质和原因的研究》上卷，商务印书馆1972年版，第13—14页。

品具有自主权。从伦理的层面来说，他必须具有自主、自立、自尊的德性，不能依赖他人的恩赐生活，不能存有仰仗他人赠与的奢望。此谓自立之德。

其次，交易既为当事人互通有无，那就必须尊重交易对方的权利和意愿。只有在当事的双方就交换什么、交换多少、按什么比例交换等，达成一致的意向时，交换才能进行。换言之，只有当双方达成一致的意向时，才能让渡自己的商品、占有他人的商品。这就是“等价交换”。这一原则的实施，有赖于当事人抱有起码的善意，即尊重对方，平等待人，不能侵犯他人的权利，不能无偿地占有他人的物品，不能强买强卖。是谓“平等之德”。

第三，市场交易既然是在双方自愿的基础上实行，那么，若交易不是即时结清的话，就必定要通过契约(即合同)来完成。事实上大量的交易都是通过契约而实现的。而契约的特征恰恰在于，缔约双方不但就交易的具体事宜、各自承担的责任，作出具体而周密的规定，而且都作出按规定履行的承诺。信守诺言便成为市场交易必不可少的条件。17 世纪英国哲学家霍布斯在《利维坦》一书中，把“所订信约必须履行”作为自然法的基本原则之一。他说，“权利的互相转让就是人们所谓契约”。双方若在目前立约而往后履行，那么，“他如果履行，就称为践约或守约；不履行时，如果出自其本意，则是失信。”“在订立信约之后，失约就成为不义。”①在霍布斯那里，失约不论是出自非本意(因客观条件而失约)还是出自本意均为不义，如果出自本意，故意地违背自己深思熟虑、信誓旦旦所作的承诺，失信于人更是不道德的行为。这里虽是泛指一切契约，但确实包含了市场中的商业契约。可见，守约而不失信乃市场之德。

第四，履约的基本内涵是要践履自己所承诺的各项责任。这就要求在立约时诚实地确认各项基本事实，如交易商品的规格、品质、数量、价格、交货地、交货期等，在践约时，如实地按质、按量、按时提交契约所规定的物品或货币。如若立约时虚言，履约时作假，偷梁换柱，以次充好，缺斤少两，那就意味失约、失信，也就意味着不义。事实上，凡成熟的市场必有一套规则来预防和制止弄虚作假的行为，并有严厉的制裁手段。在伦理上也有与此相应的规范，即以诚实为美，以欺诈为恶。是谓诚实之德。

① [英]霍布斯：《利维坦》，商务印书馆 1985 年版，第 108、100、108—109 页。

上述四德是在市场上的单项交易中呈现的，仅以亚当·斯密关于交易之通义的假定为前提。如果考虑到以价格为中心的市场竞争和经由竞争达到价格一致的特征，那么市场之德就不止于此。

首先，竞争意味着当事人必须面对众多的竞争者在优胜劣汰中沉浮的局面。要在竞争中站住脚跟，必须具备不断进取的精神。如若固步自封、不思进取，势必在百舸争游的市场上被淘汰。与变化缓慢、周而复始的自然经济不同，竞争的市场使经济生活的节律加快。尤其是在当代，新技术日新月异，新产品层出不穷，企业要生存就必须创新不已。美国经济学家熊彼得把创新活动视为企业保持活力之要旨，把创新精神视为企业家精神。这确实反映了现代市场的特征。离开了技术的更新、产品的升级换代、管理方法的改进、销售手段的创新、新市场的开拓，企业便难以生存。其实，不但企业和企业家要有创新精神，在劳动力市场上求生的劳动者也是如此。如若不能经常更新知识，掌握新的技能，劳动者也难以适应急速变化的市场。因此，进取或创新之德乃市场经济题中应有之义。

其次，要创新、进取，要投入竞争，就必定要勤奋。悠闲自得的心态，诸如陶潜诗中“采菊东篱下，悠然见南山”的情趣，与竞争的市场难以适应。在市场经济勃兴之初，在宗教的外观下支持市场的新教伦理就大力提倡吃苦耐劳、勤勉敬业，并把它上升为教规，赋予神圣的意义。而以浪漫主义抨击市场经济和工业文明的尼采，却把“更加的勤奋”视为“所有时代中最为忙碌的我们这个时代”的诟病①。这正反两个方面的对照说明，勤勉乃市场不可或缺之德。

第三，价格机制是市场竞争最关键的环节。厂商为了在市场上获得更高的占有率，必须取得价格优势。为此，必须以产量达到最大或成本达到最小为原则，实行生产要素的最优组合。成本达到最小意味着在生产中要厉行节约。与此相应，在伦理上就要视节俭为美德。早期，新教伦理曾把勤俭节约，甚至清心寡欲作为其道德准则。经济学家也有类似主张。后来情况发生变化，新古典派用边际效用论取代劳动价值论，在消费领域强调欲望的满足，凯恩斯主义更主张通过刺激消费增加有效需求。战后西方市场经济进入大众高消费阶

① ［德］尼采：《快乐的科学》，中国和平出版社 1986 年版，第 49 页。

段，消费主义盛行于世，清心寡欲已不再成为道德信条。但是，在厂商行为中，仍以降低成本为重要目标，因而节俭之德在此限度内依然存在。许多大公司，一方面采用广告等促销手段大力刺激消费，另一方面在内部仍讲求节约，尽力减少开支，就是一个佐证。是谓节俭之德。

第四，市场上激烈的竞争，使厂商承担着相当大的风险，而风险对经营者而言则意味着责任。因此，谨慎而不妄为乃市场之德。自边沁的功利主义的“道德算术”开始，在伦理上十分强调“聪明的远虑”。新古典经济学家，以“理性经济人”为基本假设，强调市场活动的主体，必须运用理智进行谨慎的盘算。当今对“理性经济人”的假设，提出了不少疑议，有被“有限理性”的概念取代之势，但这只是对理性能力的范围作出了限制，对理性的谨慎态度的重视，依然存在。是谓谨慎之德。

如果考虑到制度主义学派提出的“市场是组织化、制度化的交易”这一特征，那么，还存在两项必不可少的市场之德。

一是公平之德。组织化的交易，即有秩序、有规则的交易，是按规则来竞争的市场。交易规则和竞争规则有许许多多，核心问题是公平竞争。公平即不歧视。在规则面前人人平等，机会均等，裁判公正，裁判者不参与竞争，等等，都是其表现。能否采取不歧视的态度，如对投标者、消费者一视同仁，不分亲疏，能否不偏不倚地执行裁判，在伦理上便是公平之德。

二是尊法之德。一个制度变化的市场必定是借助法律来构成和运行的。诸多的法律，如果从规则论的角度来考察，兼有游戏规则、技术规则和道德规则。然而确如卢梭所说，在众多法律中，“尊重法律是第一条最重要的法律”①。而这一条正是道德规则。是谓尊法之德。

自立之德、进取之德、勤勉之德、节俭之德、谨慎之德、平等之德、守约之德、诚实之德、公平之德、尊法之德，是谓市场十德。这是市场之德的基本内容。

三

上述十德之所以为市场之德，是因为它们内涵于市场之本质特征之中。

① ［法］卢梭：《论政治经济学》，商务印书馆1962年版，第10页。

一方面它们是市场经济可能促成之德性，另一方面又是维系市场秩序、保证市场正常运行不可缺少之德性，或者说是市场中的当事人应有之德。

所谓应有之德，意味着它是一种“应然”和“应做”，并非“实然”和“实为”，即并非市场中的当事人已经如此或必定如此的行为模式。本来，道德所要回答的就是“人应当做什么”或“人应当是什么”而不是“人事实上在做什么”。许多人应做而未做的，正是道德所关注。道德之意义、之功能就在于规范人的行为，使人们去做未做而应做之事。这种应然的理想性，正是道德之特性。道德并非对实然状态的概括。曼德维尔等人之所以会把市场当作一个非道德的场所，否定市场需德，市场有德，一个重要的认识根源就是把当时的事实，甚至是一部分事实当作“应当”，把“实然”混同于“应然”。

当然，“人应当做什么”这个问题，同“人可能做什么”是不可分割的。任何一种德性，不能是纯粹的“应当”，它既然要解决“应做”，要化为行动，便必须具有现实的可能性。否则，理想性与实践性相统一的道德便失去了根据。市场十德，也是市场中可能形成之德。曼德维尔等人否定市场之德的根据就在于否定这种可能性。其提出的理由是，在市场交易中，当事人的目的都是要实现一己的私利，而私利则会产生贪婪、奢侈、欺骗、不择手段等恶行。他们的论证确实提出了道德在市场经济中遇到的一个难题，即人们在追逐私利时，何以可能有道德。

这一问题，正是近代以来随市场经济兴起而产生的西方伦理学的主题。亚当·斯密的情感论、斯宾诺莎的理性论、启蒙时代法国的感性论，以至穆勒的功利主义，都曾为解开这一难题而煞费苦心。连新教伦理亦不例外。他们的工作主要是从人性人手，即从人的同情心、理性或感性经验何以能把握个人同他人、个人利益同公共利益之间不可分割的联系，来论证这种可能性。同时，又把人们对自身利益的追求，区分为合理的欲求与无度的贪婪。强调对自身利益的追求可能导致贪婪和罪恶，也可能借助于理性、社会感情或同情心，认识到个人利益同他人利益、公共利益是一致的，从而把个人的利益追求限制在合理的限度之内，进而达到道德的境地。是谓理性的或合理的利己主义。新教伦理的特征是赋予人们现世生活中对利益的追求以神圣的灵光，同时也就把这种追求纳入基督教传统道德(诸如“己所欲者，施之于人”的“黄金律”，

"十诫")的范围之内,使之为这些戒律所约束。上述种种努力有其成功之处。一是说明道德与个人对利益的追求并非绝然排斥的,抛弃了中世纪那种绝然相斥利益追求的道德观(类似于中国宋明理学"存天理、灭人欲"的主张)。二是证明人的理性有可能把握个人与他人、个人与社会之间的联系,从而自觉自愿地用理性去控制和调节对自身利益的追求,抑制贪婪和无度,臻于道德之境。三是提出关于内在制裁和外在制裁的学说,明确地意识到道德不会在追逐利益的活动中自发地形成,必须借助于法律、行政、舆论和教育等手段才能使道德发生实际的约束力,才能使道德成为可能。同时,还探索了促使道德形成的各种途径,使可能变为现实的条件。但是他们都离开了社会经济制度去讨论这一问题,因此,在实践上收效有限。新教伦理更是仰仗虚无缥缈的上帝去论证市场之德的可能性。但是,如果我们透过神学的面纱便不难发现,他们是把西方文化遗产中固有的道德资源视为市场之德可能性之根据,并着力于利用这一资源去实现这种可能性。他们对民族传统中固有的道德资源的重视,自有其合理之处。

从经济条件去考察这一问题的是经济学家,包括古典经济学和新古典主义。他们从市场机制、公平竞争对欺骗等恶行的制约,来论证市场之德的可能性,不无合理之处。但是,对自由放任的市场经济的盲目乐观和崇拜,使他们走上了另一个极端,以为自由竞争可以自发地形成市场秩序,而市场秩序又可自动地形成市场之德,无需其他条件。这样就把可能当成了现实,只能流于空想,也无法对复杂的社会现象作出全面的合理的说明。

总结这些历史的经验教训,似可得出如下的结论:市场需要道德,市场之德即为市场应有之德。市场之德的可能性,自然根植于市场机制之中,但是市场机制本身提供的是两种相反的可能性:有德与无德。要使前一种可能性变为现实,有赖于发挥人的理智的能力,去认识市场中当事人之间的关系、市场当事人与全社会的关系,也有赖于充分地开拓民族文化传统中的道德资源,运用各种有力的制裁手段,自觉地进行道德建设。如若听任市场机制的自发作用,那么市场机制所引发的强劲利欲冲动就会泛滥成灾,利己心将演变为贪婪、野心和无耻,人类历史上积累起来的道德和良心将会沦丧和泯灭。

四

市场之德是市场交易中的道德规范，它的适用范围、它的限度仅限于市场，不能涵盖一个时代社会生活的所有领域，甚至也不能涵盖全部经济活动。因为市场活动有两个基本的特征：一是当事人从自身的利益出发，以实现自利为目的，二是以等价交换为处理相互关系的原则。而这两者都不具有普遍适用性。

自利的动机在市场交易中是无可非议的。我们既不能因其自利而从道德上加以谴责，也不能因其在市场上必不可少而在道德上妄加褒扬。中世纪的禁欲主义把人们在现实生活中对利益的追求视为罪孽，阻碍了市场的发育。正是有鉴于此，西方近代为市场经济鸣锣开道的主流伦理学，便致力于肯定自利的动机，甚至把它视为亘古不变的天然本性，并以此作为其全部学说的出发点。尽管其中大部分思想家并未直接把自利当作德性，没有无条件地肯定任何一种自利的行为，也承认道德必须在一定程度上包含“己所欲者、施之于人”、利他精神和自我牺牲等因素，否则就不成其为道德，给自利的动机加上了种种限制，但是他们的“合理利己主义”，毕竟把肯定利己心作为指导全部道德生活的价值方针，把市场原则泛化。这种泛化的结果，一是无法解决人们对物质功利、金钱的追求与对真善美的精神价值的追求之间的关系，二是在实践上难以扼制拜金主义的泛滥。

至于等价交换这种人与人之间的交往形式，本来只是市场交易中通行的合理的交往形式。它的适用范围以市场为限度。家庭生活中的夫妻之情、亲子之爱、手足之谊，社会交往中朋友、邻里、师生之间的交往，科层组织中的上下级关系，个人对国家的义务和忠诚，等等，都不能通用等价交换原则。即使在经济生活中，市场交往形式也有其限度。事实上，即使在实行自由放任主义的时代，国家对经济的控制也是现实存在的，更不用说普遍实行国家调控的市场经济的当代世界。此外，企业内部也不能一律采用等价交换的市场交往形式。著名的科斯定理证明，由于交易费不等于零，企业内部如若采用市场交往形式，必将因交易费推动的成本增加而使企业难以在市场立足。事实上，市场只是处于中间的地位，其两端国家和企业都不能通用等价交换的市场原则。因此，反映等价交换原则的市场之德必定有其限度。这一点西方思想史上许多有识之士早已察觉。像亚当·斯密这样的全力拥护自由放任主义的思想家也曾流露过对于市场交往形式的扩大导致爱国精神的损害的忧虑。更不用说像马尔库塞、弗洛姆等人对市场关系侵入文化、两性关系等领域，对交易型性格所作的批判了。

西方发达国家在发展市场经济中遇到的一个突出问题是，市场交往形式逐步吞噬非市场交往形式，致使人与人之间的交往形式变成赤裸裸、冷冰冰的金钱关系，使整个社会成为一个市场化的商业社会。西方许多思想家，从卡莱尔到尼采，从海德格尔到马尔塞库，都曾经用犀利的笔锋，揭露了由此造成的精神衰退。马克思、恩格斯则深刻地揭示了市场关系的泛化所造成的危害。恩格斯晚年在谈到近代资本主义商业社会的特征时指出，与注重意识形态附加物和共同福利的古代社会相比，近代的“商业社会”是“完全清醒和务实的，然而是庸俗的”。而我们应当为之奋斗的“未来的联合体将把后者的清醒同古代联合体对共同的社会福利的关心结合起来，并且这样来达到自己的目的”①。

我们正在建立的社会主义市场经济体制，正是实现这一目标的一个实际步骤。因此，在讨论社会主义市场经济条件下的道德建设问题时，必须高度重视市场交往形式向非市场交往形式侵蚀的问题，重视市场之德的局限性。

如果用市场交往形式来涵盖社会主义市场经济下的一切交往形式，然后再从庸俗的经济决定论的观点出发，试图从市场交往形式来推论价值目标，把市场之德上升为整个社会的道德建设的指导方针，那就无法找到正确的答案，只能拾取合理利己主义的牙慧。近年来，舆论界出现过“主观为自己，客观为别人”“在利己不损人的前提下大胆追求个人利益”等口号；也有一些论者提出，为适应从计划经济向市场经济转化，应实现由“计划人”向“市场人”的转化，在道德上应着力塑造“市场人格”。这些观点的论证方法，都带有把市场交往形式和相应的市场之德泛化的特征。然而，严酷的事实告诫我们，市场机制的引入促成的利欲冲动的旺盛，由于缺少道德的约束，已形成拜金主义的狂

① 《马克思恩格斯全集》第21卷，人民出版社1956—1985年版，第447页。

潮，吞噬着人们的良心，而市场交往形式借助其经济实力，正在猛烈地侵袭诸多非市场交往形式。如果听任它的自发力量，必定造成精神价值的失落、文化的衰退、权钱交易的盛行、民族凝聚力的削弱，并危及社会的稳定。

总之，市场需德，市场有德，但市场之德仅仅是市场中经济交易时的道德规范，不能视为统帅社会生活各领域的规范，更不能将其基本精神提升为社会主义市场经济条件下全社会的指导性的价值方针。

论市场十德*

健全的市场秩序是社会主义市场经济体制得以确立的必要环节。然而，维系市场秩序、规范市场行为，不仅需要有一套规则，有相应的制裁手段，而且有赖于人们道德意识的增强。那么有哪些道德意识是市场中的当事人应当具备的呢？

一是自立、自尊之德。交易乃是"互通有无"，既不是单方面的赠与，也不是单方面的乞讨。因此，市场上的当事人，必须具有自主权，至少必须能自主地支配投入交易的物品。与此相应，在伦理上，他必须具有自主、自立、自尊的品格，不能一味地依赖他人的恩赐过活，不能存有仰仗他人或一个团体的无偿赠与的奢望。是谓自立、自尊之德。

二是进取、创新之德。在一个有众多当事人参与的市场上，每个当事人面临着优胜劣汰的竞争。要在竞争中自立，则必须具备不断进取的精神。尤其在当代，新技术日新月异，新产品层出不穷，企业要生存就必须创新不已。当代经济学家把创新视为企业保持其活力的要旨，把创新精神视为企业家精神之根本，这确实反映了现代市场经济的一个特征。其实，不但企业家如此，企业中各个岗位上的成员又何尝不是如此呢？

三是勤勉之德。进取或创新，有赖于勤勉。那种悠闲自得的心态，诸如陶潜诗中"采菊东篱下，悠然见南山"的情趣，与竞争激烈、变化急速的市场是难以适应的。

四是节俭之德。价格机制是市场竞争的关键。厂商为了在市场上取得更高的占有率，必须具有价格优势。为此它总是要以产量达到最大或成本达到最小为原则实行生产要素的最优组合。而成本达到最小，即意味着厉行节约，

* 本文原载《文汇报》1995 年 11 月 21 日。

与此相应，在伦理上则视节俭为美德。在当代，西方发达国家的市场经济已进入大众高消费的阶段，经济学界主张通过刺激消费来增加有效需求，以致消费主义盛行于世。但是，在厂商行为中，降低成本仍为重要目标，在此限度内节俭之德依然存在。况且不少有识之士提出，消费主义、娱乐道德观与市场要求的勤勉之德相冲变，将危及经济。我国市场经济刚刚起步，底子又薄，至少在生产和经营的领域内，更应把节俭作为德性来提倡。

五是谨慎之德。市场上的竞争使当事人承担相当大的风险，而风险即意味着责任。唯有运用理智，谨慎地谋划和盘算，才能在市场竞争中立足，因此，谨慎而不妄为乃市场之德。

六是平等之德。如果说上述五德是考察市场上的当事人对自身的态度的话，那么一旦涉及当事人之间的关系时，首先遇到的便是如何对待交易对方的问题。市场交易既是两个具有自主权的自立、自尊的当事人之间互通有无，那么，只有在双方达成一致意向时，一方才能转让自己的物品，占有对方的物品。这就是“等价交换”这一原则最基本的内涵。这一原则的实施，在伦理上要求当事人抱有起码的善意，尊重对方的权利和意志，平等待人。我们在商业活动中提倡尊重消费者权益、尊重消费者的意愿，提倡的就是这种平等之德。

七是守约之德。交易在一定意义上是权利的互相转让。权利的互相转让就是所谓的契约。契约的特征在于，缔约双方不仅就交易的各项具体事宜作出明确而周密的规定，而且各自作出按规定履行各自承担的责任的承诺。因此，信守诺言便成为市场交易顺利进行的必要条件。与此相应，在伦理上就要把失约和失信视为不道德的行为。当前我国市场发育中一个突出的问题就是“失约”和“失信”之举相当盛行，以致商业信誉下降，这也从另一个侧面说明守约之德的重要。

八是诚实之德。践约的基本内涵就是要践履自己所承诺的各项具体责任。这就要求在立约时确认各项基本事实，如交易品的规格、品质、交易量、价格、交货期、交货地等，在践约时如实地按质、按量、按时提交契约所规定的货品或货币。如若立约时虚言，践约时作假，偷梁换柱，以次充好，缺斤少两，那就意味着失信、失约，也就意味着不义。

九是公平之德。市场作为组织化、制度化的交易，都备有一套交易规则和竞争规则。这些规则大多是人们约定的游戏规则或反映客观规律的技术规则,但其核心是公平竞争。所谓公平即不歧视。即在规则面前人人平等:大家遵从自己参与的游戏的规则,机会均等;对所有参与者(如投标者,消费者)一视同仁,不分亲疏,裁判公正,不偏不倚;裁判者不参与游戏;等等。这种公正的态度,具有伦理的意义,是谓公平之德。

十是尊法之德。一个制度化的市场,其规则是借助法律来构成和保证其运行的。诸多的法律,如果从规则论的角度来考察,兼有游戏规则、技术规则和道德规则。然而,正如卢梭所说:“尊重法律是第一条最重要的法律。”是否尊重法律正是一个道德问题。

总之,自立、进取、勤勉、节俭、谨慎、平等、守约、诚实、公平、尊法,是市场当事人应有之德又是市场经济中可能形成之德。是谓市场十德。市场之德是建立在当事人追求自身利益和奉行等价交换原则之上的德性。它并非是理想的高尚的道德境界,也不能成为指导全部经济生活的价值方针。但是,它确是市场中必需的起码的道德,如若不能以此规范市场当事人的行为,市场的健康发育和正常运行就难以实现。

试论经济动机*

人们的经济动机在伦理上的正当性问题及其限度，是经济伦理要回答的首要问题。只有经济动机得到充分的肯定，才会提出经济活动中的伦理规范问题，才有经济伦理的独立的活动余地。准确理解和把握经济动机的内涵，对于经济生活中伦理规范的研究具有重要的意义，这里拟作一分析。

一、经济动机的解放与经济伦理地位的确立

不同的历史时期、不同的社会环境下的经济生活在社会生活中的地位不同，经济动机得到的评价也不尽相同。在历史上经济动机的正当性是近代市场经济兴起之后，才得到比较充分地肯定的。对于经济动机在西方历史上的演变，马克斯·舍勒有过这样的分析：在古代和中世纪，通过出生和传承来划分等级，由此决定的“政治的身份有优先权，有这些身份随后才获取或才能获取财富”。“一切获取追求都是由‘与身份相符的生计’的观念来决定衡量和限定的。”在这里，政治权力地位无处不对财富形成的可能性和纯活动空间加以限制和决定。①换言之，政治的身份以及相应的道德才是衡量一切经济活动的最高准则。关键的问题是等级身份：“与身份的相符的生计”才是合法的、合乎道德的、正常的；不受身份限制的经济动机是不正常的、不道德的、不合法的。因此，超出身份限制的经济动机只能通过像寻找金银财宝、烧丹炼金、有组织的掠夺、玩弄迷信牟利等非法的手段，“在生活康庄大道之外的旁沟暗角里搞些冒险活动”。从传统社会向近代社会转变的一个关键的因素是，使以往被视

* 本文原载《上海师范大学学报》（哲学社会科学版）2002 年第 6 期。

① [德]马克斯·舍勒：《资本主义的未来》，读书·生活·新知三联书店 1997 年版，第 10 页。

为“不正常”和“不正当”的经济动机变成“正常”和“正当”的。舍勒的这一分析是合乎历史事实的，揭示了现代化进程中社会转型在经济动机问题上的特征，具有一定的普遍意义。

中国的社会转型同样也伴随着一个经济动机从“不正常”“不正当”到“正当”的演变。在中国传统社会，在民间经济动机也是得到一定程度的肯定的。中国民间流传的对“福、禄、寿”的期望中就包含着对于经济动机的肯定。但是它同样受到等级身份的限制。其中最突出的是“禄”这一价值观念。所谓“禄”就是功名利禄，也就是“俸禄”。俸禄的特点就是按照一定的官阶获得一定的经济利益。至于没有官位的芸芸众生的经济动机则被限制在“合乎身份的”“维持生计”的限度之内。而作为一种占统治地位的意识形态的儒家则主张“君子罕言利”，“唯义无利”。近代以来，经济动机获得一定程度的解放。中国共产党一直把为人民群众谋取经济利益作为自己的一个奋斗目标。但是在计划经济时代，人们的经济动机事实上还是被束缚在维持生计的限度之内。尽管实行的是平均主义分配政策，但事实上的身份差别还是被保存下来了。尤其是农民的身份一直是固定的，超出谋求生计的限度的经济活动受到了种种限制。不仅如此，政治的身份以及相应的道德才是衡量一切经济活动的最高准则，这样一种状况相当突出，有时为了政治的需要，甚至连谋求生计的经济动机也受到遏制和打击。在改革开放，尤其是20世纪90年代向社会主义市场经济转变的过程中，对于经济活动的种种限制逐步取消，政治身份和相应的道德不再成为衡量一切经济活动的最高准则。这种社会转型事实上伴随着一个经济动机逐步得到肯定的过程，也可以说是一个经济动机逐步获得解放的过程。今天，个人的经济动机的合法性得到了肯定。人们通过诚实劳动和合法经营对自身的经济利益的追求已经在事实上得到了肯定和鼓励。人们的观念也随之发生变化。在一些比较发达的地区，人们不仅意识到合法地从事经济活动是公民的正当权益，而且意识到“钱能生钱”的道理，个人理财成为一个社会的热点，像《富爸爸，穷爸爸》之类的读物的畅销，就是一个实例。但是就全国范围来说，发展是不平衡的，对于经济动机的身份的限制还没有完全消除，计划经济下形成的城乡二元结构依然存在，乡村居民的经济动机还是受到了种种限制，人们对于经济动机的态度也各不相同。随着改革的深化，社会转型的进一步发展，尤其是随着加入世贸组织后进一步融入世界市场，可以预计，经济动机还会进一步获得解放。

经济动机成为正常和正当，在社会上取得了合法的地位之后，其伦理上的正当性有无限度，就成为一个突出的问题。这就是经济伦理活动的领域。现实的经济生活中大量道德失范现象的存在，说明经济动机得到肯定之后，如何从道德上规范人们的经济行为是一个必须解决的问题。这就是经济伦理之所以引起社会各界关注的原因，是其研究得到首肯的原因。然而，经济伦理要得以成立，要发生规范经济行为的作用，首先就需要从理论上澄清，在肯定人们的经济动机的前提下，道德是否可能？何以可能？回答这些问题正是经济伦理的理论研究所面对的问题。然而要回答这些问题就需要对经济动机本身作出恰当的分析。

二、经济动机的内涵及其理论辩护

在西方思想史上，对于经济动机的内涵的分析以及对其合理性的辩护的各种学说中，最有影响力的是当代新自由主义的经济学家。他们的基本观点集中在其“经济人”假说之中，其要旨是所谓个人的经济动机就是个人对于利益的最大化的追求。在他们看来，经济动机也就是满足个人的偏好、利益的动机，具体地说就是最大限度地满足物质欲望的动机，其集中的表现就是利润动机。在经济生活中活动着的是理性经济人，即“理性地追求最大效用的个体”。这种理性是工具意义上的理性。如希普所说：“经济人的称呼通常加给那些在工具主义意义上是理性的人。他们具有完全充分有序的偏好、完备的信息和无懈可击的计算能力。在经过深思熟虑之后，他会选择那些比其他行为更好满足自己偏好的行为。”①

他们的学说对“经济人”假说的理论辩护，主要有如下几个方面：

一个是事实上的辩护，也就是认定经济活动，事实上都是从利己的动机出发的。如斯密所说：“我们每天所需的食料和饮料，不是出自屠户、酿酒师和烙

① 《新帕尔格雷夫经济学大辞典》卷2，经济科学出版社1996年版，第57—58页。

面师的恩惠，而是出自他们自利的打算。”①“要想仅仅依靠他人的恩惠，那是一定不行的。他如果能刺激他们的利己心，是有利于他，并告诉他们，给他做事，是对他们有利的，他要达到目的就容易得多了。”②这就是说，经济活动中事实上人们是从自利出发的。经济学的研究必须把这一事实作为前提、作为基本的假设。因此，“经济学的第一原则就是，任何行为都必须通过个人私利才有可能实现”。

第二种辩护是从人性论出发的，假设人的本性是自利的。这种假设为经济学家们所广泛采用。但是，它是从近代以来的哲学和伦理学那里得到理论支撑的。从霍布斯开始，英国经验论的哲学就从感觉论出发，把快乐即欲望的满足视为善，把“权力欲、财富欲、知识欲和荣誉欲”视为人的最基本的欲望。到 18 世纪，法国的爱尔维修则明确地提出了“利益”的概念，并且把利益视为人性的根本，强调“利益支配着我们的一切判断”③。

把这种人性学说同经济思想联系在一起，并且为人们的自利的经济动机作出最强烈也是最极端的辩护的，要数曼德维尔。他认为，人类社会是在分工的基础上建立起来的。在社会分工中，每个人都通过自己的劳动和活动，来满足自己私利的需要。他们的行为是自私心所支配的，这种自私心是有益的。人们之间的交换和互相帮助也是自私心的产物。他断言：“人生来就是自私的、难以驾驭的动物，因为需要并意识到需要别人帮助才能够使自己生活舒适，从而把他们联合起来；让别人从为其提供的服务中得到好处和利益才能使这种帮助自觉自愿和持续不断。”④“世上被称为劣行的东西，才是我们成为社会造物主的伟大原则，才是无所不包的各种贸易和职业的牢固的基础。”⑤这里，他把人们的自利的经济动机，以及由此产生的贪婪、奢侈和傲慢，视为经济繁荣和技艺进步的动力。对人性的这种见解，在近代西方思想中，得到相当广

① [英]亚当·斯密：《国民财富的性质和原因的研究》上卷，商务印书馆 1972 年版，第 14 页。

② 同上书，第 13 页。

③ 北京大学哲学系外国哲学史教研室编译：《十八世纪法国哲学》，商务印书馆 1979 年版，第 457 页。

④ 转引自 T.W.Huthison, *Before Adam Smith: The Emergence of Political Economy, 1662—1776*, Oxford/New York: Basil Blackwell, 1988, p.117.

⑤ 转引自晏智杰：《亚当·斯密以前的经济学》，北京大学出版社 1996 年版，第 209 页。

泛的认同,尽管许多思想家未必认同曼德维尔的私恶即公益的主张。

比如以倡导道义论著称的康德,也承认私利在人性中的地位,承认它在历史上是有积极作用的。他说:“人具有一种要使自己社会化的倾向;……然而他也具有一种强大的、要求自己单独化(孤立化)的倾向。”这两种倾向之间的冲突形成了个人按自己的意愿来行动时遇到的阻力。正是这种阻力唤起了人类的全部能力。“因此,让我们感谢大自然之有这种不合群性,有这种竞相猜忌的虚荣心,有这种贪得无厌的占有欲和统治欲吧!没有这些东西,人道之中的全部优越的自然本性就会永远沉睡而得不到发展。”①

第三种辩护是伦理的辩护,那就是强调狭隘的私人利益本身就是一种美德。古典的经济学家事实上持这种看法,其伦理的和哲学的论据则主要来自英国经验论传统的功利主义。边沁的功利主义把趋乐避苦作为人性的根本,把个人的行为后果达到最大量的快乐作为善。穆勒的学说虽然对此作出了一定的修正,但是他所提出的“所欲即可欲”的论证却在客观上为从“事实上人们在追求私利”推论出“追求私利本身就是善”的结论提供了方法论的论据。

总之,新自由主义为代表的主流经济学对于经济动机的解释,有三个递进的观点:第一个是经济动机的唯一的内容就是个人利益的最大化,也就是获得利润最大化的动机;第二,狭隘的私人利益的追求本身就是一个美德,本身就是善;第三,追求狭隘的私利不仅是经济行为的唯一动机,而且是人类各种行为的唯一的动机,甚至是生物的行为的唯一的动机,因此经济人假说不仅能够解释人类的各种行为,包括政治的行为、利他的行为的动机,甚至可以解释生物的行为。这第三个观点,以被称为“经济学帝国主义宣言”的《人类行为的经济分析》一书的作者贝克尔为代表。

这种观点具有广泛的影响力,但是也受到了各种批评。这些批评虽然并没有否定作为一个事实,个人的经济动机确实是追逐个人的物质利益,但是认为把经济动机单纯地归结为个人的利益的最大化是不全面的。19 世纪德国的经济学家李斯特就认为,经济和文化是紧密联系在一起的。经济活动的动机与文化习俗以及爱国主义和民族精神等是分不开的。它提出了一个“道德人”

---

① [德]康德:《历史理性批判文集》,商务印书馆 1990 年版,第 8 页。

的概念与“经济人”的概念相抗衡，认为任何个人都是隶属于一定的国家的，“个人的祸福系于国家的独立和进步”①。因此，不能把个人视为一个自足的实体。他依据黑格尔的国家是伦理共同体的观点，把国家视为一个道德的纽带联系起来的共同体，把个人视为“道德人”。这里讲的“道德人”不是指具有一般的德行或德性的个人，而是指一个通过爱国主义的纽带同作为一个实体的国家联系在一起的个人。因此它强调对于个人经济利益的追求，不能无条件地从道德上加以肯定。认为对各种经济动机需要作出具体的分析，进行不同的评价，对于不同类型的动机分别对待。首先是强调财富的占有必须是基于合法的手段，否则就不能予以肯定。此外，对于财富的追求必须与为后代发展经济与文化的进取心结合在一起时才能加以肯定，那种单纯的财富欲和享乐欲是不值得从道德上加以肯定的。

当代美国学者福山则认为，新古典对于经济动机的分析能够解释80%的经济现象，但是还有20%不能作出解释。“我们的价值能受到我们所尊重的人和我们相信其判断能力的人的赞扬或承认比什么都重要”。②他引用科杰夫对黑格尔的阐释说，“为承认而斗争”是人类行为的根本动机。财产只是为追求承认的历史斗争的一个侧面。个人的功利不是人类行为的唯一的动机，即使在经济活动中，也不是唯一的动机。不顾廉耻的利益追求未必是经济动机的全部。同时，也不能对满足个人的财富欲和享受欲的动机作出无条件的肯定。

此外，西方近代历史上属于浪漫主义传统的许多思想家都提出了经济动机带来的负面作用。认为经济动机在近代以来的旺盛，带来了道德的危机、精神的瘫痪。19世纪英国思想家卡莱尔就是一个典型。他认为经济动机的旺盛，使得利欲熏心成为时尚，道德受到普遍的怀疑，世上充满了骗子，假道学盛行，有教养的人们一边讲着道德的大话，一边却沉溺于金钱、美色和颓废的生活。

他批评边沁的功利主义“把人的无限神圣的灵魂变成一种干草和蓟草、快乐和痛苦的天平”，这种人“在精神上成了一个瘫痪的人”③。它把边沁的“最大

① [德]弗里德里希·李斯特：《政治经济学的自然体系》，商务印书馆1997年版，第31页。

② [美]弗兰西斯·福山：《历史的终结》，远方出版社1998年版，第224页。

③ [英]T.卡莱尔：《英雄和英雄崇拜》，上海三联书店1998年版，第122页。

幸福原则”戏称为“玛门福音”，指责它把挣钱、享乐视为天堂，无视道德所要求的“应做”，否定了精神价值。

关于经济动机的理论辩护的这些争论，不仅停留在学者的书本上，它实实在在地存在于人们的生活之中，形成了自市场经济兴起以来西方社会价值观与道德观上绵延不断的争议。

事实上在当今中国社会，围绕经济动机的内涵以及它的正当性的辩护，同样也有许多歧见。经过市场经济的洗礼，对于经济动机、物质利益这种“刻骨铭心的利益”（马克思语）已经不再采取否定的态度，不再作为一个负面的价值，这似乎已经成为共识。公民通过诚实劳动和合法经营获得经济利益已经成为公民的正当权利。但是经济动机能否归结为个人的私利，也就是说人们的经济动机是否还包含了诸如爱国、信任这样一些精神的和文化的内容，事实上是有不同看法的。同时，对于经济动机的旺盛带来的道德上、精神上的负面影响也引起了相当普遍的认同（当前社会各界对于诚信的强烈呼唤就是一个明证），但是在自利的经济动机是否就是善的、其正当性的限度在哪里等问题上存在着尖锐的分歧。

三、经济伦理的可能性及其限度

对于经济动机的内涵和正当性的分歧，涉及经济伦理是否可能、何以可能的根本问题，也涉及经济伦理研究的诸多具体问题。包括作为经济生活中的伦理规范的特征到底是什么？它与社会伦理的关系如何？市场经济下的现代经济伦理与传统伦理的关系如何？

如果我们把经济动机单纯地理解为个人的私利、利益的最大化，那么，一种可能的回答就是，经济领域是不可能有什么道德和伦理可言的，这就是曼德维尔的结论。在他看来，既然经济动机是个人的私利，那么以往认为是恶的贪婪、奢侈和傲慢等，都是经济繁荣和技艺进步的动力。他在《蜜蜂的寓言》中写道，在自利的驱动下，一心想着荣誉和财富的律师们利用法律的漏洞，在人们之间挑起纷争；医生草菅人命；商人们在市场上卖掉掺假的货物。总之，在社会的一切行业里充满着欺骗，所有的地方充满了邪恶。一旦人们回到了诚实，那么经济的繁荣和技术的进步也都烟消云散了。曼德维尔式的观点在实际生活中经常可以看到。“市场是人们相互欺骗的场所”，市场经济就是人欲横流的经济，“娼盛”才能“繁荣”，等等，就是从人的自私、经济动机就是自利的动机的观念出发对于经济伦理的可能性加以否定的观念。

另一种可能的结论是，在经济活动中，人们追逐的是自己的私利，是一种基于私人利益的博弈，但是当博弈多次发生的时候，人们就会发现基于私利的博弈大都不是零和博弈，有可能建立一种互利互惠的合作关系。由于合作的可能使对策者将再次相遇，未来对于他们具有重要的意义。然而如果未来将相遇的话，那么合作就是大家共同的最佳选择。所以基于回报的互惠合作就会在多次博弈中产生，而且不断地演进。于是市场经济在其演化的过程中日渐成为一种互惠合作的体系。在此基础上就可能产生一种从私利出发、基于对回报的期望的合作，以及相应的市场伦理关系。其中就包含了互惠互信等道德的要求。由此而回答了经济伦理的可能性。同时也就可以从中推论出经济伦理规范的特点就是以私利为出发点的、以建立和维系市场中的互惠合作为宗旨的一种伦理关系。诸如契约关系基础上的伦理原则之类的道德要求就会产生。这种观点虽然肯定了经济伦理的可能性，回答了何以可能的问题，但是这里所说的道德要求是基于个人的功利基础上的道德，是以边沁式功利主义的最大幸福原则为出发点的。其主要的约束力源自外在的制裁手段，因此强调的是用法律的行政的和经济的手段来形成社会的经济伦理。

这种观点获得学术界和社会上相当的支持。在当今中国关于诚信的讨论中，许多论者也持这种见解，主张用法律的、行政的手段来构建市场中互惠的合作关系，同时也从个人的长远利益(即多次博弈中的利益)来劝人为善。但是它也受到了质疑。质疑之一：在自利的基础上建立起来的，以个人的长远利益盘算为基础的伦理关系，除了依靠法律经济等并非道德的手段之外，有多大的约束力？如果眼前利益的诱惑极大，利益的盘算的结果相反的话，那么怎么使得行为者不去钻法律的空子，甚至不惜以身试法呢？质疑之二：这种以私利的权衡为基础的行为与其说是一种道德不如说是一种策略。道德在一定的意义上都是要以自我牺牲或利他为基础的，一味从私利出发是难以构建经济伦理的。质疑之三：如果仅仅从私利出发来构建经济伦理，那么传统的道德资源在经济伦理中何以发挥作用？离开了传统伦理的固有资源，我们又何以构建现代的经济伦理？

这些质疑的提出促使人们思考能否把经济动机单纯地归结为个人的私利。本文的第二部分所说的各种不赞成把经济动机归结为个人私利的观点，事实上也是出于这样一种考虑。于是就出现了第三种可能的方案，那就是：一方面必须肯定经济动机与个人的利益是不可分割的，因此建立在互惠基础上的伦理关系是经济伦理的必要的组成部分；另一方面也不能把经济动机单纯地归结为自利的动机。经济动机本身是综合的。人们的经济生活和整个的社会生活，包括精神生活和文化生活是联系在一起的。从事经济活动的人既是经济人又是道德人。他总是一国的国民，所以与自己所归属的国家的历史、语言、文化和整体利益有不可分割的关系。关心国家和民族的命运，关心自己所在的地区和社区的发展，关心自己的同胞等，是题中应有之义。不仅如此，历史上长期的社会生活使得人们不仅追求自身的物质利益，也追求得到社会的认可、赞赏。这些动机事实上也是人们从事经济活动的内在推动力。

我以为这是一个可取的假设。因为只有建立在这一假设的基础上，经济伦理才有自己的独立于经济学的活动领域。如果说市场经济的经济理论是从人们的自利的动机出发来研究问题的话，那么经济伦理研究不仅需要假设人们的经济动机是自利的，而且需要假设人们从事经济活动还有其他的动机，正是因为有其他的动机存在，而这些动机又在一定的程度上制约着自利的动机，才能使自利的动机不至于恶性膨胀为贪婪、无耻和罪恶。也只有从这样的假设出发，我们才可能找到在经济活动中人们遵循道德规范的内在根据。同时，经济伦理建立在这种假设的基础上，也可以得到更多的传统道德资源的支撑，因为传统社会的道德是在自利的经济动机没有肯定的历史条件下形成的，只有肯定其他动机的存在，才有可能接续传统。

和谐社会与经济动机的再认识*

上一次讨论会上我提交的论文是“论经济动机”，主要讨论了经济动机合法化的过程，以及经济动机合法化之后伦理上的正当性及其限度。这是经济伦理研究面对的一个基本的理论问题。今天想就经济动机问题作进一步的讨论。其内容是，在今天，在一个以市场作为资源配置的基础又把构建“和谐社会”作为目标的社会里，如何来对待经济动机？

对于经济动机的理解一般都是以主流经济学的“经济人”假设为出发点。“经济人”假设确实是一个重要的假设，对于理解和解释市场中的经济现象和人们的经济行为有重要的意义。“经济人”假设的正式表述出自约翰·穆勒。他在1836年发表的《政治经济学定义及研究这门学问的哲学方法》一文中，认为政治经济学作为一门采用演绎方法的抽象科学，“预设了一个对人的任意定义，把人看作必然是在现有知识水平上以最少劳动和最小生理节制获取最多必需品、享受和奢侈品”。这一段文字就是“经济人”假设的经典表述。或者说，“只把人看作是渴望占有财富，并能对达到目的的各种手段的有效性进行比较”①。它“宁可要较大份额的财富而不要较小的财富”。

对于穆勒的这个定义其实也可以有不同的理解和解释。一种解释是按照斯密在《国富论》中所作的描述性的说明。就是人们所熟知的《国富论》中的两段名言。一段是“我们每天所需的食料和饮料，不是出自屠户、酿酒师和烙面师的恩惠，而是出自他们自利的打算”②。另一段是：人本身有一种“改良自身状况的愿望”，“这种愿望，虽然是冷静的、沉着的，但是我们从胎里出来一直到

* 本文系2005年上海社科院经济伦理研究中心举办的讨论会上的发言稿。

① [英]约·斯·穆勒：《政治经济学定义及研究这门学问的哲学方法》，《海派经济学》2004年第3期。

② [英]亚当·斯密：《国民财富的性质和原因的研究》上卷，商务印书馆1972年版，第14页。

死，从没有一刻放弃过这愿望。我们一生到死，对于自身地位几乎没有一个人会有一刻觉得完全满意，不求进步，不想改良。怎样改良呢？一般人都觉得，增加财产是必要的手段。”①另一种就是新古典主义的解释。其要旨是所谓个人的经济动机就是个人对于利益的最大化的追求。在他们看来，经济动机也就是满足个人的偏好、利益的动机。具体地说，就是最大限度地满足物质欲望的动机，其集中的表现就是利润动机。在经济生活中活动着的是理性经济人，即“理性地追求最大效用的个体”。这种理性是工具意义上的理性。如希普所说：“经济人的称呼通常加给那些在工具主义意义上是理性的人。他们具有完全充分有序的偏好、完备的信息和无懈可击的计算能力。在经过深思熟虑之后，他会选择那些比其他行为更好满足自己偏好的行为。”②

这两种解释粗看起来是一样的。其实不然。斯密的解释实际上所说的是两个问题，一是个人要满足自己的生存物质需求，也就是获取最为必要的生存资料。二是不断地求得生活的改善。也就是所谓改善自己的生活状况。第一个含义在传统社会也存在，只要存在着分工和交换，人们要满足自己的物质生活的需要就必须与其他人交换，而交换就不等于乞讨和恩赐。第二个含义则主要体现了市场经济和工业社会的特点。因为在传统社会，经济的发展是比较缓慢的，尽管从个人来说都有改善的愿望，但是由于经济进步的速率非常低。因此就大部分的社会成员来说，往往追求的就是维持已有的比较固定的生活方式。中国的古训“知足常乐”大概就是在这样的背景下产生的。土地改革时候的民谣“三十亩地一头牛，老婆孩子热炕头”说的也是这种追求。所以这种经济的动机我们可以概括为，满足需要，有所改善。在斯密的时代，经济学家关注的主要是基本需要的满足。而当时社会和经济面临的主要问题也是基本需要不能得到满足。这一点从李嘉图和马尔萨斯那里可以看得很清楚。相比较而言，从洛克到斯密对于人类的基本需要的满足是持乐观态度的，而李嘉图和马尔萨斯则是持悲观态度的。但是他们都把基本需要的满足，当作经济生活的主要问题。所谓的财产财富等主要是基本的生活必需品和生活

① ［英］亚当·斯密：《国民财富的性质和原因的研究》上卷，商务印书馆1972年版，第314页。
② 《新帕尔格雷夫经济学大辞典》卷2，经济科学出版社1996年版，第57—58页。

资料。

新古典的解释，核心就是把经济动机解释为谋求利益最大化的。这所谓的利益最大化，就不仅仅是生活的必需品的满足和以生活资料为主的财富的增加，而是以货币形式出现的利润的最大化。这正是资本的特性。据19世纪德国学者维尔纳·桑巴特的研究，资本主义经济始于奢侈而不是必需品的满足，其特征是受无限获取财富的欲望驱动的体系，其发展没有界限，它是一个以交换和金钱、以财富的集中和循环、以理性的计算为特征的体系，因此与满足需要（Bedarfswirtschaft，必需品经济）相关的体系形成鲜明的对照。所以这里所说的经济动机就是获取财富的无限的欲望。新古典的定义正是这种无限无望的理论表达。

由此看来，事实上有两种不同的经济动机。一种是必需品的满足，一种是无限地获取财富的动机。两者在当今世界都是存在的。

区分这两种经济动机在现实生活中是有意义的。一方面在实际生活中，我们可以看到，由于资本的存在，由于当今的世界经济体系中资本是起主导作用的，因此这种获取无限财富的经济动机，可以解释许许多多的经济现象；但是对于大多数没有掌握资本的人来说，其经济动机主要是生活必需品的满足，加上了改善自己的生活的愿望。另一方面，对于两种不同的经济动机又可以有两种不同的道德评价。无限获取财富的动机，在一定意义上是一把双刃剑，一方面它推动着经济的发展；另一方面则是许许多多的环境问题、社会问题、道德问题的根源所在。而公众的获取生活必需品和改善自己生活的动机值得肯定，至少在道德上是中立的。

从中国改革开放的历史来看，在改革的初期，邓小平提出的让一部分人先富起来的口号，在社会上引起了强烈的共鸣，"致富光荣"成为一种社会风尚。这是人们所理解的"致富"也就是依靠诚实劳动和合法经营后获得更多的生活必需品，克服贫困（也就是生活必需品的匮乏）达到小康。邓小平所期望的"先富带动后富"，达到共同富裕，所说的就是这样一种致富。随着市场体制的改革，以及同世界市场的接轨，一部分社会成员获得了追求无限财富的机会。这时，"致富"就有了两种不同的含义。一种就是原来意义上的摆脱贫困，实现必需品的满足和生活不断改善的"致富"；另一种就是以无限的欲望的满足为驱动的财富的不断积累和集中的“致富”。对于这两种不同的经济动机、两种不同“致富”观念和“致富”行为是需要区别对待的。

在构建和谐社会的进程中,区分这两种经济动机也是十分重要的。和谐社会是一个各尽所能各得其所的社会,是一个人们和谐相处的社会。要达到这样一个社会境界,一个必须的条件是,首先需要把必需品的满足当作社会经济发展的主要目标,切切实实地保障所有社会成员的基本的必需品的满足,同时要使得全体社会成员的生活水准随着经济的发展不断地有所改善。经济发展的目的就在于此。在一个经济发展极其不平衡的国家,在一个有的地方还没有达到小康,还有数千万贫困人口的国家,要实现这一目标,当然,对于事实上存在的少数资本的持有者那种无限追求财富的欲望,只要在法律允许的范围内,也是应当允许其存在的,但是没有必要把他们作为一种可以普遍仿效的楷模。所以我们的舆论在肯定人们的致富动机的时候,所要肯定的也就是那种以获得必需品,以及逐步改善自己的生活的经济动机,而不能倡导大家普遍地去追求无限的财富和金钱欲望的满足。当今中国社会普遍地存在着一种浮躁的心态,一个重要的根源就是没有区分这两种经济动机。舆论上有些媒体在制造着一种有可能人人都达致无限财富的获得的幻想:要人们相信,似乎只要努力劳动,人人可以达到像微软的老板比尔·盖茨那样的富裕程度;经常大肆宣传富豪的排名榜;不时谈论要如何克服“仇富心态”,凡此等等。结果带来的是欲望与现实之间的过分大的差距和心态的失衡。这种情况在经济发达的、富豪大量存在的地方也未必如此,何况是在一个经济刚刚起飞的不平衡的国家。这是不利于社会和谐的。

此外,经济动机也不能归结为个人的。在一个面临民族振兴的艰巨任务的国度,经济动机的一个重要内涵就是为民族的振兴、国家的强大而发展经济,这是一件人人有责的事情。这也是在考察经济动机时不能忘怀的。今日两岸交流中,引起共鸣的最强音就是大中国的富强、中国人的扬眉吐气。小康和均富都是中国富强必不可少的。只有在这一意义上把握经济动机,不仅是大陆的社会和谐而且民族的和解才是有希望的。

不要让“社会达尔文主义”成为婴儿的乳汁*

儿童是我们中华民族的未来，也是国家的未来。给儿童创造一个什么样的社会环境，关乎一代人的健康成长。今天我们的经济和社会发展已经为儿童健康成长提供了良好的物质条件，尤其是在上海这样的发达的大都市，但是儿童心智健康发育的精神氛围却不容乐观。

两个相辅相成的口号正流行于世——“不要输在起跑线上”“赢在起点”，就是这种精神氛围的一个突出的体现。尽管早在 2002 年，《文汇报》记者苏军先生就曾发文质疑这类口号，指出它正在成为家长增加孩子过重负担的理由，成为“逼”孩子过早地求学、过滥地学技习艺的“经典口头禅”。①在很大程度上是把不适当的超前教育当作先进理念来接受，忽视了孩子阶段性成熟的内在要求。现在的家长对孩子，重学习甚于生理成熟，而且往往是把自己的意志强加给孩子。有的家长对学龄前孩子进行超前教育和训练，期望孩子入学后，学习起点比别人高，在竞争中占有优势，同时满足自己的虚荣。一些家长唯恐孩子“吃”得不够，一岁教认字，二岁学数数，三岁练钢琴，五岁就盼望成为小画家。有一位家长为四岁的孩子安排了四五种艺术类项目，每天晚上直练得孩子在琴架上打瞌睡。这些家长对孩子，恨不得一口吃成胖了，一晚上成就一个天才。然而，这种做法，并不符合育儿的科学性、合理性和均衡性。如果说苏军先生主要从育儿的规律提出问题的话，那么，女作家池莉则满怀激情地从其后果着眼，大声斥责这类口号是“混账之极”。②她还用自己培育女儿的亲身经历对此作出了颇具说服力的论述。但是，这么多年过去了，这些发自良知的呼

---

* 本文原载《当代青年研究》2009 年第 11 期。

① 《文汇报》2002 年 7 月 5 日。

② 池莉：《混账至极的“别让孩子输在起跑线上”》，载新浪网：www.sina.com.cn，2008 年 7 月 25 日。

唤，却引不起人们的注意。相反，在“早教”已经形成产业链的巨大利益驱使下，这类口号却愈演愈烈，在一定的范围内取得了话语权，成了一种“权力话语”。只要打开搜索引擎，点击“早教”这个词，就可以看到，排在最前面的就是以“赢在起点”命名的早教网。报刊上也经常出现这样的广告语和类似的文章，致使许多年轻的家长把它奉为圭臬，深信不疑。家境富裕的家长不惜代价地想尽办法让自己的孩子“赢在起点”，而囊中羞涩的家长又为无力支付高价的早教费用而忧心忡忡，生怕自己的子女“输在起跑线上”。足见这类口号之威慑力已经达到何等程度。

这一事实表明，单纯从育儿的规律，即认知层面来剖析这样一种现象，无法找到解决问题的出路和遏制这种有害于儿童心智健康发育的做法，还需要从价值的层面辨析这类口号的问题所在。

那么，这类口号表达和倡导的到底是一种什么样的价值观念呢？简单地说，就是把人的全部生活包括幼儿的生活都看作如同动物间的生存竞争，一切都是以生存竞争中的输赢为出发点。这种观点，在思想史上被称为“社会达尔文主义”。其要害就是把整个社会生活看作个人与个人之间你死我活的生存竞争。这就是所谓的适者生存，或者说不适者淘汰(也就是不得生存)。把人生看作一场输赢的赌博。英国著名经济学家凯恩斯曾经把这种观点形象地描述如下：“生活的目标成为不断啮取树叶，直到能够得着的最高树干，而实现这一目标的最可能方式是，让脖子最长的长颈鹿活下来而饿死那些脖子较短的。”至于这种竞争性斗争的代价则根本不予考虑。于是就把那些饿死的长颈鹿所遭受的痛苦，那些在争斗中落到地上并被践踏掉的甜嫩树叶，那些脖子较长的长颈鹿由于过量摄食而引起的不适，在这种原本温和的动物脸上所浮现出来的贪婪、焦虑等种种不愉快的表情，等等，都统统被略去了。①这种观念在德国哲学家尼采手里就演化为只有强者才能生存的所谓“生命道德法典”。这本来是在西方现代化过程中发生的东西，而且为众多思想家和社会人士所不齿。但是改革开放以来，它却在中国大地广为流传。其结果就是，人们关心的或谈论的都是胜者、败者，或强势者、弱势者(也就是被边缘化者)。人们开始

① [英]J.M.凯恩斯：《预言与劝说》，江苏人民出版社 1997 年版，第 308 页。

把人生看作一场赌博，赌的不仅仅是金钱、股票，还有生命。“赢”成为人生的目标。无论在何种行业何种场合，处处都想赢怕输。赢则得意忘形，输则自惭形秽。给胜者戴上的一顶最为冠冕堂皇的帽子，就是“成功者”，或者叫作“成功人士”。“成功人士的标志”在相当一段时期里，成为出现频率最高的广告词。铺天盖地的广告定下的成功人士的“标准”，就是香车、豪宅和各式各样的奢侈品，以致当今人均GDP排名甚后的中国竟高踞奢侈品销量的前列。近来有些主流媒体也开始把“成功人士”这个称号用于专指那些有财产、有资本的老板。于是大款、大腕、大官、大牌，就成为全社会仰慕或者妒忌的对象。至于那些辛勤劳作、为国家默默耕耘的但是囊中羞涩买不起奢侈品的众多普通的体力和智力劳动者，自然就变成“非成功人士”，在一定意义上也就被归于“失败者”“输家”的行列，更不用说那些默默地承受着改革代价的困难人群了。

这种现象用荀子的话来说，就是“势荣”代替了“义荣”。荀子是最早全面地阐述荣辱问题的古代思想家。他认为对于“荣辱”有两种不同的观念。一种是讲“义荣”，以“志意修，德行厚，知虑明”为荣，并认定“荣辱之大分在于义”。另一种就是只讲“势荣”而不讲“义荣”。所谓“势荣”指的就是一味以“爵列尊，贡禄厚，形势胜”为荣。换成现代的语言，就是只讲官位、财富、权势、人脉，而不讲品格与操守。这种一味地将财富产业、功名利禄，门第势位等外在功利性的东西作为“成功的标志”的风气，在社会上广为流行。其结果是刚刚富起来的或者有点权势的一些人群，就会如荀子所说“流淫污漫，犯分乱理，骄暴贪利”(即纵欲无度、恣意妄为，不择手段、违法乱纪，骄横暴虐、贪墨敛财)。毋庸讳言，当今社会确已出现荣辱颠倒、“势荣”泛滥的气息。具体地说，是四个为荣。一是“唯富为荣”：只以财富的多寡评价自己和他人。不问这些财富到底是通过诚实劳动、技术创新、合法经营、诚信经商得来的，还是通过坑蒙拐骗、逃税行贿、贪渎枉法得来的，也不问富起来了之后，到底是热心公益回报社会还是穷奢极欲、斗富比阔，歧视、鄙视、坑害那些还没有富起来的劳动大众。一是“唯贵为荣”：有了一点社会地位，就忘乎所以，拉架子，摆阔气，颐指气使，不知道在我们这个社会主义国家里，社会地位也好，权位也好，各种奖励和荣誉称号也好，都是来自人民，因此地位事实上意味着对社会的更大的责任，意味着对人民对国家有更多的义务，意味着自身行为对社会的垂范。有的运用所具的地位和手中的权力，挥霍公帑，等而下之者则是不择手段地谋取地位（或跑官要官，或弄虚作假，欺上瞒下），有的还不惜违法乱纪，寻租谋私，盗窃国家资财。一是“唯名为荣”：不择手段地追求知名度，不管是虚名还是恶名，只要有名就好。一是“唯奢为荣”：为显示自己的财富、地位和名声而崇尚奢侈，比富斗阔，以物傲人。

近来大学生中出现的所谓“拼爹游戏”，也就是这种观念的一个具体表现。如果任其蔓延，那么我们的社会就不会再去讲究品格与德性，也不会再去讲究学识和才干，只剩下财富和权势的比拼了。①在这种精神氛围下，如果自以为是胜者强者的人群恣意妄为，那么社会的和谐也就成了一句空话。

这些与社会主义核心价值观相悖的价值观念，在社会上的流行，污染了我们的精神氛围。而“赢在起点”早教口号的泛滥则表明，此类观念，不仅已经通过各种方式支配着许多成年人的头脑和行为，有的还正在逐步地制度化，而且正在强势地灌输给未成年的青少年，甚至是幼儿。见此不禁想起，英国著名经济学家凯恩斯的警示。20世纪30年代也就是在大萧条时期，他曾经在一篇文章中忧心忡忡地写道，现在英美国家，社会达尔文主义泛滥成灾，已经成为婴儿的乳汁，进入了幼儿园。②令人感慨不已的是，这种现象如今在社会主义的中国也出现了。这不仅仅是说说而已的广告词，而且已经物化到少年儿童生活的方方面面。只要看看，那么多的竞赛，那么多的“PK”，那么多的考级和评选，那么多的选秀活动，搞得家长和青少年人心浮躁，人人想一夜成名。学校的教育也不能幸免。这无论是对于家境富裕的孩童还是囊中羞涩的贫家子弟，都是无形有形的精神压力。它经由家长、教师，还有各式各样的传媒传递给青少年。于是，无拘无束的童趣、对大自然的好奇心、玩伴的友情、阅读的快乐、“成人之美”“美美与共”的情操的陶冶等青少年健康成长不可或缺的东西，都被“输赢”和“成败”挤掉了。青少年成长中的许多问题、家长的许多烦恼、学校教育的许多困境，就由此而来。它甚至酿成一些令人扼腕的悲剧，但是很多人对此却熟视无睹。

---

① 《文汇报》2009年9月22日。

② ［英］J.M.凯恩斯：《预言与劝说》，江苏人民出版社1997年版，第308页。

有的人认为这是一种与市场经济相适应的竞争观念,符合时代潮流。其实不然。市场经济确实是讲竞争的,但是这种竞争是不是像动物那样的你死我活的生存竞争呢？这是大有疑问的。即使在西方市场经济发达的国家,持这种社会达尔文主义观念的也不是多数。一般都认为市场经济讲的是市场竞争,也就是在市场交易的过程和范围之内的竞争。而这种竞争也是受到市场生存于其中的社会和法律制度的框架的制约,这些框架又是基于伦理道德的。所以,对于将来要进入市场经济的青少年,最重要的是要养成遵守各种规则的意识和习惯。既要学会遵守各种游戏规则(至少要懂得玩游戏的时候是不能赖皮的),更要学会遵守各种法律和公共秩序,而不能一味地只讲输赢。

此外,社会生活不仅仅是经济的,更不仅仅是市场的。市场中的交换仅仅是人的社会生活的一部分。还有许多非市场的领域,其中家庭、婚姻、血缘关系,学校中的师生同学之间的关系,各种社会共同体中的人际关系等都属于非市场的领域。这是不能用市场竞争来解释的。否则,全部社会关系,包括很多温情脉脉的人际关系,都会变成冷冰冰的赤裸裸的金钱关系。如果这样的话,就会像黑格尔所说的那样,人类生活的许多美好的东西都会丧失殆尽了。显然,“把市场关系推广到人类生活的一切领域”就是一种不恰当的说法。把人类生活等同于生物界的生存竞争更是把许多人类生活中所特有的最美好的东西,一笔抹去了。具体地说,就是把人类最珍贵的真善美,友情亲情等等都一一消解,留下的只有输和赢。

至于稚嫩的儿童,最需要的是心智的健全、善良的心地和良好的品格的养成。即使在许多市场经济非常发达的国家,这也是对儿童教育最关心的问题。他们没有忘记古希腊哲学家柏拉图的洞见:“开一个好头对于做任何事请都是最重要的,尤其是那些尚处于年青和稚嫩阶段的事物,因为这正是个性形成的时候,此时留下的印象,最深刻……青年时形成的观念是很难消除和改变的,因此年轻人成长时首次听到的故事应该是美德的典范。”“这样,我们的年轻人才能在健康的土地上成长,沐浴着阳光雨露,接受美好的事物。一切美好的东西,辛勤工作的本性,像来自纯净之地的和煦春风,吹进人们的心扉,不知不觉地,从幼年时候起,孩子的心灵就与一切美好的事物拉近了,对他们有亲近之感。没有哪种训练比这更高贵了。”[1]在美国，给儿童读的故事书《美德书》，长居《纽约时报书评》畅销书排行榜。翻开目录，就可以看到同情、责任、友谊、工作、诚实、忠诚、自律等德目，而没有输赢、竞争之类的东西。小学里挂的格言是“出名很好，但是首先要做个好人”。英国的学校里也有许多的竞赛，但是讲究的是参与的过程。以从中发现自己的能力和兴趣，增强自信心，而不是什么都要赢。

由上面的讨论可见，社会达尔文主义只是对市场竞争的一种并不恰当的解释而已，并不是什么符合市场经济潮流的价值观念。相反，它对于儿童心智的健康成长是有害而无益的。

我们要向社会各界提出“不要让‘社会达尔文主义’成为婴儿的乳汁”的呼吁。希望教育主管当局，从政策上、舆论导向上、管理上采取切实有效的措施，不要再熟视无睹而无所作为了。对于那些追求高额利润而不惜误导家长和儿童的教育产业，要采取切实有效的措施管起来。学校的教育也要废止那些违背教育规律的做法，切实减少那些不必要的评比、考级、竞赛。教育界的同仁也要自省自己的作为，千万不要再做“社会达尔文主义”的推手。也希望妇联组织帮助家长学习古今中外优秀的早教经验，明辨是非，不要被商业利益支配的舆论所误导。学界也要少说那些不痛不痒的空话，多为儿童的心智成长提供切实有效的理论支撑。

① 转引自[美]威廉·贝内特编:《美德书》，中央编译出版社 2000 年版，扉页二。

经济全球化与经济伦理的新课题*

随着加入世界贸易组织(WTO)的步伐的加快,经济全球化对于中国社会,尤其是其经济发展的影响日益明显。如何应对,不仅涉及经济政策和经济发展的诸多问题,而且也涉及经济伦理。这里就经济伦理需要研究的新问题作一概述。

一

经济全球化的一个特点是把各个国家的经济纳入一个全球市场。在这一背景下,随着加入 WTO,我国企业将面临全球范围的竞争。世界各国的企业也将不同程度地进入中国的市场进行竞争。参与国际范围的竞争就意味着要按照国际的惯例和规则参与竞争。WTO 就是一个规则的系统,这些规则在全球范围具有普遍意义。加入 WTO 就意味着我国认同这些普遍规则,并承诺遵守这些普遍规则。所以,为参加 WTO 作准备,不仅要有各个产业的应对策略,而且需要有了解、把握和履行这些普遍规则的准备。这些规则,有相当一部分可以视为游戏规则和法律规则。但是,其背后有经济伦理的支撑。由于迄今为止,这些规则是由经济上占有强势的发达国家所制定,它所依托的经济伦理是发达国家在市场经济发展过程中积累起来的习俗和惯例的提升,所以它具有西方文化的特殊的深厚的背景,当然也反映了市场经济的一些普遍的要求。对于中国这样一个与西方国家具有不同文化背景的,又刚刚转向市场经济体制的国家来说,要接受和履行这些规则,不是一件容易的事情,必将面临不同文化的冲撞和交汇,但是又为参与全球化进程所必需。所以,突出的问题将是

* 本文系提交第二届全国经济伦理讨论会的论文,原载《文汇报》2000 年 7 月 14 日。

如何克服文化、风习、惯例的障碍,去接受那些必须接受的或者是不得不接受的普遍的东西。至于中国的民俗文化中间的那种以超越规则为荣、把超越规则办事视为"能力"高强的观念,对于普遍规则的履行,则最为不利,需要花大力气改变。因此需要从文化背景上深化对于经济伦理的研究,并探索解决在经济伦理中存在的文化冲突的恰当途径。

经济全球化所关涉的普遍规则大体可分为两类。一类是市场交往的规则以及相应的经济伦理,诸如讲究信用、公平竞争、尊重包括知识产权在内的各种权益等,与此相关的主要是各个经济主体的市场交往行为。另一类则是政府行为必须遵循的规则。WTO 的一个特点就是对于各国政府的行为作出了许多规定和限制,并且有许多相应的仲裁和制裁措施。对于中国这样一个传统上是全能政府的国家来说,后一类规则所带来的新问题更为突出。

这里既有法律和法规的问题,也有政府工作人员的观念和工作方法的问题,都需要有相应的经济伦理来支撑。从这一角度来看,我们对于经济伦理的认识似乎需要有所转变。不能再像以往那样,把经济伦理仅仅视为企业家或者是从事经济活动的一般公民所需要面对的问题,需要把政府行为和政府的工作人员的经济伦理问题提上研究的日程。这一点,其实也是当前经济生活中许多问题的症结所在。无论是假冒伪劣成为公害,还是经济生活中某些领域的道德失范,还是各种各样的侵权行为的屡禁不止,都与有些政府工作人员的经济伦理观念和行为习惯有关。

二

经济的全球化并不像有些国外的论者所说的那样将大大地削弱国家的主权。事实表明,经济的全球化不但没有减弱综合国力的竞争,而且使这种竞争有更加激励的趋势。正像李斯特在批判斯密的个体主义与世界主义的时候所说,世界主义虽然是一个美好的理想,尽管生产力的发展具有世界性的趋向,现实的世界却是一个由许多千差万别的国家组成的世界。不能用世界主义的空想来代替现实。因此,作为经济伦理的爱国主义没有失去意义,也就是说要把爱国主义视为经济发展的精神动力,同时要把对个人的上进心、争胜心的肯定和激励同倡导个人和国家“荣辱与共，贫富与共”的爱国主义精神结合起来。现在需要把如何充分运用我国丰厚的爱国主义的文化传统，发挥其作为经济发展的精神动力，提上经济伦理研究的日程。其中的一个难题是，如何依据当今经济全球化的新的历史特征赋予其时代意义。一方面，要改变不适合当今经济全球化的一些过时的观念，比如把“爱用国货”“抵制外货”“保护关税”等当作爱国主义的表现等狭隘的民族主义，另一方面，要探明经济全球化条件下爱国主义的新内涵，使之提升到一个新的层次。

三

近来西方的学术界提出了“全球公正”的概念，并且围绕这一问题展开了研究。2000 年美国哥伦比亚大学哲学教授托马斯·波格(Tomas Pogge)主持了一个关于全球公正的讨论会，并出版了论文集《全球公正》。出席会议的欧美国家一批学者指出，现有的全球经济秩序是发达国家强加于广大发展中国家和地区的，它导致了全球不平等，使不发达国家和地区的贫困状况更加恶化。(世界上最发达的国家的收入与占世界五分之一的最贫困地区的收入比，1960 年为 30：1，1990 年为 60：1，1997 年为 74：1。)冷战结束以后，高收入国家的军事开支削减了 40%，本来有可能对不发达国家提供更多的发展援助，以解决贫困问题，但是事实上这些国家的官方发展援助却削减了 27%左右。发达国家的政界、大众媒体以及主流的学术界毫不关心如何减少贫困，无视严重贫困引起的大量社会问题和经济上的人权问题，相反却热衷于用军事手段来干涉某些发展中国家的人权问题，并为这种干涉提供道德辩护。

“全球公正”的问题不仅涉及全球经济秩序所产生的后果的严重的不平等和国家间在经济上的两极分化的加剧，而且涉及全球性的国际机构的规则和国际机构的组织。由于这些机构的主要官员是由美国和其他的发达国家实际操纵的，其规则也是由发达国家依据自己的利益和观念制定的，其公正性是值得怀疑的。自由放任主义的经济学对于经济全球化的解释，强调的是现有全球经济秩序是合理的公正的，自由竞争是提高各国的经济发展水平和实现经济公正的唯一途径。这种解释掩盖了全球经济不平等的事实。必须从理论上对全球公正加以研究,对公正的优先地位作出理论的辩护,并进而对于全球机构及其规则的公正性,进行检验。

这一问题,对于中国具有重要的意义。一方面,中国经济发展融入全球化进程,不仅要参与全球的经济竞争,而且要参与全球经济秩序规则的制定(加入WTO之后,这一问题就更加突出)。如何为我国在参与规则制定的过程中提出的主张提供伦理的辩护和理论的支持,将是经济伦理研究的一个重要课题。另一方面,融入经济全球化的进程使得中国的经济发展进一步受到外部环境的制约,国内的经济公正问题将受到全球公正的状况的影响。可以说,今后将难以孤立地来研究和解决国内的经济公正问题。(比如面对经济全球化的进程,尤其是全球的人才的竞争,我们可以加大收入的差距,甚至采用"好莱坞明星制"的办法,以留住、吸引并激励各种类型的拔尖人才。但是这也可能加剧本来发展就极其不平衡的国家内部的收入差距,加速国内的社会分层,使得国内的分配公正问题变得更加困难。)对于处于社会主义初级阶段的中国来说,要在全球化的过程中谋求发展和稳定,既要清醒地认识和把握全球经济秩序中存在的全球公正问题,从容应对,又要把握好全球公正与国内的公平之间的关系,以便谨慎地处理好公平和效率的关系。现实生活表明,人们对于社会公平和经济公正的疑虑日益增多。从理论上加强对经济公正问题的研究,以便对这些问题作出回答,学术界责无旁贷。

四

当今的经济全球化是与知识经济(即所谓新经济)的兴起结合在一起的。知识经济的勃兴,无论从宏观的角度还是从微观的角度来看,都给经济伦理提出了一系列的新问题。

从宏观的角度来说,由于知识作为生产要素在经济中的作用和地位的提高,社会分层与社会成员所具有的知识水平有了更为密切的关系。因此,如何看待劳动、资本、知识的价值,如何对待由于知识水平而带来的经济收入和经济地位(包括生产过程中的地位)的差距,就成为经济伦理,尤其是经济正义要回答的一个问题。

从微观的角度来看，知识经济所形成的知识密集型的企业，其管理的模式以及相应的经济伦理，也发生了变化。

工业化时代的传统的管理模式以斯隆和泰罗的学说为典范。其特点一是各个职能部门是孤立的，强调职能的分解，以及合作（按规定的分工来实现）和竞争（由争夺份额、经费，突出各自的重要性等方面表现出来）；二是等级制或者说是科层制；三是单向的线性过程。但对知识密集型的产业，这种分解的方法和管理模式就不适应了。现在的管理理念是，整个的组织是一个网络化的、相互影响的协作组。一是各个职能部门都属于一个战略经营网络，是互相依存的单元和具有双向通信的功能。二是不单纯自上而下，而是遵照"自中而下而上"的模式设计的一个多层网络。三是反复循环的并发过程，不是线性过程。目标是把过去的刚性的指挥变成一种柔性指挥。

这种新的管理提出了文化和伦理的挑战。对领导成员来说，"控制"的概念已经被"管理指导""教导、指引和责任"的概念所取代。领导者比作乐队指挥较之决策巨头更恰当。不是行政命令，不是把意见强加于人，而是鼓励雇员理解并相互利用各自的知识、技能、经历和不同的观点。对于员工来说，则要从职责（accountability）提高为责任（responsibility）。"职责"是你许诺要做的事情，也就是按照合同规定的一个岗位的角色的职责。而"责任"则是共同成就的允诺，每个人都应该对相互成功承担责任。员工之间的关系也发生了变化。这就是要建立一种"知识实践社团"，而不是团队，不是作业组织，无需授权，无需确认，"对目标的认同，渴望知道彼此的知识，将他们凝聚在一起"。

从经济伦理的角度来看，这种管理模式意味着传统的价值观念发生了转变。其关键是对整体的价值有了新的认识。西方传统的经济伦理是以个体主义为基础的，现在则把整体的价值提到了重要的位置，认为现在是一个靠集体的知识和行动来带动竞争所需要的创新的时代，单矛（个人）再也不能屠龙了，当然也对个人在影响整体格局方面的作用也作了充分的肯定。有的西方学者还认为：西方的创造力基于个人自由和表达的理念，它好像单个原子释放能量的核裂变；东方式的创造力更像核聚变，它通过分子的聚合产生核反应。现在需要把这两种创造力结合起来，才能真正保持创新的活力。这表明，东方的传统文化在知识创新的时代、在微观经济伦理中将发挥重要的作用。如何改变单纯从“经济人”假设出发的微观经济伦理观念，把中国的传统伦理中强调整体、强调组织的作用的观念，作为一种文化和伦理的资源开拓出来，使之在知识创新的时代发挥出新的光辉，也是经济伦理微观研究的一个重要课题。

经济全球化与我国道德教育面临的新挑战*

当今中国的现代化进程,已经进入一个扩大开放的阶段,而我们所面临的国际环境已是一个经济全球化的进程。对于全球化的认识和估计有许多歧见。有些论者指出,从某种意义上说,世界各民族早就已经卷入全球化过程,但是最近几十年以来,生产的国际化、金融的全球化,尤其是全球范围的计算机网络的建立都表明,尽管世界上反对全球化的浪潮也此起彼伏,但全球化过程在深度和广度两方面都迅速加强,则是一个不争的事实。我们这里指的就是这种意义上的全球化过程。

全球化进程使得世界各国都遇到政治的、经济的和文化的新挑战。这种挑战也包括道德方面。有的学者和政治家甚至提出了全球化需要道德重建的主张,如德国前总理施密特。对于中国这样一个发展中的社会主义国家,一个有自己悠久的文化和道德传统,又处于向社会主义市场经济转变过程中的国家,在道德建设和道德教育方面同样面临着新的挑战。那么,有哪些新的问题需要我们正视,需要我们研究,需要我们寻求新的对策呢?这里着重讨论两个问题。

第一个问题:经济全球化是一个市场化的进程。中国社会在历史上是一个自然经济的社会,又经历了相当长的传统计划经济时期。自改革开放以来才着手实现从传统计划经济转向社会主义市场经济的根本转变,社会主义市场经济的体制正处于一个完善的过程,现在要进一步与世界市场接轨,要形成与市场经济的国际惯例和国际市场的规则相一致的市场秩序。这不仅是一个经济问题,而且带来了许多伦理和道德问题。

首先,最为突出的是,如何养成一种尊重法律、尊重公共生活的规则、恪守市场规则、讲究信用的社会风气,匡正以超越规则为荣、超越规则为能的社会

* 本文原载《思想·理论·教育》2001年第10期。

心态，遏制假冒伪劣、欺诈等歪风邪气，以确保市场秩序和有序的竞争。由于中国的传统文化中比较缺乏规则意识和公德意识的伦理资源，需要把尊重法律、尊重公共生活规则的公德意识的培养，作为道德建设的一个重点，作长期的努力。这里，公共当局负有重要的道德责任。一方面公共当局要担负起对所有公民进行道德教育的责任，另一方面要规范公共部门的行为，使得各级各类的公职人员能够模范地遵守公共生活的规则，依法行政，公道处事，不徇私情，以垂范于世，并激发公民的公德心。此点至关重要。现实生活中的诸多问题表明，如果不能实现规则意识的确立和社会公德的提高，那么在全球化的背景下要取得经济竞争力的提高是难以实现的。

其次，全球化背景下的经济的市场化，带来了义利观的变迁。市场行为的一个特点就是追求利益的最大化。在市场经济制度下，个人的经济动机得到了合法化，人们对待财富的态度也发生了重大的变化，唯义无利的传统观念被破除，追求财富和富裕的生活已经为社会所肯定。但是，如何在肯定个人对自己的经济利益和财富的追求的前提下，把个人的利益追求引导到一个合理的、合法的规范上来，使得个人对利益的追求和对个人权利的维护，同对他人利益的尊重、对公共利益的关心、对社会公益事业的热忱、对国家的前途和人类命运的关注结合起来；如何使得社会上的先进分子，尤其是担负各种公共责任的各级各类的公职人员，能够自觉地履践“为人民服务”的原则、发扬“先天下之忧而忧，后天下之乐而乐”的精神，均成为道德建设的一大难题。

第三，市场经济又是一个讲究竞争的经济，人们都面临着竞争的压力，在全球化的背景下，这种压力变成了全球性市场竞争的压力。崇尚“博弈”甚至“零和博弈”，容易成为个人生活的基本取向，从而走向道德虚无主义。现实生活中出现的某些领域的道德失范就是一个明显的例证。不仅如此，它还容易成为狭隘民族主义的滋生土壤。这种情况都要求我们切实地加强道德教育，以克服激烈的竞争所带来的消极的道德后果。

第四，经济生活与全球经济的接轨，会大大丰富我们的物质生活，由此带来的一个问题是：在物质丰裕的条件下，人们的精神追求会不会失落？这是西方发达国家在现代化进程中遇到过的现实问题，早就引起西方一些有识之士的关注。如丹尼斯·贝尔在20世纪80年代初期就提出，物质生活的丰裕带来的消费主义以及娱乐人生观的蔓延会销蚀人们的工作伦理和休戚与共的团结精神。90年代布热津斯基在其《大混乱》一书中，也对“丰裕中的纵欲无度”的生活态度的道德和社会后果表示忧虑。随着经济全球化及商品、人员与信息的全球流动，随着消费品作为观念的载体的作用日益突显，这类观念在广告等大众媒体的推动下，对中国社会，尤其是青少年的影响也日渐突出。这在经济比较发达的大城市尤其明显。如何在物质生活日渐丰裕的条件下，使得人们保持精神的追求，倡导健康的高尚的生活方式，形成良好的精神氛围，也是道德建设面临的新课题。其中提出的一个理论的问题是市场经济和法治社会的规则伦理与传统的德性伦理之间的关系问题。这些问题的研究对于当今时代的教育具有重要的意义。

第二个问题：经济全球化不仅意味着经济交往的扩大，而且意味着人员的交往、文化教育的交往及政治交往的扩大。而当今世界的经济全球化又是同信息全球化联系在一起的。大容量、多渠道、高速度的信息流通和信息获取也给道德建设和道德教育提出了诸多前所未有的挑战。

首先，提出了全球伦理、普遍伦理与各民族各种不同文化的传统伦理之间的关系问题。对于经济全球化的文化的和道德后果，在国际上引起了不同的看法。有的认为，全球化是一个整体的发展进程，文化、艺术、学术、伦理和政治以至社会都有全球化的趋势，因而重视普遍伦理的研究，着力倡导普遍伦理。有的则认为，全球化仅仅是一个经济的过程，各种不同的文化具有各自的难以交融的特质，因而各种不同的文化和价值观念的冲撞将会比以往更加激烈。有的学者还认为，事实上存在着一种“文化帝国主义”或“后殖民文化”，即有的发达国家依托自己的经济、技术、政治、军事的强势，把自己的价值观念强加于人，着力摧毁其他民族的文化和道德传统。这些争论给我们的一个启示是，当今的时代确实面临一个普遍伦理同文化和道德的多样性之间的关系问题，如何处理这一问题是一大难题。这个问题不能说是一个全新的问题。中国自进入近代以来，古今中西之争绵延不断，讨论的就是这个问题。但是当今的全球化又确实赋予这一问题以新的内容。其中一个突出的问题是，我们要加入经济全球化的进程，就必须遵循许多普遍的集体行动规则，包括世界市场通行的国际惯例，必须进行广泛的文化交往，学习世界各国的先进的经验。然而这对维护文化和生活方式的多样性,尤其是维护各国的文化和道德传统提出了更大的挑战。面对这种挑战,我们的道德教育的任务,一方面是要努力培养普遍主义的现代道德意识,如前面所说的规则意识等,另一方面是要努力加强公民对于自己所属的国家和民族的义务感和归属感,加强公民对于自己的文化传统的认同感,同时要增强每一个行动者对自己直接所属的特殊的单位、团体、地方的特殊的义务感、认同感,以增强凝聚力。如何把这两者有机地统一起来,是一个很大的难题。无论是在青少年的道德教育中,还是在公民的道德教育中,都经常会遇到。这有待于理论工作者和道德教育的实践者花大力气去探索。

其次,防止和克服道德相对主义,成为道德教育的一个重要课题。以经济全球化和信息全球化为载体,各种不同的文化和生活方式的交汇在加速,人们面临的是文化和生活方式的多样性。我们的公民,尤其是思想敏锐、追求时新的青少年,面临着多样化的世界,也面临着各种各样的价值观念、人生理想和生活方式,这种情况很容易导致价值相对主义。而大容量、多渠道、高速度的信息流通和信息获取所造成的负面影响也不容忽视。一则,人们,尤其是青少年接触有害信息的可能性大大增强。另则,即使是在大量的不断变化的中性的甚至是良性的信息面前,人们也容易产生无所适从的感觉,容易堕入道德相对主义。前些年,"谁能告诉我,什么是什么"之类的歌词的流行,就是一个例证。一旦堕入道德相对主义,就不但会缺乏明确的是非观念,而且会不自觉地拒绝辨别道德是非。"此亦一是非,彼亦一是非",事实上否认辨别道德是非的必要。而道德教育的基础和核心就是培养人们的"是非"观念。事实上,许多场合,道德教育之所以缺乏实效,一个重要的原因就是没有针对一些受教育者身上存在的道德相对主义。所以,有效地实施道德教育的前提就是克服道德相对主义。我们必须把防止和克服道德相对主义作为道德教育的一个重要的内容,着力澄清道德是非,培育是非观念,同时针对文化和生活方式多样化的现实,努力提高公民进行道德选择的理性思维的能力,学会用理性的推理去辨别道德是非,把握具体情境下作出正确的道德选择的合理的方法,提高人们道德"自律"的能力。由于全球化带来的风险甚大,公共当局所负的责任增大,同样个人的道德责任也更大,提高自律的能力就显得更为重要。

惯例与规则:惯例的两重性*

一、对惯例与规则的关系的理解

惯例是规则的一种。而所谓“规则”,首先,是一个有关人类行动的命题;其次,它是一个规范性命题;第三,它是一个普遍命题或者说全称命题。它是一个可以用“正当与否”加以评价的句子。总之,**规则是一种可以从正当与否的角度来加以评价的有关人类行动的普遍的规范性命题。**它不同于客观的规律,规律是不能违背的,规则是可以违背的;它不同于命令,命令是个别的、具体的,规则是普遍的。规则对于人的行动有约束力,违背了规则会受到各种制裁,舆论的、利益的甚至是行政的。

其次,惯例(convention)作为一种自发形成的规则,也就是哈耶克所说的“习得的规则(learnt rules of conduct)”,是人类在其经历的前后相继的各种社会结构类型中**所学习到的各种传统,也许人们并不曾刻意选择但却广为传播和盛行的那些规则。**哈耶克认为,正是这些规则促成某些群体的繁荣,而且还致使它们的规模得以扩大。它同习惯(habit)、习俗(custom)一起构成一种文化传统。文化就一定的意义上说,就是“一种由习得的行为规则构成的传统”。

第三,惯例大多是没有成文的,也就是没有用成文规章明确地规定下来的。但是惯例是人们事实上遵循的,并且预期他人也会遵循的规则。它是被大家所默认的,视为当然的,不仅自己认为需要、可以,甚至应当这样做,而且预期他人也会这样做的。所以违背了惯例就会在生活中遭到挫折,或者说受到某种惩罚,有时甚至使人难以生存。其中有些是与成文的规则相一致的,有

* 本文系在上海社科院经济伦理研究中心举办的“Business Ethics: Practices and Problems”国际讨论会上的发言。

的则是与成文的规则不一致甚至是相背离的。

所以,可以把惯例看作一种"习惯的假设"或者"制度化的头脑"。所谓"习惯的",是说它是在经验中习得的、已经习以为常的、在处理任何问题时被视为当然、可以不假思索地认可的东西。所谓"假设",是说一种关于他人会怎样行动、自己该如何行动的一种假定。所谓"制度化的头脑",是说人们的头脑已经被制度化了,也就是说,个人的意见事实上受到了惯例的控制,个人的行为事实上也受到了惯例的控制,因而个人的头脑事实上被制度化了。这就意味着,惯例,一方面是对个人的一种强制,另一方面又是对原则的本身的辨别和对它的辩护。前一方面是一种外在的强制,可以说是一种他律的东西;后一方面则是自律的东西,即有一种辨认和辩护在里面。

惯例的这些特征表明:一方面惯例是一种制度化的东西,是在经验中习得的、自发形成的制度性的东西;另一方面惯例作为一种制度性的东西,本身就是一个评价行为的尺度,是价值观念的载体,包含着对于他人和自己所必须遵循的行为原则的一种辨认或辨别,还包含着一种对这些原则的辩护在内。所以,惯例本身也有正面的价值和负面的价值的区别。它不是价值中立的,需要我们从正确的价值观念加以辨认。于是就有了良俗与陋习之分。无论在社会生活还是在经济生活中都是存在的。

二、惯例的两重性的表现

第一个表现是从它与成文的规则之间的关系中表现出来的。成文的规则是公开的、透明的,是经过理性的讨论和协商,用法律或条例的形式表现出来的,而惯例则是自发的。有些成文的规则是依托惯例制定出来的。这类规则与惯例是一致的,因此执行起来就比较顺利。但是许多成文规则的制定往往是为了推行某种原来的惯例所不具备的规则或者是为了克服原有的惯例的不足,或者为了纠正某种已经不合时宜或者是不合理的、不良的惯例,所以两者之间就会产生矛盾。这是一般的情况。

第二个表现是,在向市场经济转变的过程中,无论在西方还是在东方,都有一个滕尼斯所说的社会与共同体的关系问题。在传统社会中起主导作用的共同体关系往往是以熟人关系、血缘亲属关系等所构成的礼俗关系，而“社会”也就是市场关系，是以利益的盘算为基础的以个人为本位的关系。礼俗关系往往是通过惯例来体现的，在市场发育比较差的地方尤其如此。这种关系在市场中往往会产生一些消极的作用，也就是用裙带关系来代替市场关系，出现贿赂腐败等问题。但是这种共同体的关系也并不都是消极的。一方面，它对于市场的发育有的时候也是重要的。就中国向市场经济的转变过程来看，地缘血缘等礼俗关系，往往是市场发育的一个起点，而这种关系是通过惯例来运行的。像温州的市场发育就与此有关。温州人“打遍天下”，以传统的礼俗关系为基础的惯例就起了很大的作用。中国内地的许多民工在经济发展中起的作用，有很多靠的也是礼俗关系所形成的惯例。另一方面，礼俗关系形成的惯例在社会生活中往往有积极的作用。我们不能用纯经济的观点来看待社会问题。市场失灵、市场的负面的作用许多时候是需要传统共同体的礼俗关系来加以弥补或制衡的。所以，对于基于传统的礼俗关系的惯例要进行具体的历史的分析，不能采取一概否定的态度。同时还必须看到，自发产生的惯例，是历史的产物，即使需要改变也不是一下子采用某种激进的人为的措施就可以改变的，需要一个过程。这不仅是一个改变观念的过程，而且是改变行为习惯的过程，所以不能急于求成，否则适得其反。惯例的改变、新的惯例的形成，不仅需要依靠法律和行政的手段，而且需要文化氛围的改变、人们的行为和思维习惯的改变。就中国的国情来说，三十年来许多的实践证明我们已经开始找到一种比较妥善的办法，不断地改变那些不良的惯例，同时又使得有些惯例能够发挥它的积极作用，并在此过程中实现传统的现代转换。在这一意义上，“中国的现代化所意含的不是消极地对传统的巨大的摧毁，而是积极地去发现如何使传统成为获致当代中国目标的发酵剂，如何使传统发生正面的作用”。

第三个表现是，在经济全球化的条件下，在公开的规则由发达国家主导制定出来，而后起的国家、发展中的国家在制定规则的时候少有发言权的条件下，这些被称为“国际惯例”的规则，在发展中国家的经济运行中，往往会遇到原有的惯例与这些国际惯例之间的关系问题。许多英美的经济伦理教科书在讨论规则与惯例的关系问题时举出的例证，都指出跨国公司在进入这些不发达国家的时候，会遇到与当地的惯例之间的关系问题。当地的许多惯例往往带有上面所说的礼俗关系的特征，是不是要适应这些惯例就成为一个问题。在这个问题上需要注意的是，不仅当地的许多惯例具有两重性，而且许多国际的规则也具有两重性。这些规则并不都是那么公正的，往往是出自主导规则制定的国家自身的利益，并没有体现全球正义的原则。无论是在知识产权的问题上还是在贸易的规则上都有这种情况。以近来变得十分尖锐的粮食问题、劳工福利问题等都可以看出这种情况。由此可见，把公开的普遍的规则无条件地视为正义的，而把惯例尤其是发展中国家中那些推行的惯例都视为消极的落后的有碍公正的观点，是没有根据的。

第四篇

对自由主义经济思想史的哲学分析

研究思想史是思想解放的必要条件*

一

“解放思想”，就是要破除那些不符合时代、不适合国情、不利于社会主义建设的观念和认识。然而，历史经验告诉我们，光有“破”未必能解放思想，“破字当头”未必“立在其中”。“破”什么，怎么“破”，需要谨慎地鉴别，否则就会将科学与迷信、真知与成见一齐抛弃。“破”的目的是要寻求符合实际的真知，因此思想解放总是同真理探求，同对新事物、新问题的科学研究结合在一起的。对于唯物主义者来说，实事求是的科学态度，乃是思想解放题中应有之义。邓小平之所以把“解放思想，实事求是”作为一个完整的口号提出，正是为了坚持马克思主义的思想路线，以免重蹈把“思想解放”同“实事求是”对立起来的历史教训。

怎样才能把解放思想同实事求是统一起来呢？毛泽东在延安整风时期提出了一个著名的公式：理论、历史和现状的统一。他强调要“研究现状”“研究历史”“学习国际的革命经验，学习马克思列宁主义的普遍真理”。反对那种“不注重研究现状，不注重研究历史，不注重马克思列宁主义的应用”的主观主义（尤其是教条主义）的学风。这里，毛泽东把“研究历史”作为“实事求是”的科学态度的不可或缺的条件。就此而言，研究历史，乃是思想解放的必要条件。

邓小平创立建设有中国特色社会主义的理论，突破了较长一段时期中对社会主义的某些模糊见解，使中国人的思想实现了又一次大解放，在精神上由被动转为主动。这一创造正是理论、历史、现状相统一的产物。邓小平不但以

* 本文原载《毛泽东邓小平理论研究》1994 年第 3 期。

对中国共产党几十年来成功和失利的历史经验的深刻总结来论证建设有中国特色社会主义的理论,而且援引中国近代史的经验教训和国际的经验教训加以佐证。比如,在论述开放政策时,他指出:"现在任何国家要发达起来,闭关自守都不可能。我们吃过这个苦头,我们的老祖宗吃过这个苦头。""如果从明朝中叶算起,到鸦片战争,有三百多年的闭关自守;如果从康熙算起,也有近二百年。长期闭关自守,把中国搞得贫穷落后,愚昧无知。""历史经验教训说明,不开放不行,开放伤害不了我们。""你不开放,再来个闭关自守,五十年要接近发达国家水平,肯定不可能。"①正是这种深厚的历史感,使得建设有中国特色社会主义的理论具有强大的说服力。

关于研究历史经验的重要性,邓小平说过:"我为什么讲这个历史?因为我们现在的路线、方针、政策是在总结了成功时期的经验、失败时期的经验和遭受挫折时期的经验后制定的。历史上成功的经验是宝贵财富,错误的经验、失败的经验也是宝贵财富。这样来制定方针政策,就能统一全党思想,达到新的团结。这样的基础是最可靠的。"②他又说:"光凭自己的经验和教训还解决不了问题","要吸收国际的经验"③。

总之,新理论的创立,旧观念的破除,固然要独立思考,勇于实践,但是历史的研究也是必不可少的条件。我们要把握新的理论,实现思想解放,也要注重研究历史。进一步解放思想,解决新问题,同样离不开历史的研究。

二

研究历史,包括经济史、政治史、文化史和思想史,其中思想史的研究对于思想解放具有更直接更重要的意义。需要我们从中解放出来的那些观念,不是从天上掉下来的,也不是人们头脑里固有的。它是一定历史条件的产物,既是当时社会现实的反映,又受制于当时占统治地位的观念形态,它往往是经由理论家、思想家之手得到系统地论证和阐发的。如果我们不能自觉地将这些

① 《邓小平文选》第3卷,人民出版社1993年版,第90页。
② 同上书,第234—235页。
③ 同上书,第266页。

观念加以认真的辨析，对与之相关的学说加以研究，那就难以弄清这些观念的由来，以及它为什么不再适应于现实的缘由，自然也就无法真正实现思想的解放。简单地抛弃或否定，并不等于克服了旧观念。其结果往往是在意识的深处仍为旧观念所左右：或易受制于新包装下的旧观念；或从一种盲目性跃入另一种盲目性。

思想解放，当然要研究现状，使思想适应于变化了的现实。然而，现实是十分复杂的。人们在把握现实时，并非用一个空空如也的头脑去吸纳各种现象的，相反总是用一定的观念、概念或理论去把握现实的。因此，不学习理论，不通晓历史，不去把人类文化中积淀下来的各种观念和学说作一番辨析，就难以获得用以理解和把握现实的正确的观念。如果盲目地"跟着感觉走"，其结果不是用陈旧的、错误的观念去曲解现实，便是被一些貌似合乎时尚的虚幻观念牵着鼻子走。法国历史学家马克·布洛赫说过："对现实的曲解，必源于对历史的无知，而对现实的一无所知的人，要了解历史，也必然是徒劳无功的。"此言值得我们深思。

其实，学习理论，也离不开对思想史的研究。列宁早就说过："马克思主义的全部精神，它的整个体系要求人们对每一原理只是(α)历史地，(β)只是同其他原理联系起来，(γ)只是同具体的历史经验联系起来加以考察。"①这里所说的"历史"，既是社会史又是思想史(包括马克思主义本身的历史)。只有研究思想史，才能摆脱死扣本本、照搬照抄的教条主义，把握马克思主义的精髓，用正确的观念去理解现实，进而解决新的问题。

三

党的十四届三中全会提出了逐步建立社会主义市场经济体制的宏伟目标。实现这一目标，需要我们在实践中作出艰苦的探索，而进一步解放思想则是使这一探索得以健康地进行的思想前提。邓小平不仅提出了进一步解放思想的任务，而且指明了当前进一步解放思想的主题："我们必须从理论上搞懂，

① 《列宁全集》第35卷，人民出版社1985年版，第238页。

资本主义与社会主义的区分不在于是计划还是市场这样的问题。社会主义也有市场经济,资本主义也有计划控制。”①“不要以为,一说计划经济就是社会主义,一说市场经济就是资本主义,不是那么回事,两者都是手段,市场也可以为社会主义服务。”②

要实现这一解放思想的目标,自然需要对市场、对市场经济的运行机制获得必要的知识和感性经验。但是要真正“从理论上弄懂”这个问题,经济史尤其是思想史的研究是不可或缺的。

市场经济的兴起和演变,同思想史,特别是经济学说史是相互交织,相互作用的。近代市场经济在西欧兴起之时,就萌发了各种经济学说,它们最初包容在广义的道德哲学(伦理学和政治哲学)之中,18世纪独立为一门经济学科。形形色色的经济学说,不仅是对市场的理论分析,而且对市场的合理性作了系统的辩护,为市场经济的发展鸣锣开道,还通过对市场机制及其外部条件的分析提供了可供操作的对策。因此,对市场的运行、经济的管理、政府的经济政策,以至经济体制的沿革都产生了深刻的影响。像滥觞于亚当·斯密的自由放任主义,对英国,以至许多欧美国家的经济政策,就发生了长达一个多世纪的影响。20世纪30年代,凯恩斯主义兴起,强调国家干预的统制经济学逐渐占了上风,宏观经济学应运而生。不同学派的宏观经济学说,为政府如何从宏观上调控经济提出了种种对策,成为各国政府经济决策的理论依据。各国不同的市场经济模式,甚至不同时期或不同的党派的经济政策,都依据于不同的经济学说。

至于计划体制,更是国家按照一定的经济学说和思想体系自觉地建立起来的。它是借助于有组织的观念形态才得以建立、运行和维系。

可见,无论历史上存在过的,还是在现实经济生活中运行着的各种经济体制和经济政策,都有经济学说所打上的烙印。而种种经济学说,又同一定的政治思想、伦理思想和哲学思想有着密切的联系。因此,思想史的考察,对于在市场与计划、市场与基本制度的关系等问题上实现思想的解放,实在

① 《邓小平文选》第3卷,人民出版社1993年版,第364页。
② 同上书,第367页。

是不可忽视的。

四

从思想史的角度来看，要从理论上搞懂“资本主义与社会主义的区别不在于是计划还是市场”这个问题，并不是轻而易举的。

在思想史上，有两个相当固定的思维模式。一是把市场经济等同于资本主义，一是把计划经济等同于社会主义。

前一个模式由来已久。以亚当·斯密为首的英国古典经济学就持这样一种主张。一方面，他们提倡一种自由放任的市场经济，认为靠着由“看不见的手”操作的自发的市场竞争，可以达到生产要素和资源的最佳配置，产生最大的经济效益，因此主张政府应对市场采取自由放任的政策，政府自身只是发挥一个“守夜人”的作用，除了监督法律的执行、维系社会的稳定之外，不应干预经济。因而把市场与计划控制对立起来，在理论上排斥任何命令制的因素。另一方面，把资本主义的基本制度所造成的两极分化、资本与劳动的对抗，说成是合乎“平等交易”“等价交换”的市场原则的，是正义的，掩盖了资本主义剥削的真相。他们把自由放任的资本主义的市场经济描写成为一个最有效率又最为公正的理想王国。这种观念流行了一个多世纪。

1929 年的经济危机，打破了自由放任经济学的神话。使西方经济学界不得不改弦更张，于是主张政府干预经济，以维持充分就业和经济增长。西方经济学界开始认识到，单靠“看不见的手”的自发的市场调节，未必见得能实现生产要素的合理配置，更难实现社会的协调，而必须辅之以“看得见的手”的计划控制。有的经济学家和社会学家，还主张实行中央计划经济。以凯恩斯主义为代表的主流经济学，在观念上突破了把市场与计划控制对立起来的传统模式。由于罗斯福新政取得的成效，许多西方国家的政府采用了凯恩斯主义，把政府干预付诸实施，战后的主要资本主义国家都对市场采取不同程度、不同模式的宏观控制，使得“资本主义也有计划控制”成为现代市场经济的显著特征。当代新制度主义经济学家更进一步指出，自由放任经济学所谓的“自调节市场很可能只是亚当·斯密想象事物中的经济乌托邦”。“历史上从来没有劳动力、土地和货币的真正的自调节市场。"①这就是说,从来就没有不受控制的市场,从来也没有不从属于一定基本制度的市场。

把计划经济等同于社会主义是前苏联理论界长期坚持的观点。20 世纪 20 年代末、30 年代初,苏联大规模进行社会主义建设之时,正值西方自由放任的市场经济学的神话破灭之际。鉴于西方的教训,苏联人欲反其道而行之,把排斥市场的全盘计划经济视为社会主义制度优越性的根本所在,认为只有依靠中央集权的全盘计划经济,才能使经济有计划按比例的发展,消除无政府状态,达到最大的经济效益。于是在实践中,致力于把整个社会的经济活动纳入无所不包的计划体制之中,尽量缩小商品流通的范围。苏联的理论界,对此作出了系统的论证,把是否信奉全盘计划经济作为是否坚持社会主义、坚持马克思主义的标准。同时,苏联的理论界无视 30 年代后西方资本主义国家加强计划调控的客观事实,断言资本主义经济中不可能实行计划控制。由于苏联一段时期里在经济建设中取得的成绩及其所处的国际地位,这种观点成为一种正统的观念。

上述两种观念相反相成,都把资本主义与社会主义的区别视为市场与计划的区别。这一观念在 60 年代前后,开始有所松动。有的经济学家把"命令制""市场制"和"传统制"视为人类解决生产和分配问题的三种办法。认为市场制的某些原则很容易在计划经济的社会中找到它们的位置。同时,没有一个现代社会不具有命令制的社会成分。鉴于市场制有着根深蒂固的缺陷,比如在给社会提供教育、公共卫生等服务事业方面缺少效率,偏向于富裕的消费者而对贫穷的消费者漠不关心,等等,把命令制作为一个手段引进是一个成熟的社会所必需。在他们看来:现实的发展趋势是在计划经济中,正在引进市场,以便于更好地达到已经确定的目标;而在市场经济中,则越来越依靠某种程度的计划性,对私人活动的后果给以秩序、稳定和社会指导。随着社会主义国家将经济改革提上日程,对市场与社会主义的关系问题也兴趣日增。西方学术界提出了"市场社会主义"的概念,着手探讨是否有可能建立一种有别于"无市场的社会主义"即中央计划经济体制的有市场的社会主义体制问题。

---

① [美]查尔斯·威尔伯:《经济学的贫困》,北京经济学院出版社 1993 年版,第 176—177 页。

这些主张开始把市场和计划视为解决生产和分配问题的两种方法，并且肯定了两者在事实上的相容性，同时提出了市场与社会主义能否相容的问题。但是60年代以后，只有以私有制为基础的自由放任的市场经济，才能达到效率，而社会主义与市场则难以相容的观点日渐抬头。其认为，中央计划经济的国家若要有效率地发展经济，唯有放弃社会主义的基本制度，实行彻底的私有化和自由放任的市场经济。因此，他们仍然把计划经济等同于社会主义，甚至把主张国家统制经济的凯恩斯主义也称为社会主义，只不过把它称为“自由论的社会主义”以区别于“反自由论的社会主义”（如苏联的计划经济）。这种主流经济学，已受到新制度经济学等学派的挑战，但是其势头仍然不衰，而且为许多西方政府所倚重。

上述思想史的考察表明，把市场与计划的区别视为区分资本主义与社会主义的标准，在认识上的一个根源是一种两极对立的思维模式，即要么是自由放任的市场经济，要么是中央集权的全盘计划经济，两者必居其一。尽管现实生活已经表明这种“在绝对不相容的对立中思维”的反辩证法的思维方式，与历史发展的实际状况是不相符合的，但是，它仍然束缚着我们的头脑。由于我国长期实行计划经济，而开放之时又正值西方主流经济学向自由放任主义倾斜之时，人们通过各种渠道，包括新闻媒介，接触最多的是自由放任的市场经济观念，这种思维模式更易获得流传的机会。加之，改革开放带来的利益格局的变化，使得在改革中利益和地位相对下降的人们易于留恋全盘计划经济，而在市场中得到实利的人们则易于倾向于自由放任的市场经济，期望越少计划控制越好。

现实生活中，要么全盘计划、要么自由放任的两极对立的思维方式，表现甚多。比如在市场竞争的问题上：要么拒斥竞争，把竞争机制的引入视为社会经济生活中产生的众多无序状态的根源；要么相信由“看不见的手”操作的市场竞争可以解决一切问题，甚至主张连文化、教育卫生等公共事业也都要任其在市场竞争中沉浮。又如在伦理观念上：要么维系反映计划体制的观念，把市场机制带来的个体觉醒、个人对自身利益和“成功”的追求，一概斥为道德的退步；要么把亚当·斯密用以论证其自由放任主义的“经济人”假说奉为典范，认为靠着“看不见的手”的操作，个人的利己的行为必定能产生利他的效果，甚至鼓吹只有“人欲横流”才能经济繁荣。

如果我们不能从这种两极对立的思维中解放出来，就不可能从理论上弄懂“资本主义与社会主义的区别不在于是计划还是市场”这样一个根本问题。在实践上则可能徘徊在全盘计划经济与自由放任的市场经济这两端之间，而不去努力探索如何把市场对资源的配置同社会主义的基本制度结合起来的途径，或盲目地沿袭旧的全盘计划经济的做法，或照搬自由放任主义。

研究思想史，特别是研究思想史上不同学派之间的争论，便会知道，全盘计划经济的主张往往脱离现实的生产力水平与人们的实际的觉悟水平，而自由放任主义事实上也是一种不切实际的“经济乌托邦”，它是当时英国资产阶级利益的反映，在近两个世纪中不断受到批评与挑战。即使当代西方经济学界也并不是都主张全面地返回自由放任主义，而且其自身也遇到了许多难题。

近代思想解放的前驱龚自珍有言，“出乎史，入乎道，欲知大道，必先为史”。读点思想史必将有助于我们“知”社会主义市场经济之“道”。

试论休谟的经济伦理思想*

大卫·休谟作为一个哲学家，作为以怀疑论为特点的经验论哲学的一个重要的代表人物，已经为大家所熟知。然而，在18世纪发生的对西方市场经济的兴起产生重大影响的苏格兰启蒙运动中，休谟又是一个举足轻重的代表人物，与英国古典经济学的泰斗亚当·斯密和伦理学家哈奇逊齐名。他们不但过往甚密，而且在思想上互相影响。休谟广泛地涉足于哲学、政治学、伦理学、历史学和经济学等领域，在经济伦理的问题上有丰富的思想。本文拟就此作一论述。

一

诚如美国的休谟研究者巴里·斯特德所指出，"休谟是一个人性哲学家"①。他的第一部著作就是《人性论》，其副标题是，"在精神科学中采用实验推论方式的一个尝试"。按照休谟的含义，"精神"是相对于"自然"而言的。精神科学或精神哲学是论述人类存在方式与其他的"自然物体"的存在方式相区别的方面，它的主题是：人类所独具特征的一切事情。

在休谟看来，"一切科学对于人性或多或少有些关系，任何学科不论似乎与人性离得多远，它们总会通过这样那样的途径回到人性"②。"关于人的科学是其他科学的唯一基础。"③因此，他认为哲学作为一门精神科学，要达到目的，就要直接切入人性。他说："在我们的哲学研究中，我们可以希望借以获得成

* 本文原载《华东师范大学学报》(哲学社会科学版)1998年第6期。

① [美]巴里·斯特德：《休谟》，山东人民出版社1992年版，第1页。

② [英]大卫·休谟：《人性论》，商务印书馆1980年版，第6页。

③ 同上书，第7页。

功的唯一途径,即是抛开我们一向所采用的那种可厌的迂回曲折的老方法,不再在边界上一会儿攻取一个城堡,一会儿占领一个村落,而是直捣这些科学的首都或心脏,即人性本身;一旦被掌握了人性以后,我们在其他几方面就有希望轻而易举地取得胜利了。"①在他看来,最主要的是四个学科:逻辑、道德学、批评学和政治学,它们"几乎包括尽了一切需要我们研究的种种事情,或者说一切可以促进或装饰人类心灵的种种重要事情"。这些学科都是人性科学。"逻辑的唯一目的是在于说明人类推理能力的原理和作用,以及人类观念的性质;道德学和批评学研究人类的鉴别力和情绪;政治学研究结合在社会里并且互相依赖的人类。"②

在休谟那个时代,经济学还不是一门独立的学科,它是政治哲学的一个组成部分。即使在亚当·斯密那里,最初在《亚当·斯密关于法律、警察、岁入及军备的演讲》中关于经济理论的讨论,也是广义道德哲学中政治学部分的内容。休谟关于人类经济行为的讨论,也就包含在他对"结合在社会里并相互依赖的人类"的分析之中,而这种分析又是从人性出发的。

人性论当然不是休谟的创造,但是,休谟的人性论确有自己的特点。他在《人性论》一书中的"引论"中说,他要使对人性原理的说明,成为"一个建立在几乎全新的基础上的完整的科学体系",即"必须建立在经验和观察之上"③。这也就是他所说的,"在精神科学中采用实验推理方式"的基本精神。一方面要反对先验的立论方法;另一方面要在观察和实验的基础上建立一个普遍的人性理论。他说:"我发现由古人留给我们的精神哲学有和他们的自然哲学中所发现的同样的不适宜之处,即完全是假设的,依靠发明甚于依靠经验。"④他自认为,自己是培根所开创的,包括洛克、沙夫茨伯利、曼德维尔、哈奇逊、巴特勒在内的实验哲学的继承者和集大成者。他像牛顿一样宣称"我不制造假设",并自比为一个解剖学家。这就使得休谟的人性论,不同于从先验的假设出发进行推论的人性学说。他注重的是观察和经验。"我们必须借审慎的观

① [英]大卫·休谟:《人性论》,商务印书馆 1980 年版,第 7 页。
② 同上书,第 8 页。
③ 同上书,第 10 页。
④ [英]大卫·休谟:《书信集》,转引自[美]巴里·斯特德:《休谟》,山东人民出版社 1992 年版,第 6 页。

察人生现象去搜集这门科学的种种实验材料，而在世人的日常生活中，就看人类的交际、事务和娱乐去取得实验材料”，并通过对材料的搜集和比较，去建立一门人性科学。①这是休谟人性论的方法论的特征。

此外，休谟人性论的另一个特点是，否定了“人是理性的动物”这一传统的观念，也否定了笛卡尔的主张。他认为，古今的精神哲学都建立在这样的思想方法之上：“人类只有在遵循理性的命令的范围内，才是善良的”，“每一个理性动物都必须根据理性来调整他的行为”，并征服其他的动物，其实这是一种“谬误”。②他强调“理性是，并且也应该是情感的奴隶，除了服务和服从情感之外，再不能有任何其他的作用”③，认为“单是理性既然不足以产生任何行为，或是引起意志作用，所以我就推断说，这个官能（理性）同样不能制止意志作用，或与任何情感或情绪争夺优先权”④。因此，考察人性、考察人类行为及其真实动机，就要考察人们的实在的情感，尤其需要注意那种易于被误认为是理性的“平静的欲望”。这种欲望，主要有两种：一种是“我们天性中原来赋有的某些本能”；一种是“对于抽象地被思考的福利的一般欲望和对于抽象地被思考的祸害的一般厌恶”⑤。

上述两个特征，虽然是方法论上的，然而，正是这些特征使休谟对人类经济生活和经济行为，给予更多的关注，作出了独到的分析。

以往对社会问题和人性的分析，在休谟看来，大都建立在某种先验的假设之上。一种是“诗人虚构的黄金时代的幻想”，一种是“自然状态”的假设。前一种假设描述了一个最为美好、最为安宁的环境；后一种假设描述了人人相互争斗和充满暴力的状态。前者以美好的诗意去描述人类的高尚的德性；后者则是人类的自私和野蛮的本性未受约束的必然结果，因此只有建立政府以“维护正义和法律”：这两种想象其实是一回事。这种人性状态是否存在、能否延续，“是完全值得怀疑的”⑥。

休谟着重批评了霍布斯的“自然状态”的假设及其社会契约论，指出，这种

① ［英］大卫·休谟：《人性论》，商务印书馆1980年版，第451页。

②④ 同上书，第453页。

③ 同上书，第452页。

⑤ 同上书，第455页。

⑥ 《休谟政治论文选》，商务印书馆1993年版，第177—178页。

观点把人类社会的出现和国家和政府的出现相混淆,以为“人类离开了政府就完全不能组织社会”①。这就忽视了“社会”本身,尤其是忽视了社会生活的一个基本的问题,即人类如何获取生活资料。

在休谟看来,社会的形成,是由人类与动物在获取生活资料的方式上的根本区别带来的。人类个体与动物相比,有三个不利的条件:“(1)他的力量过于单薄,不能完成任何重大的工作;(2)他的劳动因为用于满足他的各种不同的需要,所以任何特殊技艺方面不可能达到出色的成就;(3)由于他的力量和成功不是在一切时候都相等的,所以不论哪一方面遭到挫折,都不可避免地要招来毁灭和苦难。”②换言之,“自然赋予人类以无数的欲望和需要,而满足这些需要,却给了他以薄弱的手段”。“人只有依赖社会,才能弥补他的缺陷,才可以和其他动物势均力敌,甚至对其他动物取得优势。”③“社会给这三种不利情况提供了补救。借着协作,我们的能力提高了;借着分工,我们的才能增长了;借着互助,我们就较少遭到意外和偶然事件的袭击。”④

休谟在这里是从人类的经济生活,即人类获取生活资料的方式来考察社会及其起源问题的。所以明确地把社会和国家区分开来,并且把劳动、分工、协作、互助等经济生活作为社会生活的主要内容,给予经济问题以更多的重视,从而把自己与霍布斯等人区别开来。在伦理问题上,休谟不是从抽象的道德和对人性的先验的定义出发来讨论社会问题,而是从社会和经济生活人手去讨论人性和伦理问题,这就摆脱了从抽象的道德原则出发,对经济生活进行道德化的批评的传统(如基督教对利息的否定),为经济和道德的统一,为经济伦理的研究开拓了道路。

二

休谟的经济伦理思想是在社会的起源和社会正义问题的讨论中展开的。在休谟看来,人类社会的形成,既是同劳动、分工、协作结合在一起的,更是同

① [英]大卫·休谟:《人性论》,商务印书馆1980年版,第580页。
②④ 同上书,第526页。
③ 同上书,第525页。

社会正义联系在一起的。如上所述,在休谟看来:由于大自然给我们提供的物品比起我们的需要来显得稀少,所以人类要组成社会,进行分工和协作;但是也正是由于这个原因,就出现了一个财产权问题。一方面,由于物品的稀少,产生了一个划分财产的必要。“只要自然赐予的某种福惠无限丰富,我们人类总是全体分享,而不是斤斤细分什么权利和产权。”①他问道:“在每个人已经有了足够数量的物品时,还有什么必要对财物进行划分呢?在不可能产生伤害行为的地方,为什么还要产生所有权呢?当只要伸出我的手便可以获得具有同样价值的东西时,我为什么要把别人占有的东西称为我的呢?”②另一方面,由于人的天性中存在不利于人们社会生活的自私情感,人们为满足自己或亲友需要或欲望,而随意侵犯别人的财物或利益,不时引起“纠纷和争执”。所以,就需要达成协议,建立社会正义,来保障财产权的稳定。

总之,“正义只是起源于人的自私和有限的慷慨以及自然为满足人类需要所准备的稀少的供应”③。

在休谟那里,正义主要表现为三个自然原则:“财产稳定地占有的法则,根据同意转移所有物的法则,履行许诺的法则”。

一是“财产稳定地占有的法则”。因为财物“可以在人与人之间随意转移而不稳定”的情况的存在,是“社会上的主要的乱源”④。“只有通过全体社会成员所缔结的协议,使那些外物的占有得到稳定,是每个人安享他凭幸运和勤劳所获得的财物。通过这种方法,每个人就知道什么是自己可以安全地占有的,而且情感的在其偏私的、矛盾的活动方面也就受到了约束。”⑤所以,“划定财产,稳定财物占有的协议,是人类社会的一切条件中最必要的条件”⑥。那么依据什么原则来稳定财产的占有呢?休谟认为,要确定财产权的最初来源是十分困难的。所以他没有接受洛克的财产起源于劳动的观点,认为解决问题的

① 《休谟政治论文选》,商务印书馆1993年版,第184页。

② L.A.Selby-Bigge(eds.), *David Hume: A Treatise of Human Nature and An Enquiry Concerning Human Understanding*, Oxford, 1893, p.184.

③ [英]大卫·休谟:《人性论》,商务印书馆1980年版,第536页。

④ 同上书,第529页。

⑤ 同上书,第530页。

⑥ 同上书,第532页。

最现实的办法是,以“现实的占有”为出发点,“让各人继续占有他现时占有的东西”①。具体地说,是以“占领、时效、添附和继承”②为依据。

二是“根据同意转移所有物的法则”。因为对财物的固定占有往往与人类的需要和欲望“发生矛盾”。如果“让每一个人用暴力夺取他认为对自己是适合的东西,那就会毁灭社会”。适合的办法是:在所有主同意的情况下,“将财物给予另外一个人”;如果未征得同意,那么财物和财产“永远应当是稳定的”③。

三是“履行许诺(promises)的法则”,其作用就是维护和协调各种互利性的“交换关系”。休谟认为在生活中,人们相互之间必然存在各种交换关系,包括“物品的交换”、“服务和行为的交换”。这类交换像相互之间的换工一样,“对我们双方都有利益”④。但是由于人的本性是自私的,为别人服务,大都并非出自对别人具有的“真正的好意”。不能把交往寄托于人们的公益心。唯一的办法,是给予人们的自然的情感以新的方向。这就是说,即使没有对他人的真正的好意,也为别人服务,因为我可以预料到,他会报答我的服务,一起同样达到另一次服务。这就是“许诺”。

“许诺”之必要性,是由于第一个法则使人们可以彼此相安,第二个法则开始使人们互相受益,但仍不足以使他们相互服务。凡涉及一般物品、服务和行为的交往,若要达到互利的结果,就需相互信任和信托。

这三个正义法则,提出了一个经济正义的问题。它既是经济活动中立法的依据,又是经济伦理的基本原则。休谟通过对经济正义的论述,对经济伦理的一些基本问题作出了回答。

首先,人类经济行为的特点是什么,在以自利为动机的经济活动中除了利益的盘算之外,道德是否起作用、如何起作用。

关于人类经济活动的特点,休谟认为,经济活动是人类通过劳动、协作和交换满足自己的需要的活动。人们从事经济活动的原初动机是自私,而不是

---

① [英]大卫·休谟:《人性论》,商务印书馆 1980 年版,第 544 页。

② 同上书,第 545 页。

③ 同上书,第 554 页。

④ 同上书,第 561 页。

为了公益。他说:“不论道德家们或政治家们如何为了公益而干预我们,或是企图改变我们行为的经常的途径,那也是徒劳无益的。”“如果他们计划的成功依靠于他们改正人类的自私和忘恩负义方面的成功,那么除非有全能的上帝加以协助,他们将不能前进一步。”①这一观点类似于霍布斯对人类本性的假设。但是,休谟更注重在物资匮乏的条件下自私产生的客观原因,指出:“由于我们的所有物比起我们的需要来显得稀少,这才激起自私;为了限制这种自私,人类才被迫把自己和社会分开,把他们自己的和他人的财物加以区别”②。可见,这里讲的“自私”,不完全是在霍布斯意义上的那种贪得无厌的利己心,而是指在经济活动中人们维护自己的财产权,谋取自身利益、满足自身需要的活动。休谟的这一论点,事实上提出了稀缺和需要的满足这一经济生活的基本问题,为日后经济学中最基本的“经济人”假说,作了理论上的准备。

值得注意的是,休谟虽然认为,在经济活动中原初的动机是“自私”,但是,他并没有无条件地把“自私”作为经济活动的唯一原则。相反,他把对自私的限制,作为经济伦理的基本问题和经济活动得以正常进行的基本条件。在他看来,承认经济活动中人们的自私动机是一回事,经济活动中人们必须限制自己的自私、遵循正义原则又是一回事。

在休谟那里,正义原则既是一种人们行为的规则,又是一种道德原则。作为一种行为规则,正义原则主要是由于公共利益产生的。由于人们如果自然地追求私利,就会陷于种种非义和暴行,社会就会陷于混乱,其结果就使每一个人的私利也无法得到保障,所以就要订立协议,以维护全体社会成员的利益。正义的协议的设计确实是有益于社会和各人幸福的,是体现了全体的利益的。“正义就是借一种协议或合同而确立起来,也就是借那个假设为全体所共有的利益感觉而确立起来;在这种感觉的支配之下,人们在作出每一个单独的正义行为时,就都期待其他人也会照样行事。”③“只有这种彼此协作才能使正义成为有利或给予我以遵守正义规则的任何动机。”④所以,“全体社会成员

① [英]大卫·休谟:《人性论》,商务印书馆1980年版,第560页。
② 同上书,第535页。
③ 同上书,第538页。
④ 同上书,第539页。

所共同奉行的全部行为体系对于全体和个人都有无限的利益:于是不久就有正义和财产权发生了”。①“社会上每一成员都感觉到这种利益:每个人都向其他的人表示出这种感觉,并且表示决心,愿以这种感觉来调整他的行为,假使其他人也照样行事的话。”②休谟把正义的这种出于利益的约束力称为“自然的约束力”。但是这里所谓“自然的”只是意味着它是以利益为基础的,并不意味着正义规则是自然发生的,相反它是人为的,是由人类的法律所改变的。这种规则的特点是普遍性、一般性,与人们通常的自然的行为方式是不一样的。人们如果按这种通常的方式行事,就会遵循适应情况的特殊判断,就会考虑到各人的品格和条件,贪心和偏私,而“不受某种一般的、不变的原则所约束”,那么“就立刻会使世界混乱起来”③。鉴于这种弊害,所以“才确立了这些原则,并同意以一般规则来约束自己,因为一般的规则是不会被敌意和偏爱,不会被公私利益的特殊看法所改变”④。

此外,正义还有另一种约束力,这就是“道德的约束力,即是非之感”。它虽然是由利益转化而来,但是它毕竟不同于作为“自然的约束力”的利益本身。它源出于“人性中一个强有力的原则”,即“同情”⑤。具体地说,当非义的行为使人受到侵犯时,尽管这种行为丝毫也未影响我们自己的利益,但是由于我们同情遭到侵犯的人,仍然使我们感到不快。“我们通过同情感到他们所感到的不快;而且在一般的观察之下,人类行为中令人不快的每样事情都被称为恶,而凡产生快乐的任何事情同样也被称为德;所以道德的善恶的感觉就随着正义和非义而发生。”⑥道德感还为政治家的公开教导、父母的私人教育等人为的措施所加强,一经形成,就具有一种利益所不具有的独自的约束力。他指出:“当一个人考虑到,不但他对人的品格,而且他内心的安宁和快乐,都完全依靠于社会道德的严格遵守;当他考虑到,一个人如果对人类和社会的义务有所缺陷,则心灵在返观内照时便要感到内疚:当一个人考虑到这几点时,谁还能认为财富的利益足以补偿其对社会道德的些小破坏呢?”⑦

---

①②③ [英]大卫·休谟:《人性论》,商务印书馆1980年版,第538页。
④⑤ 同上书,第573页。
⑥⑦ 同上书,第661页。

总之，在休谟那里，经济正义是规则和道德的统一。它有“两个不同的基础，即道德和利益。利益所以成为这个基础，是因为人们看到，如果不以某些规则约束自己，就不可能在社会中生活；道德所以成为这个基础，则是因为当人们一旦看出这种利益以后，他们一看到有助于社会的安宁的那些行动，就感到快乐，一看到有害于社会的安宁的那些行动，就会感到不快”①。所以，正义作为一种人为的体系，不但规定了经济生活中人们需要遵循的普遍的行为规则，而且“这个体系还可以帮助我们形成关于德的幸福的正确概念和关于德的尊严的正确概念，并且可以使我们天性中的每个原则都是乐于怀抱那个高贵的品格”②。同时，正义规则在社会生活中的实现，也有赖于道德。

休谟关于正义原则的论述，明确地肯定了在以自利为动机的经济生活中道德的地位和作用，论证了经济伦理得以存在的根据。

从而把自己的学说同曼德维尔的主张明确地区别开来，克服了那种以为在经济生活中，只能讲利益的盘算，不用也不能讲道德的非道德主义倾向。同时，休谟还力图把规则和道德统一起来，一方面主张用普遍的、一般的规则来限制个人的偏私和贪欲，以维护经济秩序，另一方面又反对只讲规则和法律、不讲道德的主张，力图证明道德在维系经济正义中的不可或缺的地位。他的情感论的伦理学说就是用以证明这一思想的。他强调，理性不能是道德上善恶的源泉。③“认识德是一回事，使意志符合德又是一回事。”④“道德宁可说是被人感觉到的，而不是被人判断出来的。”⑤就是要说明，理性的认识虽然可以使人判明自己的利益，并遵循既代表了社会利益、又符合于自己的利益的正义规则，但是不能以利益的盘算来取代道德感，更不能否定道德在维系正义原则中的作用。他说：“诚然，由利益发生的情绪和由道德发生的情绪，容易互相混淆并自然地互相融合。”“不过这并不妨碍这些情绪本身仍然是彼此个别的。”⑥总之，重视道德的作用、道德感的作用正是休谟经济伦理思想的一个重要特征，也是休谟比一般的合理利己主义高明之处。

---

① [英]大卫·休谟：《人性论》，商务印书馆1980年版，第540页。
②④ 同上书，第664页。
③ 同上书，第574页。
⑤ 同上书，第498页。
⑥ 同上书，第505页。

这一种观点还表现在他对当时争论激烈的如何看待“享受”的问题上体现出来。一方面他认为,不应该把享受看作绝对的过错。“享受随着时代的进步而日益精致,是人心所向极为正当的趋势”①但是也不能被看作绝对的无害。判断享受的善与恶时,应当将他对个人的影响同社会的影响统一起来。有一种“堕落的享受”不仅对个人是有害的,对社会也是不会有利的。针对曼德维尔的“私恶即公益”的论点,休谟强调罪恶就是罪恶,“善……总是要比毒药好”②。

三

关于经济伦理的具体内容,休谟提出了如下的主张:一是把财产权的稳定及其合法的转移作为经济生活中最主要的行为规则和道德原则;二是把信任和“许诺”,作为重要的行为规则和道德原则。

如上所述,休谟提出的正义的三条法则中,第一条和第二条法则都是有关财产权的。那么,“什么是一个人的财产权呢?所谓人的财产权就是指可供使用的、合法的、归他独自所有的任何东西”③。在休谟看来,财产权是经济生活中最根本的问题。稳定财产权,可以使人们“彼此相安”,保障社会的和平和安全;通过同意来转移财产权,既可以使财产权稳定,又可以使人们“相互受益”。它是社会的法治的一个基础。但是,在休谟看来,财产权同时更是一个道德问题。他说,财产权固然“必然成立于对象的某种关系”,但是,“构成财产权本质的不是外在的、有形的关系”。“财产权是成立于某种内在的关系,也就是说成立于对象的外在关系对心灵和行为所加的某种影响。”④这就是说,财产权不仅是在法律上对财产所有权的某种规定,也不仅是事实上对某种物品的占有,同时也是人们对财产的一种态度。即“它给予我们一种义务感,使我们戒取那个对象,而把它归还于其最初的占有者”⑤。所以它也是一个道德问题,即对他人的财产的态度问题。财产权作为一种德,意味着承担起“戒取”并非属于自己

① [英]大卫·休谟:《人性论》,商务印书馆1980年版,第510页。
② 《休谟经济论文选》,商务印书馆1984年版,第27页。
③ 《休谟政治论文选》,商务印书馆1993年版,第182页。
④ [英]大卫·休谟:《人性论》,商务印书馆1980年版,第512页。
⑤ 同上书,第567页。

的财产的义务。而作为正义法则的财产权的确立是有赖于这种道德观念的。"因此,财产权的本性依靠于那个德,并不是那个德依靠于财产权。"①换言之,财产权的确立和维系都有赖于那个"戒取"非自身所有的物品道德法则的确立和相应的道德感的形成。

"许诺"作为正义法则,在休谟那里也是人类协议的产物,是人为的一种行为规则。"许诺是以社会的需要和利益为基础的人类的发明。"②这条规则的发明,主要是为了使人们之间的经济交往,包括物品的交换、服务和行为的交换,能达到"互相服务"和"互利"的目的。大自然赐予的物品的有限,使人类必须互相服务,互相协作和交往。这种互相的服务和交换是社会的利益所在,也是每个个人的利益之所在。但是由于人类的本性的自私和有限的慷慨,我们的好意和仁爱"天然是很有限的"。所以单靠我们的欲望的直接冲动产生为他人的利益的服务是比较困难的,也是难以得到保障的。虽然在"不计较利害的交往"中,慷慨和互助是存在的,但是在"计较利害"的交往中则难以实现。而在经济生活中,大量的是"计较利害"的交往。"许诺"则是在这种交往中产生的,用以束缚自己去实践某种行为。"当一个人说,他许诺任何事情时,他实际上就表示了他完成那件事情的决心",与此同时"就使自己会受到再不被人信任的处罚,如果他失约的话"③。许诺一旦作出,"就立刻被他的利益所约束了,要实践他的约定,并且如果他拒绝履行他的许诺,他将永不能期望再得到别人的信托"④。休谟认为,只要有简短的社会经验就可以使人发现"许诺"之利害相关。"所以,利益是许诺学最初的约束力。"⑤但是"随后,一种道德感又和利益结合起来,成为人类的一种新的约束力量"⑥。它同戒取他人财产的道德感一起构成了经济正义的基础。可见在休谟那里,许诺不仅是一种出于利害的盘算的行为规则,更是一种道德原则。

"诚信之德"本来在西方文化传统中就是一个被人重视的德性。近代随着社会契约论的兴起,"信用"问题(尤其是金融往来中的信用)在经济生活中的

①② [英]大卫·休谟:《人性论》,商务印书馆 1980 年版,第 568 页。
③ 同上书,第 560 页。
④⑤ 同上书,第 562 页。
⑥ 同上书,第 563 页。

作用的突现，守信、遵守契约，也被视为重要的德性。比如霍布斯就把“守信”作为自然法的一个原则。但是只有到了休谟，才明确地把“许诺”作为经济伦理的问题，作为“计较利害”的经济交往中的一个基本的道德原则提出来。休谟认为包括这两个道德原则在内的正义法则，是经济生活中最为有用和有益的规则。依靠它们，“人们就不会过分自私贪婪，或者过分恣意狂热”①。

这里所谓“过分自私贪婪”是指那种像曼德维尔那样的非道德主义的观点。它们过分地夸大人的自私的本性，一方面离开了大自然赐予的不足这一自私产生的客观条件，把人类在稀缺的条件下，在经济生活中维系自己的财产权、谋取生活资料的“自私”夸大为天性固有的贪婪心，另一方面把贪欲、欺骗、背信作为经济活动的唯一动力，否定正义法则的作用，否定对自私进行限制的必要性，否定道德的作用。其结果只能使经济活动不能正常进行，造成社会的混乱。

这里所谓“过分恣意狂热”指那种以自然给予人们无限丰富的福惠为假设，不顾大自然的有限的赐予，勉强地想实行财产平均，或者“以人人都是圣人”为假设，想以广博的善心，来取代财产的正义的主张。休谟认为，英国内战时期的“宗教狂热者”的这些假设实际上是根本行不通的。

就第一种假设来说，首先，“如果实行平均财产，人们的技能、照管和勤勉不同，必定迅即打破这种平等。若是你们压制这些人的长处，你们将使社会陷入极端贫困的境地”；不仅不能使少数人免于贫乏和乞讨，反而使整个社会无法避免贫困。②其次，为了维系平均，必须对不平均的迹象作最严格的调查和审理，以便加以惩罚和纠正。“然而，这么大的权柄必然很快会变为暴虐，执行时必然会带来很大的偏见，难以公正。”③第三，在这种情况下“谁能掌握此种权力”，也是一个难以解决的问题。

就第二种假设来说，在这种假设中“人人都是他人的第二个自我，都会将自己的一些利益信托给别人处置；没有妒嫉，没有彼此，没有区别。这样整个人类就形成了一个大家庭，一切共有，人人可以自由取用，不必考虑什么产权；

①② 《休谟政治论文选》，商务印书馆1993年版，第181页。
③ 同上书，第174页。

但人人都会谨取慎用，全体关心每一个人的需要，似乎这与我们的利益关系极为密切。”但是“在当前的人心素质下”，“难以找到能够体现如此博爱的完整事例”①。只有在相互感情十分强烈的家庭成员中，才会有取消一切财产的分属的情况发生。如果将这种假设运用于整个社会，就会使整个社会陷于混乱。

总之，在休谟看来，只有实施“正义法则”，才能避免这些结果。而“人类的幸福乃是这一切法则和规章的唯一的目的”②。它不但有益于社会的安定，而且“它必定是归于人性、仁慈、友谊、公共精神以及其他这类社会道德的大部分优良品质的源泉，如同它是给予忠诚、公正、诚实、正直以及其他值得尊重和有用的品质和原则的唯一源泉一样”③。

可见，休谟把上述正义法则和相应的经济道德，视为维系社会安定、保证经济发展、促进道德进步的根本。

四

休谟的上述经济伦理思想，特别是他对“经济正义”的论述，产生于英国市场经济兴起之时。作为苏格兰启蒙的代表，他同亚当·斯密一样，是为自由放任的市场经济的发展鸣锣开道的。一方面为市场经济作出了伦理的辩护，力图证明市场经济最基本的要素，个人权利尤其是财产权的确立和维系，以及基于相互许诺的交换是有利于社会的安定、有益于社会经济生活的正常运行、有利于经济的发展的，因而是有利于全社会的利益的，也是有利于每一个个人的，是合乎正义的。另一方面提出了市场中人们进行“计较利害”的交往所必须遵循的基本的道德原则，即“戒取”非本人所有的财物和信守对他人的承诺。休谟的这些思想为市场经济的经济伦理学说奠定了基础，并成为以效率论据和互利论据支持市场的一个重要的代表人物，在历史上具有不可磨灭的影响。

无疑，休谟的经济伦理思想是西方资本主义市场经济的产物，是为自由放任的经济学说提供伦理基础的。因此，他把资本主义的市场经济视为永恒的，

① 《休谟政治论文选》，商务印书馆1993年版，第174页。

② 同上书，第180页。

③ 同上书，第190页。

把市场经济的正义法则视为普遍的永恒不变的。同时,在他的经济正义的学说中,以财产权的现有状态作为出发点,以维系现有的财产状态为目标。尽管他也认识到,这种财产权的现状"在很大程度上决定于机会"①,并不是像洛克所说是由劳动所致,因而并不见得是天然合理的,但是他认为只有维持现状,承认并维系现有的财产权,才是最现实的可以达到公正的办法。他的"经济正义"的主张排斥了由社会对财产进行合理的再分配的问题。这样就把社会公正的问题归结为维系既有的财产权,完全肯定了资本主义的现实。

但是,休谟的经济伦理思想也反映了市场经济的一般特征,提出了一些值得我们思考的问题。一是在生产力水平低下的条件下如何处理财产权问题。休谟认为,财产权的出现与财富无法满足人们的欲望有关。他一再申述:"如果大自然赐予人类一切外界的便利,四季常温的气候不需要任何衣着和遮盖,野生植物给他提供最美好的食物","人们根本无需辛勤劳作,无需耕作,无需航运",那就无需分工和协作,结成社会,也无需正义,无需财产权,无需使个人和社会区分开来。②"当任何东西多到足以满足人类的一切欲望时,财产的区别便完全消失,而一切东西都成为共有的冷漠。"③这一点对于我们今天的改革不无启示。二是"戒取非自己所有的财物",这一经济生活的道德原则在经济伦理中的地位问题。现实生活表明,市场经济秩序的建立和维系,是离不开这一原则的。在全社会确立这一原则恐怕要比一般地谈论个人利益和集体利益更能有效地遏止经济生活中各种道德失范的行为。

---

① [英]大卫·休谟:《人性论》,商务印书馆1980年版,第554页。
② 《休谟政治论文选》,商务印书馆1993年版,第172页。
③ [英]大卫·休谟:《人性论》,商务印书馆1980年版,第535页。

作为经济伦理的爱国主义*

——试论李斯特的经济伦理思想

弗里德里希·李斯特是一位在经济学说史上有着重要地位的经济学家，是历史学派的先驱者。这位活跃于19世纪上半期的经济学家的主张，与当时的西方经济学界占主流地位的以亚当·斯密和李嘉图为代表的自由放任主义的经济学说有很大的差异，其哲学基础、研究方法、理论观点和政策主张都有自己的特色，他的一些著作就是针对斯密、李嘉图及其在美国的门徒提出的批评。西方有些学者认为，反观19世纪的经济学说，马克思、斯密和李斯特三派形成了三足鼎立之势。他的学说不仅对于德国，而且对于包括美国在内的其他国家的经济学说和经济政策，具有广泛的影响，对于制度主义学派的影响尤其深刻。在近年来的全球金融危机中，李斯特的学说又一次引起人们的关注。有些西方学者甚至预言，金融危机的出现以及西方国家对付亚洲和俄国的危机所实行的以斯密学派的理论为出发点的政策的弊端表明，随着经济全球化的来临，由此而引发的各种经济问题日趋尖锐化，21世纪即将出现斯密学派和李斯特学派的大辩论。①因此重新研究李斯特的经济思想，不仅具有理论意义，而且具有现实意义。本文拟从经济伦理的角度，对李斯特的学说作一分析。

就经济伦理的角度而言，李斯特的学说与斯密学派的观点形成鲜明的对照，其经济伦理思想的要旨是把爱国主义作为一个国家经济发展的精神动力，反对斯密主义的个体主义和世界主义。这一论点是通过对于文化和精神的因素在经济生活中的作用说明而加以论证的。因此，我们将从经济与文化、物质与精神的关系问题开始考察。

---

* 本文原载《华东师范大学学报》(哲学社会科学版)2000年第1期。

① 《马克思，斯密，或是李斯特?》，美国《民族周刊》1998年10月5日。

一、李斯特论经济与文化、物质与精神关系以及经济伦理的地位

作为历史主义学派的经济学家,李斯特的一个重要特点是,他与英国古典经济学力图将经济现象从整个社会现象中剥离出来单独加以考察的做法不同,十分注重文化和精神的因素在经济发展中的作用,因而赋予经济伦理比英国古典经济学更为重要的意义和地位。

李斯特强调社会发展中经济因素和文化的因素、物质的因素和精神的因素之间的相互作用。他认为:“最大的演进中,究竟是物质力量超过精神力量的作用还是后者的影响超过前者,究竟是社会力量支配着个人力量还是后者影响了前者,这些都是不容易肯定的。但是这一点是可以肯定的:两者之间存在着互为因果的关系,是互相起着作用与反作用的,结果这一组力量有了增长时即足以促使那一组跟着增长,有一组力量有了削弱时,另一组也难免不被波及。”①在李斯特看来,经济的发展是一个历史的过程。他在《政治经济学的自然体系》一书中,提出了经济发展阶段的理论,把生产力的发展划分为四个不同的阶段。经济发展的每一个阶段都显示出不同的特点。而各个国家由于其所处的发展阶段不同,历史与文化传统不同,精神因素与物质的因素、文化的因素和经济的因素之间的相互作用就呈现出不同的状况。但是,两者之间的相互作用在每一个阶段上都是存在的。

他的《政治经济学的国民体系》用了很大的篇幅,通过对近代欧美各国经济发展历史的考察,以及对不同的国家经济兴衰的分析,来论证这一观点。比如他认为,威尼斯的富强是由于“奋发有为,热爱自由”的精神所致,而后来的衰落则是由于不求进取、安于现状的精神所致。汉撒同盟的兴起源于其勇敢气质、冒险精神和团结意志所激发的力量,而其衰落则是由于各城市之间的互争优势,为了自身的小范围利益而争胜,使竞争观念超出了团结精神。在分析德国经济发展的特点时,他认为,德国人的品质“热爱的是勤劳、秩序、俭约和节制,他们对于研究工作、对于各种事业,富有忍耐与不屈不挠精神,有诚恳的

① [德]弗里德里希·李斯特:《政治经济学的国民体系》,商务印书馆 1997 年版,第 50 页。

力求改进的精神，相当地有道德心与审慎周详的态度”。“在别的国家，高度的精神文化总是由物质生产力的发展而来的，而德国则情况相反，它的物质生产力的发展，主要是事前的智力发展的结果。”①这表明了德国文化的一个特点，即整个来说，德国的文化是理论性的，德国人的特性中有许多不切实际的特征，但是也说明了经济和文化是相互作用的，不能离开文化的因素单纯地考察经济。

对于文化和精神因素在经济发展中的作用的重视也体现在他所提出的“生产力”的概念中。李斯特认为，不能把经济归结为现有的物质财富和交换价值，不能把“财富”和作为财富产生的原因的“生产力”混为一谈。他尤其反对把经济学视为“交换科学”的那种“物质第一主义”。在他看来，“财富的生产力比之财富本身，不晓得要重要到多少倍”②。作为财富的原因的生产力，既包括“物质资本”形成的生产力，也包括“精神资本”形成的生产力。精神资本是长期历史形成的科学与艺术、智力培养、道德品质、国家与社会制度以及许多世代的发现、发明和改进的积累的结果。据此，李斯特反对斯密和萨伊把不直接生产物质财富的精神劳作排斥在生产力之外，并称之为非生产性劳动的主张。他认为，像教师、音乐家、医师、法官、行政官员等也是生产者，他们“多么有助于一国生产力的发展”③，他们创造的不仅是文化价值，而且是一种生产力。他们之所以成为生产者并不像萨伊所说是因为他们的劳作也会获得交换价值，取得物质的报酬，而是因为他们中，“有些能够使下一代成为生产者，有些能促进这一代人的道德和宗教品质，有些能提高人类的精神力量，有些能使病人继续保持他的生产力，有些能使人权和公道获得保障，有些能确立并保护公共治安，有些则由于他们的艺术给予人们精神上的愉快享受能够有助于人们生产情绪的高涨”④。

对于文化和精神因素在经济生活中的作用的重视，是李斯特经济思想的一个重要的特色。在李斯特看来，与经济发展相关的诸多的文化因素主要有

① [德]弗里德里希·李斯特：《政治经济学的国民体系》，商务印书馆 1997 年版，第 76 页。
② 同上书，第 118 页。
③ 《国民经济学的自然体系》，商务印书馆 1997 年版，第 35 页。
④ [德]弗里德里希·李斯特：《政治经济学的国民体系》，商务印书馆 1997 年版，第 127 页。

三项:一是智力的因素;二是精神和道德的因素;三是法律和政治的因素,即制度的因素。

对于智力的因素,李斯特是相当重视的。在他看来,如果说在自给自足的经济状态下,人的智力根本没有得到开发和利用的话,那么,在工业占支配地位的经济状态下,在迈向成熟的工业化的过程中,智力的因素就处于非常重要的地位。他说,在这样一个"伟大的发明时代",知识"越来越专业化",所有学科,尤其是那些可以运用于工业的知识领域,正在取得飞速的发展。而科学越向前发展,节约劳力和原材料的新发明、新产品、新工艺就会不断涌现。这时,从事工业的人的成功就"取决于科学知识和作为科学进步的新发现"①。从整个社会来看,智力对于国家的经济发展就具有举足轻重的地位了。

但是,智力的因素有待于精神和道德的因素来激发和引导。为此,必须借助于制度的因素。他在总结欧美各国近代以来经济发展的普遍的历史的教训时提出:"不论何处,不论何时,国家的福利同人民的智力、道德与勤奋总是成正比例的,财富就随着这些因素而增进或减退。但是个人的勤奋与节俭、创造与进取,如果没有内政上的自由、适当的公共制度与法律、国家行政与对外政策,尤其是国家的团结和权力这些方面的支持,决不会有任何重大的成就。"②在他看来,"历史到处向我们指出的就是社会与个人力量及条件之间起着交互作用的动人过程"③。在这一过程中,社会环境对于个人的精神状态和道德品质都有深刻的影响,制约着个人的精神和道德能否在经济发展中发挥作用。无论公民个人怎样地勤奋、俭约、富于创造力和智慧,也无法弥补制度的不善所造成的对生产力的发展的制约。历史教导我们,"个人生产力的大部分是从他所处的社会制度和环境中得来的"。所以,凡是先天禀赋不薄、具备发展经济的各种资源的国家,必须按照他们的发展程度来改进自己的制度。

李斯特对于制度因素的重视,其着眼点是激发精神和道德的因素在生产力发展中的作用。他认为,"健全的法律制度和有效的管理能够消除狂热、迷信、懒散、无知和浪费行为,废除特权和有害的制度,改进教育,促进自由,提高

① 《国民经济学的自然体系》,商务印书馆1997年版,第66页。

② [德]弗里德里希·李斯特:《政治经济学的国民体系》,商务印书馆1997年版,第98页。

③ 同上书,第96页。

道德水平”①。然而，在他看来，制度的改进，又与一个国家、一个民族的精神文化和道德状况密不可分。此外，他还认为，从历史经验来看，在发展经济，尤其是发展工业所需要的基本的条件中，有些条件（如技术知识等等）是比较容易改进的，有些条件则是比较难以改进的，其中最为突出的是“在人民方面刻苦耐劳精神、重视公道精神，以及文化教育和道德的缺乏”。因此，李斯特认为，一个国家的经济发展必须处理好精神工作与物质工作之间的关系，重视两者的相互依存，尤其要重视精神和道德的作用，重视发挥精神生产者的作用。因为精神生产者的任务在于，“促进道德、宗教、文化和知识，在于扩大自由权，提高政治制度的完善程度，在于对内巩固人身和财产安全，对外巩固国家的独立主权。他们这方面的成就愈大，则物质财富的产量愈大。反过来也是一样，物质生产者生产的物资愈多，精神生产就愈加能够获得推进”②。

对于精神生产的重视，对于精神和道德在经济发展中的作用的重视，对于制度的重视，使得李斯特给予经济伦理以极为重要的地位。他的经济学说，对于包括制度理论和个体伦理两个方面在内的经济伦理问题作出了系统的论述。

一、李斯特经济伦理思想的要旨

作为一个支持私有制和市场经济制度的经济学家，李斯特对于个人的经济动机在经济发展中的作用，是持肯定态度的。在他看来，一个国家的经济发展，是离不开人们追求经济利益的“亡进心”和“争胜心”的。他在分析欧洲各国经济发展的历史时指出，像艺术上、工业上的进取精神，财富上、事业上的争取成就、出人头地的热烈愿望，航海事业中所表现出来的勇敢和冒险精神等，都是经济发展所必需的。而进取精神的衰退和竞胜心的丧失则会导致经济的萎缩。

在《政治经济学的国民体系》一书中，他还专设一章讨论消费诱因问题，提

① 《国民经济学的自然体系》，商务印书馆1997年版，第41页。

② ［德］弗里德里希·李斯特：《政治经济学的国民体系》，商务印书馆1997年版，第140页。

出，消费诱因在一定的意义上也是生产力的形成诱因。这种消费的诱因往往是出于"要想置身于上流社会"的动机。这种动机的具体表现是对于占有某些消费品有关的"荣誉感"，因而，在一定程度上是一种经济动机。此外，那些单靠私产生活的人，"他的活动无非是对他的收入进行保存、增进和消费"，其动机的经济性质就更加明显。这些动机在李斯特看来对于精神和物质的生产都具有推动的作用，其积极意义是显而易见的，至少有如下三个方面：第一，消费的动机支持了社会上的各行各业，尤其是物质的生产；第二，保存或增加社会的物质资本；第三，他的消费在生活上的表现足以激起社会上的竞胜情绪。所以，在李斯特看来，"巨大财富的占有，以及与这一点结合在一起的体面外表与生活作风对于文明社会也会发生鼓励作用"①。甚至可以说，"社会大部分的生产力就是因这种诱因而产生的"②。

李斯特的分析与斯密的观点十分相似。斯密在《国富论》中指出，人有一种"改良自身状况的愿望"，"这种愿望，虽然是冷静的、沉着的，但是我们从胎里出来一直到死，从没有一刻放弃过这愿望。我们一生到死，对于自身地位几乎没有一个人会有一刻觉得完全满意，不求进步，不想改良。怎样改良呢？一般人都觉得，增加财产是必要的手段"③。在《道德情操论》中斯密还将增加财富的经济动机与人们普遍具有的竞胜心和虚荣心联系在一起，认为"吸引我们的，是虚荣而不是舒适或快乐"。"富人因富有而洋洋得意，这是因为他感到他的财富自然而然地会引起世人对他的注意……穷人因为贫穷而感到羞耻，正是这一点。使财势巨大成为人们羡慕的目标，并在人类的见解中足以补偿追求它时必须忍受的一切辛劳、一切焦虑和一切苦行……为了取得它，宁可永远丧失一切闲暇、一切舒服、一切无忧无虑的保证。"④总之，"正是由于我们有钦佩富人和大人物、从而加以模仿的倾向，使得他们能够树立或导致所谓时髦的风尚。……甚至他们的罪恶和蠢事也成了时髦的东西。大部分人们以模仿这种品质和具有类似的品质为荣，而正是这种品质玷污和贬低了他们自己"⑤。

---

①② ［德］弗里德里希·李斯特：《政治经济学的国民体系》，商务印书馆 1997 年版，第 257 页。
③ ［英］亚当·斯密：《国民财富的性质和原因的研究》上卷，商务印书馆 1972 年版，第 314 页。
④ ［英］亚当·斯密：《道德情操论》，商务印书馆 1997 年版，第 61 页。
⑤ 同上书，第 75 页。

但是,李斯特毕竟不同于对虚荣心和利己心作出无条件肯定的曼德维尔。他认为,对各种经济动机需要作出具体的分析,进行不同的评价,对于不同类型的动机分别对待。首先是强调财富的占有必须是基于合法的手段,否则就不能予以肯定。他说:"如果大宗财产是由侵占、勒索或欺骗而来,或者关于财产的占有与享受不能公开显示,那就情况不同,就不能发生这里所说的鼓励作用了。"①此外,在李斯特看来,对于财富的追求必须与为后代发展经济与文化的进取心结合在一起,而不是一种单纯的财富欲和享乐欲。他在分析西班牙和葡萄牙的经济发展史时指出,他们在一个短短的时间内取得了巨大的财富,但是,西班牙人和葡萄牙人对财富的态度却是不可取的。"这是在浪子手里的财富,是中了头奖得来的;而在英国人手里的财富则好比是一个克勤克俭的家长辛苦聚集起来的。前者是暴发户,浪费过度,任意追求奢侈享乐,可能一时看上去似乎比后者值得羡慕,但是财富在他的手里只是供取快一时的手段,而后者则把财富看作主要是为后代争取精神与物质幸福奠定基础的一种手段。"②只有这后一种动机才是值得肯定的。

就对经济动机的肯定而言,李斯特与以斯密为代表的主流经济学的观点有一致之处。但是,在李斯特看来,个人的经济动机不能成为经济学的出发点,也不能成为经济伦理的基础。在他看来,作为经济发展的精神动力的不是个人的经济动机,而是公民的爱国主义和民族精神,这是李斯特经济伦理思想的核心。

在李斯特看来,以斯密为代表的英国古典经济学的一个主要缺点是,把个人的经济动机的作用无限地夸大,而导致一种"支离破碎的狭隘的本位主义和个人主义,对于社会劳动的本质和特征以及力量联合在更大关系中的作用一概不顾,只是把人类想象成处于没有分裂为各个国家的情况下与社会(全人类)进行着自由交换,只是在这样的情况下来考虑自然而然发展起来的私人事业"③。

为了论证这一主张,李斯特对英国古典经济学的经济伦理思想的一些基本的前提,进行了针锋相对的批判。

---

① [德]弗里德里希·李斯特:《政治经济学的国民体系》,商务印书馆 1997 年版,第 257 页。
② 同上书,第 56 页。
③ 同上书,第 152 页。

首先,李斯特对基于原子主义的个体主义方法进行了批评。原子主义的一个特点是把社会分解为一个一个单独的个人,把个体视为一个自足的个体,并且以此出发,提出了“经济人”假设,把它作为经济学的基本假设和逻辑起点,也作为经济伦理的一个出发点。斯密主义在美国的一个代表人物库伯甚至由此推论,所谓国家“只是一种拟人化的道德存在——一种文字称谓而已”,只是人们的想象,只是一个“字面上的创作”。李斯特对此提出了辩驳,强调国家是一个“独立自主的政治实体”,是真实存在的真正的实体,而“个人都是他所在的国家的一个成员”。“国家介于个人和人类之间,是由这样一些个人组成的单独的社会,这些人拥有共同的政府、共同的法律、共同的利益、共同的历史、共同的荣誉、共同的防御和保护他们的权利、财富、生命的共同制度,他们组成一个自由和独立的实体。”①国家保护个人,并且帮助他实现自己所追求的目标。“多亏了国家,个人才有自己的文化、语言、工作机会和财产安全,他们与国家一起缅怀过去、憧憬未来。”个人与国家荣辱与共、贫富与共。“个人从国家那里获得文明、教育、进步、社会和政治制度以及科学和艺术的发展带来的利益。如果国家衰落,个人就得承担起衰落的灾难性后果。”②总之,“个人的祸福系于国家的独立和进步”③。因此,不能把个人视为一个自足的实体。

针对库伯的观点,李斯特依据黑格尔的国家是伦理共同体的观点,指出承认国家是一个道德的存在与把国家视为一个文字称谓是两回事,不能等同。“道德存在或道德人指的是一种特定社会,是一个由具有共同权利和义务、共同利益和制度的许多人组成的群体。”④在他看来,国家作为一个政治实体是由道德的纽带联系起来的。“国家通过爱国主义的纽带将其成员结为一体。”⑤

在一定意义上,可以把个人视为“道德人”。这里讲的“道德人”,不是指具有一般的德行或德性的个人,而是指一个通过爱国主义的纽带同作为一个实体的国家联系在一起的个人。李斯特用“道德人”概念与英国经济学的“经济人”的概念相对照,以说明经济伦理的出发点,是作为一个实体的国家而不是

---

① [德]弗里德里希·李斯特:《政治经济学的自然体系》,商务印书馆 1997 年版,第 208 页。
② 同上书,第 28 页。
③ 同上书,第 31 页。
④ 同上书,第 235—236 页。
⑤ 同上书,第 234 页。

原子主义的个体。

其次，李斯特对英国古典经济学的公益合成论和曼德维尔的“私恶即公益”的观点进行了针锋相对的批判。亚当·斯密的经济伦理在为个人主义和利己主义作辩护时提出，个人对于经济利益的追求可以通过“看不见的手”的作用，自动地转化为公共利益。他认为，“凡是在私人家庭中看上去是有智虑的行动，施之于国家时绝对不会是愚蠢的”。这是一种类似于曼德维尔的“私恶即公益”的主张。而作为整个英国古典经济学的伦理前提的功利主义则提倡一种公益合成论，认为社会的公共利益等于个人利益的总和，社会财富无非是所有成员的财富的总和。也就是说，只要每一个个人获得了利益，也就增加了公共利益。因此，自由放任是最好的原则。

对此，李斯特提出了如下的诘问：第一，“只有个人利益和国家利益决不冲突时，这一原则才行得通。但事实并非如此”①。

事实上，这种矛盾是经常发生的。“个人只需要满足自己及其家庭的，不管他人或子孙后代；他的视野和手段有限，不能超越私人事务的圈子；他的产业受其生活的社会条件的限制。而国家要满足其大多数成员的社会需要，个人是不可能靠自己努力满足这些需要的。国家不仅要满足现在的一代人的需要，而且要满足未来几代人的这种需要；国家不仅要满足和平时期的这种需要，而且要满足战争时期的这种需要；国家不仅要着眼本国，而且要放眼全球。个人在促进其利益时可能会损害公共利益；国家在促进公共福利时可能会抑制一部分国民的利益。”②李斯特还列举了许多日常生活中常见的事例来加以说明。比如，个人可能通过金融投机而成为暴发户，公众则可能会因此而受到损失。一种新的发明会带来公共福利，但是也会给许多人带来不利的影响，有的人甚至会失去原有的生计。一个国家可能有许多富豪，但是这个国家可能是一个比较贫穷的国家，因为财产的分配不公。

在李斯特看来，这种矛盾之所以会经常发生，是由国家和社会的性质所决定的。“由个人结合成社会时，就能为关系最远的后代谋便利，作打算，就能为

① [德]弗里德里希·李斯特：《政治经济学的自然体系》，商务印书馆 1997 年版，第 234 页。
② 同上书，第 233—234 页。

了后一代的幸福而使这一代忍受困难和牺牲；这些都是只有个人凝结成团体时才会实现的，没有一个懂得事理的人会期望各个个人来这样做。”所以，事实与斯密所说的相反：“有些在私人经济中也许是最愚蠢的事，但在国家经济中却变成了聪明的事。”①李斯特认为，斯密的理论的一个重大的缺陷是“将个人利己性格抬高到一切效率的创造者的地位”②。

第二，国家的利益不能单纯地理解为所拥有的财富的总和。李斯特认为，国家发展经济的目标“不仅仅是财富，而是强大和财富并举”③。李斯特认为，在一个有许多强弱不同、大小不等、经济和社会发展程度不同的国家所组成的世界上，一个国家要“从弱小转变到强大”，要“使它获得长期的生存的保障”，“这些都是政治任务”，是“政治经济任务”④。这里，国家的独立和权力是一项重要的目标。为了实现这一目标，要发展一些对于实现这一目标具有头等重要意义的工业，即使从单纯的经济价值来看是不值得的。国家还要发展教育和文化等精神生产，保持国家的经济安全，使经济持续发展，以实现长远的目标，维系国家的长期的生存。这里李斯特提出的“权力”的概念也就是“国力”的概念。在他看来，这种维持国家的未来发展和长期生存的力量，无论如何也不能归结为个人利益的总和。

第三，针对斯密所谓个人对经济利益的追求可以通过“自由竞争”这只“看不见的手”自动地转化为公共利益的说法，李斯特强调了经济发展中社会协作的重要性。他说，“一个国家的整个社会状况，主要决定于工作种类与工作划分以及国家的生产力协作原则”，而这种协作有赖于一种团结精神。⑤个人之间的经济的竞争固然可以激发人们的上进心，推动经济发展，但是如果竞争精神超过了团结精神，那么就会像历史上汉撒同盟的那些城市那样，“各城市之间互争优势，各自为本身的小范围利益争胜，这种竞争观念超出了整个同盟的团结精神”，那么只能招致失败。⑥

---

① [德]弗里德里希·李斯特：《政治经济学的国民体系》，商务印书馆 1997 年版，第 145 页。
② 同上书，第 295 页。
③ 同上书，第 209 页。
④ 同上书，第 153 页。
⑤ 同上书，第 140 页。
⑥ 同上书，第 26 页。

总之，在李斯特看来，作为经济伦理的基础是爱国主义。这种爱国主义并不否定个人对于经济利益的追求，个人的进取心、竞胜心，也不主张国家对于私人经济如何使用自己的生产力和资金发号施令。国家所做的是，使个人了解单靠他自己的力量是无法进行的那些事。“只要同社会利益无所抵触，一般说来，个人自由是好事；同样的道理，个人也只有在与国家福利相一致的这个限度上才能不受限制。”①反之，则必须受到限制和约束。所以，从根本上说，必须把爱国主义而不是“支离破碎的狭隘的本位主义和个人主义”作为经济伦理的基础。

李斯特的经济伦理把爱国主义作为基本的原则，不但是针对斯密的个人主义和利己主义的，也是针对其世界主义的。在李斯特看来，以斯密为代表的流行经济学的一个重大的缺陷是“无边无际的世界主义，它不承认国家原则，也不考虑如何满足国家利益”②。李斯特指出，斯密的学说揭示了许多以前未被认识的有价值的真理，但是也受到了当时的学术界风气的影响，其中之一就是世界主义。他说，斯密的体系“正好出现在世界主义时代，因此受命于世界主义精神的该体系也就自然得到这个时代的厚爱。全球的自由、永恒的和平、天赋的权利、全人类大家庭的联合等等都是当时的哲人和慈善家们喜欢谈论的话题”③。这种世界主义设想建立一种全球的自由贸易体系，但是其真实性和现实可能性是值得怀疑的。

在他看来，世界主义虽然是一个美好的理想，但是现实的情况是“在个人和全人类之间还有一个中介者，这就是国家”。“各个国家各有它特有的语言和文字、传统和历史、风俗和习惯、法律和制度，它需要这一切来求得生存、独立、改进以及在未来岁月中继续存在，它有自己的疆土；这是一个团体，是由千头万绪的精神关系和利益关系结合起来，它把自己合并成一个独立整体的，它承认它自己的和本身范围以内的权利法则，但与别的同类团体在国家自由上仍然处于对立地位，因此在目前世界形势下，只能依靠它自己的力量和资源来保持生存和独立。个人主要依靠国家并且在国家范围内获得文化、生

① [德]弗里德里希·李斯特：《政治经济学的国民体系》，商务印书馆1997年版，第151页。
② 同上书，第152页。
③ [德]弗里德里希·李斯特：《政治经济学的自然体系》，商务印书馆1997年版，第218页。

产力、安全和繁荣,同样,人类的文明只有依靠各个国家的文明和发展才能设想,才有可能。"①

李斯特强调,一方面必须承认"生产力发展的世界性趋向"②,必须看到随着交通工具的改进,世界上的文明国家通过物质和文化方面的交流而联合在一起的密切程度将会大大地提高;另一方面也不能不看到,现实的世界是一个由许多千差万别的国家组成的世界,不能用世界主义的空想来代替现实。他认为斯密学派的主张,尤其是萨依所主张的世界主义的症结在于,"把那些还没有出现的情况假定为已经实际存在的情况"③。

此外,李斯特还用大量的材料说明,事实上世界主义的经济学并没有被付诸实践。以斯密的母国英国为例,其经济政策仅仅是受自身利益、民族情绪和偏见的指使,而不是出自世界主义的道德目的。"任何一个英国人,特别是英国领导人,决不可能是一个世界主义者。"④他们的实际所为,以为他自己的国家谋福利为唯一目的。他们想依仗当时在经济上占有的支配地位,试图通过政治措施来增进国家的财富,加强国力,使其他所有国家望尘莫及,想把世界上的一切财富和权力让给他们。可见世界主义是虚伪的。

在人类被分为互相独立的国家的状况存在的世界上,各个国家发展经济的目的都是为了国家的独立和强大。而处于不同发展阶段的国家,都有自己的特殊的利益。那些发展程度较高的国家,也不例外。不仅如此,"一个国家在自由、文明和工业方面比其他国家越进步,就越怕丧失独立,竭尽全力提高生产力以增强其政治力量的动机就越强烈"⑤。而对于那些落后国家的文明进步而言,"最大的障碍莫过于世界上各种互相竞争的国家所奉行的自私而贪婪的政策"⑥。"所以完全有理由认为,国家不应该为了试图促进人类未来经济进步而牺牲自己为实现国家经济独立所取得的进步。牺牲国家利益的政策,决

① [德]弗里德里希·李斯特:《政治经济学的国民体系》,商务印书馆1997年版,第152页。
② 同上书,第113页。
③ 同上书,第117页。
④ [德]弗里德里希·李斯特:《政治经济学的自然体系》,商务印书馆1997年版,第117页。
⑤ 同上书,第238页。
⑥ 同上书,第49页。

不会有利于全人类,只可能有利于经济上占优势的国家。"①

总之,既然现在还不存在世界共和国,那么,经济学就是国家经济学。作为经济伦理的基础的伦理观念就不是个人主义,而是爱国主义;既然"个人的幸福全系于国家的独立和进步",那么"个人应该接受出于国家整体利益而采取的限制"②。"个人应该随时准备为国家利益而牺牲个人利益。这种牺牲是正当而崇高的。"③

三、李斯特经济伦理思想的启示

李斯特的经济伦理思想在西方近代的思想史上,可谓独树一帜。他所提出的主要问题是,考察经济学和经济伦理的基点到底是放在一个抽象的不属于任何国家而直接属于世界或人类的个人(经济人),还是放在一个属于特定的国家的"道德人"的基础之上。这一问题在今天,仍然具有现实的意义。确实,我们所处的时代已经大大不同于李斯特所处的时代,经济的全球化已经成为一个趋势。但是,经济的全球化是否意味着世界主义已经实现呢?西方有些舆论认为经济的全球化、市场的全球化,已经使国家的意义,尤其是作为一个经济单位的意义削弱。④与此同时,在经济伦理的问题上,李斯特所批评的西方主流经济学的抽象的"经济人"假说,在当代得到了进一步的发展,在一些自由主义的经济学家那里已经成为分析各种社会问题(如政治、家庭等)和伦理问题的基本假设,出现了如德国的经济伦理学家科斯洛夫斯基所说的经济学帝国主义。这两者结合在一起,成为潮流。这种潮流在我国也有所反映,一度国际社会一体化之类的说法颇为流行。而在经济伦理的领域里,有一些论者,以自由主义的经济学(包括古典经济学和新古典主义以来的主流经济学)的"经济人"假说为出发点,强调在市场经济下,人与人之间的关系就是市场中的契约关系;我国从传统计划经济向市场经济的转变,意味着人们已经从"计划

① [德]弗里德里希·李斯特:《政治经济学的自然体系》,商务印书馆 1997 年版,第 47 页。
② 同上书,第 31 页。
③ 同上书,第 29 页。
④ 参见[美]罗伯特·赖克:《国家的作用》,上海译文出版社 1994 年版。

人”变成了“市场人”,市场中的契约关系将成为基本的人际关系,而处理这种关系的基本的原则则是个人的经济利益的最大化。而这样一来,在市场中个人对经济利益的追求是否需要,是否可能同爱国主义统一起来,就成了问题。爱国主义被排除在经济伦理视野之外,只能存在于其他的领域。但是,现实生活却给我们提出了另一方面的问题,经济全球化过程中,各个国家之间的经济利益的冲突以及综合国力的竞争十分激烈。李斯特所说的,世界主义虽然是一个美好的理想,尽管生产力的发展具有世界性的趋向,现实的世界却是一个由许多千差万别的国家组成的世界,至今并没有失去其现实性。而爱国主义作为经济发展的精神动力,同样也没有失去其现实性。

尤其值得注意的是,我国是一个发展中的国家,受到发达国家的经济和技术优势的压力,我们在参与经济全球化的过程中,在经济领域维护国家主权和经济利益的任务仍然十分艰巨。这就需要从事经济活动的公民,具有爱国主义的精神,在自己的经济活动中把“振兴中华”、使中华民族屹立于世界民族之林作为一个奋斗目标,而不能仅仅把个人或企业的利益最大化作为唯一的目标。因此,把爱国主义纳入经济伦理的视野是十分必要的。如何继承和发扬近代以来以“实业救国”为标志的爱国主义的经济伦理传统,并赋予现代的意义,将它落实到经济生活的方方面面,是经济伦理研究的一个重要课题。笔者愿与学界同仁共同努力。

《道德情操论》究竟是一本什么样的书?*

席卷全球的金融海啸,促使人们对新自由主义加以深刻反思。这个时候,许多有识之士把目光重新投向了亚当·斯密的《道德情操论》。那么,《道德情操论》到底是一本什么样的著作?

亚当·斯密的《道德情操论》发表于1759年4月,至今正好250周年。作为亚当·斯密的成名之作,该书在历史上可谓命运多舛。一方面,它往往被《国富论》的耀眼光彩所遮蔽。另一方面,学界对《道德情操论》以及它与《国富论》之间的关系的解读,却是见智见仁,歧见纷呈。在新自由主义成为西方经济学主流的20世纪80年代之后,全盘按照新自由主义观点来解释斯密的学说,成为风气。新自由主义者或者主张《道德情操论》是一部倡导利己主义的著作,无非是为《国富论》的人性自私论作铺垫;或者认为《国富论》讲"利己",《道德情操论》讲"利他",而"利他"才是问心无愧的"利己"(米尔顿·弗里德曼语)。而实际上,对《道德情操论》的丰富内涵,他们似乎都没有给予充分重视。斯密本人对于《道德情操论》无疑是非常重视的。在《国富论》赢得巨大声誉后,他还费尽精力,对《道德情操论》作了大幅修改,在临终前两年推出了第六版。我们没有理由置之不顾。

一、《道德情操论》展示一个全面的真实的斯密

写作《道德情操论》时,斯密在格拉斯哥大学担任道德哲学教授,这本书便是根据他在课堂上的讲义加工而成的。在《道德情操论》中,斯密专设了一卷"论道德哲学的体系",论述自己的体系与历史上各种道德哲学体系的区别和

---

* 本文原载《新华文摘》2009年第11期。

联系，并以此作为全书结尾。可见，他是把《道德情操论》作为自己独创的道德哲学体系来阐述的。在当时的英国，道德哲学是一门非常广泛的学科，涉及的不仅仅是道德问题，还一般包括了神学、伦理学、法学和政治学等。斯密在《道德情操论》中则认为，“道德哲学的两个有用的部分，是伦理学和法学”，伦理学主要讨论道德问题，而法学则不仅涉及法律和正义的一般原则，而且要讨论有关警察（用现代的语言来说，关乎公共政策）、国家岁入（也可以理解为公共收入）、军备（国防）等国家和社会制度以及各种政策问题，也可以说是包括了政治学的内容。所以，道德哲学是一门包罗了诸多社会学科在内的大学科。

在《道德情操论》的结尾，斯密预言，他将在另一门课程中讨论法学问题。后来他也确实开设了这门课程。斯密在临终前焚毁了自己的所有手稿。幸好，他的学生的笔记被保存下来。我们可以从《亚当・斯密关于法律、警察、岁入及军备的演讲》一书中了解到他的大致思想。这本书包含了《国富论》的许多内容，可以视为《国富论》的雏形。《道德情操论》的重点在狭义的伦理学，但是它所建构的是一个广义道德哲学的体系框架，与斯密的法学思想和经济思想有着不可分割的关联。因为政治经济学在斯密那里是政治家如何富国裕民的学问。可见，斯密是把经济问题同法律和道德联系在一起考察的大思想家。无论人们对于他的经济思想与法学（包括政治、伦理思想）之间的关系作何种理解和解释，这三者之间的内在关系是客观存在的。这是斯密作为一个大思想家的特色。在这一意义上，我们有理由说：不了解他的伦理和法学思想，也就难以把握他的经济思想；不了解《道德情操论》，就难以了解一个全面的真实的斯密，也就难以准确地理解《国富论》。

二、斯密伦理学的主题

作为道德哲学的基础部分的伦理学，在斯密看来，要回答以下两个问题：一是美德或美好的品行究竟是什么？一是美德依托人们心理中的哪些机制才能形成？或者说，依托什么样的机制，我们会赞许某一种行为取向，又会责备另一些行为取向？

《道德情操论》是从第二个问题切入的。该书开宗明义就说：无论人们会认为某人怎样自私，这个人天赋中明显地存在一种本性，使他关心别人的命运，把别人的幸福看成自己的事情，虽然他除了看到别人幸福而感到高兴之外，一无所得。这种本性就是同情。斯密把这里所说的“同情”称之为“原始的情感”，也就是一种普通人都有的平常心理活动，不只是品行高尚的人才具备。它是“人与人之间的激情上的共鸣”，也就是俗话所说的“感同身受”。比如，我们看到有人受伤了，头上血流不止，也会心惊肉跳，也会对伤者的痛苦情绪感同身受。

由于具备了“同情”这种原始情感，人们在社会生活的经验中会习惯于用他人的眼光来看待自己的情感和行为。于是，人们在内心中就有了一个“公正的旁观者”。久而久之，就有了一个内心的法官和仲裁人，也就是通常所说的良心。它可以使我们看清与自己相关的事情，对自己的利益和他人的利益作出合宜的比较，使我们能够保持一种合宜的情感和感觉，从而有是非之心，有追随、赞许美德并谴责恶行的道德情感。

斯密为什么要建立这样一整套学说，来论证美德和美好的行为得以形成的心理机制？在我看来，这主要同英国的社会状况有关。18世纪的英国，市场经济已经兴起，中世纪被禁锢的个人的经济动机在相当程度上得以解放，个人追求利益和权利的愿望十分迫切。这时，人类传统美德还能不能维系，或者要不要维系，就成了一个大问题。传统基督教以“仁慈”为核心的道德哲学体系在此问题面前显得力不从心。这时，出现了两种相反的学说：一种学说坚持原有的伦理观念，对腐败、奢侈、欺骗的盛行忧心忡忡，认为商业的发展、市场的繁荣，必将使整个社会伦理衰败、道德情操堕落，人类文明面临衰退的危险。另一种学说则是惊世骇俗地为私利和各种罪恶辩护，尤其以曼德维尔的“私恶即公益”说为代表。这位英籍荷兰著作家认为，人是非常自私专横而又狡猾的动物，人的本性是邪恶的。但是，正是邪恶的本性促使人为了自利的需要而从事劳动，从而培植了技巧，创造了各种财富，带来整个社会的繁荣。贪婪、虚伪、欺诈、损人利己等恶行，正是经济活力之所在。科学和艺术的真正源泉也在这里。一旦人们摒弃邪恶，社会就萧条、贫困，即使不完全毁灭，也一定会没落。在曼德维尔看来，那些被人夸耀为美德的东西只不过是谄媚和虚荣的产物，一切公德心或爱国心只不过是对世人的一种蒙骗。

与上述两种对立的观点不同,斯密既试图肯定市场的繁荣和工商业的进步,又试图在个人的经济动机得以解放的条件下,为美德的重要性和可能性作出论证。所以,他在《道德情操论》中专辟一章批判曼德维尔的学说,把它称为"放荡不羁的体系",认为它使罪恶表现得更加厚颜无耻,是十分有害的。要真正克服和抵制这种否定美德的"放荡不羁的道德体系",重要的就是要对人类的各种激情及其合宜性作出恰当分析。这就是斯密在情感论的立场上把合宜性作为其伦理学主题的重要原因。

三、美德的基础在于情感的合宜

斯密在伦理学上持情感论立场,认定美德的基础在于情感的合宜性。

有些学者在解读斯密的时候,常常喜欢争辩:斯密到底是从人性自私论出发,还是从人性利他论出发?有论者更是着力证明斯密在他的两本著作里都坚持人性自私的利己主义立场。如果认真读一读斯密的原著的话,就会发现,这些立论都是不可靠的。斯密是经验论者,习惯于描述。他并没有刻意去给人性下什么定义。"经济人"之类的说法其实是后来一些经济学家引申出来的。而且,他的许多描述,说的是人的"原始情感",而不是人的本性或品格。这些原始的情感复杂多样,既有自爱、自利的情感,也有像怜悯、慷慨、尊重他人也希望得到他人尊重和赞同的"社会情感"。在斯密看来,这些情感都是自然的,关键是什么样的情感才是合宜的。

斯密的主张既不能被归结为利己主义,也不能简单地被归结为利他主义。这一点,从《道德情操论》最后一卷中看得非常清楚。在那里,斯密把历史上的那些体系归纳为四类:第一类认为美德存在于合宜性之中,也就是对所有感情的控制和支配之中;第二类认为美德存在于对个人利益和幸福的审慎追求之中,也就是利己主义的体系;第三类认为美德只存在于以促进他人的幸福为目标的感情之中,仁慈是唯一的动机,也就是利他主义的体系;第四类是"放荡不羁的体系",也就是极端利己主义的体系。斯密最推崇的就是第一类体系。对于利己主义的体系,斯密并不赞同,认为它"同我所要建立的体系是完全不一致的"。它只注意一种合宜性,也就是对肉体欲望的合宜性,而将对知识,对亲朋、国家的幸福的追求都置于人的基本需求之外,并将美德仅仅当作一种手段。可见,将斯密视为伦理上的利己主义者,是没有充分依据的。对于利他主义的体系,也就是基督教推崇的将仁爱、仁慈等利他的精神视为道德的唯一合法动机的体系,斯密认为这是一种仅仅被表面现象所证实的观点,它既不能说明像自我克制、坚持不懈等美德从何而起,也没有对于合宜地追求个人幸福和利益的德行被人赞许作出说明。由此可见,把斯密看作是利他主义者也是没有依据的。也许,斯密的本意就是要超越利己主义与利他主义的两极对峙。

斯密将美德区分为两类。第一类美德,可以说是出自对自己的幸福(如身体、财富、地位和名誉等等)的关心。这种关心的合宜性,就是谨慎之德。其要旨是:以谨慎求得安全。具体地说,要增进财富,就要依靠在自己的行业或职业中的真才实学、在日常工作中的乐观和勤勉,以及花费中的节约,甚至某种程度的吝啬。为此,就要认真学习,掌握真才实学。不欺骗,不夸示自己的才能,讨厌骗取信任的胡吹乱扯,依靠真实的本领和知识来取得职业中的信誉。所有这些,都需要有自我控制的合宜运用。

斯密还认为,这种谨慎之德仅仅用于指导个人的时候,虽然被认为是值得尊重,甚至在某种程度上是可爱的,但并不被认为是最高贵的。还有一种较高级的谨慎:将军、政治家等的审慎与明智。总之,"谨慎同其他的美德结合在一起构成了所有品质中最高贵的品质,不谨慎同其他坏品质结合在一起构成了所有品质中最卑劣的品质"。

第二类美德涉及对别人有益或有害,主要是指仁慈和正义。

仁慈和友好的激情,主要包括宽宏、人道、善良、怜悯、相互之间的友谊和尊重等。如何与不同的人保持合宜的感情,就是仁慈之德要回答的问题。为此,斯密作了细致分析。首先是家庭或家族。在他看来,父母和子女之间的感情,不是如有些人想象的是自然联系的结果,而是道德联系的产物,所以,家庭伦理是重要的。职业中的同事关系、贸易中的伙伴关系等,都存在如何友善仁慈的问题。对陌生人也同样存在同情和友善的问题。

在仁慈之德上,最富特色的是,斯密把社会团体作为慈善的首要对象和主要对象,国家和政府则是最重要的社会团体。在他眼里,为国家牺牲的爱国者表现出来的就是一种"最合宜的行为"。由于牺牲非常困难,能够做到的人非常少，所以，人们都普遍赞美杰出历史人物。由此可见，斯密对仁慈之德的解释，不是泛泛的仁爱，而是具体切入到家庭、职场等各种人际关系，切入到社会和国家。

在斯密笔下，“正义”是比仁慈更加重要的美德。这是因为，不义行为直接危害或破坏他人的幸福。社会成员处在需要互相帮助的状况中，同时也面临相互之间的伤害。哪里有互相帮助，社会就兴旺发达；哪里出现相互伤害，社会就不可能维系和存在下去。没有仁慈心，社会也能存在于一种不是很愉快的状态中，但是，如果不能维系最基本的正义，不义之举盛行，那么，社会肯定就会被彻底毁掉。与其说仁慈是社会存在的基础，还不如说正义是维系社会的基础。此其一。

其二，仁慈是不受约束的，不能以外力相逼；而正义则不同，可以强迫人们遵守，谁违背正义就会遭致愤恨、受到处罚。正义往往与法律结合在一起，按照正义行事，会比按友谊、仁慈、慷慨行事受到更加严格的约束。也就是说，正义比仁慈更有约束力。

四、在市场经济与道德之间寻求两全之道

从斯密对美德的阐释中，可以看出这位思想家的良苦用心。一方面，他肯定个体觉醒、个人合法追求幸福生活的条件下，道德既是必要的，也是有可能的；另一方面，他又要肯定在这种条件下，关注他人的幸福也是重要的，爱国之心是值得追求的。一方面，他要尽力避免把市场看作是一个非道德的场所，反对那种认为市场不需要道德来维系的道德虚无主义；另一方面，他又要避免以维系道德为由来否定经济动机解放的进步意义。这是他试图为解决市场经济与道德进步之间的关系所做的尝试。

与那些完全否定传统、甚至否定道德本身意义的偏激思想家不同，斯密尽力去论证，在工业文明和市场经济时代，道德有其必要性和可能性，并在此基础上探索维系人类社会生活最基本道德秩序的途径。《道德情操论》强调的谨慎之德，以及对仁慈之德的重新阐释，保留了传统伦理所重视的个人操守、亲情和家庭伦理，突出了爱国心和公益精神。与那些声称自私是人的本性、是人

的行为唯一动机的学问家相比，与那些倡导在市场经济条件下要彻底摈弃传统伦理的虚无主义者相比，斯密的学说更符合实际，也更具有社会责任。它对于我们在 250 年后的今天清楚地认识市场与道德之间的关系仍不无启示。

与那些固步自封的道德家不同，斯密直面现实，力求创新。他的创新之一，就是顺应时代变化，重新阐释了谨慎之德。一方面，他肯定了人们对自身利益和幸福的追求有其合理性；另一方面，他强调这种追求必须是合宜的，也就是必须符合社会一般规则，而不是无节制和贪婪的。为此，人们必须同时学会用他人的眼光来看待自己的行为，经由自我克制，形成道德情操，同时，要受正义之德和体现社会正义的法律的制约。

斯密期望，经由市场达致富国裕民，必须与道德的维系和提升一致起来。他对此持比较乐观的态度，相信"富之路"与"德之路"能够统一。遗憾的是，后来的一些新自由主义者(包括他们在中国的信徒)，将这种乐观情绪加以夸大，得出了"富之路"就是"德之路"的推断，甚至认为市场就是道德修养的场所，市场本身就有一个伦理机制。他们进而将"看不见的手"的学说解释为：只要让个人在市场中追逐一己之利，无需任何道德的教化，就可以达到道德改善。对于这种不切实际的设想，斯密本人其实早有察觉。他在《道德情操论》中写道："通往美德的道路和通往财富的道路两者的方向有时截然相反。有的人用邪恶的手段，获得晋升。充满野心的人追求的是已经曲解的荣誉，而不是快乐和舒适。"当下的经济危机所暴露出来的金融大鳄的无度贪婪及其对公众的欺诈，以严酷事实证明了斯密的清醒和睿智。

斯密的另一个创新，就是高度重视"正义之德"在市场经济时代的重要地位。如前所述，在斯密那里，就整个社会来说，正义之德是高于仁慈之德的。其中对于体现在法律之中的正义的重视，正是《国富论》关于市场经济运行理论的基本前提。斯密从两个角度来解释"正义"：一方面，它是一种消极的道德，也就是坐着不动，安分守己，不去触犯法律；另一方面，作为一种积极的道德，主要是在市场竞争中，采取公平竞争态度，善待其他竞争者，不得伤害他人。可见，"正义"最主要的是保护私人的财产权。这种正义观，对于市场经济的正常运行非常必要。斯密之后，250 年来世界上所发生的一次又一次经济危机，几乎都与竞争的不公平以及法律监管不到位息息相关。眼下的全球经济危机只不过又一次证明了这一点而已。

必须指出的是，斯密的正义观依然有重大缺陷。最关键的就是“分配公平”问题在斯密那里是不存在的。国外有评论家曾经指出，这也许是斯密刻意回避的问题。尽管斯密多次提到要关心穷人，要通过市场机制使劳动者有讨价还价的权利，从而提高收入，但是，他最为关注的还是不让穷人侵犯富人的财产权。至于当代哲学家罗尔斯等所倡导的“作为公平的正义”、要顾及最少受惠者的利益等观念，则都是第二次世界大战以后的事情。诚然，我们不能苛求斯密这位生活在18世纪的思想家，但是，他的自由放任的经济学说和相应的道德哲学依然存在致命缺陷：一方面，他无法面对市场经济带来的两极分化；另一方面，在社会分配极为不公的条件下，无论是“谨慎之德”还是“仁慈之德”，都无法遏制社会上的贪欲旺盛和道德败坏。

250年来的历史一次又一次证明，自由放任的市场经济，促成了经济和社会的繁荣，同时也带来了严重的两极分化，多次引发经济危机，最终酿成严重的经济、社会和道德危机。所有这些问题，是单靠市场机制本身所无法克服的。正是两极分化带来的巨大社会不公和经济危机，激发了人们对以公平正义为首要价值目标的社会主义的追求。20世纪，正是在1929年开始的经济大萧条中，西方国家的有识之士在社会主义这一世界性潮流的影响下，开始正视市场经济和自由放任主义的弊端，意识到分配不公达到“无法辩护的程度”（凯恩斯语），进而引入向富人征收高额遗产税和累进所得税，建立社会保障等体现社会公平原则的机制，从而维系了经济发展和社会稳定。20世纪80年代之后的新保守主义重新推行新自由主义经济政策，削减社会保障，加剧了两极分化，使得经济增长的成果不能为公众分享。这也是目前全球经济危机之所以不易见底的深层次根源。

可见，要走出危机，既要加强市场监管，健全法律制度，提升伦理道德，以实现守法经营和公平交易，同时，也必须把“分配公正”问题提上日程，尽力加以解决。这也许是我们今天重读亚当·斯密《道德情操论》的意义所在。

重读斯密*

引　　言

世纪之交国际上就有过一种评论，说21世纪的世界很可能就是三位思想家的时代——马克思、亚当·斯密、李斯特，世界经济的走向要看这三派学说的消长。这十年的历史表明，这个看法颇有预见性。金融危机之后，马克思的学说，斯密的学说都引起人们的广泛的关注。

但是，无论是对马克思的解读还是对斯密的解读，都是歧见纷呈。法国的德里达将他那本影响甚广的书起名为《马克思的幽灵们》（*Spectres de Marx*）。在他看来，我们不能没有马克思，马克思在天上看着我们，类似于莎士比亚《哈姆雷特》中的幽灵。但这不是一个幽灵，而是多个，所以用复数"幽灵们"（Spectres）来表述。原因就是人们心中的马克思不一样。斯密也是这样，甚至我们也可以说斯密有多张脸谱。有比较真实的，也有漫画式的、夸张的。

在金融危机之前的三四十年间，新自由主义的经济思想在世界上占主导地位。他们常常把斯密当作自己的鼻祖。他们对斯密的解读，也就成了广泛接受的对斯密的解读。但是早在20世纪90年代，美国学者沃哈恩就通过大量的文本研究写成了一本专著，论证了新自由主义对斯密的解读是一种漫画式的、夸张的、简单化。其特点就是把斯密的丰富的学说简化为几个命题：

1. 人永远是一个功利最大化者；

2. 我们在一般情况下都仅仅受自利的驱动，是"不管别人的人"。或者在经济交换的时候不关心别人的利益；

3. 人是社会原子，或者说，我们是彻底的个人主义者；

* 本文系2010年10月至11月于《社会科学报》连载的几篇短文的合集。

4. 在“看不见的手”的支配下，市场竞争是“和道德无关的地带”，市场满足道德无政府主义的理性或者是把完全竞争的市场视为“理性道德的典范”。

沃哈恩的结论是：“不管这些论点是否正确，把它们归因于斯密是错误的。”

然而，尽管这本书的中译本以及其他对新自由主义的解读提出质疑的论著早已存在，中国的学术界有许多人士似乎还是把新自由主义的解读奉为圭臬。我翻阅过一些有关斯密的论著，大多是按这样的解释模式来论说的，对于沃哈恩等人提出的异议也没有作出论析。更有甚者，这种观点还广为流传，当作可以解释所有社会问题的金科玉律，甚至用于解释中国古代的历史。有一本写明朝历史的畅销书居然写道：“斯密同志告诉我们人永远是自私的。”另外一位讲三国的大红人的名言“诸葛亮买刘备这支绩优股”，表达的也是这个意思。似乎古今中外人永远是自私的。至于古人如何“忠君”之类似乎都是不存在的。可见这种解读影响之深广。

可是，从斯密的著作问世之后，事实上一直存在着不同的解读，也可以说在人们的心目中，斯密有多张不同的脸谱。大体说来，至少有以下几种：

一种就是自由主义尤其是新自由主义者画出的脸谱。也就是上面所说的那种。

另一种则是从斯密和英国古典经济学作为马克思政治经济学的思想来源的角度来审视斯密。王亚南先生给《国富论》中译本写的序言可视为代表。他指出斯密在经济学上的主要贡献是：第一，改变了流行的将社会财富等同于货币的观点，提出了劳动价值论，将劳动视为商品价值的普遍尺度，强调“只有劳动，能在一切时代、一切地方，比较各种商品的价值”；第二，把生产看成是价值和剩余价值的生产；第三，把资本主义社会三大阶级构成的生产关系作为分配关系的基础。认为斯密提出了先辈学者没有提出的新的学说。基于这些学说，就整个国民经济运动的过程作出了比较系统而又明白的描述，开创了作为马克思主义政治经济学的理论来源的英国古典经济学。这种解读，学过马克思主义政治经济学的都很熟悉。

第三种是19世纪德国以李斯特为代表的历史学派对斯密的解读。他们对斯密的自由贸易理论提出了许多批评，着力揭示其思想体系的内在矛盾，尤其是《道德情操论》与《国富论》之间的矛盾。揭示斯密在前一本书中强调利他精神,而在后一本书中则把利己主义当作基本的出发点,这就是所谓的“亚当·斯密问题”。对这一问题的解释,争议颇大,一直延续至今。

第四种就是以沃哈恩在《亚当·斯密及其给资本主义留下的遗产》一书中所阐述的对斯密的解读为代表。其核心的观点就是斯密在两本著作以及学生记录的讲课笔记中所体现的思想是前后一致的。斯密是一个始终如一的思想家,《道德情操论》为《国富论》打下了基础。他对利己主义与利他主义作出独特的挑战。并批判了仅仅从自我利益中得出道德判断基础的道德理论,强调人并非仅仅受自私的激情的驱动。因而新自由主义的解释模式是对斯密的一种曲解。

第五种看法认为,斯密没有什么创见,他的许多观点,尤其是主张自由贸易的观点以前就有,只不过斯密在引用的时候没有注明,被误认为是创见。这种观点以熊彼得为代表。他认定“《国富论》所包含的任何一种分析思想、原则或方法在 1776 年都不是全新的东西”。近来中国学者梅俊杰先生发表的《自由贸易的神话:英美富强之道考辨》一书,通过对英美的经济发展史及其与自由贸易的学说之间的关系的考察,得出与熊彼得观点相近的结论。他认为,实际上英美都是靠贸易保护主义——重商主义发展起来的。当他们在市场上取得霸权地位之后,才开始制造一种自由贸易的神话。而亚当·斯密则是为确立自由贸易的意识形态而制造出来的一座始祖尊神。自由贸易的学说,并没有新自由主义所说的那种科学性、普适性。斯密在当时也没有那么高的地位。这都是 20 世纪八九十年代造神运动的产物。

还有一种就是近来翻译出版的意大利学者所著的《亚当·斯密在北京》一书的观点。其要旨是认为斯密有一种“历史社会学”,他对于世界市场演进过程的分析中有一个“大分流”的理论。它可以解释世界市场的演进。当代中国的崛起,也可以用这个理论框架得到合理的解读。这种解读也涉及对斯密的基本观点的理解。斯密的主要的观点与一般的教科书,尤其是新自由主义的解读不同,有以下几点:(1)市场是政府的工具;(2)竞争和分工是现存的社会框架内经济扩张的互动条件;(3)在不同国家的经济发展中存在着自然的和非自然的发展道路(中国的发展道路是自然的;西方近代以来的发展道路是非自然的);(4)国家财富是国家力量的来源。这种观点得到研究中国近代以来的经济史的一些学者的首肯。近来北京大学的韩毓海先生写的《中国道路与世界史问题》一文中就采纳了"大分流"的概念。

如此不同的解读,显示了重新阅读斯密的必要,也为重读斯密创造了良好的条件。多种的解释,看起来好像会使人无所适从,其实不然,反倒会使得我们在比较中,能够对斯密作出更加深入更加贴切的理解和解读。即使斯密是一个出于意识形态的需要而造出来的一个尊神,那么既然已经成了尊神,已经有那么大的影响力,那么重读斯密,搞清楚他究竟有些什么主张、哪些是站得住的、哪些又是站不住的、哪些主张对今天还有什么启示,还是很有意义的。至少可以有助于我们澄清在金融危机面前显露出许多弊端的一度流行于世的新自由主义的经济思想带来的一些似是而非的观念。

一

"财富"一词的意蕴

斯密影响最大的著作就是《国富论》。从其书名 *An Inquiry into the Nature and Causes of the Wealth of Nations* 就可以看出,财富问题是他关注的焦点。然而斯密作为一个学者,在使用"财富"这一概念的时候,并非像我们在日常生活中说到"财富"的时候那样,当作不言而喻的常识,而是作出了仔细的梳理,区分了日常所说的"财富"所包含的不同的意蕴。

他首先厘清的是"国富"与"民富"的区别与联系。

《国富论》的书名中"wealth of nations"一词,如果直译的话就是"诸国之财富"。可见讨论的重点是国家的财富或国家的富裕。王亚南、郭大力在 1931 年将书名译为《国富论》,是就是按此意思直译的。但是,什么是一国的富裕或一国的财富呢? 斯密当年把"富其君又富其民"作为国策献给英皇的时候,就把在一国的财富区分为两个不同的方面。在给"政治经济学"这个学科下定义的时候,他写道:"被看作政治家或立法家的一门科学的政治经济学,提出两个不同的目标:第一,给人民提供充足的收入或生计,或者更确切地说,使人民能给自己提供这样的收入或生计;第二,给国家或社会提供充分的收入,使公务得以进行。总之,其目的在于富国裕民"。这里明确地把"裕民"和"富国"作为两个不同的问题加以区分。《国富论》的上卷着重讨论前者,而下卷则花了很大的篇幅来讨论后者。20世纪60年代，王亚南、郭大力将书名改译为《国民财富的性质和原因作为研究》，其本意是想借助于“国民财富”这个概念把“富国”与“裕民”这两个方面都加以体现。但是由于汉语中“国民”一词，往往容易被理解为作为个体的“国民”，而非“国”与“民”两者，这样“国民财富”也就有可能被解读为“作为个体的国民”的财富。这样就有可能将社会或国家如何获得充分的收入以便公务得以进行的问题，有意无意地淡化甚至抹去了。于是没有机会细读此书的人，就会把斯密这本书误读为探究个人如何致富的问题的一本著作。

这种误读，由于新自由主义对斯密学说的解读而广为流传。美国学者沃哈恩在《亚当·斯密及其给现代资本主义留下的遗产》一书中曾经把这种解读称为漫画式的解读，指出其要旨是把斯密的丰富的思想归结为几个抽象的极其简单化的公式:第一，人永远是一个功利最大化者。我们在一般情况下都仅仅受自利的驱动，是“不管别人的人”，或者在经济交换的时候不关心别人的利益。第二，人是社会原子，或者说，我们是彻底的个人主义者。国家或社会只是一种抽象物。第三，在“看不见的手”的支配下，个人的利益会自动地转化为公众的利益。于是，就把斯密所做的两种财富的区别取消了，好像财富问题就是个人财富的积累，而国家财富就等同于个人财富的总和，于是就把“富国”等同于“裕民”了。

这确实是斯密之后的一些经济学家，尤其是当代的新自由主义者的主张。他们的眼里，只有个体才是实在的，只有一个一个个人的利益，社会的利益就是个体的利益的集合，也就是所谓的“公益合成论”。但是，亚当·斯密并不是这样看问题的。在他看来，作为社会成员的个体的生计和富裕自然是非常重要的。强调对于政治家来说，或者说对一个政府来说，“给人民提供充足的生计”是至关重要的。但是对于一个政府来说，如何取得必要的财富、充分的收入，使得公务得以进行也是非常重要的。两者自然是相关联的，但是又是有区别的。他是在把两者明确地加以区分的前提下去讨论在不同的历史条件下，“富国”与“裕民”之间的关系的。在这种讨论中，斯密不是用抽象的公式来进行推论，而是具体地分析了许多国家的案例。在《国富论》中，他花了很大的篇幅去讨论如何“给国家或社会提供充分的收入，使公务得以进行”的问题。这一个部分的讨论，提出的是“均衡财政”的观念。在次贷危机和后续在欧洲国家发生的主权基金债务危机的今天,读来好像更具预见性。因为危机涉及两个不同的问题,一个是民间的金融企业的资金链的断裂,一个是主权基金的资金链的断裂也就是政府财政的危机。

此外,在这些讨论中,斯密还注意到,在一定的场合,政府的利益与国民的利益,尤其是那些大商人的利益是不一致的,甚至是相悖的。强调国家财富是国家力量的源泉,而国家力量甚至比国富更加重要。最典型的是他对英国的《航海法》的态度:一方面认为由于它体现的是贸易保护,所以对于"因国外贸易而增加财富,是不利的"。另一方面又强调,"但是由于国防比国富重要得多,所以在英国各种通商条例中,航海法也许是最明智的一种"。这里体现的不是斯密的自相矛盾,而是他在处理"富国"与"裕民"的关系时所采取的具体的历史的态度。斯密自称是一个"最有思虑最有经验的人","不大相信政治算术"。这正是斯密同崇尚抽象公式的新自由主义者的区别所在,也是他高明的地方。可以启示我们讨论"财富"问题的时候,不能抽象地加以议论,也不能仅仅讨论个人的财富,而必须区分"国富"与"民富",并具体地历史地去分析和处理两者之间的关系。

近来"富国"与"裕民"的关系在国内也引起了相当广泛的关注。讨论中也出现了抽象公式的争论。有的论者坚持一种抽象的公式——凡是国家利益都只是私人利益的遮羞布,所以全部问题都在于如何保护和促进私人利益,尤其是那些占有资本能够聚集大量财富的国民的私人利益。也有一些论者则漠视众多国民的生计,一味强调只要蛋糕做大了一切问题也就迎刃而解了。当然也有一些手握权力的人,关心的就是政治权力如何控制更多的财力和资源,而将国民的生计当作小事,有意无意地置于无关紧要的地位。与之相比,斯密对于不同历史条件下,各个国家和政府处理"富国"和"裕民"之间的关系的历史经验和教训时所持的具体历史分析的方法,也许显得更为明智。

二

繁荣、进步与富裕

斯密对日常语言中的"财富"这个词的梳理,还表现在,使用不同的概念来说明常识语言中的“财富”。斯密将广义的“财富”(wealth),区分为静态的“资财”(stock)和动态的“富裕”(opulence)。斯密的重点不在“资财”本身,他要追问和探究的是财富的本质和原因,也就是要追问,“资财”是从哪里来的,财富又是如何增加的,也就是要从动态而不是仅仅从静态来看待财富。用通俗的语言来说,就是一个如何富裕起来的问题,也可以更加简略地称为“致富”,这才是斯密学说的关键所在。

这一点可以从斯密对“富裕”和“繁荣”“进步”之间的区分得到佐证。这一区分是他在比较世界各国的经济情况时提出的。

他首先比较的是北美殖民地和英格兰,认为今日之英格兰确实要比北美各地都富裕,但是北美各地的工资却比英格兰高。究其原因,就是因为北美更为繁荣,也就是说它“以大得多的速度增加财富”。所以在斯密看来,财富增长远比现有的财富更重要。不仅对这个国家重要,而且对于工资劳动者也最有益处。“使劳动者工资增高的,不是庞大的现有的国民财富,而是不断增高的国民财富。因此最高工资不是在最富国家出现,而却在最繁荣,即最快变得富裕的国家出现”。这就是他的结论。

按照这个观念,斯密将当时不同国家的状况区分为三类:一是繁荣的国度,二是停滞的国度,三是退步的国度。18 世纪的中国在斯密的笔下就是一个处于停滞状态的国家。与欧洲相比较,“中国比欧洲国家富裕得多”,生活资料的价格低廉。但是“欧洲的大部分处在改良状态,而中国似乎处于停滞状态”。一方面它一向是世界上最富裕的国家,土地肥沃,耕作精细,人民勤勉。另一方面似乎达到了法律制度所允许的发展程度,停滞于静止状态了。结果是劳动者就业机会不足,劳动者为获得工作就不得不相互竞争,于是工资低廉,难以养家糊口。中国版的下层人民的贫困程度,就远远超过欧洲最贫乏国民的贫困程度。但是中国并没有处于退步的状态。所谓的退步状态是指,用来维持劳动的资金显著减少,各种职业需要的雇工和劳动者一年比一年少,于是上层职业的人就向下流动,到最下层去寻求生计。这样在最下层职业中拥挤着大批的求职者。结果是职业竞争就变得非常剧烈,工资就降低到悲惨的程度,民众的生活极度贫困。这种情况还会从下层波及上层,英属东印度的孟加拉就是这样。

斯密由此得出的结论是:“不同国家不同真实劳动报酬的比例,不受该国富裕程度的支配,而受该国进步、退步或停滞等状态的支配。”充足的劳动报酬,是财富增长的结果,是最大公共繁荣的必然结果。“不是在社会达到绝顶富裕的生活时候,而是在社会处于进步状态并日益富裕的时候,贫穷劳动者,即大多数人民,似乎最幸福、最安乐。在社会静止状态下,境遇是艰难的;在退步状态下,是困苦的。进步状态实是社会各界及快乐旺盛的状态。静止状态是呆滞的状态,而退步状态是悲惨的状态。”所以经济的繁荣、进步,在斯密看来是对一个国家最重要的事情。“财富何以保持持续的增长,繁荣何以维系?”这才是《国富论》要探究的问题。

斯密的这一视角,比起当时中国的一些统治者津津乐道天国如何富裕,闭关自守,不思进取,满足于一时的富裕,无视经济停滞的现实,不去解决经济停滞带来的诸多问题,不想去超越自己的法律制度造成的增长的限度,无疑是比较高明的。这也许就是当代流行的增长主义的来源。后来的功利主义的效率论,与此也有渊源关系。

有些论者以此为据,认为斯密是主张只要经济增长,就可以自然而然地达到普遍富裕的。但是如果把斯密在其他地方的论述联系起来,这个结论就未必妥当。后面我们将会看到斯密对劳动工资及其与利润地租之间的关系的分析,表明如果没有工人的有组织的抗争,资本家是不会给个人充足的工资的。所以斯密的意思,无非说,在经济增长较快,在比较繁荣的进步时期,大家的日子都比较好过一些。仅此而已。

三
劳动、物质资料的生产才是财富的源泉

鉴于斯密着眼的是经济的进步或者说繁荣,他所要追问的“国民财富的性质和原因”问题,实际上就是一个国家及其国民的财富何以增加的问题。在这一问题上,斯密的看法与以往的思想家不同,尤其是与当时欧洲非常流行的重商主义者的观点不同。这种观点的要旨是认定:“财富是由货币或金银构成”,“财富与货币是同义词”。连后来被誉为英国政治经济学的哲学之父的洛克也

持类似的观点，认为“金银乃是一国动产中最坚固最可靠的办法”，所以增大此等金属应该是“该国政治经济的大目标”。

斯密则不然。他的《国富论》开宗明义就提出，“一国国民每年的劳动，本来就是供给他们每年消费的一切生活必需品和便利品的源泉。构成这种必需品和便利品的，或是本国劳动的直接产物，或是用这类产物从外国购进的物品”。他强调“劳动是衡量一切商品的交换价值的真实尺度”。“劳动是第一性价格，是最初用以购买一切货物的代价。世间一切财富，原来都是用劳动购买而不是金银购买的。”就个人来说，其贫富就是“要看他能够支配多少劳动”。就一个国家来说，就是要看，这一国家的国民运用劳动是怎样地熟练，怎样地技巧，怎样地有判断力。在这些条件不变的情况下，就要看其国民从事有用劳动的人数和不从事劳动的人数究竟是什么比例。这就是著名的“劳动价值论”所持的财富观。

自新自由主义成为主流之后，斯密的劳动、劳动分工理论和劳动价值论被许多人遗忘。在他们所归纳的“斯密主义”的公式中，根本见不到劳动价值论的影子。国内也有不少学者对劳动价值论采取不屑一顾的态度。但是连西方严肃地对待斯密文本的学者，也认为“这一理论……在亚当・斯密的经济学理论中的重要性再怎么强调也不会过分”，而且引用对斯密整体上评价不高的熊彼得的如下论断加以说明，正是由于亚当・斯密，劳动分工“才真正成为经济进步的唯一因素”。

在斯密那里，经济进步或财富的增加归根结底由劳动生产力提供的。所以探究财富增加的原因，也就必须探究劳动生产力改良的原因。而这原因，在斯密看来，首先是由于分工。在企业内部的分工的结果有三：“第一，劳动者的技巧因业专而日进；第二，由一种工作转到另一种工作，通常损失不少时间，有了分工，就可以免除这种损失；第三，许多简化劳动和缩减劳动的机械的发明，使一个人能够做许多人的工作。”结论是，在一个政治修明的社会里，造成普及到最下层人民的那种普遍的富裕情况的，是各行各业的产量由于分工而大增。各劳动者除了自身的需要之外，还有大量的产物可以出卖。其他的劳动者亦然，这样大家就可以换得其他劳动者的生产物。于是各阶级会普遍地富裕起来。

但是,斯密所说的分工不仅仅是生产单位内部的分工,而且是社会的分工。就此而言,分工的扩大有赖于交换,即“互通有无,物物交换,互相交易”,而且这种交换不限于物品的交换,也包括才能的交换。正是交换使得分工所带来的效果大增。然而这种分工和交换都是在市场中进行的。市场的规模制约了分工与交换的规模,所以扩大市场是财富增长的必要条件。他比较不同国家经济发展的历史时,就曾经提出,18 世纪中国经济停滞的一个重要原因就是市场的规模受到限制,而他认为最不可理解的是为何中国、印度等国都不去发展对外的贸易。这就是斯密之所以重视市场的一个最主要的原因。

如沃哈恩所论证,断定“劳动分工是新的财富,经济增长从而也是经济利益的源泉和衡量标准”,这一劳动理论是“他的经济理论的基石”,“在他的政治经济学中具有核心作用”。他的许多主张,包括强调自由竞争,对外主张自由贸易,反对贸易保护主义,等等,都是从这一核心衍生出来的。斯密学说的一些内在的矛盾或者说斯密本人的一些困惑也由此生发。

超越利己主义与利他主义的两极对峙*

——亚当·斯密《道德情操论》的一种解读

海啸般的金融危机引发了人们的许多思考，其中一个引人注目的现象是，人们对华尔街金融大亨的贪婪无度普遍地加以谴责，对一些美国人纵欲无度、寅吃卯粮透支的生活方式也开始反思其弊端。这就提出了一个如何从伦理上来反思，自20世纪80年代以来新保守主义的政治家全力推行新自由主义的经济政策带来的后果，这样一个以往被忽视的问题。在这种反思中，人们又开始把目光投向自由市场的倡导者亚当·斯密的名著《道德情操论》(以下简称《情操论》)。今年适逢此书发表250周年。这也许不是偶然的巧合。

1759年首次发表的《情操论》是身为道德哲学家的亚当·斯密的成名之作，又是他在完成《国富论》之后，直到临终还作了精心修改的著作。可见此书在他的思想体系中的地位。但是，如何把握这本书的要旨，尤其是它同《国富论》的关系，在学术思想史上，一直是见仁见智的。在中国也是如此。20世纪80年代之前，流行的观点是苏联学者卢森贝在《政治经济学史》中所持的观点，即认为斯密在《情操论》中"研究道德世界的出发点是同情心"，在伦理学上他是利他主义者，而"他研究世界经济的出发点"则"是利己主义"，并认为两者是对立的。这一观点源自于19世纪中叶德国的历史学派，影响颇深。进入90年代之后，这种观点受到质疑。以商务版《情操论》的译者序言为代表的一些学者，认为上述观点，其实是对斯密著作的误读。他们认为，从对人的行为动机的分析来看，《情操论》和《国富论》一样"都是从人的利己的本性出发的"。"无论怎样，斯密在《情操论》中论证'经济人'的出发点和《国富论》是相同的、一致

* 本文原载李申、陈卫平主编:《哲学与宗教》第四辑，上海人民出版社2010年版。

的,即都是从人的利己主义的本性出发的”。[1]还引用《情操论》中的一句话“毫无疑问,每个人生来首先和主要关心自己”,作为佐证。换言之,认为《情操论》也是持利己主义的立场,与《国富论》唯一不同的就是,《国富论》着眼于市场这只“看不见的手”,如何使得私利的追求,在客观上实现着增进人类福利的目标,而《情操论》则说明人具有克制自私的能力而建立社会行为准则。之所以说这种观点具有相当的代表性,是因为不论是经济学界还是伦理学界,有许多论者持类似的观点,把斯密视为一个利己主义的倡导者。有的学者尽管承认斯密的《情操论》将同情心置于重要的位置,但是仍然认为斯密的所说的同情心是“利己心基础上的同情心”[2]。因为斯密把整个社会的发展归于人的利己心,而“同情心是斯密为研究道德理论的需要而设定的”[3]。凡是讲到同情心的地方都是与人性的另一方面——利己心联系在一起的。斯密讲利己心非常充分,而讲同情心非常谨慎。

上述两种看似对立的观点一个共同点就是,把斯密视为一个从人的利己或利他的本性出发来推论道德和经济秩序的思想家,并且在利己主义与利他主义的两极对立的框架里,来探讨伦理问题,并以此框架来解读和评价《情操论》。然而这两种解读,果真符合《情操论》的文本本来意义吗?如果不符合斯密的文本的,那么为什么这些论者会作出这样的结论呢?本文拟就此作一分析。

一

《情操论》是一本道德哲学的著作。作为道德哲学教授的斯密写作此书的一个目的就是要建构一个独创的道德哲学体系。《情操论》的最后一卷“论道德哲学的体系”就道德哲学要回答的问题和他自己的体系与历史上已经存在的各种体系之间的关系,作了详细的分析。这些分析的一个要点是说明,他自

---

① [英]亚当·斯密:《道德情操论》,商务印书馆 1997 年版,“译者序言”第 15 页。

② 王莹、景枫:《经济学家的道德追问——亚当·斯密伦理思想研究》,人民出版社 2001 年版,第 18 页。

③ 同上书,第 21 页。

己的体系既不是利己主义的体系也不是利他主义的体系。

斯密认为,道德哲学要对人类的道德情感的本性和起源作出说明。特别需要回答的是两个问题:第一,美德存在于什么地方？或者说何种性格、何种行为成为尊敬、赞同的对象;第二,内心的什么力量和功能,使我们认识这种品质。

在第一个问题上,历史上已经存在的体系主要有三类,自己的体系与这些体系都是有关系的,但是又有不同。第一类认为美德存在于合宜性之中,也就是对所有感情的控制和支配之中。第二类认为美德存在于对个人利益和幸福的审慎追求之中,也就是利己主义的体系。第三类认为美德只存在于以促进他人的幸福为目标的感情之中,仁慈是唯一的动机,也就是利他主义的体系。此外,还有一种晚近出现的从根本上否定道德的体系,也就是极端利己主义的体系,斯密称之为“放荡不羁的体系”。

斯密最推崇的就是第一类的体系。这第一类的体系,包括了古代希腊的柏拉图、亚里士多德和斯多葛派和晚近的一些类似的体系。斯密认为,这些体系的一个共同点就是,认为美德存在于行为或情感的合宜性之中,恰如其分之中。其中,斯密最为推崇的是柏拉图的体系。在详细地介绍柏拉图的学说之后,斯密写道,“他的说明与我在前面对合宜性的说明相一致”①。

对于第二类体系——以伊壁鸠鲁为代表的利己主义的体系,斯密并不赞同,认为,尽管它所强调的温和的美德是有助于增进我们的今世的利益、舒适和安全清静,但是,这是古代的体系中最不完美的体系,“同我所要建立的体系是完全不一致的”②。因为它只注意一种合宜性,也就是对肉体欲望、肉体上的快乐和痛苦的合宜性,而将对知识,对亲朋、国家的幸福的追求都置于人的基本需求之外。斯密还认为,这种体系的一个缺点是将美德当作一种手段,不承认美德是为本身的缘故而被人追求的,于是将美德的价值看作是全都来自其效用的。换言之,在斯密看来,美德本身(不仅仅是利益或幸福)就是值得追求的东西。所以将斯密视为伦理上的利己主义者,是没有充分的文本的根据的。

① [英]亚当·斯密:《道德情操论》,商务印书馆 1997 年版,第 356 页。
② 同上书,第 392 页。

对于利己主义的态度还集中体现在他对由利己主义推向极致而得出的“放荡不羁的体系”的批评之中。这里所指的就是曼德维尔的“私恶即公益”说。这位英籍荷兰著作家在《蜜蜂的寓言》中写道，人是非常自私专横而又狡猾的动物。就此而言，人的本性是邪恶的。但是，正是这邪恶的本性，促使人为了满足自利的需要而从事劳动，培植了人的技巧，创造了各种财富，带来了整个社会的繁荣。贪婪、虚伪、欺诈、损人利己等恶行，正是经济活力之所在。科学和艺术的真正源泉也在这里。一旦人们放弃了邪恶，就会商业萧条、贫困不堪，社会即使不完全毁灭，也一定要没落。“至于那些被人夸耀为美德的东西，只不过是谄媚和虚荣的产物。一切公德心或爱国心只不过是对世人的一种蒙骗。”这是政治家深思熟虑的妙计①，所以“道德是谀谄和自豪感相配合所生出来的有政治作用的孩子”。斯密认为，以往的三类道德哲学体系，尽管各有主张，但是都承认美德与罪恶之间有真正的本质上的区别，而曼德维尔的体系却是一种完全抹杀罪恶与美德之间的区别的体系，所以将它称为“放荡不羁的体系”。在斯密看来，这种体系是非常有害的。“它起码唆使罪恶表现得更加厚颜无耻，抱着过去闻所未闻的肆无忌惮的态度公开承认他那动机的败坏。”②

对于第三类也就是利他主义的体系，斯密的评论是，这种基督教推崇的将仁爱、仁慈等利他的精神视为道德的唯一合法的动机的体系，是一种仅仅被表面现象所证实的观点。尽管合宜的仁慈和利他确实是一切感情中最优雅和最令人愉快的感情。由它产生的行为有高于其他行为的美，而仁慈的缺乏，以及与此相反的情感会带上道德上的缺陷，但是利他主义的道德哲学体系，一味强调“美德一定存在于纯粹又无私的仁慈之中”。他们认为，如果在仁慈的行为中发现其他的动机，就不会再称赞这样的动机。比如一种被认为是公益精神的行为，如果混有自私的动机，就不再值得赞同。这就显得过分。既不能说明像自我克制、坚持不懈等美德从何而起，也没有对于合宜地对个人的幸福和利益的关心也可能表现出来的值得赞许的德行作出说明。斯密的观点是，认为

① 《西方伦理学名著选辑》上卷，商务印书馆1987年版，第754页。
② [英]亚当·斯密：《道德情操论》，商务印书馆1997年版，第413页。

“对社会福利的关心应当是唯一具有美德的动机”是不恰当的，只能说这种动机“应当寻求同其他动机的平衡”。从这些论述可以看出，在斯密看来，对个人的幸福和利益的关心，如果合宜也可能表现出德行，它同利他的动机一样也是可以产生美德的。因而不能认为只有利他的动机才会产生德行。可见把斯密归结为利他主义者确实也是没有根据的。

从上面的这些论述可以看出，至少斯密是不赞成把自己的体系归结为利己主义或利他主义的。也许，超越利己主义与利他主义的两极对立，才是斯密的本意。在“论道德哲学体系”篇的开端处，斯密就说过，以往的体系在他看来，从基本的方面来说，也就是从人的天性出发，这一点来说是与他自己的体系是一致的，所以都是有道理的。不过这些体系对于人的天性的理解往往是不完整的，所以又是部分地错误的。而他所要建立的体系是对人的天性的完整的理解。这种完整性的一个表现，就是要避免利己主义与利他主义各自的片面性。力求把利己和利他统一起来，所谓的“超越”首先就是这个意思。

这一点在斯密对美德的分析中也有充分的体现。斯密在回答“什么是美德”的问题时，首先将美德分为两类：一类是对个人自己的幸福而言的，另一类是对他人或团体而言的。

第一类美德，是出自对自己的幸福的关心。关心的对象就是个人幸福所依赖的对象，如身体、财富、地位和名誉等。这种关心的合宜性，就是谨慎的美德。要旨是，以谨慎求得安全。具体地说，要增进财富，就要依靠在自己的行业或职业中的真才实学、在日常工作中的乐观和勤勉，以及花费中的节约，甚至某种程度的吝啬。按照自己的收入来安排自己的生活，这样既可满意自己的处境，又可以不断地改善。为此就要认真学习，掌握真才实学，不欺骗，不夸示自己真正的才能，讨厌骗取信任的胡吹乱扯，依靠真实的本领和知识来取得职业中的信誉。在交友中也要谨慎。在行动和谈吐中，严谨地尊重社交礼仪和礼节。而这些都需要“自我控制”的合宜运用。

斯密还认为，这种美德在仅仅用于指导个人的时候，虽然被认为是最值得尊重，甚至在某种程度上是可爱的，但并不被认为是最高贵的。还有一种较高级的谨慎：将军、政治家等的审慎与明智。这些是同许多伟大的更为显著的美德、英勇、对正义规则的神圣的尊重，结合在一起的，而且有恰如其分的自我控制所维持。如果达到了完美的程度，那么意味着理智与美德的尽善尽美。最聪明的头脑同最美好的心灵合二为一，最高智慧与最好美德两者之间的结合，成为接近于柏拉图的哲人。而低级的谨慎则接近于伊壁鸠鲁的哲人。“谨慎同其他的美德结合在一起构成了所有品质中最高贵的品质，不谨慎同其他坏品质结合在一起构成了所有品质中最卑劣的品质。”①

第二类美德关乎对别人有益或有害，主要是仁慈和正义。仁慈和友好的激情主要是说宽宏、人道、善良、怜悯，相互之间的友谊和尊重等。如何与自己有不同的关系的人保持合宜的感情，就是仁慈之德要回答的问题。在这个问题上，斯密作了细致的分析。首先是家庭或家族。在他看来，父母子女之间的感情不是有些人想象中的自然联系的结果而是道德联系的产物。所以家庭伦理是重要的。接下来是好心人之间的友谊。还有就是由于环境对人们提出的要求，如职业中的同事关系、贸易中的伙伴关系等，都有一个如何友善仁慈的问题。此外就是对陌生人的同情和友善。这些都是传统的伦理，尤其是基督教的伦理一贯强调的东西。

在仁慈之德上，最富特色的是，他把社会团体作为慈善的首要的和主要的对象。而在他看来，国家和政府是最重要的社会团体。因为我们最仁慈的情感所涉及的对象，他们的幸福和安全在一定程度上都依赖国家的繁荣和安全。所以，天性不仅提供自私的感情，也通过仁慈的情感“使得我们热爱自己的国家”。为国家牺牲的爱国者表现的是一种“最合宜的行为”。由于牺牲非常困难，能够做到的非常少，所以人们都赞美国家在历史上的杰出人物。不仅赞同而且极其佩服和赞赏。

斯密还认为，对国家的热爱涉及两条原则：“第一，对实际上已经确立的政治体制的结构和组织的一定程度的尊重和尊敬；第二，尽可能使同胞们的处境处于安全、体面和幸福这个诚挚的愿望。”在一般情况下，两者可能是一致的。但是遇到社会发生大的变化的时候，情况就比较复杂。需要权衡是为维系旧体制的权威还是进行改革。对此，斯密借鉴历史经验作了细致的分析。但是他的基本倾向是赞同西塞罗称为柏拉图箴言的那句话：同不用暴力对待你的

① ［英］亚当·斯密：《道德情操论》，商务印书馆1997年版，第280页。

父母一样，决不用暴力对待你的国家。

可见斯密对仁慈之德的解释，与基督教的泛爱众式的说教不同，不是泛泛地仁爱，而是具体地切入家庭、职场等各种人际关系以及社会、国家。

“正义”在斯密的笔下是比仁慈更加重要的美德，对社会来说尤其如此。之所以重要，首先，是因为违反正义的不义行为，直接危害或破坏邻人的幸福。社会的成员，都处在需要互相帮助的状况之中，同时也面临着相互之间的伤害。在互相帮助的地方，社会就兴旺发达。如果相互伤害，社会就不可能维系和存在下去。没有仁慈之心，社会也能存在于一种不很令人愉快的状态之中，但是，如果不能维系最基本的正义，不义行为盛行，那么就肯定会彻底毁掉这个社会。总之，“与其说仁慈是社会存在的基础，还不如说正义是这种基础”①。正义作为支撑社会大厦的支柱，其地位自然在仁慈之上。其次，是因为仁慈是不受约束的，不能以力相逼。正义就不同，他可以用压力强迫人们遵守，谁违背了就会遭致愤恨，受到处罚。正义往往是与法律结合在一起的，比之道德格言的模糊性，法律是十分精确的。所以，按照正义行事，会比按友谊、仁慈、慷慨行事受到更加严格的约束。也就是说，正义比仁慈更有约束力。

这些论述表明，在对人的行为动机的分析上，斯密的态度是既不排斥利己的动机也不排斥利他的动机。更加重要的是，斯密不是一个直接从人的行为动机推论道德原则的思想家。一方面，他不是无条件地肯定利己的动机，而是将利己的动机纳入合宜性的轨道。在《情操论》第六次修订的时候，斯密还特别强调了“自我克制”的重要。把“自我克制”，作为与谨慎、仁慈、正义同等重要的四大德目之一，强调“自制不仅本身是一种重要的美德，而且，所有其他的美德的主要光辉似乎也源于自制”②，突出地强调了对利己动机的制约。另一方面，斯密也不是无条件地肯定利他的动机，或者像利他主义者所强调的那样唯有利他的动机才是道德的，更不像那些禁欲主义者那样把人类的各种激情都加以否定。在他看来，这种禁欲主义恰恰是“放荡不羁的体系”之所以会受到一些人的拥护的根源所在。在分析曼德维尔德学说之所以具有那么大的欺

① ［英］亚当·斯密：《道德情操论》，商务印书馆1997年版，第106页。
② 同上书，第313页。

骗性的原因时，他曾经写道："在他的时代之前流行的、认为美德是人们全部激情的彻底根绝和消除，这样一些流行于民间的制欲学说，是这种放荡不羁的体系的真正基础。"①因为，它很容易地论证了：第一，实际上人们从未完全征服了自己的激情；第二，如果人们普遍地做到了这一点，那么，这对社会是有害的，因为这将葬送一切产业和商业，并且在某种意义上会葬送人类生活中的一切行业。通过第一个命题，似乎证明了真正的美德不存在，也证明了自以为是的美德的东西，只是一种对人类的欺诈和哄骗；通过第二个命题，他似乎证明了，个人劣行即公共利益，因为如果没有这种个人劣行，就没有一个社会能够繁荣或兴旺。这就是说，禁欲主义把人的一切激情，一切对个人的利益的追求，甚至把一件干净的衬衫、一间温馨的居室都说成是违反道德的恶行，那么，在逻辑上就很容易推论得出人们是不可能都有这样的德性的，真正的美德是不存在的，也很容易推论出"对美好生活的追求"这种在禁欲主义看来的"劣行"，是社会繁荣的基础。简言之，禁欲主义与非道德主义是相反相成的东西。正是出于这样的一种考虑，斯密对于利他主义的道德体系，也并不赞同。

综上所述，可见，斯密自己是不赞同把他的道德哲学体系归结为利己主义或利他主义的。斯密的文本反反复复地申明这一点。

二

那么为什么，许多论者会坚持斯密的《情操论》是利他主义，或者认为是利己主义呢？这里确实存在着如何全面地解读斯密文本的问题。

首先是如何理解斯密对人的天性和激情的分析？确实，斯密非常喜欢谈论人的天性。比如他在评价历史上的各种道德体系的时候就说，他们的共同之处就是以天性的原则为基础。这是西方 18 世纪的思想家们津津乐道的话题。然而斯密对于人的天性的讨论，并没有采取那种简单的定义的方法，大都采用描述的方法。主张斯密是人性自私论的作者经常会引用斯密在不同地方的描述，比如斯密如何说明地主雇佣千百人来为自己劳动的"唯一目的是满足自己的无聊

① ［英］亚当・斯密：《道德情操论》，商务印书馆 1997 年版，第 413 页。

而又贪婪的欲望”，资本家“以牟取利润为唯一目的”，等等。以此证明，斯密主张利己主义。但是，如果我们仔细地阅读《情操论》就会发现，斯密对于人的天性的其他的方面也有许多的描述。《情操论》的开端，斯密就指出：“无论人们会认为某人怎样自私，这个人天赋中明显地存在一种本性，使他关心别人的命运，把别人的幸福看成自己的事情，虽然他除了看到别人幸福而感到高兴之外，一无所得。这种本性就是怜悯或同情”。[①]而且把这一论断作为他的推论的基石。对于同情，斯密特别强调“同情在任何意义上都不可能看成是自私的本性”[②]。

总体上看，斯密对人的天性或情感的描述，包含着三个方面。一种是自私的激情。一种是社会的激情，也就是慷慨、人道等，尤其是企图得到他人赞同的激情。还有一类像妒忌、愤怒等。可以说，斯密对人的天性的描述是综合的，全面地而不是仅仅抓住某一方面，将它作为人性的定义，更没有将“自私”或“慷慨”当作人的某种不变的永恒的本性。就此而言，把斯密归入心理利己主义也没有充分的论据。

此外，斯密对于人的天性、人的激情的描述仅仅是一种心理的状况而不是道德品行。以对“同情”的分析为例。斯密在上面引述的论断之后，紧接着就指出，“这种情感同人性中所有其他的原始感情一样，决不只是品行高尚的人才具备，虽然他们在这方面的感受可能最敏锐。最人的恶棍，极其严重地违反社会法律的人，也全然不会丧失同情心”[③]。这里“原始感情”一词，对于理解和把握斯密对人的各种激情，包括利己和利他的动机的分析，最为关键。它实际上是普通人都具备的常见的心理状态，与行为的品质、人的品性、道德是不同层次的东西。而且斯密没有像后来的一些哲学家（如约翰·穆勒）那样，把“所欲”与“可欲”，心理事实与道德应当等同起来。那些把《情操论》视为利他主义的论者，就是混淆了这两种不同的东西，才推论出自己的结论来的。

《情操论》对于作为“同感”的“同情”的论述，主要着眼于回答如人的道德赞同能力从何而来，而不是回答什么是美德的问题。其推论的逻辑大体如下：首先肯定人与人之间有一种激情上的“共鸣”，也就是我们俗话所说的“感同身

①③　[英]亚当·斯密：《道德情操论》，商务印书馆 1997 年版，第 1 页。
②　同上书，第 419 页。

受”。在此基础上,人们会借助于想象力,“设身处地”感受他人的不幸。于是人们在社会生活的经验中会习惯于用他人的眼光而不只是自己的眼光来看待自己的情感和行为。这就会在内心中形成一个“公正的旁观者”。久而久之,就有了一个内心的法官和仲裁人,也就是通常所说的良心。它可以使得我们看清与自己相关的事情,对自己的利益和他人的利益作出合宜的比较,使得我们能够保持一种合宜的情感和感觉。从而使得我们有是非之心,有追随、赞许美德并谴责恶行的道德情感。这些论述清楚地表明,斯密在这里所讨论的问题是:我们的道德感是如何形成,我们心理中的那些能力使得我们会赞同德行而谴责恶行,而并不是利己的动机还是利他的动机是值得赞同的问题。所以把斯密所说的作为原始感情的同情心视为主张利他主义,其实是对斯密的文本的误读。与斯密的本来的意义,风马牛不相及。

主张《情操论》持利己主义的论者,也有不少的误读。比如以斯密说过,“毫无疑问,每个人生来首先和主要关心自己”①为由,证明斯密持道德上的利己主义的立场。然而,只要我们仔细地看看这句话的前后文,就不难发现斯密说这句话的真意何在。这句话,是在讨论对“正义”问题的时候说的。斯密强调的是“以牺牲别人来满足人皆有之的、使自己的幸福超过别人的天生偏好,都不能得到公正的旁观者的赞同”。在解释这种天生的偏好的时候,斯密说了这样一句话。在解释这句话的时候,他举例说,当我们听到一个与我们没有关系的人的死讯的时候,会使我们有所挂虑,但是对我们的影响可能比我们身边的小灾小难要小。可见这里说的是一种“原始的情感”。但是,在斯密看来,这既不是合乎道德的、应当如此的,又不是人们事实上必定会如此行事的。他说道:“我们应当用自己自然地用来看别人的眼光,而不用自己自然地会用来看自己的眼光,来看待自己。”“虽然对他自己来说每个人都可以成为一个整体世界,但对其他人来说不过是沧海一粟。”②所以,他不敢在人们面前采取这种态度,公开承认自己是按照这一原则行事的。他一定会收敛起这种自爱的傲慢之心并把它压抑到别人能够赞同的程度。

---

① [英]亚当·斯密:《道德情操论》,商务印书馆 1997 年版,第 101—102 页。
② 同上书,第 102 页。

此外，值得注意的是，斯密在《情操论》的另一处把这句话表述为："像斯多葛派学者常说的那样，每个人首先和主要关心的是他自己。"①所以这句话的解读终究不能望文生义，需要把握斯多葛派的基本观点和斯密对斯多葛的解读和理解。在系统地评述斯多葛派第七卷中，斯密说道，芝诺的一个基本的观点是，自爱之心是人的天性，一个动物只关心自己。这种感情使他尽力维护自己的生存，而且尽力把天性中不同的构成要素保持在它们所能达到的完美无缺的境界之中。为了维护自己的生存，就要对环境和不同的事物作出选择或抛弃。"美德和行为的合宜性就存在于对它的**选择和抛弃**之中。"至于要达到的那种完美无缺的境界，在斯多葛派看来，就要"按照天性，按照自然或造物主给我们行为规定的法则和指令去生活"②。而天性推荐给我们的对象，既有家庭的亲戚的朋友的，也有国家的人类的。所以天性又教导我们，一个人，许多人和一切人的幸福比我们的幸福无限重要。所以个人幸福必须服从之。尽管斯密对斯多葛派过分强调顺从命运的安排等观点并不赞同，但是在"自爱"包含选择和抛弃，以达到合宜性，而高出于动物的境界中的"自爱"必须收敛起"傲慢之心"等问题上，斯密在《情操论》中，尤其是在最后一版修订之后，是赞同芝诺的。可见，把斯密解读为道德上的利己主义也是缺乏根据的。

总之，无论是心理利己主义还是道德的利己主义，都是斯密不赞同的。当然这并不妨碍斯密肯定人的利己的动机在经济上的合理性，也不妨碍斯密肯定从利己的动机出发可以经由"公正的旁观者"，而达至"谨慎之德"。但是，在斯密的体系中最核心的概念或者说最核心的环节是经由同情或同感这种心理机制，在社会生活中形成的"公正的旁观者"。这正是斯密之所以能够超越利己主义或利他主义的关键所在。

三

美国学者沃哈恩在详细分析对斯密的解读史后指出，对这类文本的误读始于 19 世纪，对其批评一直是存在的，在当代西方学者中也有许多的批评。

---

① ［英］亚当·斯密：《道德情操论》，商务印书馆 1997 年版，第 282 页。

② 同上书，第 360 页。

但是这些观点，往往会被一些人称作“流行”的观点，或者被称作主流的观点。由此看来，各种解读，包含一些流行的误读，与解读者自身的视角有非常密切的关系。这就需要从具体的历史背景下学界的思潮来剖析这类误读。

19世纪自由主义的经济思潮强劲，就开始从斯密的《国富论》中引出了“经济人”假设，并把它作为其学说的最基本出发点，进而将斯密的思想归结为曼德维尔式的利己主义。但是事实上最早概括出“经济人”假设的是约翰·穆勒，而不是斯密本人。况且穆勒本人对此也是非常谨慎的。他十分明确地指出，这仅仅是一种抽象，一种假设。“它只是在抽象意义上为‘真’。”也就是说，只是考虑到“全部场合种类中共有的一般的原因”，而不是全部原因。在现实社会生活中，没有哪一个人的终生活动仅仅受追求财富的动机而不受任何其他冲动的直接或间接的影响。若考虑到出于非财富追求的其他动机和行为，那么，就一般而言，财富甚至不是人的主要目标，经济学“也并没有假装它的结论可用于对这部分非追求财富行为进行解释”。穆勒指出：“没有一个政治经济学家会如此荒谬地认为人类事实上如此。但这种假设是这门科学研究的必要方法。当一个结果取决于几个同时发生的原因时，如果我们想通过这些原因预测或控制结果的话，就必须一个一个地研究这些原因，研究它们各自的法则”。①可是，在穆勒之后，一些自由主义的经济学家，则把“抽象的人”，变成了“事实上的人”。于是无限制地追求个人的自我利益，追求财富，就成了人的不变的本性。在他们的视野中，斯密的《国富论》的主要的贡献也就是变成了为这种无限制的利益追求奠定了有力的经济学的证明，而《情操论》则为此奠定了伦理学的基础。

19世纪德国历史学派的经济学家，如李斯特等，不赞同自称为斯密主义的英美自由主义，对此提出了一系列的批评。其中一个基本的观点，就是以“道德人”代替“经济人”，强调个人不是自足的实体，“个人的祸福系于国家的独立和进步”。事实上，个人都是通过爱国主义的道德纽带同作为实体的国家联系在一起的“道德人”。在此基础上，对曼德维尔式的利己主义进行了深入的批

① [英]约翰·穆勒：《政治经济学的定义及研究者们科学的哲学方法》，中译文载《海派经济学》第六辑，上海财经大学出版社2004年版，第138页。

判。这些学者看出《情操论》中的斯密与英美斯密主义者所推崇的那个斯密之间的区别，于是就提出了斯密问题。为了强调这些区别，他们就把《情操论》解释为利他主义的著作。

20世纪八九十年代之后，在新保守主义的政治思潮支持下，新自由主义经济思潮成为主流。对斯密的学说也提出了一套解读的模式。据沃哈恩的概括，主要由四个命题组成。为首的就是“人永远是一个功利最大化者”。为了强化新自由主义的立场，有些论者不仅把《国富论》的观点作了这样的概括，而且也尽力去说明《情操论》在这一基本问题上与《国富论》一致。由于新自由主义掌握了话语权，十分强势，西方学界的不同的声音常常被掩盖。这种情况在90年代之后的中国表现得尤其突出。将原本作为一个假设的“经济人”作为事实上的人，作为一种关于人的本性的真理性的判断的说法大为流行。这种情况的出现有其特殊的原因。一个是，从传统计划经济向市场经济体制转变之初，人们的经济动机突然被解放出来，社会上形成一个旺盛的利欲冲动，有时甚至是一种狂热的冲动，这种冲动需要学理的支撑，舆论的支持。另一个原因是，由于严格的科学训练的不足，由于对学理性的抽象理论与其实际应用之间的区别缺乏足够的认识，往往难以理解抽象科学中的“假设”的特征，易于离开了这种理论的“假设”在做出抽象的时候所蕴含的前提条件，以及其适用的限度，不适当地把“假设”当作了事实上的全部的“真理”，当作事实本身。或者把为了考察的需要，抽象出来的单一的原因，当作了原因的全部。因此，在新自由主义在中国成为经济学的主流，而经济学又在其中特殊的历史条件下成为显学的时候，将《国富论》和《情操论》视为利己主义的观点，并加以推崇的做法，也在中国大为盛行。这种做法对中国社会影响甚大，在学术界影响了许多学科。“人永远是利己的动物”几乎成了一种流行的解释社会问题的范式。连历史小说也不例外。一本话说明朝历史的畅销书也写下了这样的句子：“斯密同志指出了这样一个真理，——人天生，并将永远是自私的动物。”名噪一时的三国专家的名言“诸葛亮买了刘备这支绩优股”，透露出来的也是这种解释模式。

可见澄清斯密在《情操论》中到底是不是主张利己主义，不仅是一个文本解读的事情，还关系到我们用什么范式来解释和分析社会和历史问题，关系到我们建立什么样的核心价值，不可不慎。

试论亚当·斯密对财富概念的梳理*

本次会议的主题是"财富哲学",可是"财富"问题在何种意义上可以成为哲学研究的对象,也就是说"财富哲学何以可能"? 我至今尚未求得答案。只是从哲学擅长于概念分析的角度,觉得也许可以通过对日常语言中的"财富"概念与科学语言中的"财富"概念之间关系入手作一点分析。自改革开放以来,在一个以经济建设为中心的历史时期,"财富"已然成为一个中心的话题。尤其是进入市场经济之后,一反计划经济时代讳言财富的社会风尚,社会上弥漫着对个人财富尤其是金融资产和货币的狂热的追求。财富概念也迅速泛化,诸如"财富人生"之类的话语,随处可见。学界亦然。有的论者为了倡导道德,就大谈"道德资本",甚至"意识形态资本"。有的论者走得更远,从新自由主义那里为狂热的财富追求寻求学理支撑,往往把利益最大化的追求视为经济社会发展的最大的动力,甚至把"贪婪就是好"当作信条,尤其是把"以钱生钱"的金融游戏,当作社会财富增长的主要源泉。如阿玛蒂亚·森所说,这些经济学家为了"支持自由市场理论","不断地搬出斯密"。但是实际上,他们是"'误读'斯密"。我在阅读斯密的文本的时候,深感阿玛蒂亚·森的论断是有充分根据的。身兼道德哲学家、政治哲学家、经济学家的亚当·斯密,深受英国哲学分析传统的熏陶,对于作为经济学的概念的"财富",有仔细的梳理。梳理一下斯密的财富概念,看看斯密是如何看待财富及其来源的,也许对于我们澄清财富概念,厘清财富观念上的歧见会有所裨益。

一

"财富"这一概念在亚当·斯密的学说中确实处于核心的地位。他把自己

* 本文系在上海财经大学举办的"财富哲学"讨论会上的发言,刊载于《社会科学报》2009年4月9日。

的经济学著作起名为“An Inquiry into the Nature and Causes of the Wealth of Nations”，就可以表明这一点。但是斯密本人对于“财富”这个概念是做了许多细致的梳理的。在不同的场合使用的与我们日常语言中的“财富”这一语词相近的概念，其实是有不同的含义的，有的时候还是用不同的术语来说明我们日常语言中所使用的“财富”一语。以书名中的“wealth of nations”为例，如果直译的话就是“诸国之财富”。讨论的重点是国家的财富或国家的富裕。王亚南、郭大力在 1931 年将书名译为《国富论》，就是按此意思直译的。但是，什么是一国的富裕或一国的财富呢？斯密当年把“富其君又富其民”作为国策献给英皇的时候，就把一国的财富区分为两个不同的方面。在给“政治经济学”这个学科下定义的时候，他写道：“被看作政治家或立法家的一门科学的政治经济学，提出两个不同的目标：第一，给人民提供充足的收入或生计，或者更确切地说，使人民能给自己提供这样的收入或生计；第二，给国家或社会提供充分的收入，使公务得以进行。总之，其目的在于富国裕民。”①这里明确地把“裕民”和“富国”作为两个不同的问题加以区分。也可以说，在斯密那里，国家的富裕包括了国民的富裕和用于公务的财富的充裕。这与后来一些论者将国家的富裕视为个人财富的总和，是不同的。20 世纪 60 年代，王亚南、郭大力将书名改译为“国民财富的性质和原因的研究”，其本意是要把“富国”与“裕民”这两个方面都加以体现。但是由于现代汉语中“国民”一词，往往容易被理解为作为个体的“国民”，因此有可能将社会或国家如何获得充分的收入以便公务得以进行的问题，有意无意地淡化甚至抹去。这样就会把斯密这本书误读为一本讨论个人如何致富问题的著作。这种误读，由于新自由主义对斯密学说的解读而广为流传。美国学者沃哈恩在《亚当·斯密及其给现代资本主义留下的遗产》一书中曾经把这种解读称之为漫画式的解读，指出其要旨是把斯密的丰富的思想归结为几个抽象的极其简单化的公式：第一，人永远是一个功利最大化者。我们在一般情况下都仅仅受自利的驱动，是“不管别人的人”，或者在经济交换的时候不关心别人的利益。第二，人是社会原子，或者说，我们是彻底的个人主义者。第三，在“看不见的手”的支配下，个人的利益会自动地转

① ［英］亚当·斯密：《国民财富的性质和原因的研究》下卷，商务印书馆 1972 年版，第 1 页。

化为公众的利益。这种解读，就把斯密所作的两种财富的区别取消了，好像财富问题就是个人财富的积累，而国家财富就等同于国民个人的总和，也就是把“富国”等同于“裕民”了。这里我们不去展开对这种漫画式的解读的分析。但是，必须指出，用“裕民”取代“富国”，是与斯密的本意是相悖的。他是在把两者明确地加以区分的前提下去讨论在不同的历史条件下，“富国”与“裕民”之间的关系。斯密确实重视“裕民”，强调对于一个政府来说，“给人民提供充足的生计”是至关重要的，但是他并不认为“裕民”可以等同于“国富”。在《国富论》下篇中，他花了很大的篇幅去讨论如何“给国家或社会提供充分的收入，使公务得以进行”的问题。在这些讨论中，他还注意到，在一定的场合，政府的利益与国民的利益，尤其是那些大商人的利益是不一致的，甚至是相悖的。强调国家财富是国家力量的源泉，而国家力量甚至比国富更加重要。最典型的是他对《航海法》的态度：一方面认为由于它体现的是贸易保护，所以对于“因国外贸易而增加财富，是不利的”①。另一方面又强调，“但是由于国防比国富重要得多，所以在英国各种通商条例中，航海法也许是最明智的一种”②。这里体现的不是斯密的自相矛盾，而是他在处理“国强”与“国富”“富国”与“裕民”的关系时所采取的具体的历史的态度。斯密自称是一个“最有思虑最有经验的人”，“不大相信政治算术”。这正是斯密同崇尚抽象公式的新自由主义者的区别所在，也是他高明的地方。可以启示我们讨论“财富”问题的时候，不能抽象地加以议论，也不能仅仅讨论个人的财富，而必须区分“国富”与“民富”，并具体地历史地去分析和处理两者之间的关系。

二

斯密对日常语言中的“财富”这个词的梳理，还表现在，使用不同的概念来表述日常语言中的“财富”。《国富论》的中译者，王亚南、郭大力先生已经注意到斯密在其著作中所用的不同的概念，并且用不同的汉语词汇来逐译。《国富

① ［英］亚当·斯密：《国民财富的性质和原因的研究》下卷，商务印书馆1972年版，第35页。
② 同上书，第36页。

论》中译本把斯密使用两个不同的语词翻译为财富,一个是 wealth,即《国富论》的书名中的"国民财富"("wealth of nations"),另一个是 opulence(与此相关的形容词是 opulent,有富裕、充足、大量、丰富等相近的意思)。《国富论》上卷第三篇的标题:"论不同国家中财富的不同发展"(the progress of opulence in different nations)就是用的这个词。还有一个我们通常也可以说成"财富"的词出现在《国富论》上卷第二篇的标题"the nature, accumulation and employment of stock"中。王亚南、郭大力译为"论资财的性质及其积蓄和用途",将斯密使用的"stock"一词译为"资财"。stock 在英文中有库存物、备料、资本、股本的意思,其动词形态则有储备囤积的意思。

从这两篇所讨论的问题来看,在斯密那里,"stock"与"opulent"之间的区别是明显的。"资财"在一定的意义上,就是实现分工,进行交换之前所必需"预蓄"的东西,也是为改进劳动生产力所必须预先储有的东西。如食物、材料、工具等。斯密认为,无论是一个人还是一个大社会,为了大力改进劳动生产力,"预蓄资财是绝对必要的"。而这种积蓄,亦会自然导致这种改进。①"在每一个国家里,不仅产业的数量随着举办产业的资财的增加而增加,而且由于资财增加的结果,同量产业所能生产的产品亦会大增。"②"资财"包含着两个不同的部分:一部分是"供目前消费,以维持生活",其特性是不提供收入或利润;另一部分则是"他希望从中取得收入的部分",也可称为资本。③资本又可分为"固定资本"与"流动资本"两个部分。总之,一个国家或一个社会的总资财,即其全体居民的资财,自然分作三个部分,各有各的特殊作用。"在一切生活比较安定的国家里,有常识的人,无不愿意用可供他们使用的资财求面前的享乐,或求未来利润。如果是用来求目前的享乐,那它就是留供目前消费的资财。如果是用来求未来的利润,那么求利润的方法,不是把资财保留在手里,就是把资财花出去。在前一场合,它是固定资本;在后一场合,它就是流动资本。""如果不幸,国家专制,君主暴虐,人民财产随时有受到侵害的危险,那么,人民往往把资财的大部分藏匿起来。这样,当他们所时时刻刻提防的灾难一旦临头的

①② [英]亚当·斯密:《国民财富的性质和原因的研究》上卷,商务印书馆 1972 年版,第 253 页。
③ 同上书,第 254 页。

时候,他们就可随时把它带往安全的地方。”①

可见,在斯密那里,“财富”有广义和狭义之分。狭义的就是动态的“opulent”,而广义的就是“wealth”,既包括 opulent,也包括了静态的“资财”,即 stock。从全书的论述来看,其重点不在“资财”本身。他要追问和探究的是财富的本质和原因,也就是要追问,“资财”是从哪里来的,财富又是如何增加的,也就是要从动态而不是仅仅从静态来看待财富。这种视角下的财富问题,也就是“the progress of opulence”这一意义上的财富。用通俗的语言来说,就是一个如何富裕起来的问题,亦可理解为“致富”。这是斯密学说的关键所在。因为“资财”本身也就是在这样一个过程中间逐渐积累起来的。

这一点可以从斯密在比较世界各国的经济情况时对“富裕”和“繁荣”“进步”之间作出的区分得到佐证。在谈到 18 世纪的中国与欧洲时,他说,与欧洲相比较,“中国比欧洲国家富裕得多”,生活资料的价格低廉。但是“欧洲的大部分处在改良状态,而中国似乎处于停滞状态”②。“必须记住,不同国家不同真实劳动报酬的比例,不受该国富裕程度的支配,而受该国进步、退步或停滞等状态的支配。”③在谈到各国的劳动报酬的时候,他强调充足的劳动报酬,是财富增长的结果,是最大公共繁荣的必然结果。“不是在社会达到绝顶富裕的生活时候,而是在社会处于进步状态并日益富裕的时候,贫穷劳动者,即大多数人民,似乎最幸福、最安乐。在社会静止状态下,境遇是艰难的;在退步状态下,是困苦的。进步状态实是社会各界及快乐旺盛的状态。静止状态是呆滞的状态,而退步状态是悲惨的状态。”④斯密对富国裕民的追求正是在进步、繁荣的状态中才能实现的。

斯密的这一区分,对于我们分析当今世界和当今中国不无启发。可以看出我们把经济发展尤其是经济的可持续的发展,谋求经济的不断进步作为科学发展观的一个重要目标,而不是简单地把作为资财意义上的财富积累当作目标是何等的重要。

---

① [英]亚当·斯密:《国民财富的性质和原因的研究》上卷,商务印书馆 1972 年版,第 260 页。
② 同上书,第 182 页。
③ 同上书,第 183 页。
④ 同上书,第 74—75 页。

三

斯密在追问"国民财富的性质和原因"，也就是在追问一个国家及其国民的财富何以增加的问题时，进一步阐发了"财富"与"货币"的区别。斯密之前，欧洲非常流行的是重商主义，他们的信条是："财富是由货币或金银构成"，①"财富与货币是同义词"。连后来被誉为英国政治经济学的哲学之父的洛克也持类似的观点，认为"金银乃是一国动产中最坚固最可靠的办法"，所以增大此等金属应该是"该国政治经济的大目标"②。

斯密则不然。《国富论》开宗明义就提出："一国国民每年的劳动，本来就是供给他们每年消费的一切生活必需品和便利品的源泉。构成这种必需品和便利品的，或是本国劳动的直接产物，或是用这类产物从外国购进的物品"。强调"劳动是衡量一切商品的交换价值的真实尺度。"③"劳动是第一性价格，是最初用以购买一切货物的代价。世间一切财富，原来都是用劳动购买而不是金银购买的。"④就个人来说，其贫富就是"要看他能够支配多少劳动"。就一个国家来说，就是要看，这一国家的国民运用劳动是怎样地熟练，怎样地技巧，怎样地有判断力。在这些条件不变的情况下，就要看其国民从事有用劳动的人数和不从事劳动的人数究竟是什么比例。这就是著名的"劳动价值论"所持的财富观。

自新自由主义成为主流之后，斯密的劳动、劳动分工理论和劳动价值论被许多人所遗忘。在他们所归纳的"斯密主义"的公式中，根本见不到劳动价值论的影子。国内也有不少学者对劳动价值论采取不屑一顾的态度。然而西方严肃地对待斯密文本的学者，对此十分重视，认为"这一理论……在亚当·斯密的经济学理论中的重要性再怎么强调也不会过分"⑤。即便对斯密整体评价不高的熊彼得也认为，正是由于亚当·斯密，劳动分工"才真正成为经济进步的唯一因素"。

①③　[英]亚当·斯密：《国民财富的性质和原因的研究》上卷，商务印书馆1972年版，第1页。

②　同上书，第3页。

④　同上书，第26页。

⑤　[美]沃哈恩：《亚当·斯密及其留给当代资本主义的遗产》，上海译文出版社2006年版，第142页。

在斯密那里,经济进步或财富的增加归根结底是由劳动生产力提供的。所以探究财富增加的原因,也就必须探究劳动生产力改良的原因。而这原因,在斯密看来,首先是由于分工。结果有三:"第一,劳动者的技巧因业专而日进;第二,由一种工作转到另一种工作,通常损失不少时间,有了分工,就可以免除这种损失;第三,许多简化劳动和缩减劳动的机械的发明,使一个人能够做许多人的工作。"①结论是,在一个政治修明的社会里,造成普及到最下层人民的那种普遍的富裕情况的,是各行各业的产量由于分工而大增。各劳动者除了自身的需要之外,还有大量的产物可以出卖。其他的劳动者亦然,这样大家就可以换得其他劳动者的生产物。于是各阶级普遍地富裕起来。

斯密这里所说的分工不仅仅是生产单位内部的分工,而且是社会的分工。就此而言,分工的扩大有赖于交换,即"互通有无,物物交换,互相交易"。这种交换不限于物品的交换,也包括了才能的交换。正是交换使得分工带来的效果大增。然而这种分工和交换都是在市场中进行的。市场的规模制约了分工与交换的规模,所以扩大市场,乃是财富增长的必要条件。他比较不同国家经济发展的历史时,就曾经提出,18世纪中国经济停滞的一个重要原因就是市场的规模受到限制,而他认为最不可理解的是为何中国、印度等国都不去积极发展对外的贸易。这就是斯密之所以重视市场的一个最主要的原因。

如沃哈恩所论证,断定"劳动分工,是新的财富、经济增长从而也是经济利益的源泉和衡量标准",这一劳动理论是"他的经济理论的基石,在他的政治经济学中具有核心作用"。②他的许多主张,包括强调自由竞争、对外主张自由贸易、反对贸易保护主义等都是从这一核心衍生出来的。斯密学说的一些内在的矛盾或者说斯密本人的一些困惑也是由此生发的。

这里我们仅就这一核心的观点,在财富观所涉及的几个重要问题上的体现作一分析:

其一,如何看待劳动者在财富创造中的作用?对此,斯密的观点是非常明确:劳动者是财富的真正的创造者。所以在他的经济自由的学说中,劳动者的

---

① [英]亚当·斯密:《国民财富的性质和原因的研究》上卷,商务印书馆1972年版,第8页。

② [美]沃哈恩:《亚当·斯密及其留给当代资本主义的遗产》,上海译文出版社2006年版,第144—145页。

经济自由是一个不可或缺的环节。而所谓的经济自由就在于把劳动者、劳动和他们的生产力区分开来，这就需要把劳动力而不是劳动者本身作为可以交换的商品来对待。所以他对学徒制持严厉的批评态度，赞成工人有流动和选择职业的自由。斯密对劳动和劳动者在创造财富中的作用的重视集中体现在他提出的两个概念中，一个是“劳动所有权”的概念。“劳动所有权是一切其他所有权的主要基础，所以，这种所有权是最神圣不可侵犯的。一个穷人所有的世袭财产，就是他的体力和技巧。不让他以他认为正当的方式，在不侵害他邻人的条件下，使用他们的体力和技巧，那明显地是侵犯这种最神圣的财产。”①这一概念就是他反对当时英国普遍存在的限制劳动者流动和自由选择职业的各种制度和惯例的一个理论依据。另一个就是“充足的劳动报酬”的概念。他认为这对劳动生产力的增长意义重大。因为“充足的劳动报酬，鼓励普通人民增值，因而鼓励他们勤勉。劳动工资，是对勤勉的奖励。勤勉像人类的其他品质一样，越受奖励越发勤奋。丰富的生活资料，使劳动者体力增进，而生活改善和晚景优裕的愉快希望，使他们益加努力。所以，高工资的地方的劳动者总比低工资的地方的劳动者活泼、勤勉和敏捷”②。为此，他不赞成计件工资制度，因为它会造成互相竞争而使劳动者过度操劳，损害健康。针对那种担心工资增加会提高商品价格的忧虑。斯密指出，提高价格确实是会发生的，但是这会促使资本家尽力增加劳动生产力，使较少的劳动生产更多的产品。资本家为自己的利益，势必妥当分配他们的业务，并力图把最好的机械供给他们，而分工的精密致使从事发明的人更多，也就有更多的机械发明出来，就能有更少的劳动生产物品，其结果就不止于抵偿劳动价格的增加。

让斯密困惑的是，在资本主义的制度下，劳动者一旦被雇佣就受资本的支配，而资本家为了谋取高额的利润，总要想方设法减少工人的报酬。加之在那样一个社会里。“雇主少，易团结，他们的结合至少不受法律禁止。在争议中，雇主比劳动能持久。而劳动者的结合则为法律所禁止。雇主往往结合，使工资不超过实际工资率。而且这种结合是秘密的。劳动者往往无抵抗地屈服。

① ［英］亚当·斯密：《国民财富的性质和原因的研究》上卷，商务印书馆1972年版，第115页。
② 同上书，第75页。

劳动者有时也反抗，但是，为了迅速解决，老是狂呼呐喊，有时甚至用极可怕的暴力。这时雇主也同样喧呼呐喊，请求官厅援助，要求严厉执行取缔个人结合的严峻法规。因此，工人很少从那些愤激地结合的暴动中得到利益。那些结合部分因为官厅干涉，部分因为雇主较能持久，部分因为大多数劳动者为了目前生计不得不屈服，往往以为首者受到惩罚或一败涂地而告终。”①所以工人总是得不到其全部的报酬。此外，分工带来的劳动的专门化，也会带来对工人的伤害，会毁灭“他思想的勇气……甚至会毁灭它的肉体活动”，变得“愚蠢和无知”。②这就是他在讨论政府的职能的时候之所以要把普及教育，尤其是对劳动者的子女的教育作为一项不可推卸的职责，必须便利、鼓励、甚至强制“全体人民使获得者最基本的教育”的一个基本的理由。除此之外，斯密想不出什么好的办法。这也就是他的局限所在。而克服这种局限的就是马克思的学说。

读读斯密的这些论述，我们可以看到，他对于劳动者的充足的工资是持支持和赞赏的态度的。这就是斯密与后来的自由主义的所谓“斯密主义者”不同的地方。多年来，在新自由主义浸润下，我们的有些学者将财富仅仅看作资本所有者而不是劳动者创造的，一味地强调要“为富人说话”。一讲到权利就只有保障私人资本的财产权，对于“劳动所有权”则好像根本没有这回事。一听到要实施《劳动法》、增加劳动者的收入，就急急呼地叫唤“不要增加商品成本”，“失去廉价劳动力的竞争优势”，不要“劫富济贫”。有些干部尽管口头上没有放弃“尊重劳动”的口号，但是内心想的就是，要发展经济就只能“依靠资本而不依靠劳动”。至于在实际工作中对劳动者权利的冷漠则是相当的普遍。于是对于落实科学发展观保障劳动者权益的各种举措，消极应对，内心把它仅仅视为维护稳定而需要的不得已的措施，好像对于经济的发展只会带来害处。由此造成的一个后果是，社会上弥漫着一种轻视甚至是鄙视劳动尤其是体力劳动的风气，深刻地影响着年轻一代。可见，端正财富观，让整个社会，首先是作为当权者的干部和作为教育者的知识分子，如实地把劳动看作财富的最根本的来源，是何等的迫切。

---

① ［英］亚当·斯密：《国民财富的性质和原因的研究》上卷，商务印书馆 1972 年版，第 61 页。
② ［英］亚当·斯密：《国民财富的性质和原因的研究》下卷，商务印书馆 1974 年版，第 339 页。

其次，如何看待拥有财产的富人？自私有财产和阶级分化产生之后，贫富的分化在历史上是一直存在的。所以“富人”也就是拥有很多资财和财产的人群，同只有劳动力而没有多少资财、几乎没有什么财产，甚至最简单的生计也难以维系的“穷人”之间的区分，早已有之。“穷人”“富人”之类的语言是日常生活中常见的，在斯密那个年代的英国更是如此。所以斯密在其著作中，也常常会使用这类字眼。比如他的名言之一就是“一个富人背后有五百个穷人”。但是，这些都是他的著作中不经意地采用的日常语言，而不是他的经济学说中的科学概念。

如果说到他的经济学说，那么基于劳动价值论，他将平时所谓的“富人”，作了仔细的区分。一种就是资本所有者即资本家，一种就是土地所有者，也就是地主。前者在斯密看来对于劳动生产力的提高是有贡献的。因为他们之所以成为资本家不仅因为他们有相当多的资财，而是因为他们没有把自己的全部资财用于消费求得眼前的享乐，把相当一部分的资财用于资本，花出去。一部分用以雇佣劳动力，让他们劳作，取得售卖或原材料增加值带来的利润。一部分用于添置设备，购买原材料，用于进行生产制造运输批发销售，等等。斯密把拥有资本从事着四种工作的资本家：农业家或矿业家、制造者、批发商人、零售商人，称之为“生产性劳动者”，尽管他并不认为资本的利润可以等同于劳动所得。对于其中，花大力气，投大资本，用于改良农田，提高工艺，改进技术，发明机器，以提高劳动生产力者，则更是赞誉有加。

对于地主则不然，在斯密的学说中，地主的收入来自土地的租金，但是这租金归根结底是劳动创造的。地租会随经济的增长而自然提高，但是地主对此毫无贡献。这是一个“特殊阶级”，“他们不用劳动，不用劳心，更用不着任何计划和打算，就自然可以得到收入。安乐稳定，流于懒惰、无知，也不能动脑筋来预测和了解一切国家规章的后果。”“劳动者在繁荣社会中不能享得地主阶级那样大的利益，在衰退的社会中却要蒙受任何阶级所经验不到的痛苦。”①即使是对于那些并非地主，而是依靠出租房屋、收取租金者，斯密也颇有微词：租屋予人，对私人有资本的作用，可以提供收入，但“对社会公众，则不提供收入，

① [英]亚当·斯密：《国民财富的性质和原因的研究》上卷，商务印书馆1972年版，第241页。

不能有资本的作用。它丝毫不能增加全体人民的收入”①。至于其他的依靠世袭或其他说不清楚的来源握有大额资财、但只知用于满足眼前的享乐和炫耀财富者，斯密十分蔑视。他把这些人统称为“游惰阶级”。他非常无奈地写道：“无论那一个国家，都不是用全年的生产物来维持勤劳阶级。无论那一个国家，每年都有大部分生产物归游惰阶级消费。”②

至于政府该如何对待这些富人，斯密也有自己的见解。在他看来：“一国君主，对其所属各阶级的人们，应给予公正平等的待遇；仅仅为了促进一个阶级的利益，显然是违反这个原则的。”③他特别告诫当政者，立法者不要听从商人和资本家。因为商人的习惯是，尽可能驱逐一切竞争者，“宁可获得独占者小的暂时的利益，不愿获得统治者大的永久的收入”。而且“商人的利益在若干方面往往是和公众利益不同，有时甚至相反。扩张市场，缩小竞争，无疑是一般商人的利益。可是前者虽然往往对公众有利，后者却总是和公众利益相反。缩小竞争，只会使商人的利润提高到自然程度以上，而其余市民却为了他们的利益而承受不合理的负担。”所以，对这一阶级建议的法规，要小心翼翼地考察，决不要随意采用。“一般地说，他们的立意在于欺骗公众，甚至在于压迫公众。事实上，公众亦常为他们所欺骗所压迫。”④

斯密的这些观点，足以说明，尽管斯密是资本主义制度的信奉者，但是他没有失去学者的良知，追求的是在经济发展基础上的普遍致富，也有直面现实的勇气和清醒的头脑。这一点也许比那些一味地为富人说话，内心信奉“只依靠资本不依靠劳动”的号称信仰马克思主义的官员，要高尚得多也高明得多。可惜，他的这些论述在新自由主义的解读中，都已经被清洗干净了。在时下的中国，如果不说这是自由主义的鼻祖斯密的文字，也许会被天天鼓吹“财富人生”的人士视为反对市场改革的奇谈怪论，甚至会被扣上一顶“仇富”的帽子，被视为对“成功人士”、对有重大贡献的依靠对象“建设者”的污蔑。可是，这都是白纸黑字书写在《国富论》中的，有据可查。

---

① ［英］亚当·斯密：《国民财富的性质和原因的研究》上卷，商务印书馆 1972 年版，第 256 页。
② 同上书，第 49 页。
③ 同上书，第 221 页。
④ 同上书，第 243 页。

“经济人”假说与经济伦理*

——从穆勒的“经济人”定义说起

一、“经济人”假设的缘起

“经济人”假设，缘起于古典经济学兴起之初。在亚当·斯密那里有一种描述性的说明。这就是人们所熟知的《国富论》中的一段名言：“我们每天所需的食料和饮料，不是出自屠户、酿酒师和烙面师的恩惠，而是出自他们自利的打算。”①斯密还认为，人本身有一种“改良自身状况的愿望”，“这种愿望，虽然是冷静的、沉着的，但是我们从胎里出来一直到死，从没有一刻放弃过这愿望。我们一生到死，对于自身地位，没有一个人会有一刻觉得完全满意，不求进步，不想改良。怎样改良呢？一般人都觉得，增加财产是必要的手段。”②据此，人们往往把斯密视为“经济人”假设的倡导者。但是，正如马克·布劳格在《经济学方法论》一书中所指出，真正作出“经济人”假设并加以严格界定的却是约翰·穆勒③。

穆勒所作的界定，出自1836年《政治经济学定义及研究这门学问的哲学方法》一文，这是他早年的一篇论文。这篇重要的论文，中国的学术界比较陌生。值得庆幸的是，近来此文的中译文已经在《海派经济学》集刊上发表。我们就可以比较准确地了解“经济人”假设的出典了。

论文首先论述了科学与技艺之间的区别，论说了作为科学的政治经济学，所要探求的是规律而不是一些行动的规则或戒律。就像土地测量学规则与三

---

* 本文作于2017年。

① ［英］亚当·斯密：《国民财富的性质和原因的研究》上卷，商务印书馆1972年版，第14页。

② 同上书，第314页。

③ ［英］约翰·穆勒：《经济学方法论》，北京大学出版社1990年版，第68页。

角学的规律不能等同一样，也不能把经济学的规律同如何进行经济活动规则(比如从事贸易规则)混为一谈。经济规律探求的只是一般法则而不是“传授国家致富之道”。此外，政治经济学所研究的不是生产活动的物理方面，也就是说，它不是研究人们如何同自然界打交道的，而是研究生产和分配中与人的精神有关的那些东西。所以在他看来，政治经济学可以这样来定义：“政治经济学研究的就是取决于人性法则而言的财富生产与分配问题”，或者说“这门学科相关于财富生产和分配中的道德和心理法则”①。这一定义强调，要把生产中人与自然的关系和人与人的关系加以区分。前者也就是我们通常所说的物质的方面或技术的方面，这不是政治经济学所要研究的；只有人们从事这种活动心理的或道德的方面才是政治经济学所要研究的问题。

在穆勒看来，政治经济学既然是一种不同于技艺的“科学”，目的是要寻求一般的法则，那么它所需要采用的方法就是“归纳推理综合法”，或者可以直接称为“演绎法”。他说，“在我们已构建的政治经济学定义中，我们将其刻画成一门**抽象科学**，它的方法**是演绎法**。无疑所有杰出的政治经济学家都是这样理解和传授这门科学的”。演绎法的特点在于，“这门科学必然是**从假设**而不是**从事实**中进行推论的。它以假设为基础，类似于以定义为名的一些假设是其他抽象科学的基础。几何学预设了对线段的任意定义‘线段是有长度而没有宽度的’。同样，政治经济学预设了一个对人的任意定义，把人看作必然是在现有知识水平上以最少劳动和最小生理节制获取最多必需品、享受和奢侈品”②。

这一段文字就是“经济人”假设的经典表述。其具体的内涵就是“把人看作必然是在现有知识水平上以最少劳动和最小生理节制获取最多必需品，享受奢侈品”③。或者说，“只把人看作是渴望占有财富，并能对达到目的的各种手段的有效性进行比较”④。它“宁可要较大份额的财富而不要较小的财富”。简言之，就是把人看作理性的、自利的、谋求利益最大化的。这也就是后来西方主流经济学对“经济人”假设的基本内涵。

---

① 《海派经济学》第6辑，上海财经大学出版社2004年版，第135—136页。
② 同上书，第140页。
③ 同上书，第138页。
④ 同上书，第137页。

穆勒在这里着重强调的是，对人的这种定义，仅仅是一种假设、一种抽象，而不是对人事实上是什么所作出的论断，更不是对人的本质的一种全面的概括。当这一假设把人视为仅仅是要取得财富和消费财富的时候，就把在"财富欲望""厌恶劳动"和"对当下纵乐欲求"之外的所有的人类感情和动机（如爱慕、良心、义务感以及对人类福利的关心，等等）都全部抽取掉了。之所以要做这样一种抽象，是因为"有一些特定的人类事务，其主要的公认的目的就是获取财富"。这种特定的人类事务也就是市场中个人的经济行为。只有抽象出来，才能把这种经济活动与其他的活动加以区别，以便对这类经济现象进行科学的研究，揭示出它的规律来。在穆勒看来，这是诸多简单的假说中"最接近真理的假说"。

但是这就像几何学一样，它只是在抽象意义上为"真"，也就是说，只是考虑到"全部场合种类中共有的一般的原因"，而不是全部原因。在现实社会生活中，没有哪一个人的终生活动仅仅受追求财富的动机而不受任何其他冲动的直接或间接影响。若考虑到出于非财富追求的其他动机和行为，那么，就一般而言，财富甚至不是人的主要目标，经济学"也并没有假装它的结论可用于对这部分非追求财富行为进行解释"。穆勒指出："没有一个政治经济学家会如此荒谬地认为人类事实上如此。但这种假设是这门科学研究的必要方法。当一个结果取决于几个同时发生的原因时，如果我们想通过这些原因预测或控制结果的话，就必须一个一个地研究这些原因，研究它们各自的法则。"①

总之，在穆勒那里，"经济人"仅仅是一个假设。它不是事实上的人，而是在一个有限的范围内才有意义的一个假设。

二、"经济人"假设的适用范围

穆勒所作的"经济人"假设，有一个严格的界定。首先它是一个适用于人类某种特定事务的假设，这种特定的事务就是指市场中的人们的经济行为。因为在市场中，每一个个人都是作为一个独立的经济主体出现的。而作为一个经济主体，从事经济活动（包括谋求生计的活动）的一个基本动机，就是谋求

① 《海派经济学》第6辑，上海财经大学出版社2004年版，第138页。

利益的最大化。当人们进入市场从事交易时,既不像从事慈善活动那样,出于对弱者的同情,从利他的动机出发;也不像给亲友馈赠那样出于亲情、友情或对家族成员的义务。对市场中人们的经济动机的这种假设,比较确切地揭示了人们在市场中的经济行为,就这一意义而言,确实是"最接近真理的假说"。这也是那些阐释市场经济的学说把"经济人"假设作为基本前提的历久不衰的一个原因。经历了市场经济的洗礼之后,这一假设在当今的中国已经成为一种常识。回到这种常识,使得人们的经济动机得到了肯定,极大地调动了人们从事经济活动的积极性,使得我们的经济生活充满了活力,进而也使得整个社会的活力得以激发。同时,由于引入"经济人"的假设,我们的经济政策、经济体制和机制的设计也开始注意到人们在市场中的行为的这样一个特点,注意到对个人的经济动机的引导,利用各种激励机制来调动人们的积极性。

不过,在穆勒看来,一旦超出了这个界限,把"经济人"假设推广到其他领域,把"经济人"当作事实上的人,由此作出人只有利己的动机,对于各种社会问题,无论是经济问题还是伦理问题,甚至是政治制度的设计问题,都只有从自利的"经济人"出发才能得到合理的解释,那就会陷入荒谬。此外,穆勒还认为,即使在经济生活中,这一假设的适用范围也是有限的。因为,在穆勒看来,还可以有另外一些假设:或者可以把人视为与他人联系的,因而会产生诸如爱慕、良心、义务感;或者把人视为生活在社会中人,即是构成人类整体的一分子,因而会关注整个社会,以至全人类的福利。如果从后一种假设出发,所考虑的就不仅仅是人类的自利动机,而且还要考虑人类的利他动机。穆勒后来所作的《政治经济学原理》一书,以"及其在社会哲学上的运用"作为副标题,决非偶然。这个副标题,意味着穆勒力图"把政治经济学"扩充为"社会经济学"。这本发行量极大的教科书的一个特点就是,在分析经济问题的时候,不仅仅是从"经济人"假设出发,即把从事经济活动的人视为自利的人,而且也把人视为关心社会福利的人,把利他的动机也纳入经济分析的视野,同时,对各种社会关系以及历史的因素作了许多具体分析,力图把经济学从李嘉图以来的英国经济学家的教条精神中解放出来。

虽然,后来西方主流经济学中,对穆勒的观点持有异议的大有人在,尤其是当代新自由主义的经济学派。他们不仅把"经济人"假说当作"事实上的人”，把“自利”视为人的不变的唯一本性，并推行一种“经济学帝国主义”，把这种假设推广到伦理、社会、政治等诸多领域和学科，将集体行为、利他主义等都视为出自利己的动机。这类学说如果作为一种抽象的理论，可以展示出，在私利的动机下，人们的行为会产生何种结果，对于认识市场的特征还是具有一定意义的。但是，如果把这种假设和推论视为真理本身，而且视为唯一具有解释力的普遍适用于社会生活各个领域的金科玉律，那就像穆勒所说的那样，会陷入荒唐的境地。与此相比，穆勒对“经济人”假设的适用范围所作的严格界定，他的谨慎态度还是值得肯定的。

这一点对于当今中国的思想界尤为重要。至20世纪90年代以降，那种用人的自利动机来解释一切的说法，经常见诸报端，在社会科学的各门学科中也颇有市场。这种情况的出现，固然与当今西方自由主义在经济学中的霸主地位和经济学帝国主义的盛行有关，但是还有其特殊的背景。其中有两个原因是最为突出的：一个是，在向市场经济体制转变之初，经济动机突然被解放出来，社会上形成一个旺盛的利欲冲动，有时甚至是一种狂热的冲动，这种冲动又有学理的支撑、舆论的支持。另一个原因是，由于严格的科学训练的不足，由于对学理性的抽象理论与其应用之间的区别缺乏足够的认识，往往难以理解抽象科学中的“假设”特征，往往会离开了这种“假设”所蕴含的前提条件及其适用限度，不适当地把假设当作全部真理、当作事实本身，或者为了考察的需要，把抽象出来的单一性的假设，当作了全部原因。

现在，我们已经步入健全经济秩序、规范市场行为、着手解决市场本身所不可避免的那些弊端、着力建设和谐社会的时期，理应更加冷静地用科学态度来对待经济生活和社会生活。各门学科也开始从匆忙引进外域观念以适应急剧变化转向潜心建立自己学说的阶段。这时，体味一下穆勒对“经济人”假设所持的谨慎冷静的态度，他将科学原理的抽象假设与实际生活以及抽象原理的实际运用加以严格区分的科学态度，无疑是一服有益于健全思维的清醒剂。

三、如何看待“经济人”假设所使用的抽象方法

“经济人”假设是通过两重抽象得出的。第一层是把市场经济中人的行为

从整个社会中抽象出来;第二层是把个人从经济关系中抽象出来,单独考察人们的动机。因此,对"经济人"假设的合理性的评价,必须检验这两重抽象的合理性。

第一层抽象是把经济生活,尤其是市场中的经济活动从整个社会生活中抽象出来。这种抽象应当说有一定的合理性。这种合理性,与近代以来经济生活的独立化有关。马克思把人类的历史划分为三种形态。第一种形态的根本特征是"人的依赖关系"。第二种形态的特征是"以物的依赖性为基础的人的独立性","在这种形态下,才形成普遍的物质交换,全面的关系、多方面的需求以及全面的能力的体系"。第三种形态的特征是"建立在个人全面发展和他们共同的社会生产能力成为他们的社会财富这一基础上的自由个性",消灭了"异化",实现人的本质的复归。也就是说能够做到"物物而不物于物",成为物的主人。在第一种形态下,人对人的依赖关系是主要的。在这种依附关系下,经济生活并没有独立,如恩格斯所说,经济关系是被各种宗法关系、人伦关系等所掩盖和掩饰着的。在第二种形态下,物的依赖关系成为基础,经济生活因而独立化了。对经济生活的独立的抽象研究就成为必要,经济学作为一门独立的学科也就应运而生。但是,"经济人"假设在对市场"这种特定的人类事务"作出抽象的时候,显然把许多对于经济生活说来非常重要的东西(一个是物质资料的占有方式,也就是所有制和财产权,一个是规范市场的各种法律和法规,以及历史上形成的惯例)抽象掉了。单纯地考察人的行为动机,而没有追问动机背后的物质的客观的原因。因而,从这一假设出发的推论,不仅往往与现实有很大的差距,而且会掩盖许多基本事实。这一点,穆勒在撰写《政治经济学原理》的时候已经意识到了。在那里,对经济问题的分析,就不是按照"经济人"假设出发进行推论了。

"经济人"假设所作的第二层抽象,也就是把个人从整个社会关系中抽象出来。这与人的独立性相关。马克思在谈到这种独立化的个人时指出,这"一方面是封建社会形式解体的产物;另一方面是 16 世纪以来新兴生产力的产物"①。"我们越往前追溯历史,个人,也就是进行生产的个人,越从属于一个更

① 《马克思恩格斯全集》第 12 卷,人民出版社 1956—1985 年版,第 733 页。

大的整体。”“只有到18世纪，在‘市民社会’中，社会结合的各种形式，对个人来说，才只是达到他私人目的的手段，才是外在的必然性。”①这也就是说，在市场经济这样一种“市民社会”中，确实存在着个人独立化的倾向。而把个人从社会关系中抽象出来的原子主义的方法，是这种独立化的理论表象。但是，在马克思看来，这一时代同时也是“具有迄今为止最发达的社会关系的时代，人是最名副其实的社会动物。”②马克思认为，抛开了最发达的社会关系，抛开了这种个人产生的具体历史条件，把这种个人不是看作历史的结果，而是看作历史的起点，把它看作自然造成的、永恒的，那只能是一种“错觉”。这是一个不断为事实所证明的科学的论断。

由此看来，“经济人”假设作为研究在私有财产存在的市场经济中人们趋利行为的一种方法，无疑是可以和应当采用的。但是，这仅仅是一种假设，即使用以说明经济生活也是远远不够的。至于把它当作超历史的、不变的、永恒的人类本性，以此出发推论人类的所有行为，去回答社会的伦理的和政治的各种问题，那就会编造种种“错觉”，误导公众。

四、西方经济伦理思想史上的“经济人”假设

在西方近代市场经济兴起之初，出于对个人的经济动机进行辩护的需要，不少思想家着力于论证这种动机的合理性。其中一个论据就是把人看作是自利的人，而其中最为极端的就是曼德维尔的“私恶即公益”公式。不过在曼德维尔看来，文明不是人类美德的产物，而是人类罪恶的产物。他没有赋予经济动机以道德的意义。亚当·斯密则不然，他对“经济人”的描述性界说，不仅仅用于说明经济行为，而且还用于说明自利行为对于提高人的德性是有益的。尽管他没有把自利动机当作道德的基础，但是又着力证明出于自利动机的“富之路”，也是“德之路”。对于自利动机道德意义的肯定，突出地强调了经济上的自立和自主对于独立人格的取得，以及对于养成勤劳节俭守则等品格的作用。但是作为一个正视现实的学者，斯密同时也指出，商人和制造业者的利益

①② 《马克思恩格斯全集》第12卷，人民出版社1956—1985年版，第734页。

"决不会和公众的利益完全一致",制造业者"一般地想欺骗大众"。可见他并没有对自利动机的道德意义作出全盘肯定。

使"经济人"作为人的唯一本性和行为的根本目的的是边沁。他功利主义地将人的本性定义为趋乐避苦,给"经济人"提供了心理学基础,并且在他看来,重要的是行为结果而不是个人动机的道德内容。可见,边沁的功利主义对"经济人"没有过多的道德要求。而且,作为结果的幸福或快乐的多少是可以计算的,在市场中这一衡量的尺度即为货币。他尽管提出了最大幸福的概念,注意到了社会利益,但是又认为社会利益是由个人利益总和而成的,只有通过让每个人追求自身幸福的最大化,才能达致最大多数人的最大幸福。这就是说,只要自由市场经济在互利的交易过程中保证每个人的欲望得到最大满足,那么,它就符合功利主义的道德原则,在伦理上就是合宜的。

到穆勒那里,情况就发生了变化。尽管穆勒也是一个把幸福作为最高原则的功利主义者,但是,他与边沁将道德屈从于经济的做法相反,力图将经济生活与人生目的相联。一方面,穆勒承认追求财富是获得幸福的一个手段,爱钱是人生的最强烈的动力之一。他说:"在头脑较清醒的人能说服人们关注更美好的事物以前,与其让人的精力无处发挥而生锈,还不如让人们为发财致富而忙碌,就像人们从前为战争忙碌一样。"①另一方面,穆勒将"幸福"与"满足"加以区分,认为"满足"只在于追求感官物质享受,而"幸福"则要追求精神生活的高尚。穆勒的名言是,"做一个不满足的人比做一个满足的猪好;做一个不满足的苏格拉底比做一个傻子好"②。责任、牺牲、真理、美、公共利益,这些都是使人进步、对人有益的"快乐"的一部分。快乐作为第一原则存在,并没有排除其他次一级的道德原则。这是穆勒之所以要把"经济人"作为一种区别于事实上的人的一种假设、一种抽象,同时提出还可以有其他的假设的一个原因。

马克思曾经把曼德维尔的说法称为'大胆的启蒙'。我们是否也可以说,到了穆勒的时代,这种"启蒙"在西方已经完成。而经济伦理的使命也随之发生了变化。"经济人"假设所肯定的自利经济动机所带来的各种道德上的弊

① [英]约翰·穆勒:《政治经济学原理》下卷,商务印书馆1991年版,第320页。
② [英]约翰·穆勒:《功用主义》,商务印书馆1957年版,第10页。

端，诸如拜金主义、商品拜物教，把人的价值等同于所占有的财富，把金钱作为人生的唯一目标而失去生活的意义，等等，成为突出的时代问题。19 世纪后半期，马克思主义的批判，以及浪漫主义潮流的许多思想家的批判（诸如卡莱尔）所提出的都是这样一个时代问题。这种批判在西方主流经济学那里引发的一种反应，就是通过实证主义的“价值中立”原则，将道德问题与经济问题割裂开来，将经济视为一个与道德无关的领域，经济伦理似乎也就没有存在的余地了。

时隔一个世纪之后，自利的“经济人”实行无情竞争的“丛林原则”给市场带来的危害终于引起了西方学界的重视，为“走出丛林”开始建构以规范经济行为为主题的经济伦理（businees ethics，或译商业伦理）。其基本的倾向，或许可以用经济学家阿玛蒂尔·森在《伦理学与经济学》一书中的观点来概括。他认为：“自利当然是一个极端重要的动机”，但是，“如果假定人类是坚定的自利者，永远以一种自我中心的范式来行使自由，那么对理性的进步和公共行动的预期就是异想天开”。许多社会工作和经济工作由于对这个基本动机的重视不足而受挫，这一点是我们过去工作的一个教训，但是现在又有另外一种倾向产生。“我们每日每时都可以看到明显的具有社会成分的价值观使得我们远远地超出自私行为的狭隘界限”，并以此出发，对斯密的学说做出新的解读。

上述历史的考察给我们的启示是，必须把“经济人”视为一种假设，而不是事实上的人，更不是人的不变的全部本性。这一假设对于理解市场中人们的经济行为是具有一定的合理性的，但是必须审慎地考察其前提以及适用范围，而且需要注意使用这一假设的历史条件。在经济动机没有得到解放的时候，“经济人”假设是可以起到为经济动机的解放作出辩护的作用。但是如果要探究规范市场中的经济行为和公共行动，那就不能仅仅把“经济人”假设作为建构经济伦理学理论的前提。至于经济伦理实践，那就更不能从抽象的“经济人”假设出发，而必须考察实际存在的支配人们行为的各种原因。有鉴于此，中国学术界在研究本国的经济伦理问题时，尤其需要关注中国特有的与西方国家差异甚大的历史和文化背景以及特殊的国情。

功利主义再反思*

回顾三十年来中国社会的观念变化,可以发现,对功利尤其是物质利益的态度的变化是一个突出的社会现象。伦理学界对这个问题的思考和研究,比较集中地表现在对功利价值,以及近代西方思想史上的功利主义的评价和分析上。改革开放开始之后,“贫穷不是社会主义”的观念开始深入人心。对于功利价值的思考就开始了。在理论上,对于西方近代以来的功利主义的伦理研究也日益受到重视,如何看待中国思想史上的功利主义的问题也提上了日程。1988 年,上海举行过一次“功利主义反思”的学术讨论会。这次会议在学术界和社会上引起较大的反响。《哲学研究》《哲学动态》等杂志都作过报道。《文汇报》还组织了讨论。它较为集中地反映了这一阶段社会上和学界对此问题的看法,对当时的思想界有一定的影响。时隔二十年之后,回顾一下这次讨论中所提出的问题、近二十年社会观念的变迁以及伦理学界对这一问题的研究进展,也许可以给我们提供一些启示。本文拟就此作一讨论。

一

1988 年的会议的主题是“功利主义反思”。讨论的议题,既有对西方和中国历史上的功利主义学说的评价和分析,也有对功利价值的意义和地位的辨析。会议上提出的一个重要问题,就是对“利益”作为一种价值该如何评价?一种颇有代表性的观点是:以往把价值归结为“真”“善”“美”是片面的。因为价值问题离不开人的需要和利益,对人有利则称为“好”或“利”。从这个意义上,“利”就是最广义的价值。科学、艺术、道德等精神价值具有两重性。一方

* 本文系 2013 年提交全国伦理学会杭州会议的论文。

面是为增进人类利益服务的工具或手段,具有功利性;另一方面是人的本质力量的显现,具有超功利性。所以功利价值与精神价值不是绝对对立的,需要将两者统一起来。还有的论者进一步认为,功利是最基本的价值,需要建立作为价值论的重要分支的"功利学"。总的倾向是赞同把功利,尤其是物质利益作为一个值得肯定的价值项,肯定"利"与"真""善""美"一样,是一种值得追求的东西。这种观点的提出,回应了社会上于80年代开始"功利冲动"日渐强劲的趋向。会议之后在报刊上展开的关于如何评价功利冲动的讨论,非常热烈。尽管对这种现象持有不同的评价,但是,多数的论者将功利冲动的强劲视为商品经济发展的必然的趋势。这些见解预示了1992年之后,在市场改革的大潮下,中国社会经济动机的大解放。

在肯定功利价值的基础上,会议提出的另一个问题就是:在经济动机得到解放、利益追求合法化的条件下,社会道德将向何处去?这既是一个在当时已经成为现实的问题,又是一个具有前瞻性的问题。这也就是在经济动机得到肯定的条件下的新的"义利之辩"。对于这个问题,与会者是见智见仁。当时大体上有三种观点:第一种认为,功利就是善,无功利则无善行可言。第二种则认为,功利是不完满的善,必须辅之于公正正义等原则。第三种则认为,个人的功利不是善,只有公共的功利才是善,也就是说,公利即是义。

由于这些观点在中外思想史上都可以找到蓝本,所以这类讨论就必定涉及对历史上的功利主义的理解和评价。

对于近代西方的功利主义,会上出现两种不同的理解。一种强调功利主义尽管提倡最大多数人的最大幸福,但是它建立在"公益合成论"的基础上,也就是把公共利益解释为个人利益的总和,所以本质上是利己主义和个人主义的。另一种则认为,像穆勒的功利主义已经包含了正义原则和利他主义,其提出本身就是对利己主义的否定,就行为客观的效果而言,功利主义是主张公益论的。

不少学者认为,中国传统文化是以儒家为主导的"贵义贱利",所以道义论的传统是强大和深远的。中国传统文化中也存在同儒家的"重义轻利"相对立的功利主义传统,但是这种传统是以家族而不是以个人为本位的,未必是孕育商品经济的土壤。而西方近代的功利主义则是在商品经济逐步发展的过程中兴起的，同古典经济学和法制观念的形成有密切的关系，对于调节市场秩序和社会生活起过重要作用，因此对于我们发展商品经济具有借鉴意义。其中，对于在个人追求其经济利益的条件下，道德何以可能的问题的分析，尤其是通过外在制裁和内在制裁的办法来形成道德制约力的分析，可以提供操作性的启示。

这次会议大体上反映了80年代末期，学术界尤其是伦理学界对历史上的功利主义的一些认识和态度。它在社会上引起的反响，也大体上表明了当时中国社会观念变化的走向。

二

时隔二十年之后，回过头去看这次会议，觉得会议提出的一些问题，至今还是有意义的，不少还是有待于进一步厘清的。如何对待功利价值，如何看待西方近代的功利主义？至今还是一个有待澄清的问题，所以需要进一步作出反思。而二十年社会观念的自发的演变，出现了一些当时无论是学术界还是社会人士没有想到或不敢想象的现象，又把这些问题十分尖锐地摆在我们面前。

当时的学术界还不曾想到，当经济转向市场体制之后，追求经济利益的冲动会强劲到何种程度。市场机制一旦成为资源配置的基础，所引发出来的个人和单位对经济利益的追求，就不以人的意志为转移地形成一大潮流。于是作为一个伦理学概念的含义丰富的“功利”[西方的功利主义原本所说的是“效用”(utility)，最初的一些译者将它翻译为“功用”，后来却为“功利”一词所取代]，在社会上流行的话语中，逐渐变成了单纯的物质利益，甚至仅仅留下了“金钱”和“财富”的意思。功利冲动也就简化为牟利的冲动，几乎变成类似于拜金主义的“一切向钱看”了。这种冲动从90年代开始成为显学的以西方自由主义为主导的经济学那里得到了理论的支撑。有些经济学者，不仅把谋求利益最大化或者说财富最大化的自利的“经济人”作为分析经济问题的基本前提，而且将原本在早期西方经济学中作为理论假设的“抽象的人”，视为“事实上的人”，甚至断言，自私是人的永恒的不变的本性。有的论者还公开声称自己是经济学帝国主义者，也就是说可以把自利的“经济人”作为分析所有的社会、伦理问题的基本出发点。这种观点已经渗透到各个学科，无论是政治制度包括干部的薪酬激励制度的设计还是对各项社会政策的设计，都有人主张要以“经济人”为出发点。更有甚者还渗透到对古代历史的解释。比如畅销书《明朝那些事儿》就写道：“斯密同志为我们指出了这样一个真理——人天生，并将永远是自私的动物。”三国专家易中天的名言“诸葛亮买了刘备这只绩优股”，也同出一辙。于是人性自私论似乎成了不证自明的天理。这就从学理上为社会上的强劲的牟利冲动，提供了依据。

这种冲动，一方面使得整个社会活跃起来，大大地调动了社会各个阶层的积极性和主动性，经济活力倍增。在利益的驱动下，原有的社会关系在许多地方迅速地瓦解，新的经济关系迅速成长，出现了几千年中国历史上前所未见的变局。另一方面在社会生活的各个方面都出现了道德失范现象。从假冒伪劣、坑蒙拐骗、令人触目惊心的各种有毒食品的泛滥，到官场腐败，迅速地蔓延到社会生活的方方面面，连一向视为清流的学术界也不能幸免。这种情况引起了社会各界的关注，也引起了领导当局的重视。1996 年党的十四届六中全会关于精神文明建设的决议，就尖锐地指出，“一些领域道德失范，拜金主义、享乐主义、个人主义滋长；封建迷信活动和黄赌毒等丑恶现象沉渣泛起；假冒伪劣欺诈活动成为社会公害；文化事业受到消极因素的严重冲击；腐败现象在一些地方蔓延，党风政风受到很大损害……”可惜这些问题至今未得到解决，有些还有滋长蔓延的趋势。这就不能不使人反省，人性自私论果真像那些经济学帝国主义者所说的那样，是永恒的真理吗？

近来的金融危机中，新自由主义的经济学连同他的人性自私论受到了猛烈的冲击。亚当·斯密的学说，又一次引起关注。尤其是他的《道德情操论》是不是真像有的论者所说主张自私、即对经济利益的无限的追逐是人的唯一的不变的本性？这再一次引发关注。《道德情操论》的开卷之处，明明白白地写着，人都有同情的本性，这又如何理解？这里提出的问题不仅是对斯密学说的理解和解释，而且是如何恰当地看待人的本性和人的经济动机。单靠自私的经济动机，道德还有可能吗？这是我们需要进一步研究和澄清的。

二十年前提出的“经济动机解放之后，社会的道德会向何处去”这样一个问题,在二十年间也一直困扰着人们,至今也不能说得到了明确的答案。1992年之后,经济伦理兴起,对市场经济下的道德进步和需要解决的问题作了许多的探讨。其中有一种观点颇为流行,那就是市场在多次交易中会形成自己的伦理道德。但是严酷的现实却告诉我们,这可能是一厢情愿的事情。原来一些论者把市场中出现的许多伦理问题归结为市场发育不充分所导致。往往将中国的问题与市场发育比较充分的发达国家相比较,期望从这些国家的经济伦理中汲取经验和智慧。但是,这次经济危机中暴露出来的许许多多触目惊心的金融诈骗,却以严酷的事实告诉我们,这些成熟的市场中,原来所设想的道德制约也是极其薄弱的。近日《纽约时报》专门发文章介绍清末民初中国山西的票号,对于这些票号严格的管理和恪守职业道德的行为给予赞赏,也从一个方面说明了这一点。

所以二十年前提出的问题依然存在。看来,以"自利的经济人"为基本假设的经济伦理,是无法给这个问题提供答案的。仅仅从市场本身去寻求道德的可能性是难以得到解答的。那么市场之外还有些什么样的机制和资源可以把已经解放出来的经济动机纳入道德的轨道呢?这也是我们需要研究的问题。

三

上述问题都与二十年前那次会议的第三个主题有关,那就是对西方近代以来的功利主义,尤其是边沁和穆勒的功利主义该如何评价?如何看待它在当今中国社会中可能发生影响和作用?会议上多数的论者,对此是持肯定态度的,认为可以从中汲取不少的智慧。当时大多数的论者,都是出于把人们从"君子罕言利"的传统观念下解放出来,并汲取在人们的经济动机合法化的条件下构建社会道德的智慧的良好的愿望。没有想到的是,二十年间,边沁式的功利主义在中国社会大行其道。一方面,社会上人们的观念,大都浸润于基于功利主义之上的新个人主义成功哲学,把个人在市场竞争中的成功,也就是成为赢家,作为奋斗的目标。各种各样的成功秘诀,以励志书的美名泛滥于书市,"成功人士的标志"成为各种奢侈品的最流行的广告语。于是"成功"就成了度量人生价值的基本尺度。而成功的标志，也就是财富、地位、知名度和各式各样的不断加码的头衔。大款、大官、大腕成为公众最仰慕的对象。也就是说，荀子所说的“势荣”，成了衡量荣辱的唯一尺度。这是一种比提出新个人主义成功哲学的杜威的主张还要势利的一种成功观。现实的情况是，它几乎成了许多行业的核心价值。不少学校也在用各种办法加以普及，报刊传媒常常不遗余力地加以张扬。不仅如此，有关部门在经济和社会政策方面大量地采纳功利主义倡导的外在的激励机制，有些地方把这种激励机制推到了极致，并逐步地形成制度。类似于美国的“好莱坞明星制”的做法在各行各业都可以见到。尽管多年前发布的《公民道德建设实施纲要》早就提出，要重视各项经济政策和社会政策对人们的价值观和道德的影响，但是实际的操作上，未见有多大的变化，以致这些激励政策与意识形态部门所倡导的价值观念互相抵牾，成为中国社会的一大文化矛盾。

产生这种情况，并非偶然。一方面是因为，我们的经济运行和相关政策很大程度上是按照以功利主义为基本前提的西方经济学（包括凯恩斯主义在内）来实施的。在“经济增长意义上的发展”作为一种意识形态信仰的背景下，经济学成为显学，取得了最大的话语权。而在经济学界占据主流地位的西方经济学，往往以经济学帝国主义自居，对所有的社会问题，包括伦理和道德的问题都在发表权威性意见，伦理学则被边缘化了。伦理学界讨论的不少问题，有的是政治哲学的，有的是管理学的，对社会的影响力远不如经济学和社会学。另一方面，传统计划经济下的伦理学，尽管对于个人的经济动机加以种种的限制，但是其基本的出发点，也是把利益关系作为论述的重心。只不过是把集体的利益置于个人的利益之上，或者否认个人利益的合法性。这种观念，在社会生活中实际的利益关系发生变化的时候，尤其是当个人必须在市场中谋取自己的基本的生存需要并与他人展开竞争的时候，当没有一个集体来负责个人的生存的时候，就会顺理成章地转变到以个人利益为核心的观念上去。实际生活中的这种变化，实际的生存环境使得整个社会弥漫着实利主义的气氛。此外，在一段时期里，我们所说的道德都被归结为政治或者是从属于政治的，道德只具有工具的意义，这也可以说是一种政治功利主义。这种思维定势在市场经济下非常容易驾轻就熟地直接走向经济的功利主义。于是，在理论上，讲究最大多数人的最大幸福的功利主义自然也就显得不仅有说服力而且还显得比现实生活中的实利主义更加高尚一些，所以功利主义大行其道大有一定的必然性。

但是，粗俗的功利主义的大行其道在实际生活中带来的许多非道德的行为，无所不在的假冒伪劣、诚信的普遍缺失，等等，不仅在商界而且蔓延到社会生活的方方面面，这又使得人们不禁要为此而担忧。由此而生发出对道德建立在利益的基础上的观念的质疑。

2008年发生的汶川地震又给人以新的启示。整个民族在抗震救灾中迸发出来的高度的民族认同、同胞情感、亲情乡情、关爱生命、守望相助，等等，无数惊天地、泣鬼神的事例展现出超越利益之上的道德力量。这就不能不使人去思考，道德的基础到底是在现世的利益关系还是深藏于超功利的各种人际关系之中，深藏于历史所积淀的传统之中，深藏于民族的集体记忆的情感之中？这就不得不去关注我们自己的伦理思想的传统，国学热的兴起，恐怕也与此有关。此外，对西方学说的研究，也要关注那些不同于功利主义的学说与思潮。比如，强调共同体和历史、传统的文化保守主义。连斯密都早就察觉到，把道德建立于功利或效用的基础上是不足取的，一个重要的原因是它仅仅把道德看作一种工具，而没有自身的价值。至于穆勒的功利主义，它区别于边沁的功利主义的地方也在于他更加重视道德的内在的制约力，并将这种制约力的来源归因于社会感情。只是与强调历史和传统的保守主义者有所不同，在穆勒看来，社会越发展，交往越频繁，社会感情越是强烈。他之所以要对边沁作出这些修正，恐怕也是已经察觉到了粗俗的功利主义将道德工具化可能导致的弊端。

看来，也许在保存和发扬传统、强化社会建设、发展非市场的礼俗关系(共同体的关系)的进程中，我们能够找到某种制衡市场中的契约关系的道德力量。也许当这种道德的力量发挥出来的时候，市场的健康运行所必需的各种规则才会得到尊重和实施，而伦理学则需要为道德本身的地位作出不同于功利主义的辩护和论证。

政务诚信与决策思维方式*

诚信建设的重要已经是社会的共识,如何使得诚信建设切实有效地进行是摆在我们面前的一大课题。高层近年来提出了“政务诚信、商务诚信、社会诚信和司法诚信”等四位一体的思路,比之于《公民道德建设纲要》提出的时候,集中在商务诚信,主抓“百城万店无假货”等群众性的活动上,有了明显的进步。其中被置于首位的就是政务的诚信。政务诚信也是一个很大的题目,本文拟就政务诚信与决策思维方式之间的关系作一讨论。准备讨论四个问题:(1)怎么来定位政务诚信?(2)政务诚信与决策思维方式有何关系?(3)决策思维中价值层面占有何种地位?(4)功利主义的决策思维模式的利弊。

一、怎么来定位政务诚信?

近来在政务诚信的讨论中,不少论者都非常关注政务诚信与政府的公信力以及整个社会的信任度问题之间的关系。这自然是有意义的。一方面因为当今,政府的公信力的下降和社会信任度的流失已经成为我们的社会健康发展的一个瓶颈。近来有的舆论已经指出,比腐败更待解决的是“信任危机”,也有论者指出,一些社会现象表明,有可能陷入“塔西佗陷阱”(即无论是对是错,无论政府说什么公众都不信任)。这些估计是否恰当还有待评估,但是政府的公信力问题,确实已经非常紧迫地摆在我们面前,的确需要从提高政府的公信力的高度去看待政务诚信的重要性。但是政府公信力、社会的信任度等与政务诚信毕竟不是一个层面的问题,不能将两者等同起来。前一个是宏观层面的问题,而政务诚信则是中观或者微观层面的问题。

* 本文原载《晋阳学刊》2013年第5期。

这里先要说说信任与诚信者两个概念之间的区别。有的论者把英语中的trust一词翻译为“诚信”，其实这是不妥当的。信任(trust)指的是前者是一个社会关系和社会制度的问题，诚信则是一个行为主体(包括个人或者是一个机构)的道德问题。信任关系，包括民众和统治层之间的信任。民众中各个阶层之间、个体之间的相互信任，是一个社会得以维系和发展的根基。信任关系建立得比较好，这个社会就比较和谐，各种利益关系的调整就比较顺利。最近读到挪威卑尔根大学希尔贝克教授的新作《多重现代化——斯堪的纳维亚的故事》著作，感触颇深。这本书的主题是用挪威这个斯堪的纳维亚国家现代化的历史来说明，世界各国的现代化是多种多样的，其道路也是各不相同的。他对挪威的现代化进程的分析，突出地强调了在非常特殊的国情与国际关系下，挪威之所以能够建成一个公平程度比较高、社会关系和谐的现代社会，最关键的因素是从18世纪开始就逐步建立了上层与下层、不同阶层的公众之间的信任关系。这个信任关系的建立，涉及整个社会的方方面面，不仅涉及政府行为，且还涉及经济社会人际关系等多方面的问题，而不仅仅是政府与公众之间的关系问题。第二次世界大战期间被占领的痛苦的经历又使得挪威人深深感受到同胞之间共命运同呼吸的关系，更加珍惜社会的信任关系，所以就能够比较顺利地建立起涵盖整个社会的社会保障制度，成为福利国家的典范。与一段时期里中国舆论界把北欧模式看作是第二国际开始的社会民主主义的典范的观点不同，希尔贝克用自己国家的历史说明了，挪威基于国民对于信任关系的珍惜，早在第二国际成立之前，就着手探索社会保障制度了。不是在什么主义的引导下而是在珍惜社会信任关系的基础上，比较顺利地走上一条和谐发展的道路。可见信任的问题是一个非常宏观的问题，涉及一个社会内部的各个不同阶层之间的关系，某种程度上还涉及经济政治社会等制度层面的问题。

诚信就不然，它是一种道德规范。政务诚信，涉及的是各级政府的工作人员以及一个政府部门的行政行为。所以是不能与信任问题混同起来的，也不能与政府的公信力问题等同起来。政府的公信力也是比较宏观的问题。商务诚信出了问题、司法诚信的缺失等都会影响政府的公信力。有些问题比如食品安全等对于政府的公信力的影响就很大，但是其中商界的不诚信是源头性问题，司法不到位不能给背信违法者以应得的惩罚，也是重要的原因。行政部门的不作为或者监管不力，确实难辞其咎，但这不是问题的全部。总之，政务诚信所涉及的范围是有限度的，与公信力的问题不能等同。主要面对的是施政行为中的诚信问题。

二、政务诚信与决策思维方式有何关系？

这里说的施政行为，主要指的是中观微观层次上处于中下级的政务人员的诚信问题。这一层次上的政务人员的组成其实也是相当复杂的，需要加以梳理才能提出具体的可操作的办法来。梳理得越细，就越能作出针对处于不同的层面、承担不同的职责，以及现在存在的不同的问题的对策建议。以我的粗浅的观察，至少要区分为决策层和执行层。

执行层的问题，也需要进行梳理。有的是处理内务的，还有的则是面向公众直接进行面对面的服务的。这一层面的诚信建设，在一般情况下还是比较好操作的，而且已经有了许多值得总结和推广的经验，尤其是在服务公众这一点上（如上海多年前就开展了窗口单位的精神文明建设，效果比较明显）。大体上说，关键是两条，一条是规则的公开，一条是工作人员的规则意识的培养和守规则的习惯的养成。（规则的制定就属于决策的范围，而不是执行的范围）。因为诚实守信在现代很重要的一点就是信守规则，而不是兑现个人承诺。政府的办事人员面对的都是陌生人，谈不上什么个人的承诺。有一段时间靠个人承诺来搞诚信其实是文不对题的。因为无论你作出承诺还是不作承诺，职务所在的各项责任都是必须履行的。这些职责是一个人走上这个岗位的时候，就必须承担的。即使面对熟人的时候，最关键的也就是不徇私情，按照规则办事。但在中国的国情下，这一点是不容易做到的，需要教育和制度的保障。此外还有“自由裁量权”的范围问题，以及在此范围内的一些具体情境下的两难问题的妥善处置，许多问题会出现在这样的环节上。有的时候自由裁量权太大（如以往的动拆迁、处罚的宽严、税收的减免，等等），有的时候则是由于规则对不上号，或者是各种规则之间发生冲突的时候处置上的难题，常常成为政务失信的一个重要原因（这些可能只有通过案例的分析来提高办理水平）。

但是与执行相比,决策的不当,或失信给政务诚信带来的危害更大。所以我认为,这才是最关键也是最不易解决的问题。或许有人会说,决策是宏观层面或者说是高层的问题,其实不然,中下层也是有决策的。中层和基层的政府部门的领导层的一项主要工作就是决策。比如高层制定的方针政策到了基层单位就是制定适合自己情况的实施或者是落实的方案,这就是一种决策。现在中央政府的改革的一个重点就是下放一些权力,取消了一些不必要的审批制度,这样对于地方各级政府部门和基层来说,自己决策的任务是更加繁重了。此外,各级政府部门还经常会遇到一些突发的事件,包括自然灾害、安全事故,以及由于多重原因造成的公关危机等,都是需要独自迅速及时地作出应对的决策。这些决策是否恰当,对于政府的诚信影响重大,远比执行层面的问题重要得多。所以政务诚信的研究要把决策,尤其是决策思维方式纳入视野。

三、决策思维中价值层面占有何种地位?

"决策"涉及几个不同的层面。一个问题是决策的过程,或决策的程序。改革开放以来有一个提法叫"民主决策",近来又重返毛泽东时代的说法叫群众路线(从群众中来到群众中去)。民主也好,群众路线也好,说的都是一个决策的程序问题。这里说的程序,不仅仅是说按照现有规章的程序来走,而且还是说要有一种民主的精神。毛泽东同志在1962年七千人大会上的讲话,总结了1958年的教训,强调民主的方法就是"让群众讲话的方法"。"不论党内党外,都要有充分的民主生活,就是说要认真实行民主集中制。要真正把问题敞开,让群众讲话,哪怕是骂自己的话,也要让人家讲。"①他还着重批评了两种情况。一种是"现在有些同志,很怕群众展开讨论,怕他们提出同领导机关、领导者意见不同的意见。一讨论问题,就压制群众的积极性,不许人家讲话,这种态度十分恶劣"②。另一种是"一切事情。第一书记一个人说了就算数。这是很错误的"。"只要是大事就得集体讨论,认真听取不同的意见,认真地对于复

---

① 《毛泽东文集》第8卷,人民出版社2004年版,第291页。
② 同上书,第292页。

杂的情况和不同的意见加以分析。要想到事情的几种可能性，估计情况的几个方面，好的和坏的，顺利的和困难的，可能办到的和不可能办到的。”①现在，我们面临的情况更为复杂。特别是社会已经高度分化，“群众”的组成不像以往工人农民知识分子三块这么简单。各个不同的阶层和群体的利益、诉求已经多样，其权利意识也大为增强。民主决策显得更为迫切。如果缺乏民主的精神，决策失当的事情就必定会发生。而一旦决策失当，事前又不认真听取群众的意见，那么就难有诚信可谈。

另一个是认识论的问题，现在的说法叫“科学决策”。毛泽东在20世纪60年代鉴于1958年之后一系列失误的教训，提出了“人的正确思想是从哪里来的”问题让各级当政者思考。一方面鉴于发生了亩产上万斤的农业丰收等虚假的情况下作出决策、导致饥荒的沉痛教训，重申了调查研究的重要，要求领导干部下去蹲点，强调只有“情况明”才能“政策对，决心大”，另一方面从更长远的视角提出了如何不断克服盲目性的问题。他指出，“在社会主义建设上，我们还有很大的盲目性。社会主义经济对我们来说，还有许多未被认识的必然王国”②。“所谓必然，就是客观存在的规律性。在没有认识它以前，我们的行动总是不自觉的，带着盲目性的。这时候我们还是一些蠢人。最近几年我们不是干过许多蠢事吗？”③他还说道，“拿我来说，经济建设中许多问题还不懂得。工业、商业我就不大懂”④。他还要求大家学习有关经济各门具体科学。半个多世纪过去了，我们社会主义建设的经验比以前丰富得多了。由于总结了正反两个方面的经验，我们取得了辉煌的成就，但是还有没有“未被认识的必然王国”呢？显然还有。无论是融入全球化之后的市场经济如何调控使之健康发展，还是邓小平在1993年就提出的经济发展起来之后怎么办，怎样去实现共同富裕；无论是环境保护和经济发展之间的关系如何处理，还是农民工的权利如何保障，我们面前还有一个很大的必然王国。我们在许多问题上还有很大的盲目性。在中下层的决策中，更有许许多多前所未遇的新问题。要真正做到科学决策，还是一件非常不容易的事情。而离开了科学决策，

① 《毛泽东文集》第8卷，人民出版社2004年版，第295页。

②④ 同上书，第302页。

③ 同上书，第306页。

不仅会带来巨大的经济损失、严重的社会后果，政务的诚信也就会变成一句空话。

认识能够告诉我们的是客观的现实的可能性，如毛泽东所说的是解决如何把握现实可能性以及发展的客观趋势的问题。但是正如毛泽东所说，客观的可能性也是“多”而不是“一”。那么面对诸多的可能世界、诸多的可能性，就要作出选择，争取哪一种可能性并努力使之实现。决策在一定意义上就是作出这样的选择。毛泽东还特别提到要区分“好的”还是“坏的”可能性。这里所说的好的还是坏的，就是一种价值层面的选择。现在我们常说的“价值”①，广义来说就是指什么样的东西是值得我们追求的，什么样的可能世界是值得我们为之奋斗使之实现的。也可以简单地说，值得追求的就是好的，不值得追求的就是坏的。对好的还是坏的可能性的选择，就是决策中的价值问题。

任何决策，不论是高层的决策还是中下层的决策，都有价值选择。最简单的例子就是，如果一个基层的决策者，天天想的就是自己的私利或者是周围几个亲朋好友或者哥们能不能得到好处，那么他作出的决策(无论是用人的决策还是某种分配方案的决策)肯定是成问题的。怎么会有政务诚信可言呢？从这里就可以看出要实现政务诚信，价值选择是最为关键的。

当然决策过程中的价值选择，是一件非常复杂的事情。因为，这里不仅有好的与坏的，也就是正面的价值与负面的价值之间的抉择，在诸多的正面的价值之间还会有一个优先顺序的问题。不仅如此，还需要在各种正价值之间作出妥善的安排，使之得以顺利地实现。

总之，决策问题是不能离开价值选择的。而价值选择远比认识论的问题要复杂，因此需要做细致的研究。下面我们就改革开放以来，在市场经济条件下经常遇到的一个难题，效率与公正两者之间的关系问题，做点具体的分析。鉴于在思想史上功利主义是唯效率论的最典型的代表，下面我们就功利主义决策思维模式的利弊作一分析。

---

① 在毛泽东的话语系统是不使用这个词的。改革开放之后，我们的官方话语系统才逐步地纳入“价值”“价值观”等话语。

四、功利主义的决策思维模式的利弊

这个先要对功利主义这个概念作一点澄清。在中国的日常语言里，往往把功利主义等同为一种以追逐物质利益为目标的人生观。其实这至少是对于作为一种学说的“功利主义”的片面的解读。

只要读读法国学者哈列维所著的《哲学激进主义的兴起——从苏格兰启蒙运动到功利主义》①一书，就可以明白。功利主义诞生于18、19世纪之交面临诸多社会危机的英国。要不要在法律政治经济教育等各个方面作出改革，如何改革，成为社会关注的焦点，功利主义就是回应社会的这种诉求而生的。其主要的大人物边沁等人都是一些从事实践的改革家和思想家。他们的论说广泛地涉及法律政治经济教育和道德等领域。马克思早就指出，功利论与英国的政治经济学是联结在一起的。从一定意义上来说，它是一种实践的或行动的哲学。这一特点决定了它一开始就与决策问题紧紧地联结在一起的。

此外，从功利主义与近代以来西方的伦理学说关系来看，一方面他们都是以人性的自私论为基本假设的。功利主义主要的特点就是用联想心理学来证明趋乐避苦是人的最基本的追求，提出了最大幸福原则。另一方面在回答自私的个人何以可能有非自利的道德并使之成为人性的一部分、社会又何以维系的问题上，功利主义有自己独特的见解。

简单地说，对于这个问题可以有三种回答。一是同感论或者是**同情论**。即认为因为人有同情心，可以对他人的快乐和痛苦感同身受，由此生发出道德，如亚当·斯密在《道德情操论》中所作的论证那样。二是利益的**自然和谐论**。斯密的经济学就是如此，著名的“看不见的手”的比喻就是一个典型，也可以称为“利益的天然同一论”。三是**“人为和谐论”**。所谓的“人为和谐”就是运用功利原则，来制定各种政策（包括经济政治立法和教育等）人为地去实现社会的和谐，让本来自私的人和谐相处。人为的手段的运用，也就是我们通常所

① ［法］埃利·哈利维：《哲学激进主义的兴起：从苏格兰启蒙运动到功利主义》，吉林人民出版社2006年版。

说的决策,就成为他们关注的主要问题。可见决策思维方式是功利主义内在蕴含的主要议题。这就是功利主义区别于其他学说的一个最主要的特征。

那么功利主义作为决策思维的模式有什么特点呢?

功利主义的基本原理有两条。第一条就是效用原理,第二条就是最大幸福原则,后来进一步表述为"最大多数人的最大幸福"。

第一条是就动机愿望和效用效果关系而言的,也可以表述为效用至上的原则。它最初是作为道义论的对立面而提出的。道义论者强调动机的重要性,而功利论则强调效果。Utalitarianism 一词的词根就来自 utality,即效用。民国时期唐钺先生用"功用主义"来汉译这个词,这是有道理的。毛泽东在延安文艺座谈会上的讲话,对功利主义讨论的一个切入点就是动机和效果的关系问题。在这一点上,他是倾向于功利论的。①

那么,什么样的效果才是善的或者说是好的呢?这就是第二条原则。其中包括两层意思。首先是,增进幸福的即是善。穆勒曾经说过,功利主义最基本的主张就是:"承认'功利'或'最大幸福原理'为各种道德生活的根本。这个信条主张:行为之正当,以其增进幸福的倾向为比例;行为之不正当,以其产生不幸福的倾向为比例。幸福,是指快乐和痛苦的免除;不幸福,是指痛苦和快乐的丧失。"②

那些能够引起快乐、产生幸福的东西,这也就是我们常说的"利益"二字。获得利益就是所谓的"成功"。而边沁认为,影响人的"成功"的主要有三个要素,财富、权力和名声。这些都是给人带来快乐或幸福的手段。但是如穆勒所说,正因为这些东西经常能够带来快乐的效果,所以人们也很容易把这些看作是善这个目的本身。

由于在功利主义者边沁看来,快乐和痛苦是可以量化的,所以叫最大幸福原理。后来为了同利己主义划清界限,他们又提出要把能否带来"最大多数人的最大幸福"作为度量的标准。对此马克思曾经给予肯定,说"功利论一开始

① "这里所说的好坏,究竟是看动机(主观愿望)还是效果(社会实践)呢?唯心论者是强调动机否认效果的,机械唯物论者是强调效果否认动机的,我们和这两者相反,我们是辩证唯物主义的动机和效果统一论者。"参见《毛泽东选集》第3卷,人民出版社1992年版,第868页。

② [英]约翰·穆勒:《功用主义》,商务印书馆1957年版,第7页。

就带有公益论的性质"[①]。后来俄国的革命民主主义者车尔尼雪夫斯基也是推崇功利主义的,他把善恶归结为利益。他没有采取穆勒那种区分快乐的质和量的办法来解决问题,而是用多数人的利益还是少数人的利益来区分善恶。他说:"善恶本来没有固定的标准,受到损害的人说坏,得到好处的人说好,那么理论的正义在哪一方?有人说善高于一切,我们只能说善就是利益,要说善和利益有区别的话,那就是很大的利益高于不大的利益。""有利于整个社会或大部分成员的事就是善行;整体大于部分,全民族的利益大于个别等级的利益,以损害别人的利益求得自己的利益的一方到头来会自取灭亡。"[②]由此他得出了否定农奴制等革命的诉求[③],这就从一般的功利主义引申出了革命功利主义。后来的俄国革命家也继承了这个传统,并付诸实践。这些观念在20世纪对中国也有深厚的影响。在革命功利主义这一点上,功利主义得到毛泽东的肯定,当然他的论说也有自己的特色。他在延安文艺座谈会上指出:"唯物主义者并不是一般地反对功利主义,但是反对封建阶级的、资产阶级的、小资产阶级的功利主义,反对口头上反对功利主义、实际上却抱着最自私最短视的功利主义的伪善者。世界上没有什么超功利主义,在阶级社会里,不是这一个阶级的功利主义,就是那一个阶级的功利主义。"又说:"我们是无产阶级的革命的功利主义者,我们以占全人口百分之九十以上的最广大群众的目前利益和将来利益统一为出发点的,所以我们是以最广最远为目标的革命的功利主义,而不是只看到局部和目前的狭隘的功利主义者。"这段论说的一个特点就是从中国的国情出发,从无产阶级弱小而农民的人数庞大,在抗日战争期间实行最广泛的抗日统一战线政策,所以更加强调的是"占人口百分之九十以上的最广大群众的目前利益和长远利益的统一"[④]。毛泽东倡导的革命功利主义在相当长的时间里成为非常普及的思维方式,它的有效性逐渐积淀为一个模式,在决

① 《马克思恩格斯全集》第3卷,人民出版社1960年版,第484页。

② 北京大学哲学系外国哲学史教研室编译:《十八—十九世纪俄国哲学》,商务印书馆1987年版,第370—371页。

③ 车尔尼雪夫斯基指出:"土地所有者一般都先从各种强迫劳动中获得好处,但结果实行奴隶劳动的一切国家中的土地所有者都处于破产的状态,想求得自己利益的等级一开始就错了,一些人借物质手段大大优越于另一些人的状况对于这个社会的危害要大大超过利益。"出处参见上书。

④ 《毛泽东选集》第3卷,人民出版社1992年版,第804页。

策思维中通行。

改革开放之后，尤其是确立了以经济建设为中心、否定了以阶级斗争为纲的做法之后，这种思维模式有所改变，主要不再以阶级功利主义的现实出现，而是以经济功利主义的形态出现。这在推进市场体制的改革之后，在实现"效率优先"的方针之后，尤其盛行。这是因为，这种经济功利主义在西方的历史上如马克思所说是一开始就是与倡导市场经济的英国古典经济学——也就是与经济自由主义结合在一起的，而且在思想史上就是以提出"效率论"为经济社会政策的效率论辩护著称的。所以，它在一定的历史条件下，对于破除计划经济的藩篱、推动经济的快速增长是发挥过积极作用的。当年，我们华东师大哲学系也专门召开了全国性的"功利主义反思"讨论会。会上最强的声音就是要肯定功利主义的积极作用。

但是功利主义决策思维模式的弊端也是不应讳言的。其决策思维模式也有极大的局限性，推到极致的话就会带来严重的后果，政务诚信的流失就是其中之一。

从学理上看，功利主义的主要问题是：第一，它以"趋乐避苦"为人性的基本假设，这一假设与经济学上的"经济人"假设是联系在一起的，否定了人的向善的动力。第二，过分强调效用或效果，客观上就轻视动机尤其是动机善的意义，容易使人忽视善良的动机的重要性。在改革决策问题上易于忽视公平正义等道德的目的的重要性。第三，"最大多数人的最大幸福"的命题具有不确定性和模糊性（到底是由谁来判定多数人的幸福？是决策者自己还是多数人自己？最大是否等于总量？幸福不幸福谁说了算？是否可以牺牲少数人的幸福?），作为决策思想方式埋伏着许多的弊端。这些问题在功利主义提出的时候就遇到过。边沁就遇到过这样的责难：假设一个 30 个人组成的社会中，有 29 个人主张把剩下的 1 个人烤了吃掉？是不是符合最大多数人的最大幸福原则？

由于强调了效用而易于忽视实现效果的手段善的重要性，推到极致就是只要有效的就可以不择手段，用结果来证明手段的合理，易于在手段环节上堕入非道德主义，因此就存在着不择手段地实现效用的可能性。思想史上确有一些论者做出过这样的推论。如车尔尼雪夫斯基认为：革命者可以为了实现自己的理想(符合多数人的利益的,符合整体利益的理想)而去“牺牲别人的利益、荣誉与生命”。总之,“只要目的是好的,一切手段都是可以允许的”。

下面就结合功利主义决策思维模式在中国历史和现实中的表现对其弊端分析。

第一,“效率”就是一切的增长主义,或者说是 GDP 主义,就是这种决策思维模式的集中表现。在中下层的政务人员中就是唯政绩论。这里有两个问题:首先,由于它否定了道义本身也是目的,或者有意无意地轻视道义目的,在社会政策和经济政策上就会否定或者轻视“公平正义”等社会善的追求。因为按照功利主义,公平也好正义也好,最终都是由效率来度量的。这样的决策的结果,就是漠视公众对于一个公平正义的社会的追求,即使决策者是完全出于公心,一心一意地谋求经济增长,也不会得到公众的信任,甚至会怀疑决策者本身的诚意。这样自然而然地就会发生政务诚信的流失。其次,决策者如果一味追求政绩,结果对于自己的动机是否善良,是否真正做到了执政为民,是否公正地对待了不同阶层不同群体,就不会自省。

第二,以多数人的长远利益为由,漠视少数的“受惠最少者”[①]的利益和诉求,使得社会不公合理化。这个少数从统计学上看,好像是微不足道的冷冰冰数字,但在现实生活中,却是艰难地维持生计的活生生的“人”。无论是在动拆迁还是在城管中出现过许多令人痛心的事例,积累了许多社会矛盾。如果我们无视功利主义决策思维模式的弊端,把它推到极致,付诸实行,那么怎么可能获得最少受惠者和具有同情心和正义感的社会人士的信赖呢?也许在权利观念深入人心而每一个国民的权利(尤其是消极权利)得到比较充分的保障的条件下,这种决策思维方式不会导致严重的后果,但如果缺乏这样的条件的话,那么什么事情都可能发生。这类教训已经很多。直面其教训,一个关键就是要懂得功利主义的决策方式所潜藏的危险。

第三,一些本来是出于公共利益的政策,由于有意无意地无视手段的善,为了达到目的不择手段,就可能引发严重的后果。就以动拆迁为例,有些确实

① 这里用的是罗尔斯的术语,流行的用法是所谓的“弱势群体”,但笔者认为后者有过于强烈的社会达尔文主义和尼采式强者生存的“超人哲学”的色彩,在一个社会主义国家里是不宜推广的。

出于公共利益的市政工程,由于采取了不当的手段(如雇用一些流氓地痞式的能人,用低劣的手段胁迫居民),不仅增加了社会矛盾,而且大大降低了政府的公信力。诸如此类的教训,需要从决策思维方式的视角加以总结。这种思维方式不改变,政务诚信就难以建立和维系。

这里所说的道义性,特别是手段善,最基本的就是一个对待他者的态度。西方的基督教有所谓的黄金律,说的是"己所欲者,施之于人"。中国的儒家有一条,"己所不欲,勿施于人"。近来旅美中国哲学家黄勇先生提出,如果基督教的信条称为金律的话,孔子的信条可以称为银律,两者都有一定的道理,但是都有弊端。关键是都不承认他人与自己的区别和差异,搞得不好免不了有强加于人之嫌,基督教的金律尤甚。他认为在中国的道家和儒家的文化资源中,有一种可以称为"铜律"的道德律存在,其要旨就是"人所欲,施之于人""人所不欲勿施于人"①。这是很有见地的说法,值得我们重视。在一个多元多样的世界上,在生活、思想、观念上多元多样的中国社会,人们所欲的差异是非常明显的。如果一味地以己之心度人之腹,把他人并不欲求的东西"施之于人",结果就会适得其反。现在有时可以观察到一种现象,有些政务初衷是好的,客观上也有一定的可度量效果,但是人们并不叫好,没有增加公信度,办事者心中也委屈。其中的一个原因就是没有注意到"人所欲,施之于人,人所不欲,勿施于人"。

---

① 黄勇:《全球化时代的伦理》,台大出版中心 2011 年版,第 1 章。

评功利主义的决策思维模式*

新一届的伦理学会开始创办学术前沿的系列讲座，这是一件有意义的事情。陆晓禾会长邀我作个发言。为了支持会长的工作，只好勉为其难。因为年事已高，精力不足，在前沿上走动，已经无能为力。我老父亲晚年自嘲说只能卖旧货了，现在我也到了这样的年纪。卖旧货有两种办法，一种是把旧作整理出来编成册子；另一种是把经历过的往事翻出来，旧事新说，这后一种办法也许还可以有点长进。我父亲晚年撰写了几十万字的回忆录，做的就是这样的事情。我没有他那么丰富的阅历，也没有与那么多名人交往，所以也不会去写什么回忆录，但是也经历了学术界的一些大事。去年和老同学一起编了《守道1957——1957年中国哲学史座谈会实录与反思》①，想不到引起很大的反响。看来把一些学术界的大事重新翻出来加以审视和反思，还是一件有意义的事情。

今天，就从80年代我们做过的一件事情说起，谈谈功利主义问题。

一、为什么要从决策思维的角度来重新考察功利主义？

1988年，我们华东师大哲学系举办过一次“功利主义反思”的全国性的学术讨论会。这次会议在学术界和社会上引起较大的反响。

会议的讨论，集中在三个问题上：经济利益的追求作为一种价值该如何看待？在经济动机得到解放的条件下，道德将向何处去？如何评价近代西方的

* 本文系作者2013年6月在上海市伦理学会“学术前沿系列讲座”所作的演讲，刊于《哲学分析》2014年第2期。

① 赵修义、张翼星等编：《守道1957——1957年中国哲学史座谈会实录与反思》，上海人民出版社2012年版。

功利主义思潮,它对中国社会将会发生何种作用?

会上及会后文汇报组织的讨论中,主要的倾向是赞同把“功利”,尤其是物质利益作为一个值得肯定的“价值项”,也就是肯定了“利”与“真”“善”“美”一样,是一种值得追求的东西。对社会上出现的功利冲动,尽管有的论者对其道德后果表示担忧,但是多数的论者视之为商品经济发展的必然的趋势。不少论者以为西方近代的功利主义则是在商品经济逐步发展的过程中兴起的,同古典经济学和法制观念的形成有密切的关系,它对于调节市场秩序和社会生活起过重要作用。因此,值得借鉴。

现在回过头去看,这些见解确实预示了 20 世纪 90 年代后,在市场改革的大潮下,中国社会经济动机的大解放,以及功利主义作为一种学说和思想潮流在中国的影响力的急剧扩张。这种影响力的扩大,不仅表现在学术界对功利主义的介绍研究的热衷和评价的提升,更主要的是它经由多种途径,逐渐为社会各界所接受。一方面是在公众的观念上,“唯义无利”的观念被普遍的抛弃,现世的功利追求不仅合法化而且急剧膨胀,功利主义的成功观念深入人心,其正反两个方面的后果都充分地显现出来了。另一方面,功利主义也为许多当政者所接受,成为工作实践中自觉的或不自觉的指导原则,成为决策思维的一种普遍模式。就这一点而言,这次会议的选题是抓住了时代的问题。

不过我们今天重返这个问题的目的,不是要说当年我们如何如何,而是要反省当时的认识有什么不足,需要在哪些方面去做进一步的研究。

近来胡乱读书,突然有点感悟。觉得首要的问题是我们不能仅仅把功利主义看作是一种道德学说,而必须如实地把它看作是一种涉及法律政治经济教育等广泛的社会问题的决策思维模式。这就是我今天和大家一起讨论的题目。

这是读法国人写的《哲学激进主义的兴起》①一书的一点心得。这本书早已出版,买了也很久,只是因为翻译等相当拗口(从法文译为英文,再中译),看看停停,最近下决心啃一啃。这本书主要是写边沁以及这个的功利主义思潮

① [法]埃利·哈利维:《哲学激进主义的兴起:从苏格兰启蒙运动到功利主义》,吉林人民出版社 2006 年版。

如何兴起的。它的优点是在广泛的历史背景下,全面地展示了功利主义在法律、政治和经济问题上是如何演进的。对于功利主义与当时的各种政治法律经济思想以及科学观念的关系,从事实出发,作了具体的历史的分析,大开眼界。读了之后主要的心得就是,功利主义从一开始就是因应 18、19 世纪之交在美国、法国相继发生革命,以及科学和工业的发展引发社会危机之际所产生的层出不穷的改革方案。为此去寻找单一原则来加以处理改革中的各种问题。正是这种客观要求,使得功利主义的主要代表人物不是书斋里的学者,而是一批从事实践的改革家、思想家。就这个意义来说,它是一种实践哲学或者说是要付诸行动的哲学。这样一个特点就从根本上决定了它主要是一种决策思维方式。

这一点至关紧要。把功利主义的法律政治经济学说与其哲学伦理思想联系起来就不难明白。可惜我们以往仅仅从伦理学上而没有同法学经济学政治学上的各种主张联系起来。这样就缺乏深度,把握就不那么准确。此外,就功利主义的学说的主要特点看,也可以说明这一点。

近代以来西方的许多学说都是以人性的自私论为基本假设的。这可以说是一个共性。功利主义则是用联想心理学或者说用联想原理来证明,快乐是每一个个人的最基本的追求,但是基本的论点是一样的。他们都设了一个难题,那就是自利的个人何以可能有非自利的道德,并使之成为人性的一部分?社会又何以维系?

对此有三种回答。一种是同感论或者是**同情论**。一种是利益的**自然和谐论**。斯密的经济学就是如此,著名的“看不见的手”的比喻就是一个典型。也可以称之为“利益的天然同一论”。第三种就是**“人为和谐论”**。这就是功利主义区别于其他学说的一个最主要的特征。

在边沁的时代,马尔萨斯和李嘉图的经济学由于面对的社会问题不同,就已经没有斯密那样的乐观主义了。他们看到了人口的快速增长与供给不足(尤其是食品的供给不足之间的难以解决的矛盾),社会各个阶级之间的矛盾,已经为自然和谐论添上了悲观的色彩。国家从安全上和教育上给政府干预留了地盘。这就意味着需要人为力量的作用才能实现利益的和谐。是为“人为和谐论”,或“人为的(artificial)同一原理”。边沁可以说是这种学说的倡导者和积极的践行者。他最看重的是立法,强调立法者的任务是在承认人们怀有利己之心的前提下去实现这个个人利益与普遍利益的同一。这一思想也不是没有来源的。在英国,休谟曾经认为,政治家的普遍假设是,从原则上说,每个人都应该被认为是一个无赖。政治的艺术在于通过个人利益来**控制**诸多个人,创造某种**技巧**,使得这些贪婪和野心勃勃的个人为了公共善而合作。法国的爱尔维修曾提出:"政府的职责就是通过奖惩来促进社会幸福。"①所以政府官员"行政官员有如导师,靠引导国家全体成员的希望和恐惧来管理他们。的确在一个认真讲究的政府下,一般的教师,甚至家长本身,就像仅仅是行政官员的代表,其支配性的影响在这一方面有别于普通教师,是他左右人一辈子"②。这里所说的如何建设一个认真的讲究的政府看来是边沁所关注的问题。他的第一本著作就是立法的原理,并通过立法来解决道德问题。边沁还认为个人的自由和财产的保障如果是寄托于统治者的善良意志,或者空谈天赋权利,那就是根本没有保障。边沁的主张是通过有规则地使用惩罚措施,通过立法,解决重大的社会和道德问题,从而实现个人利益与共同利益的同一。而整个功利主义潮流所关心的也是这样一个问题。边沁自己不仅把立法司法等问题作为研究的重点,而且还提出过许许多多的改革方案,并以慈善家的身份身体力行。正因为他在政治、法律包括教育的改革方面非常积极的态度,在当时的英国被称为"激进主义",以区别于在改革问题上那些比较保守或温和的流派。

所谓的"人为和谐"就是运用功利原则,来制定各种政策(包括经济政治立法和教育等)人为地去实现社会的和谐。人为的手段的运用,也就是我们通常所说的决策,就成为他们关注的主要问题。可见决策思维方式是功利主义内在地蕴含的主要的议题。其最基本的原理也是用来解决这一方面的问题的。

功利主义对后世的影响在这一方面也是很突出的。在中国最早提出这一问题的是华人学者盛庆琜。其用中文在上海交通大学出版社出版的《功利主

①② 转引自[法]埃利·哈列维:《哲学激进主义的兴起:从苏格兰启蒙运动到功利主义》,吉林人民出版社 2012 年版,第 27 页。

义新论》中援引了亚马蒂亚·森的话说:“效用主义在数世纪以来的公共政策思想方面强有力的支配地位。”①可以说直到罗尔斯的《正义论》出现才有所改观。这本书我早就读过,但是读了《哲学激进主义的兴起》才感受到这一论点的重要。

今天我讲的题目——功利主义的决策思维模式,就是从这里得出的。

二、功利主义决策思维方式的特点

功利主义的基本原理,就是两条。第一条就是效用原理,第二条就是最大幸福原则,后来进一步表述为“最大多数人的最大幸福”。

功利主义的特点就是把重点放在效果上,从效果而不单纯从动机来评价人们的行为。这一点就使得功利主义不同于一般的伦理学说。一方面如马克思所说一开始就同英国的古典经济学结合在一起,另一方面功利主义从其创立者边沁开始就把功利主义的原则用于对立法司法等公共政策的评价。

那么,什么样的效果才是善的或者说是好的呢?这就是第二条原则。其中包括两层意思。

首先,增进幸福的即是善。穆勒曾经说过,功利主义的最基本的主张就是:“承认‘功利’或‘最大幸福原理’为各种道德生活的根本。这个信条主张:行为之正当,以其增进幸福的倾向为比例;行为之不正当,以其产生不幸福的倾向为比例。幸福,是指快乐和痛苦的免除;不幸福,是指痛苦和快乐的丧失。”②

那些能够引起快乐、产生幸福的东西,这也就是我们常说的“利益”二字。获得利益就是所谓的“成功”。而边沁认为,影响人的“成功”的要素主要有三个:财富、权力和名声。这些都是给人带来快乐或幸福的手段。但是如穆勒所说,正因为这些东西经常能够带来快乐的效果,所以人们也很容易把这些看作是善这个目的本身。

---

① 盛庆琜:《功用主义新论》,上海交通大学出版社 1996 年版,第 13 页。该书将大陆通行的译名“功利主义”改译为“效用主义”。

② 《西方伦理学名著选辑》下卷,商务印书馆 1987 年版,第 242 页。

功利主义者认为,人的一生都受苦和乐这两个主人的支配,趋乐避苦是人生的基本目的。既然人生的目的是如此,那么判断一切事物或行为好坏的标准就是看它是否有助于我们增进幸福。凡是有助于增进幸福的就是善,就是好的;凡无助于增进幸福,相反增加我们的痛苦的,就是坏的。幸福和痛苦都可以用量来计算,所以要把最大幸福作为检验的标准,是为最大幸福原则。后来为了与一般的利己主义相区别,就提出了"最大多数人的最大幸福"的原则。这一原则意味着:"功利主义所认为行为上是非标准的幸福并不是行为者一己的幸福,乃是一切与这行为有关的人的幸福。"就个人来说,功利主义要求人们在他自己的幸福与他人幸福之间做到严格的公平。就立法和政府的决策来说,就是要给最大多数人带来最大的幸福和最小的痛苦。

正是在这一意义上,马克思予以肯定,指出功利论带有"公益论"的特点。尽管功利主义的"公益论"是一种"公益合成论",即认为社会是一个虚构,公共利益就是个人利益的总和。

这里谈的都是英国的功利主义。近来读到了金雁写的《倒转红轮》。这是一本写俄国的知识分子的心路历程的书。给我留下的最深刻的一个印象就是,俄国的革命民主主义者就是功利主义者。他们提出了革命功利主义,其观念和思维方式对后来的俄国革命及其走向有深刻的影响,经过一些环节,对于五四以后的中国也有不可小视的影响。

沿着这个线索,读了车尔尼雪夫斯基的《哲学中的人本主义原理》。他在书中写道:"善这个概念决不是模棱两可的,相反地,当我们发现到善的真正的本质,发现到善就是利益的时候,它是最鲜明和最精确地巩固着和确定着的。"①在各种利益发生抵触、各种善的观念相互冲突的情况下,"理论上的正义性究竟在哪一方,这并不难于解决。全人类的利益高于个别民族的利益,全民族的利益高于个别等级的利益,多数等级的利益高于少数等级的利益。在理论上,这一次序是毋庸置疑的,它只是把几何公理——'整体大于部分''大数大于小数'——运用到社会问题上来罢了"②。

---

① 北京大学哲学系外国哲学史教研室编译:《十八—十九世纪俄国哲学》,商务印书馆 1987 年版,第 371 页。

② 同上书,第 372 页。

这里有两个要点。一是“善的本质就是利益”。这就比边沁和穆勒更为彻底地把道德归结为利益了。二是与边沁、穆勒的公益合成论不同,肯定了人类或一个社会都是有整体的利益的。他的结论是:“有利于整个社会或大部分成员的事就是善行;整体大于部分,全民族的利益大于个别等级的利益,以损害别人的利益求得自己的利益的一方到头来会自取灭亡。”由此,他得出了否定农奴制等革命的诉求。这就从一般的功利主义引申出了革命功利主义。革命功利主义已经把整体大于部分作为基本的原则,用“整体利益”代替了“最大多数人的最大幸福”。这样就在事实上废止了边沁的“公益合成论”,把整体利益放到了首位,某种意义上可以视为现代的“集体主义”的思想渊源。

这种革命功利主义演进到中国,就是毛泽东所说的革命功利主义和阶级功利主义。他说:“唯物主义者并不是一般地反对功利主义,但是反对封建阶级的、资产阶级的、小资产阶级的功利主义,反对口头上反对功利主义、实际上却抱着最自私最短视的功利主义的伪善者。世界上没有什么超功利主义,在阶级社会里,不是这一个阶级的功利主义,就是那一个阶级的功利主义。”①又说,“我们是无产阶级的革命的功利主义者,我们以占全人口百分之九十以上的最广大群众的目前利益和将来利益统一为出发点的,所以我们是以最广最远为目标的革命的功利主义,而不是只看到局部和目前的狭隘的功利主义者。”这段论说的一个特点就是从中国的国情出发,从无产阶级弱小而农民的人数庞大,在抗日战争期间有极其广泛的抗日统一战线政策,所以更加强调的是“占人口百分之九十以上的最广大群众的目前利益和长远利益的统一”②。

这样的一种革命功利主义,也可以称为政治功利主义,在相当长的时间里成为非常普及的思维方式。它的有效性逐渐积淀为一个模式,在决策思维中通行,直到改革开放。今天我们来谈论功利主义的决策思维模式,不能仅限于从边沁到穆勒的功利主义,而必须关注自民主革命时期开始的革命功利主义。

改革开放之后,确立了以经济建设为中心,否定了以阶级斗争为纲的做法之后,这种思维模式有所改变,主要不再以阶级功利主义的形态出现,而是以经济功利主义的形态出现。这在确立以市场取向的经济体制改革方向之后,

①② 《毛泽东选集》(第3卷),人民出版社1987年版,第804页。

尤其明显。进入市场体制的改革之后，在实现“效率优先”的方针之后尤甚。但是政治功利主义并未消失，而是与经济功利主义结合在一起，获得了更加强劲的动力。

这种情况的出现不是偶然的。一方面，我们决心以市场取向为目标的改革，并融入世界市场，不得不借鉴西方市场经济的经验以及总结了其经验西方经济学说。而这种学说正如马克思所说，一开始就是与倡导市场经济的英国古典经济学，即经济自由主义结合在一起的。另一方面，我们实行的是社会主义市场经济，坚持国家对经济的必要的干预，而且在政治上接续革命的传统，其中就包括了革命功利主义及其决策思维方式。

由此可见，经济功利主义与政治功利主义相结合的决策思维方式，在中国这块土地上显得非常强劲，有深远的渊源和影响力。

三、功利主义决策思维模式的利弊

功利主义的决策思维方式是一把双刃剑，有利有弊。在历史和现实生活中其既有积极的作用，也有弊端。

就其发源地英国而言，以边沁为代表的哲学激进主义——功利主义推进了英国的改革，使得19世纪初原本已经落后的法律制度中存在的民法过于繁琐、成本极高，刑法过于严酷的局面得以改观，并开始推行普选制度限制了贵族的特权，起了积极作用。到了穆勒的时代，功利主义还同社会主义有一定的关系。

就近三十年来说，这种功利主义及其决策思维模式的积极作用是明显的。在社会的层面，人们追求自己的经济利益的经济动机得到解放，使得整个经济社会生活充满了活力。人们追求自己的幸福的愿望和机会都是前所未见的。在决策的层面，更加关注施政的实绩，更加关注给大多数的民众带来实实在在的利益，对于破除计划经济的藩篱起了积极的作用。但是其弊端也日渐显现。

这些弊端，源自功利主义在学理上的固有弱点。主要有以下几个方面：

第一，它以“趋乐避苦”为人性的基本假设，这一假设与经济学上的“经济人”假设是联系在一起的，否定了人的内在的向善的动力。到了车尔尼雪夫斯基，更是断言“善就是利益”。这种观念一直延伸下来，就是把道德归结为利益关系的处理。如对集体主义的定义就是个人利益服从集体利益，甚至把中国古代的“义利之辨”，归结为“公利”与“私利”之争。这样就把“德性”大大地淡化了，搞得不好就直接通向了只讲利益不讲道德的道德虚无主义。今天中国社会出现的许多问题，仔细想想都是与此有关的。

第二，过分强调效用或效果，客观上就轻视动机尤其是动机善的意义，容易使人忽视善良动机的重要性。决策思维上易于忽视公平正义等道德目的的重要性。历史上为自由放任主义的经济政策作辩护的功利主义，就以效率论著称，而且宣称按照功利主义是只讲幸福的总量（即社会的总功利）而不做人际比较。此外，由于强调效用易于忽视实现效果的手段善的重要，推到极致就是，只要有效的就可以不择手段，用结果来证明手段的合理。这样就易于在手段环节上堕入非道德主义。因此就存在着不择手段地实现效用的可能性。思想史上确有一些论者作出过这样的推论，如车尔尼雪夫斯基。①

第三，“最大多数人的最大幸福”的命题具有不确定性和模糊性。（幸福不幸福谁说了算？到底是由谁来判定多数人的幸福——是决策者自己还是多数人自己？最大是否等于总量？是否可以牺牲少数人的幸福？）它作为决策思想方式就埋伏着许多的弊端。这些问题在功利主义提出的时候就遇到过。边沁就遇到过这样的责难：假设一个 30 个人组成的社会中，有 29 个人主张把剩下的 1 个人烤了吃掉，是不是符合最大多数人的最大幸福原则？

就当代中国来说，存在着一种功利主义的决策模式推向极致的危险，其表现如下：

第一，“效率”就是一切的增长主义，或者说是 GDP 主义，就是这种决策思维模式的集中表现。在中下层的政务人员中就是唯政绩论。这里有两个问题：首先是由于它否定了道义本身也是目的，或者有意无意地轻视道义目的，在社会政策和经济政策上就会否定或者轻视“公平正义”等社会善的追求。因为按照功利主义，公平也好正义也好，最终都是由效率来度量的。这样的决策

① 车尔尼雪夫斯基认为：革命者可以为了实现自己的理想（符合多数人的利益的、符合整体利益的理想）而去“牺牲别人的利益、荣誉与生命”。总之，“只要目的是好的，一切手段是可以允许的。”

的结果，就是漠视公众对于一个公平正义的社会的追求，即使决策者是完全出于公心，一心一意地谋求经济增长，也不会得到公众的信任，甚至会怀疑决策者的诚意。这样自然而然地就会发生政务诚信的流失。其次就是决策者如果一味追求政绩，结果对于自己的动机是否善良，是否真正做到了执政为民、公正地对待了不同阶层不同群体，就不会自省。

第二，以多数人的长远利益为由，漠视少数的“受惠最少者”[①]的利益和诉求，使得社会不公合理化。这个少数从统计学上看，好像是微不足道的冷冰冰数字，但在现实生活中，却是艰难地维持生计的活生生的“人”。无论是在动拆迁还是在城管中出现过许多令人痛心的事例，积累了许多社会矛盾。如果我们无视功利主义决策思维模式的弊端，把它推到极致，付诸实行，那么怎么可能获得最少受惠者和具有同情心和正义感的社会人士的信赖呢？也许在权利观念深入人心而每一个国民的权利(尤其是消极权利)得到比较充分的保障的条件下，这种决策思维方式不会导致严重的后果，但如果缺乏这样的条件的话，那么什么事情都可能发生。这类教训已经很多。直面其教训，一个关键就是要懂得功利主义的决策方式潜藏的危险。

第三，一些本来是出于公共利益的政策，由于有益无意地无视手段的善，为了达到目的不择手段，就可引发严重的后果。这在动拆迁、城管等事务中是常见的。以动拆迁为例，有些确实出于公共利益的市政工程，由于采取了不当的手段(如雇用一些流氓地痞式的能人，用低劣的手段胁迫居民)，不仅增加了社会矛盾，而且大大降低了政府的公信力。诸如此类的教训，需要从决策思维方式的视角加以总结。这种思维方式不改变，即使结果从总体上看有利于多数人，公众也未必叫好。防止将功利主义决策思维模式推到极致的办法之一，就是把决策的道义性(包括手段善)纳入视野，并予以高度的重视。这里“公正”的原则是至关重要的。党的十八大报告在论述中国特色社会主义的时候，把它列为八个必须做到的第三项，意味深长，值得我们深思。至于手段善，涉及许多的德性或德行。这里可以列出许多的德目，但是最关键的还是一个对

① 这里用的是罗尔斯的术语，现在的流行用法是所谓的“弱势群体”，但笔者认为这个用语具有过于强烈的社会达尔文主义和尼采式强者生存的“生命道德法典”的色彩，在一个社会主义国家里是不宜推广的。

待他者的态度。穆勒当年为了弥补功利主义在德性方面的缺失，强调功利主义与基督教的黄金律是一致的。黄金律简单的表述就是“己所欲者，施之于人”。在中国，儒家有一条“己所不欲，勿施于人”。近来旅美中国哲学家黄勇先生提出，如果基督教的信条称为金律的话，孔子的信条可以称为银律，银律比金律少了强加于人的嫌疑。不过他认为两者都有一定的道理，但是都有弊端。关键是都不承认他人与自己的区别和差异。而基督教的金律尤甚。他认为在中国的道家和儒家的文化资源中，有一种可以称为“铜律”的道德律存在，其要旨就是“人所欲，施之于人”“人所不欲勿施于人”①。其前提即使承认差异，己所欲，未必是他人所欲。这是很有见地的说法，值得我们重视。在一个多元多样的世界，在生活、思想、观念上多元多样的中国社会，人们的所欲的差异是非常明显的。如果一味地以己之心度人之腹，把他人并不欲求的东西“施之于人”，结果就会适得其反。现在有时可以观察到一种现象，有些政务初衷是好的，客观上也有一定的可度量效果，但是人们并不叫好，没有增加公信度，办事者心中也委屈。其中的一个原因就是没有注意到“人所欲，施之于人，人所不欲，勿施于人”。

讲到这里可以归结为一点，现在我们尤其需要正视功利主义及其决策思维的弊端，如果听任这种决策思维模式推到极致，那么后果是不堪设想的。但愿我这是杞人忧天。

① 黄勇：《全球化时代的伦理》，台大出版中心 2011 年版，第一章。国内有的学者认为，黄勇所说的铜律，本来就包含在“己所不欲，勿施于人”的信条之中。

第五篇

西方经济危机的反思

坚持对资本及其文明化考察的生产关系维度

研究经济危机需要作政治哲学的反思

危机不仅仅是经济的,也是社会的和观念的

——解读20世纪20—30年代的美国大萧条与罗斯福新政

如何对金融危机进行伦理反思

经济伦理研究有待澄清的三个问题

——反思新自由主义经济思潮影响下的经济伦理研究

坚持对资本及其文明化考察的生产关系维度*

我对资本理论近来没有作多少研究，但是很关心。起因是在一次经济伦理的讨论会上，有一位同仁，提出了"要发展就要依靠资本而不是依靠劳动，依靠精英而不是依靠大众，依靠强势而不是依靠弱势"的论点。联想到社会上常见的一些地方官员一味依靠资本，对劳动者的权益受损的现实熟视无睹、冷漠无情的现象，我觉得这是科学发展观与社会和谐在这些地方难以落实的一个理论和思想的根源。所以，也一直在思考这个问题。

读了陆晓禾研究员的文章，深受启发。我觉得最有价值的是，文章把马克思的资本理论与新古典主义的资本理论明确地作了区分。同时，对如何用马克思的资本理论也就是剩余价值论解释当今发达资本主义国家的状况，作了可贵的探索。其中关于管理经济和公司结构的分析，尤为发人深省。

新古典主义的资本理论的一个特点就是生产要素论。把资本仅仅作为一种生产要素。这种理论多年来在中国流行，不是偶然的，是与市场经济的改革有关的。把资本作为一个生产要素，用这样一个视角来考察资本，在市场经济下是有意义的，对于我们改变计划经济下完全否定资本的作用的观念、建立各种要素市场、把握各个要素市场的运行规律等改革的进行也是有益的。但是新古典主义资本理论的提出是与他们在经济学中发动的"边际革命"联系在一起的，也就是用"边际效用论"来否定古典自由主义的劳动价值论和马克思主义的剩余价值论，把价值归结为在市场中满足人们的需要的能力——边际效用。这就意味着价值与劳动是无关的。在有的新古典主义的理论家那里，劳动还是负效用。按照劳动价值论，价值是在市场过程中产生的，而按照边际效用，价值与生产过程是无关的。所以，就把生产过程中作为一种生产关系的劳

* 本文原载《社会科学》2008 年第 3 期。

动与资本的关系,一笔勾销了。而这一点恰恰是马克思资本理论的一个关键所在。记得《资本论》中,马克思曾经非常生动地描述道,在市场上工人抬着头与资本家讨价还价,一旦成交就低着头跟着雇主走进大门口挂着“八小时之内汝不得自由”的牌子的工厂。

总之,考察资本,要素论是一个维度,它仅仅从市场交换的角度来考察,这在市场经济下是需要的,但是还有一个维度,也就是生产关系的维度,尤其是劳动与资本的关系的维度,这是马克思的维度,它是不可或缺的。重新恢复这个维度,就是我们今天要重视马克思的资本理论的缘由。无论我们对剩余价值论在今天中国社会的解释力持何种看法,坚持这样一个维度,去研究分析中国社会存在的劳动与资本的关系,雇佣和被雇佣关系,才能正视现实存在的问题(不仅仅是黑砖窑事件,拖欠民工工资等极端的现象,即使在被称为白领的普通雇员中,也有许多有待解决的问题),采取有力的措施。也只有坚持这样一个维度,才能破除只有政府的二次分配才能谈论公平、一次分配需听任市场效率的观念,将党的十七大提出“一次分配也要讲公平”落到实处。这是我要说的第一层意思。

此外,想讨论一下“资本文明化趋势的问题”。我要提出的问题,是马克思所用的“文明化”这个词的意思到底是什么?与今天中国的语境下使用的“文明”这个词有什么区别?我们现在使用这个语词是带有道德进步的意思的,精神文明等的话语都是一种肯定性的价值评价(“文明单位”的英文译名 Model Unit 就是“模范单位”的意思)。那么在马克思那里,有没有这个意思?按我的理解,马克思手稿所说的文明化与《共产党宣言》中所说的资本的逻辑要把自己的文明推广到整个世界,既带来财富的增长,又用资本逻辑去冲击和破坏所有的传统关系。就此而言,这是资本自身的逻辑,但又是有局限的,未必能够顺利地实现把整个世界资本主义化的目标。资本主义本身的内在矛盾,会使它走向灭亡。这里并没有资本本身改变自身的逻辑、日益走向蕴含着道德化意味的文明化的意蕴。但是这并不意味着,资本主义社会不会有道德进步。资本主义社会在各种社会力量的合力的作用下,限制了资本本身的逻辑,使得资本与劳动的关系发生变化(至少在发达资本主义国家的内部)。这是不争的事实。

我认为这是两个不同的问题，需要加以区分。对于后一个问题，需要从历史上作具体的考察，那是一个资本的外部关系所产生的结果，而不是资本的逻辑自在地运行的结果。

我读历史的感受是，在亚当·斯密那个时代，自由主义确实有一种幻想，资本的逻辑会带来“天然的和谐”，道德的进步，也就是他所说的“富之路”即“德之路”。但是边沁、穆勒已经看到了问题，提出“人为和谐论”，也就是要用立法的、行政的、舆论的、宗教的、道德的手段，来限制资本的逻辑，以实现“最大多数人的最大幸福”。后来的一些思想家如丹尼斯·贝尔在回顾历史的时候也认为，资本的逻辑就是“贪婪攫取性”，是传统习俗、天主教道德、新教伦理在不同时期行使着对资本的这种性格的“道德监护权”。

工人运动对资本的反抗和制衡、社会主义对资本的批判，更是重要的外部力量，限制着资本的逻辑。这是众所周知的。还有一个平时不大注意的保守主义，也值得关注。面对工人运动的日益强大，代表社会上层的保守主义出于维系长久统治的目的，同时，还出于“上层对下层的家长式的同情和关怀”的观念，也要限制资本的逻辑，改善劳动者的境遇。西方第一个社会福利制度就是德国的俾斯麦出于保守主义的理念建立起来的。后来凯恩斯的经济学也为福利制度的建立作出了理论上的论证。

总之，这是一个合力的产物，不是资本逻辑自身的产物，也不能用马克思所说的“自在的”资本文明化趋势的概念来加以概括和解释。当代公司治理中的一些突出的伦理问题，是资本逻辑的产物，不宜用“资本文明化”的局限来解释，也还是要用外部的力量和手段来解决。澄清这一点，无论是对经济伦理的研究还是政府的经济社会政策的完善都是有意义的。就后者来说，提出的问题是政府在处理雇佣和被雇佣的关系时需要避免一味向资本的倾斜；官员也不能停留于出自上层对下层的家长式的同情与关怀，而必须限制资本逻辑的自发作用，维护劳动者的利益。

研究经济危机需要作政治哲学的反思*

眼下的这场20世纪大萧条之后最深重的金融和经济危机,提出了许多问题。不仅有技术层面的问题,而且有更深层次的问题,其中包括社会思潮的问题。危机发生之后,国际上许多学者和政界人士认为它与自撒切尔、里根以来的新保守主义所推行的新自由主义的经济思潮不无关系。左翼的学者如哈贝马斯认为它预示着新自由主义的破产,右翼的如索罗斯等也有类似的看法。这种分析的一个理由是人们的经济活动,尤其是政府的经济决策都是离不开社会思潮的。如凯恩斯所说"许多实行家自以为不受任何学说之影响,却往往当了某个已故经济学家之奴隶"①。更何况当代的有些实行家,是自觉地运用某种学说的。比如格林斯潘就在自传中坦陈自己与艾因·兰德的哲学有不解之缘。所以从思潮的角度来反思和总结危机的教训是一件必要的工作。

这件事在中国也是必须要做的。无可否认,自改革开放以来,中国社会思潮的脉动已经与国际上的思潮息息相关了,新自由主义的经济思潮在90年代之后的中国也影响深广,当今亦然。有些论者还是在坚持新自由主义,认为走出危机的出路还是要回到奥地利学派的自由主义,不仅要抛弃马克思主义的社会主义,还要彻底抛弃凯恩斯主义。但是学界对新自由主义的反思也已经开始。现在的问题恐怕不是要不要反思,而是如何反思。

我以为不仅需要从经济思想的角度进行反思,而且需要从更为广泛的视角进行哲学的反思。凯恩斯在大萧条时代写过一篇《自由放任主义的终结》的论文,其中提出了一个颇有特色的主张,认为自由放任主义最主要的是一种政治哲学。他所说的政治哲学也可以理解为一种"社会哲学"②(在《通论》中凯恩

---

* 本文原载《上海财经大学学报》2009年第5期。

① [英]凯恩斯:《就业、利息和货币通论》,商务印书馆1994年版,第330页。

② 在《就业、利息和货币通论》中凯恩斯使用的就是"社会哲学"的概念。该书最后一章标题为"略论《通论》可以引起的社会哲学"。

斯使用的就是“社会哲学”这个概念。《通论》最后一章的标题就是“略论《通论》可以引起的社会哲学”)，相当于以往英国的广义的道德哲学。

在凯恩斯看来，这种哲学是由哲学家而不是经济学家提出和倡导的。最初在17、18世纪为推翻国王和教士而提出了各种政治哲学，其中包括洛克、休谟、卢梭、佩利、斯密、边沁等人的学说。到19世纪，这些各具色彩的学派汇合成一种个人主义与自由放任主义的潮流，几乎成为各派哲学和社会精英的一种共识。在19世纪的后期，这种哲学又受到作为科学的达尔文主义的支持。这股潮流的基本信条是“管得最好的政府是管得最少的政府”。“让我们自己干”，“自由放任代表了大多数公众的心声”。而与达尔文主义结合在一起的这股思潮，强调的就是个人之间的生存竞争式的自由竞争。凯恩斯通过对思想史的考察得出结论说：“上百年来哲学家们统治着我们。”①

那么经济学家又扮演了什么样的角色呢？凯恩斯认为经济学兴起于这个时期，受的就是这种哲学的导引，而所做的主要的工作，就是从经济理论的角度论证了私人利益和社会利益是自然和谐的，从而为自由放任主义提供了经济学上的论证。从斯密的“看不见的手”到巴斯夏的“经济和谐”论，都想说明，不仅“劳动者及其雇主之间显然存在着利益的和谐”②，而且“人的利益如不受约束就能和谐地彼此结合，就能促进公共福利逐步优先增长”③。只要个人的利益追求不受到妨碍，自由放任，那么“所有的本性、所有的动机、所有的行动源泉、所有的利益都相互配合……这个结果是，所有的阶级都在一个不断提升的水平上无限地相互接近；换句话说，即普遍进步过程中的平等”。而政府的人为的干预和破坏则是人们的利益彼此冲突的根源所在。

应该说，凯恩斯的这个考察是符合历史事实的。他所提出的“对思想观点进行历史考察是思想解放的必要前提”④的命题，也是发人深省的。

凯恩斯在论文中，对这种政治哲学和相应的经济理论作了一些哲学的分

① [英]凯恩斯：《自由放任主义的终结》，载《预言与劝说》，江苏人民出版社1997年版，第296页。

② [法]巴斯夏：《和谐经济论》，中国社会科学出版社1995年版，第45页。

③ 同上书，第33页。

④ [英]凯恩斯：《自由放任主义的终结》，载《预言与劝说》，江苏人民出版社1997年版，第302页。

析。其中的一项工作就是揭示了这种学说所设定的几个主要的推论,前提都是不可靠的。主要的结论是:第一,假定人们在经济活动中有"天赋自由",这是不真实的。第二,世上不存在赋予权力的拥有者和获得者永恒保证的契约。第三,私人利益和社会利益必定相互一致是没有根据的。第四,说自利是开明的,也是没有根据的。个人追求其目标的时候常常是太愚蠢、太懦弱。第五,经验并未表明,当人们组成社会单位来行动的时候总会不如他们各自单独行动那样目光敏锐。

此外,凯恩斯对经济学作为一门科学所采取的假设演绎方法,也作出了哲学的分析,认为这些假设的一个特点是,它们之所以被采纳"是由于这一假设是最为简单明了的,而不是因为它最接近事实"①。除了上面指出的那些前提之外,自由放任的经济学还蕴含着两个不真实的假定:一个假定是,生产和消费过程根本不是有组织的;另一个假定是,对于环境和必需条件有充分的预见并存在获得充分预见的机会。所以,严谨的经济学家在论证其观点的时候,后半段就涉及复杂性,而一旦涉及复杂性的时候,他们对上述假设就有所保留。尤其是那些第一流的权威的经济学家,往往对自由放任主义采取保留的态度。即使是斯密、李嘉图和马尔萨斯都没有使用"自由放任"这个概念,也没有把自由放任作为一种教条。反倒是那些二流的经济学家在教科书中不遗余力地张扬自由放任主义。

凯恩斯的这些分析自然有讨论的余地,但是它的确给我们提出了一个实实在在的问题,那就是不能就经济学说来谈论经济学说。需要对它所设定的那些前提作出哲学的分析和反思。只有这样,才能对包括自由放任主义在内的各种经济学说和经济思想作出恰当的分析和评判。凯恩斯之所以能够在经济学说上有所突破,不仅为走出大萧条提供了理论依据,而且给西方国家带来制度上的调整,与他从哲学上对一度作为经典理论的自由放任主义作出的反思是分不开的。今天要走出危机,也需要在新的历史条件下,对经济学说和经济思潮作出认真的分析和反思,包括哲学上的反思。

---

① [英]凯恩斯:《自由放任主义的终结》,载《预言与劝说》,江苏人民出版社 1997 年版,第 308 页。

这种反思不仅仅是学界的事情，也不仅仅是学术的问题，还涉及广泛的社会舆论。这是因为，作为一种社会思潮，它之所以成为潮流，如梁启超所说乃是国民“因环境之变化，与夫心理之感召，不期而思想之进路，同趋于一方向，于是相与呼应汹涌，如潮然”。

凯恩斯在分析19世纪下半期和20世纪初，自由放任主义的政治哲学在欧洲流传的情况时指出，靠一些二流的经济学者的教科书和一些专门从事普及教育的人士，已经把这种自由放任主义观念灌输到公众之中，以至于“这种教义已经掌握了教育机构，并成为习字帖上的箴言。17、18世纪为了推翻国王和教士而锻造的政治哲学，已经成为婴儿的乳汁，并且确实已经进入了幼儿园”①。其中最突出的就是社会达尔文主义的生存竞争说。按照这种学说，个人在金钱的驱使下，以摸索的方式独立行动。在这个过程中，通过无情的生存竞争，淘汰、击败那些低效率者，并把最成功的牟利者抬上社会的顶层。对于那些低效率者、失败者则不应给予任何的同情和怜悯。生活的目标就像一些长颈鹿那样不断地啮取树叶，直到够得上最高的枝干，而实现这一目标的最好的方式就是让脖子最长的长颈鹿活下来，而饿死那些脖子较短的。而所谓的自由放任就是让那些长颈鹿自行其是。凯恩斯的这个分析也为美国在大萧条发生前后的历史所印证。当时胡佛总统所主张的，一度为社会广泛同的就是一种被命名为“粗犷的个人主义”的社会达尔文主义。其要旨是：聪明能干的人总会在美国出头，而一般的民众则只有感情而没有头脑，不会想办法，只会乱花乱用，怨天尤人。失业群众是罪有应得。不仅如此，作为一种思潮，对自由放任和生存竞争的推崇在一些地方甚至达到了迷信的程度。凯恩斯认为，这种学说之势力可以“比之于某种宗教”，因为可以让常人否认明显的事实。②而一旦某种学说成了像宗教那样的东西，就会带有极大的情绪性。对它的冷静的思考和辨析、实践和事实的检验，都会被置之度外。这样也就丧失了科学所必需的理性精神和批判精神。

近三十年来，新自由主义的经济思想在西方发达国家似乎也达到达尔文

①② ［英］凯恩斯：《自由放任主义的终结》，载《预言与劝说》，江苏人民出版社1997年版，第306页。

主义和自由放任主义在19世纪下半期和20世纪初那样广泛地传播的程度。哈贝马斯2008年11月在德国《时代》周报的访谈中指出,芝加哥学派的学说,在里根和撒切尔时代被转化为现实的权力。由于苏联的解体,在西方导致了一种胜利主义的情绪。在这种背景下,"一种经济政策,被吹嘘为一种世界观,渗透到所有的生活领域",变成了一种生活方式。其中最突出的,就是市场原教旨主义所必定附带的社会达尔文主义成为许多人的生活信条。人人要成为竞争者。而在"竞争社会的自由猎场上,强者可以把成功看作个人的成就"。那些成功的经营管理者的闲言碎语被当作金科玉律,他们觉得自己是精英,"在精神上比其他的社会阶层高出一等"①。

这就是我们在改革开放的三十年间,所面临的国际上的思潮背景。尽管我们一直在坚持中国特色社会主义的道路,但是像社会达尔文主义这样的东西也随着新自由主义在到处泛滥。只要看看各式各样的广告,就可以明白。其中最典型的一个就是所谓的"成功人士"的标志。凡是豪宅、香车以及各色各样的顶级奢侈品,都在使用这样的广告语,这就在不断地告诫人们,只有在市场中牟利最多者才够得上"成功人士"的标准,凡是与这些高档的奢侈品无缘者,则不论对国家对民族有多大的贡献,无论他们默默地为维系社会的正常运行做出多少努力,事实上都不属于"成功者",潜台词则是他们都是不成功的"失败者"。于是"强势"和"弱势"等社会达尔文主义的语言,就成为权力话语,广为流传。还有就是高价的早期教育的广告"赢在起跑线上""不要输在起点上"也是铺天盖地。其意蕴就是把人生看作一场生存竞争,号召家长们把自己的后代从小就培养成脖子最长的长颈鹿,并把这种观念植入幼儿的心中。看来,凯恩斯当年所说的将自由放任主义的观念当作"婴儿的乳汁"的事情,当今中国也有人在付诸实施了。

这种观念在一些干部中则表现为所谓的"三个依靠"的观念。即要发展就要"依靠资本而不依靠劳动,依靠精英而不依靠大众,依靠强势而不依靠弱势"。据此观念,就会去亲近资本,尤其是大资本,好像唯有企业主才是最值得尊敬和依靠的社会力量。有的时候还会把帮助企业克服困难的政策解读为政

① [德]哈贝马斯:《自由主义破产后的世界秩序》,《国外理论动态》2009年第3期。

府要帮企业实现“利润的最大化”。对于劳动者和改革中那些“最少受惠者”的诉求则置若罔闻。在他们的心目中，劳动，尤其是体力劳动，那是一种低层次的行当，普通劳动者只是一些平庸之辈和在竞争中无能胜出者。至于那些处于金字塔底层的人，则被自命为“精英”和“强势者”的某些官员视为无足轻重的“弱势群体”而当作经济发展的包袱。于是就把落实国家对他们实施社会保障、社会福利和救助的政策视为自上而下的恩赐或者是一种不得已而为之的麻烦事。非但不尽心尽力地去体察民情，舒缓民困，反而对下层百姓的诉求，百般推诿、敷衍塞责。这就使得他们实际上把“为人民服务”这个党的宗旨抛到九霄云外了。

至于学界，对于经济理论和经济政策持有不同的观点而展开争论，这本来是一件正常的事情。但是有的时候，我们也会看到有一些情绪化的反应。有的论者信奉某种观点几乎达到了凯恩斯所说的“宗教”的程度，凡事都从一些抽象的原则进行推论，而无视客观的事实。如有的论者就多次断言，只要有货币有市场，何需担忧中国会买不到粮食、买不到石油。有些主张新自由主义的论者，往往听不得不同的意见，对于新自由主义的哲学前提的分析，根本不屑一顾。至于网络上各种情绪化的言论更是令人担忧。

凡此种种都说明，冷静的理性的哲学反思是多么的迫切。也许危机之“机”，就在于我们能不能充分利用这个将各种矛盾尖锐地充分地展现出来的时机，对这场发源于华尔街的经济危机及其思想根源——自由放任主义和社会达尔文主义作深入的反思，以提高我们的认识能力，推进哲学和经济学的发展，同时也为寻求科学的对策，奠定一个扎实的学理基础。

危机不仅仅是经济的，也是社会的和观念的*

——解读20世纪20—30年代的美国大萧条与罗斯福新政

金融危机席卷全球，在许多地方已经演化为经济危机，世界上许多重要的经济体，尤其是那些号称市场体系最完备的发达国家陷入了第二次世界大战之后最严重的经济衰退，至今还未见底。自1989年之后经由新保守主义及其重要组成部分的新自由主义经济思潮所鼓吹的席卷世界的盲目乐观的情绪开始破灭。人们开始反思这个新保守主义的潮流，包括它全力推进的经济上的新自由主义。德国著名的哲学家哈贝马斯2008年底在德国《时代》周报的访谈《破产之后》中明确地指出，随着布什的下台和金融危机，新自由主义的"牛皮已经破裂"。"人们不要再对新自由主义信以为真，而是要让新自由主义离开舞台。"①

哈贝马斯所说的新自由主义，与20世纪80年代初撒切尔与里根政府的上台所推行的新保守主义其实是一回事，因为他们所要"保守"的就是自由放任主义的政治哲学与经济思想。其经济学说一般被称为新自由主义，就是在大萧条之后为克服危机和萧条而逐渐形成的经济政策。为了推行这种政策，他们往往淡化1929年开始的大萧条的记忆。在20世纪80年代，美国学者斯坦就注意到这种现象，指出："大萧条对1930年至1980年整整半个世纪美国的思想和政策产生了重大影响。对这种影响的重要性无论怎样强调都是不会过分的。整整一代的政治家、经济学家和公众都对大萧条心有余悸。"但是在里根上台后，"人们对大萧条的记忆已经淡化了，而执掌政权的新一代人根本记不得这次萧条"，"不再想着大萧条会时刻卷土重来"。似乎摆脱担心大萧条的阴

* 本文原载《探索与争鸣》2009年第9期。

① 赵光锐：《哈贝马斯谈新自由主义破产后的世界秩序》，《国外理论动态》2009年第3期。

影,是一种更为现实主义的态度。随着时间的推移,以及新自由主义的全球化一度带来的经济繁荣,“大萧条”这个对1930年到1980年整整半个世纪美国和整个西方世界的思想和政策产生过重大影响的历史事件逐渐淡出了人们的视野。斯坦当时就警告,必须认可曾经有过大萧条的事实,“必须随时准备采取政策防止它再度发生”①。但是,这样的警告的听从者不多。尽管在经济全球化的进程中也发生过局部的金融危机,但是大多数的舆论认为,这是后起的国家市场不完善、监管没有像主要的西方国家那样到位所致,所以对于半个多世纪前的大萧条的教训还是没有引起足够的重视。奥地利学派的学者、为罗斯巴德的《美国大萧条》第五版作序的约翰逊在分析此种情况的原因时说,1929年开始的大萧条是20世纪最重要的事件之一。“直到80年代末,大萧条在情感上和理性上产生的影响始终没有从人们的脑海中抹去,但是此后,由于苏联制度走到了尽头,整个世界都开始认识到市场具有无可代替的重要性。”②但是,他还是认为认识这件事情的重要性,分析其原因,在80年代之后依然是十分重要的。

漠视大萧条的情况在中国的舆论界同样存在。自进入市场改革之后,尤其是融入全球市场之后,普遍关心的是如何更快地学到西方发达国家“完善的”市场体系的各种规则与运行机制。以往在中学政治教科书中都有详细论说的“大萧条”,似乎已成了一个遥远的年代发生的与我们不会再有什么关系的历史故事。至于它会不会再度发生、会不会对已经融入世界市场的中国社会产生影响,已经很少再去思考。

但是当今的这场危机却告诉我们,像斯坦这样的学者是有远见的。正如英国历史学家霍布斯鲍姆所说,“现在的形势类似于1929年至1933年的形势,当时曾经同样遵循‘自由放任’的理论体系崩溃了”③。尽管今天的情况已经与20世纪的30年代相差甚多,尤其是各国政府干预市场的能力已经大为提高,对于各国携手共同应对危机也有一定的共识,今天的危机未必一定会导致那样深刻持久的萧条,但是重新审视那场危机,研究它的成因,分析当时一些国

① [美]赫伯特·斯坦:《美国总统经济史》,吉林人民出版社1997年版,第14页。
② [美]默里·罗斯巴德:《美国大萧条》,上海人民出版社2009年版,第3页。
③ 《参考消息》2009年5月30日。

家尤其是美国应对危机的各种举措的得失，及其在观念上的变化，也许正当其时。

近来国内学术界开始注意这个问题。但是，看法并不一致。一种看法是赞同哈贝马斯、霍布斯鲍姆等人的见解，认为大萧条意味着自由放任主义的破产；另一种则针锋相对，那就是中国经济学者张维迎先生所推崇的奥地利学派的罗斯巴德的见解，其核心就是大萧条不是自由放任的市场经济的失败，也不是资本主义的失败，而是过度积极的国家造成的失败。①我近来阅读了一些关于大萧条和随后的罗斯福新政的一些史料和相关的著作，觉得大萧条不仅是一个经济现象，需要从大社会的视角去审视，这里提出一些看法，就教于学界同仁。

一

所谓大社会的视角，就是不能就经济论经济。经济是镶嵌在整个社会生活之中的，起码人们的经济行为是受人们的观念支配的。当政者的经济政策更会自觉不自觉地受到某种经济思想或者政治哲学的影响。凯恩斯曾经说过，“经济学家以及政治哲学家之思想，其力量之大，往往出乎常人意料。事实上统治世界者，就只是思想而已。许多实行家自以为不受任何学理之影响，却往往当了某个已故经济学家之奴隶”②。此话对理论家、思想家的作用有些夸张，但是也说出了实际政策往往受思想观念支配的实情。

阅读大萧条的历史感受颇深的是，当大萧条来临的时候，人们受到的不仅是经济生活、日常生活的冲击，也是观念上的冲击。在如何应对萧条的问题上，出现了各色各样的主张。各种主张背后不仅会有各种不同的利益的驱使，更有不同的观念。所以，观念之争，非常激烈。

这绝非偶然。危机尽管是突然降临的，却是长期积累的结果，而且也必定是有先兆的。人们之所以对于这些先兆视而不见，不以为然，不仅是一般的认

① [美]默里·罗斯巴德：《美国大萧条》，上海人民出版社 2009 年版，第 3 页。
② [英]凯恩斯：《就业、利息和货币通论》，商务印书馆 1994 年版，第 330 页。

识能力的不足，而且是用以观察事实的不当的观念束缚了眼界。这些习以为常的观念，在危机面前自然会受到冲击，但是因为已经“习以为常”，往往就不易改变。而这些观念如果得不到澄清，新的观念没有形成，那么就难以找到走出萧条的途径。可见危机不仅是经济的，也是观念的。

1929—1933 年间的美国就是这样。在大萧条之前，20 年代那个繁荣的时代，对物质的“成功”的膜拜，大行其道。美国立国之初形成的吃苦耐劳、集腋成裘的古训，已被人们遗忘，代之而起的是快速致富的捷径。那个时代的年度人物都是一些快速致富的大财主。各色各样的励志读物讲的都是华尔街的故事，其主人公都是那些快速致富的“成功人士”，而商业的广告也致力于宣扬这种对“成功”(即快速致富)的膜拜。比如汉密尔顿牌手表的广告词是：“你能告诉一个成功的男人他实现成功的时刻吗?”这些读物和铺天盖地的广告刺激着普通读者的心灵。这类“成功”的说教，制造了盲目的信心：衰退是反常的事情，繁荣无需解释。不仅如此，还让人们产生一种错觉，那就是“任何人不仅能阔，而且也应该阔”。而阔起来的途径主要是投机，尤其是投机性的股票。报纸上写道，“每个人本应富起来。一个人只要每月储蓄 15 美元购买可靠的股票，利滚利，到 20 年之后至少有 8 万美元和每个月 400 美元的投资收入，这是举手之劳，发财的大门敞开着”[①]。于是形成风气，以致市民读报都只看金融专栏。雇员被鼓励投资于老板的股票和债券。受这种说教的蒙骗，芸芸众生掏空自己的储蓄，为投机而抵押未来。当时有 450 万美国人把部分或全部积蓄交给了信托公司。90%的市场交易是赌博冒险。与此同时，消费观念也随之大变，高价的商品为容易挣钱的人指定了消费标准，广告夸耀的是高价格而不是便宜货，开始了高价消费的攀登比赛。

但实际经济状况是：繁荣的背后，社会急剧分化。一方面，商业企业集中到更少的人手中，各式各样的垄断非常普遍，“做大做强”成为主导的口号。另一方面，收入的差距急剧拉大。从 1920 年到 1929 年，这十年间企业主的收入成倍地增加，而工人的周平均工资在 20 年间虽时升时降，却基本上没有什么变化。1929 年的 25.03 美元还不及 1920 年的 26.30 美元。顶层的平均收入是

① 刘绪贻、杨生茂：《美国通史》第 5 卷，人民出版社 2003 年版，第 5 页。

底层群众的630倍。1929年收入超过10万美元的24 000个家庭的总收入，是600万个最穷家庭的3倍。失业、贫困、不安全感早就存在。直到1937年，罗斯福还坦陈“我们看到1/3的国民，居室简陋，恶衣恶食”。但是大量的普通劳动者的消费能力的不足，却被新近兴起的分期付款、信用消费所掩盖。加上控股公司的会计欺骗，虚假的财务，制造了虚假的繁荣。只要整个社会靠这种繁荣做燃料在运转，那么各种问题和潜在的冲突，都是几乎感觉不到的。

可见，问题本来早已存在，但是在这样的氛围下，社会的舆论，尤其是社会的上层没有把它当一回事。危机的突发性就与此相关。有的学者在概括20年代的美国人的精神状态的时候写道：“对个人主义和不受妨碍的个人奋斗的忠诚莫过于1929年。”①而这种个人主义又打上了社会达尔文主义的印记。

最集中地体现这个社会精神状态的是当年就任美国总统的胡佛。出身贫寒而后来又发财致富、身居高位的胡佛，深信无拘无束的个人主义与自由企业制度，认为个人奋斗和牟利动机是社会进步的动力。节俭和克己是经济安全的根本之所在。在1928年的竞选中，声称自己主张“粗犷的个人主义”，也就是一种社会达尔文主义。他曾经在《美国个人自由主义》一书中写道，聪明能干的人总会在美国出头。而一般的民众则只有感情而没有头脑，不会想办法，只会乱花乱用，怨天尤人。失业群众是罪有应得。②这种观念得到大富豪的支持。如汽车大王福特就说，慈善捐赠是创造力的麻醉剂、主动精神的毒药。

在危机突然来临的时候，胡佛开始不相信情况的严重性。而危机的持续和普遍的贫困出现的时候，胡佛还是在坚持这种粗狂的个人主义。在如何对待失业工人的救济问题上。胡佛还是相信来自英国“济贫法”的观念，认为施舍会使得接受者更加贫困，政府的救济支出是助长“不劳而获”。扶贫济困在给予的时候要带有羞辱性，并强调贫穷的可耻。所以他主张，救济与再就业要从失业者自己的努力想办法开始。救济首先是家庭、邻里的事情，如果无效再由私人组织——农场主、资本家来解决，然后才是社区，紧急情况

① ［美］狄克特·韦克特：《大萧条时代：1929—1941》，新世界出版社2008年版，第10页。
② 刘绪贻、杨生茂：《美国通史》第5卷，人民出版社2003年版，第42页。

下地方政府可以做。至于联邦政府的救济则会摧残美国人民的品格，毁坏美国的“自治根基”，至多只能作为终极手段，而且只能采用借贷的方法而不能无偿地救助。

但是严酷的现实——长期的失业、普遍的贫困使得美国人的观念发生了变化。几代人心驰神往的“成功”神话，如今失去了光泽。30 年代一位大学生说，“我们认识到，诚实、正直和勤奋，再也不能让你登上顶峰。成功更多地取决于幸运和门路而不是能力”。粗犷的个人主义失去了说服力，被讽刺为“衣衫褴褛的个人主义”，接受的人数大为减少。而那些关于美国生活的许诺，被证明不过是一种宣传或者是语词的暴政。除了一部分人，尤其是中老年人顽强地坚守古老的传统，苦干、节俭和个人进取之外，相当一部分公众开始把贫困和失业归咎于社会或经济体制，于是走向激进主义。游行、抗议、骚乱，或者是向那些大商店行窃。而胡佛派麦克阿瑟对失业退伍军人的镇压，则引起了更大的社会对抗。出现了大规模的工人抗争：罢工，有组织地夺取食物，高举着“工作或者工资”“不要饿死——起来战斗”等口号的示威、抗税，还有农民的有组织的反抗。而知识分子则因为 20 年代的实利主义使他们在社会上没有地位，最容易产生“资本主义已经到了尽头”的感觉，走向左倾。英国著名历史学家汤因比在概括这一时期美国社会的心态时写道：“这个伟大、古老、一直成功的社会的成员正在自问：西方的生命及其成长的历程，是不是在他们的时代很可能将到终点。”这意味着传统的自由主义的破产，如当时著名的编辑怀特所说，“我对自由主义感到伤心的是：它使人看不见希望……提不出解决问题的方案”。①

持自由放任主义立场的罗斯巴德尽管不同意这种看法，但是他在《美国大萧条》一书的序言中也不得不承认当时的社会思潮却是发生了重大的转向。“大萧条的主要影响在于，美国人开始普遍接受这样的观点，即‘自由放任的资本主义’必须受到批判。在经济学家和不懂经济学的公众中，普遍的观点认为，在 20 年代，资本主义得到了广泛的重建，而悲剧性的萧条则说明旧时的自由放任主义已经不再起任何作用了。在 19 世纪，自由放任下的资本

① 刘绪贻、杨生茂：《美国通史》第 5 卷，人民出版社 2003 年版，第 17 页。

主义总使得人们感到不稳定,总是招致萧条,而现在,它更糟糕,人们对之已经忍无可忍了。”①有人甚至认为,对资本主义制度进行改革和启蒙也无济于事。

于是各种思潮都涌现出来了。而对于新的思想、新的观念的需求就由此而生。同时也需要具有新观念的新的领导人来制定和推行可行的政策,以走出危机。

这就是1932年美国大选所面临的局面。习惯于在大选中展开争论寻求出路的美国人,轰轰烈烈地开展了一场大辩论。辩论双方的主将是胡佛和罗斯福。

争论的问题许多是涉及大萧条的原因和对策。如大萧条主要是国际的根源还是国内的原因?胡佛认为主要是世界大战留下的问题,尤其是外国未还债务。而罗斯福则认为主要是国内的原因。还有,疗救大萧条究竟应该采取什么样的措施?尤其是“复兴”“改革”和“救济”三者之间的关系该如何处理?救济当然是当务之急。但是,在胡佛看来,如果商业信用机构获得足够的联邦贷款支持的话,最终会一切顺利,也就是说只要复苏了,那么救济的问题就可以迎刃而解。所以,强调复兴,也就是经济复苏是“至善”,改革是次要的。罗斯福的观点则不同,认为复兴固然重要,但是改革迫在眉睫,是必不可少的。

在这些政策之争的背后却蕴含着重大观念之争。胡佛认为这是“两种政治哲学之间的竞争”,也就是个人主义与严格管制的竞争。他的基本主张就是“促进自愿主义、个人自由主义、联邦不对市场进行干预”。他在竞选中重申了他在《美国的个人自由主义》一书中的基本信念:有秩序的自由、机会均等、发扬首创精神等。强调在解决经济危机的时候,联邦政府的职能是有限的。在帮助私人和地方政府克服它们不能控制的因素时,联邦政府只起补充作用。他反对“随意的试验”,认为不应该“由于我们的困难特别惊人,由于有些人胆小得怀疑我们的信念与制度的有效性,我们为了医治苦难,就必须转向一种国家控制或国家指导的社会与经济体制。那不是自由主义而是专制政治,那是绝灭自由、希望和机会的专制官僚主义统治下的人的规范化。……真正的文

① [美]默里·罗斯巴德:《美国大萧条》,上海人民出版社2009年版,第23页。

明是趋向自由,而不是趋向规范化,这是我们的理想"①。

罗斯福则针锋相对地提出了国家需要调节和干预经济的主张。他认为,新的情况对新的政府和领导人提出了新的要求。新情况就是,"经济寡头制"这种"高度集中的经济体制"和金融势力的"不负责任和贪婪(如果不加控制)会使众多的个人陷于饥饿和贫困",使"我们过去所理解的机会均等已经不复存在"。面对这种新情况,美国政府必须加强干预。"政府的职责在于保护全体公民的自由和私有财产,决不能偏袒个别小集团"。他说,"金融界和工业界的负责人必须同心协力达到共同目标,而不能自行其是。他们必须在必要的地方牺牲这种或那种个人利益;通过自我克制来谋求普遍利益"。"如果他们拒绝合作去谋求公益,看来又打算把工业拖回无政府状态,要求政府出面加以限制就是适宜的。同样,如果作为一个集团,他们运用集体的力量去损害公益,政府也必须迅速出面来保护公众的利益"。②正如胡佛所说,罗斯福确实有限制自由企业的想法。他主张确实是希望加强对自由企业的管制,更多地发挥国家的作用,要求政府应该为了普通人的利益,更加坚定地管理财富,更加不客气地对利润和收入征税,同时要更大方地花钱。

罗斯福为了争取更多的支持,也为了避免与美国立国以来的传统价值相对立,把这场争论称为"两种繁荣理论"之间的争论。一种是试图让富者更富,当然也希望有些好处能够滴落到普通人的身上。另一种则是坚信要更多地关心穷人,也就是要打破社会达尔文主义的观念。社会达尔文主义的观点是强调"适者生存",认为如果像多愁善感的改革家那样想通过改造世界而让"不适者生存"是荒谬的,因为这是对勤奋和节俭的公开的侮辱。为此他们发明了"处于经济金字塔底层的被遗忘的人"一语来指称那些"不适者"。罗斯福则反其意而用之,提出政府和社会要关心"处于经济金字塔底层的被遗忘的人"。他强调"应该给他们条件,使他们通过自己的劳动,从总的财富中取得足以满足需要的一份",并承诺政府应设法"更加公平合理地分配财富和产品,使现存的经济组织适应为人民服务的需要"③。在竞选演说中,他强调"下届政府一定

① 刘绪贻、杨生茂:《美国通史》第5卷,人民出版社2003年版,第43页。
②③ 同上书,第73页。

不能代表美国的部分人，而是要代表所有的美国人。头脑、心灵和组织的任何资源，归根到底都应该被用来对抗我们真正的敌人。我们真正的敌人是饥饿、匮乏、不安全感、贫穷和恐惧”①。他还针对社会达尔文主义的观念指出，“如果我们让平庸之辈能够舒适而安全，那么他们就会像酵母一样让所有的社会阶层都蒸蒸日上”②。

竞选中的观念之争，表明了观念上的危机是何等的深刻。社会存在决定社会意识，观念之争的背后是尖锐的社会矛盾。经济危机已经是一场社会的危机，甚至是制度的危机。正是在是不是承认有社会危机和制度危机的问题上，形成了胡佛与罗斯福的分野。

选举的结果，罗斯福以 472 张对 59 张选举人票的优势当选总统，他所代表的民主党在参众两院和州长的选举中都获得大胜。历史学家评论道，这次选举“意味着对这种竟容忍如此普遍的人类灾难的经济制度必须作出重大改进”，也意味着“公众理解到，只有联邦权力才是足以对付这种国家灾难的唯一源泉，也是公众接受大幅度增加并使用这种联邦权力”③。这也就是说，这个社会的观念已经显著地发生了变化，至少已经接受需要联邦政府采取行动来挽救经济与社会的理念了。

二

罗斯福就职之后就开始举起了“新政”的旗帜，力图把新的观念付诸实践。但是，这是一个十分曲折、充满了争议和利益冲突的进程，也是一个观念不断充实、修正、寻求学理支撑，以争取更多的公众支持的历程。

对于“新政”的得失，历史学家们有各式各样的评论。我们暂且把不同的观点搁置一下，先来看看“新政”到底做了些什么事情。

“新政”的第一阶段被称为“百日新政”。罗斯福在就职演说中说了一句十分著名的话，“我们唯一畏惧的就是畏惧本身”，以此来鼓舞民众的信心，并在

①② ［美］狄克特·韦克特：《大萧条时代：1929—1941》，新世界出版社 2008 年版，第 53 页。
③ ［美］拉尔夫·德·贝茨：《美国史：1933—1973》上卷，人民出版社 1984 年版，第 37、39 页。

接下来的100天时间里密集出台了许多措施。国会通过了近70项法律，其中最主要的有15项立法。包括挽救银行危机，对银行证券市场和货币的管理和改革，制止用贷款来进行投机；用国家干预的办法调整和救济农业，提高农民的购买力；采取紧急的措施来救济1 500万失业者(包括授权州政府直接提供食物和衣服；设立联邦机构直接招收工人；制定持久的公共工程计划，举办各种大大小小的公共工程以增加就业)，等等。同时，也开始用国家干预的办法来复兴工业，订立"工业复兴法"，成立了一系列的新机构。一方面试图改变处于"自我毁灭性竞争"的企业界的状况，期望各个行业用规则来自我约束；另一方面制定保护劳工条款，试图改善已经极度贫困的劳工的状况并对矛盾异常尖锐的劳资关系进行调整。

这些措施取得了相当的成效。稳住了金融制度；工业生产止跌回升；使得几百万人重新获得工作；大批失业者得到救济，农民收入有所增加，大量农民的抵押财产得到保护；工会的地位也有所提高。重要的是提高了信心。一位评论家写道，此前我们是一些"乌合的受惊的暴民"，在100天中，"我们又成为一个有组织的民族，相信我们保证自己的安全和控制自己的命运的力量了"。同时政府也发生了变化，20年代仅仅代表企业界的单一利益集团的政府开始变成"社会所有集团的相互冲突的裁判者"①。杰斐逊的概念——管得最少的政府便是最好的政府——开始被破除了。国家的神经中枢从曼哈顿华尔街转到了白宫和国会山。最重要的是公众舆论微妙的转变："群体价值的重新洗牌明明白白地发生了。大企业的首要地位、物质成功的魅力、金本位的神圣、禁酒的崇高，以及对自力更生的满足，全部受到了强有力的挑战，并在很大程度上被弃之如敝屣"②。

这些都为"新政"的进一步推行奠定了良好的思想基础。但是，"百日新政"尽管有所准备，却是一个急就章，如《大萧条时代》的作者所说，是一个混杂物。不切实际主义、冒冒失失的即兴作为，以及精明的政策，与极其真诚、非常实际的人道主义纠缠在一起。最为关键的是对复兴、改革与救济(Recovery/

① 刘绪贻、杨生茂：《美国通史》第5卷，人民出版社2003年版，第96—97页。
② [美]狄克特·韦克特：《大萧条时代：1929—1941》，新世界出版社2008年版，第79页。

Reform/Relief)的关系还没有梳理清楚。实际上最主要目的在于救济和复兴。复兴的主题,就是帮助金融界、企业界,增强他们的信心,推动投资,以拉动经济。其结果,主要的得益者是大企业主和大农场主。工人的就业、救济、组织工会,农民与老年人的贫困等问题的解决非常有限。于是出现了非常复杂的社会冲突。垄断企业和大资本家在经济危机最险恶的阶段过去之后,对于“新政”加之于企业的管制以及允许工会力量增长,十分不满,组织起“美国自由同盟”向“新政”提出挑战,全面地攻击“新政”的各种政策,声称“私营企业的独立性已成为往事,个人自由只不过是记忆而已”。各种牌号的法西斯运动也随之出现,其基调是把“新政”说成是共产主义或犹太人的闹剧,加以反对。左翼的政治力量也从“左”的方面来反对“新政”,否定“新政”的进步意义。同时,工人的斗争也风起云涌,尤其是抗议“工业复兴法”中关于工会权利的条款没有得到实行。也有一些群众要求扩大“新政”。而各色各样的政治蛊惑家则以各种异想天开的救世方案,吸引了大量的心怀不满的群众,局面错综复杂。

面对这样的局面,如何在全社会已经认可国家干预的条件下,厘清复兴、改革与救济三者之间的关系,成为一个突出的问题。鉴于危机的发生,涉及一些根本性的体制问题。尽管直接的起因是金融危机,但是最根本的是长期以来,“美国经济的主要缺点不在于生产,而在于消费”。“工业没有把它的进步传递给消费者”。收入差距太大,下层的消费能力太差,带来了实体经济的生产过剩。所以如果不从体制上作出一些改革,限制垄断性的大企业对于经济,包括金融的操纵,着力解决中下层人民的生活困境,单单靠投资者和企业家信心的提高,复兴也就没有指望。

罗斯福第二次“新政”就将“改革”放到首位,而改革“重点在于为社会下层人民的利益实行大规模政府干预”。这就涉及许多较为根本的社会问题,体制性的问题。

1934 年底罗斯福就指出,“我们以往建立起来的惯常社会秩序,不能应付我们现今不得不面对的危机与问题。又一次仅仅为了生存下去,也要求我们创建新秩序”。接下来在 1935 年初的国情咨文中明确提出了第二次“新政”。他指出:“尽管我们作了努力并发表了谈话,但我们还没有清除享有过多特权的人,也没有有效地提高无特权者的地位。这两种不公平现象阻止了幸福的实现。”①因此要以社会正义为目标按照美国传统和宪法精神，实行变革。美国人民要求断然放弃那种通过过分得利的以攫取财富从而使私人权力足以控制公共事务的思想。他还提出了一系列的设想。如将具有工作能力的需要救济者，安排到清理贫民窟、建筑住宅、农村电气化等民生工程中去劳动；制定综合社会保障计划，清除控股公司的恶行以恢复公共事业领域的健全经营，改进税制，等等。这些都触及享有特权的既得利益，尤其是大企业的利益，所以是一件十分困难的事情。

对此，罗斯福颇为犹豫，一度举棋不定。他尽管怀疑企业界的合作诚意，还是试图取得企业界的支持。但是，当年 4 月美国商会全国代表大会公开与罗斯福决裂，谴责“新政”。这使得罗斯福非常气愤。他在记者招待会上评论道，“自然，我觉得有趣的是：在所有的发言中，没有一个为人道、为老年、为失业者着想的”。于是，他决心把工农群众中本来会支持他的力量团结起来。谋士们判断形势，认定企业界不会支持，就需要总统表现领导魄力了。6 月召开的国会两院领袖会议上，罗斯福就拍着桌子强势要求国会迅速行动，通过一批改革法案，大刀阔斧地推进改革并寻求不同于第一次“新政”的办法来实施救济。如不与大企业合作，而是着力恢复竞争性的小企业，通过实行累进税、制定管理证券发行、证券交易和控股公司的立法，来破解操纵金融的大企业的阻拦，并鼓励和扶植劳工运动和合作运动与大企业抗衡，同时，采纳了赤字财政的办法来谋求复兴。“二次新政”时期的主要立法如下：

首先是《紧急救济拨款法》。该法决定对没有能力工作的人群由州政府进行直接救济，同时建立“工程振兴局”，将有能力工作的 350 万人直接给予工作。其中包括吸纳大量的专业人员，对文化人实行以工代赈，将戏剧、绘画等艺术送到普通民众中去，还专门成立全国青年处，给成百万的大中学生以半工半读的机会，并帮助不在校的无业青年，让他们从事各种公益性的工作；为农民建立“重新安置局”。后来还订立了“公共事业法”，由政府主持一些大的公共工程（最典型和最成功的是田纳西管理局），由政府制定修建住宅的计划。这样，实际上就把政府变成实际的经营者，而且确定，在经济领域政府与民营

① 刘绪贻、杨生茂：《美国通史》第 5 卷，人民出版社 2003 年版，第 116—117 页。

企业的本质区别在于"公共福利是前者的主动力,利润则是后者的动力"。"老百姓需要什么——而不是他们买得起什么——成了政府社会服务的决定性因素。""国家作为供应者的角色,预示了它作为筹款人和收税人的功能。在新政的治理下,政府开始成为全国无可匹敌的最大企业。"

其次是《社会保障法》。一方面实行失业保险,另一方面对老年人实施社会保障。规定凡年工资在 6 000 美元以下的必须参加全国的老年保险制度。费用由雇主与雇工平摊,惠及 5 000 万人。此外,65 岁以上未参加者则由联邦与州共同负责照顾。这项法律后来被认为持久地改变了美国的社会经济制度。

第三是《劳工关系法》。允许工人自己组织工会,将那些为了不让工人自己组织工会而建立的公司工会宣布为非法,并依法取消了一些不公平的惯例(如将一些工人列入黑名单,歧视对公司起诉的工人等),这样就剥夺了雇主反对工会的武器。后来又通过《公平劳动标准法案》,规定最低工资,订立比较严格的工时制度,规定超时工作雇佣方需支付一倍的加班费。这项法案对美国的工薪阶层有深远的影响。主要的受益者是没有参加工会的、得不到保护的工人、妇女、未成年人和没有技能的普通工人。罗斯福认为这是"除了《社会保障法》之外,它大概是这个国家或者是任何国家为了工人的利益而采用过的法案当中最有远见的一项计划"①。

第四是三项限制垄断资本的立法:《银行法》主要依据"宁要政府管理而不要'纽约银行帮'的统治"的原则,加强国家对银行的管理和监督。"公用事业控股公司法",其宗旨是要改变原来这些控股公司实行垄断,投机倒把,向立法者行贿,依靠其金字塔结构迫使消费者付出高价的格局,提倡发展公营的电力等公用事业。1935 年《税收法》,目的在重新分配财富和权力。提出该法的总统咨文主张征收联邦遗产税、馈赠税,"对非常巨大的个人净收入和公司收入"征收累进所得税、财产税。此法案引起企业界和富人的激烈反对,被称为"向成功者敲竹杠""敲诈有钱人"。经过反复斗争,获得通过。尽管后来的法案取消了遗产税,但是馈赠税和财产税都提高了,还略增公司所得税,对 5 万美元

① 刘绪贻、杨生茂:《美国通史》第 5 卷,人民出版社 2003 年版,第 118 页。

以上的个人所得征收附加税,税额最低为31%,依次提高,500万美元以上的为75%。

从"二次新政"所订的法律和实行的各种措施可以看出,它的重点就在改革。而改革着眼的不仅仅是经济的复苏,而是诸多的社会矛盾的舒缓,着力解决的是社会问题而不单纯是经济问题。所以我们也可以视为一种社会的改革,而不仅仅是经济的改革,而且突出地体现了将长远目标与眼前的救急结合起来,寻求一种长治久安之道的战略意图。这些事实表明,把罗斯福的"新政"单纯地视为经济复兴是与历史事实不符的。同时也启示我们不能就经济论经济,经济镶嵌于整个社会生活中。摆脱危机不仅仅是经济的复苏与重新实现经济的增长,而必须解决许多深层次的社会矛盾。包括取消既得利益者的特权,向富人征收高额的税收等。

三

对于"新政"的实质及其在历史上的作用,史家一直有不同的看法。既涉及"新政"的得失又涉及"新政"与各种思潮和学说,尤其是凯恩斯主义的关系。

"新政"对于经济复苏的作用,持保守立场的政界和学术界人士评价都不是很高。比如胡佛在30年代还是认为,克服大萧条的根本办法还是首先要恢复企业界的信心,而"新政"却破坏了企业界的信心,妨碍了投资。如果停止"新政"那些具有破坏性、摧毁性的修补活动,"自然力量"将迅速恢复繁荣。80年代倾向于新保守主义的《美国总统经济史》的评价是:1933年之后,经济的确是开始复苏了,然而速度缓慢。1939年,总产量尚未恢复到1929年的水平,而且在复苏的过程中,第二次衰退在1937年又来临了。但是,他的看法还比较公允,承认"它在政治上的成功则是不容置疑的",留下了足以左右美国政策走向的教训。"新政中流传久远的部分是积极利用财政政策来保证有足够的总需求,致力于解决低收入人口的分配问题,以及加强对某些经济部门的管制。"①这是最核心的东西。具体地说,有五个要点:(1)经济的基本问题是失

① [美]赫伯特·斯坦:《美国总统经济史》,吉林人民出版社1997年版,第20—21页。

业;(2)为解决这一基本问题要维持足够的总支出(需求)并需要由政府预算的管理来实现;(3)如果管理得当,可以用来实行收入再分配,帮助低收入阶层或其他值得帮助的阶层,而无需顾虑这些政策对总产量的不良后果;(4)联邦政府对经济的干预权力没有宪法的限制;(5)总统制定强有力的鼓舞人心的措施,与公众经常保持联系,会受到公众的拥护,并有助于经济恢复活力。①作者还认为,这种影响从1930年到1980年,延续了整整半个世纪。所以"对这种影响的重要性无论怎样强调都是不会过分的"②。

奥地利学派的保罗·约翰逊对"新政"在复苏方面的作用的评价更低。他认为"要说世界经济得到拯救,它也是通过战争和为战争而做的准备才实现的"。1939年9月战争爆发的这一天,华尔街处于对军火交易的利润的期望有可能实现,股票价格才恢复到1929年的水平。③这也许不是一种巧合。在他看来,罗斯福和胡佛其实是一以贯之的,他的"改革"实际上只是强化和拓展了胡佛的一些方案。重要的不同仅在于"它在公共关系的管理上更加成功,它花了更多的纳税人的金钱"。至于社会改革,在他们看来是不值一提的,甚至是背离了美国的传统的。总之,从胡佛到罗斯福的办法都是错误的。新政时期也就是萧条持续的时期。

但是也有许多学者肯定"新政"在克服萧条方面的成就。认为"新政"是可以完全克服大萧条的。"我可以想象,如果政府有魄力,有决心贯彻'新政'的策略,那么即使没有战时经济的帮助,国家也能重新繁荣起来。不管怎么说,确实是由于'新政'打下的基础。"④德·贝茨的这段论述,颇具代表性。

《大萧条时代》的作者韦克特的视角和尺度则颇为不同。他以极大的热情,用美国普通百姓生活状况改善,城乡、劳资、地区和种族关系的调整等大量事实来褒扬"新政",尤其是第二次"新政"在社会改革方面的成就。他认为,这些成就使得千千万万的下层百姓在危机中得以度过时艰,生活得以显著改善,并且对美国社会的进步产生了长远的影响。在大多数人的经济保障、缩减少

---

① [美]赫伯特·斯坦:《美国总统经济史》,吉林人民出版社1997年版,第42—43页。
② 同上书,第14页。
③ [美]默里·罗斯巴德:《美国大萧条》,上海人民出版社2009年版,第5—6页。
④ 刘绪贻、杨生茂:《美国通史》第5卷,人民出版社2003年版,第195页。

数人的巨大财富和权力等方面改革的成效，以及由此带来的美国人的观念和风尚的变化，尤为重要。他把新政的年代称为一个“寻求保障的时代”。人们普遍地认同要通过社会保障来“磨钝个人痛苦的刀口”。在教会中也出现了把社会福利当作美国人新宗教的趋势。据调查，在2万名牧师中，有四分之三的人支持“彻底改革资本主义”，几乎三分之一的人支持社会主义。这种观念的变化，他称之为“大萧条时代的良心”。因为，它使美国人摆脱了20年代“对群体福祉和个人满足之间的自私自利的视而不见”，“帮助美国人记起他们是一个民族，只有通力合作”。他还认为，观念的变化与社会秩序的变化是相辅相成的。就后者而言，就是一个从个人秩序向社会秩序的重大转变。这种转变从19世纪80年代已经开始出现，但是美国的“粗犷的个人主义”传统延缓了这个进程。瑞典、英国等在大萧条之前就采用了政府管制和社会保障的办法，更不用说是社会主义化的世界性潮流了。而新政却使美国实现了这样的转变。这种转变对于克服经济周期带来风险，是有益的。

此外，美国的社会学家莱文在80年代末的著作中提出的见解也颇具代表性。她认为，大萧条表明，美国的资本积累出现了三种障碍：资本剥削率过高，群众购买力过低，生产过剩；业主间无节制的竞争使得物价过度下降，投资成为问题；政治结构职能不足。“新政”是用来克服这些障碍的。其根本作用是调整政治、经济秩序，为美国的资本积累提供新的有效的机制。①主编《美国通史》的中国学者则认为，“新政”是资本主义的一次重要的调整，其形成的政治经济秩序，在第二次世界大战之后对其他西方国家，尤其是在美国主持下重建的日本和德国都有相当大的影响。所以，这不仅是美国的资本主义的调整，也是许多西方资本主义国家社会制度的一次重要的调整。

对“新政”的评价往往涉及罗斯福“新政”同凯恩斯及其学说之间的关系。问题往往是从罗斯福有没有系统的理论来支撑其政策提出的。一种观点是罗斯福没有系统的理论，所做都是一种应急的反应，成功的就留下来了，不成功的也就烟消云散了。另一种则认为，罗斯福尽管不是什么经济学家，但是对于美国的问题还是有比较系统的思考的，也有一些基本的纲领性的主张。肯定

① 刘绪贻、杨生茂：《美国通史》第5卷，人民出版社2003年版，第200页。

后一种观点的，就进一步提出，新政与凯恩斯的学说有没有关系，如果有的话又是一种什么样的关系？

大部分的评论家都认为两者之间不无关联。近来在国内引人注目的张维迎先生提出了彻底埋葬凯恩斯主义的主张，其立论根据，就是奥地利学派的罗斯巴德所著的《美国大萧条》一书提出的主张，认定大萧条是政府不当的过度的干预造成的。尤其是政府货币政策的不当，导致的通货膨胀，是货币性通货膨胀所致。这也就意味着，罗斯福是依据了凯恩斯的主张来实施"新政"的。就通货膨胀这一点来说，此说有一定的道理。史料表明，罗斯福在初期持"平衡预算"的观念，不愿采取赤字财政，也就是货币性的通货膨胀的办法。经过凯恩斯多次通过发表公开信等办法进行的敦促和劝说下，罗斯福才改变初衷。不过这种影响是相互的，而不是单向的。这种相互影响之所以得以实现，一个重要的原因是两者在某些观念上，不谋而合，也可以说是心有灵犀一点通吧。其中一个关键的问题是在对待自然放任主义和与它密切相关的社会达尔文主义的态度上。

罗斯福的看法在前面已经叙说。凯恩斯又如何呢？他在 1931 年出版的文集《预言和劝说》中收录了一篇文章，题目就叫《自由放任主义的终结》。旗帜鲜明的标题，就显示了他的态度。文章提出了"对思想观点进行一次历史考察是思想解放的必要前提"①的论断，详细地考察了自 17 世纪末以来欧洲的思想发展进程。这一考察的特别之处是，得出了这样一个结论："经济学家的语言被借用来解释自由放任主义。不过，这种学说的甚嚣尘上，更应该归咎于那些恰逢其时的政治哲学家而非经济学家。"②他认为，这一思想来自 17 和 18 世纪为推翻国王和教士而锻造的政治哲学。在斯密、李嘉图或马尔萨斯的著作中都找不到"自由放任主义"(laissez faire)这个词语，也找不到以教条主义的形式表达过这一思想。倒是那些二流的经济学权威和一些普及性的教育读物将这种思想扎根于大众的头脑之中，甚至成为婴儿的乳汁。

那么扎入大众头脑的这个自由放任主义的基本观念是什么呢？就是"一

① ［英］凯恩斯：《预言与劝说》，江苏人民出版社 1997 年版，第 302 页。
② 同上书，第 303 页。

切让我们自己干”，“管得最好的政府是管得最少的政府”，“让个人听凭其自我利益的驱使”。理由是自由是天赋权利，而私人利益和社会利益是天然和谐的。而信奉这种观念的经济学家采用的是假设演绎方法。所假设的理想状态则是：个人以试错的方式独立行动，通过竞争——无情的生存竞争，高效率者将被选择，最成功的牟利者被推上社会的顶层，而低效率者则被淘汰，也不应该给予怜悯和保护。这样，资源的理想配置就得以实现。凯恩斯生动地将这种主张描述如下：“生活的目标成为不断啮取树叶，直到可能够得着的最高树干，而实现这一目标的最可能方式是这样一种状态：让脖子最长的长颈鹿活下来而饿死那些脖子较短的。”①他认为自由放任主义的这种观点与达尔文主义之间，事实上是非常接近的。

但是凯恩斯认为，这种理论其实是很成问题的。其基本的假设都不是以事实为基础的，而且认为它根本不考虑这种竞争性的斗争的代价，尤其是不考虑那些饿死的长颈鹿的痛苦，那些在争斗中落在地上并被践踏的甜嫩的树叶和那些脖子较长的长颈鹿由于过量摄食而带来的不适，乃至这些本来温驯的动物脸上浮现出来的贪婪。至于在学理上，它所依据的一些抽象的原则，如天赋自由、私人利益和社会利益必定一致、开明的自利必定会促进公共利益等，都是不真实的。它预设的那些诸如“个人牟利的机会是无限的”、机会都是均等的等，都是没有根据的。事实是个人的成功更多是凭借其世袭的权利而不是个人在竞争中的努力。因此，这种学说，无法解释许多问题。至于大萧条表现出来的许多最为严重的经济弊病，如效率和产出的滑坡、失业、财富分配的严重不均等，若要达到治疗效果，就更不能依靠这种自由放任主义。自由放任主义倡导的对个人利益的孜孜以求，也许甚至加重了病情。所以还是要由一个中央机构，利用集体的行动来治疗。

凯恩斯的这篇文章，可以视为他在 1936 年发表的代表作《就业利息和货币通论》的政治哲学导论。这也就是他提出的各种经济主张的哲学基础。当然，凯恩斯并不是要全盘否定近代以来西方的政治哲学，也不是要否定资本主义制度本身。他所着眼的是“如何利用集体的力量来改进现代资本主义的技

① [英]凯恩斯：《预言与劝说》，江苏人民出版社 1997 年版，第 308 页。

术的可能性”，也就是如何从技术上对资本主义作出调整，以解脱危机，而不是主张实行社会主义。

这里，我们之所以要花那么多篇幅来介绍凯恩斯在政治哲学上的主张，就是要说明，在这些问题上，他与罗斯福是心心相印的。凯恩斯曾经说过，“旧说已深入人心。所以困难不在新说本身，而在摆脱旧说”①，以实现思想的解放。而罗斯福新政得以实行，并取得一定的成效，关键还是在于摆脱了自由放任主义的旧说，按新的思想大胆地进行了实验。同时，利用危机带来的契机使得社会的观念也就是所谓的群体价值也发生了相应的变化，使得普通的民众和社会的舆论能够摆脱旧说，从而使新政取得广泛的支持。可见，经济的危机与观念的危机是息息相关的，而走出危机也就必须清理思想，摆脱旧说。

四

时隔 50 年之后，尽管罗斯福新政对资本主义所作的调整已经给美国和整个的西方世界打下的深深的烙印依然存在，但是思潮、观念的流向却又发生了变化。凯恩斯所努力摆脱的“旧说”穿上了“新保守主义”或“新自由主义”的新装又卷土重来。凯恩斯学说，尤其是经过他的某些弟子加以模式化的“凯恩斯主义”，则变成了“旧说”。在 20 世纪 80 年代，在撒切尔和里根时代，自由放任主义重新成为国策。在苏东剧变之后，更是甚嚣尘上，一时间变得不可一世。福山抛出“历史终结论”，声称自由放任主义是人类的唯一可能的选择，撒切尔则声称“只此一途”。新自由主义经济学的诸多流派则从各个角度对“国家干预”作釜底抽薪式的论证。这些学派在学理上确实也有所创新，在一些具体问题上不乏真知灼见。但是从观念上看，也确实大大推进了放松管制、削减社会福利、推崇市场崇拜的潮流。这股潮流不仅对西方国家的政策有重大的影响力，而且以“华盛顿共识”等名义借助于经济全球化推向世界各地，社会达尔文主义也随之高涨。20 世纪 20 年代的那些现象，又一次重演，而且变本加厉。三十年之后，就酿成了今天的危机。如哈贝马斯所说的那样，不得不又一次面

① ［英］凯恩斯：《就业、利息和货币通论》，商务印书馆 1994 年版，第 3 页。

临一个如何摆脱自由放任主义与社会达尔文主义“旧说”的困局。①

这个困局，主要发生在西方。中国人有幸在马克思主义的指导下坚持着中国特色社会主义的道路。尤其是不失时机地提出科学发展观之后，全国上下致力于构建一个“和谐社会”，而不是一个到处都是生存竞争、只让脖子最长的长颈鹿生存的社会。但是，已经参与经济全球化进程的中国也不能不受到这场金融危机的冲击。这种冲击也使得原本存在的一些问题凸显。

就观念层面来看，自开放以来，尤其是参与经济全球化之后，自由放任主义的政治哲学、经济理论以及与此孪生的社会达尔文主义，通过各种途径和载体，对我国社会的影响也不能低估。只要看看这几年的广告，“成功人士的标志”成了最常见的广告语，而它定下的成功人士的“标志”，大都是豪宅、香车以及各式各样的奢侈品。被有些传媒封为“成功人士”的则大都是一些大款、大官、大腕，尤其是“快速致富”的暴发户。这些舆论把芸芸众生压得透不过气来，搞得许多人心生浮躁。“赢在起点上”的早教广告，铺天盖地，好像也想让牙牙学语的孩童去吮吸社会达尔文主义的乳汁，同时也向那些囊中羞涩的家长们暗示，你已经输了，你的下一代恐怕也赢不了。这是何等粗暴的精神的打击。

一些干部信仰的就是三个依靠：“依靠资本而不依靠劳动，依靠精英而不依靠大众，依靠强势而不依靠弱势”。所以，总想去亲近资本，尤其是大资本，国有的或私有的，好像唯有他们才是最值得尊敬和依靠的社会力量。平时注意的就是倾听企业主，尤其是大企业主的呼声。对于劳动者和改革中那些“最少受惠者”的诉求则常常置若罔闻。在他们的心目中，劳动，尤其是体力劳动那是一种低层次的行当，产出的附加值很低。普通劳动者只是一些平庸之辈和在竞争中无能胜出者。至于那些处于金字塔底层的人，则被自以为是“精英”和“强势者”的某些官员视为“弱势群体”，而且常常被当作经济发展的包袱，于是就把落实对他们的救助的政策视为自上而下的恩赐或者是一种不得已而为之的麻烦事。不是尽心竭力地去体察民情，体恤民困，而是对下层百姓的诉求，推诿敷衍。金融危机来临的时候，把一些地区和企业的困难归之于劳

① 赵光锐：《哈贝马斯谈新自由主义破产后的世界秩序》，《国外理论动态》2009年第3期。

动合同法的实施者，就是这种观念的一个突出表现。

学术界也不例外。其中一个最突出的现象是，把新自由主义经济学，尤其是公共选择学派主张的“经济学帝国主义”搬到了中国。经济学帝国主义就是把自由放任主义的经济学说的基本假设——“经济人”假设，推广到社会生活的各个领域，用以解释各种社会政治伦理的问题，于是就把经济思想中的自由放任主义拓展为一种广义的道德哲学，也就是凯恩斯所谓的政治哲学。经济学家在社会上的话语权本来在以经济发展为中心的中国已经够大了，而一些持“经济帝国主义”立场的人士则还想尽力扩大这种话语权，用这类政治哲学的观念来引导舆论、教化民众和影响政策的制定和实施。他们所说所论往往已经不仅是经济学和如何发展经济本身的问题了。张维迎先生在阐释他的“彻底埋葬凯恩斯主义”“回到奥地利学派”的口号时，引用了美国学者的一段文字说，西方学界对于市场经济的信仰可以分为四个层次。第一层次是对市场经济没有任何信心，不相信市场经济，这是传统的马克思主义经济学；第二个层次是摇摆不定，这就是怀疑不定，这就是主张政府干预的凯恩斯主义；第三种就是非常信仰市场但也认为政府在必要的时候应该介入市场，这就是弗里德曼为代表的芝加哥学派；第四个层次就是对市场完全信仰，坚定不移，这就是以米塞斯和哈耶克为代表的奥地利学派。稍有一点思想史知识的都知道，奥地利学派的几位大家都涉足政治哲学，并以此作为其经济学说的理论前提，而且都是与各种社会主义流派针锋相对的。这就把政治哲学或者说广义道德哲学的问题提上了议程。所以，这个口号所意蕴的也就不只是一个经济问题。

由此看来，要不要摆脱自由放任主义的政治哲学以及与此孪生的社会达尔文主义，如何摆脱，在中国也是一个有待澄清的问题。大萧条的历史教训能不能为我们寻求答案，提供一些启示？我期待学术界同仁一起探讨。

如何对金融危机进行伦理反思*

由次贷危机开始的金融海啸，引发了1929年大萧条以来最严重的经济危机。这场危机给世界经济和社会生活带来的震荡至今远没有消除。尽管人们已经开始谈论“后危机时代”该如何如何，但是何时才能真正走出危机还有待观察。已经融入全球市场的中国，危机的影响也远没有消除。即使走出了危机，如何汲取这场危机提供的教训，始终是一件值得反思的事情。

自危机爆发起，各式各样的反思就已经开始。但是如何反思，从什么角度来反思，见仁见智。见得最多的是从技术层面进行的反思，其特点就是把危机发生的原因，归咎于金融监管不力，尤其是对于金融衍生产品交易的管制不力，以及货币的发行量的控制等技术性的原因。因此，力图从技术的层面来总结教训和寻找出路，这无疑是必要的也是有益的。然而，20世纪30年代的大萧条的历史表明，如此深刻而又广泛的危机，往往不仅仅是经济的，而且还是社会的、观念的。①单单从技术的层面作出分析，恐怕难以找出问题的深层次原因，加之在金融全球化的条件下，在主权国家林立而又不存在世界政府的背景下，全球监管改善的限度是显而易见的。有鉴于此，有些论者试图从伦理的角度进行反思，其中最集中的是两个方面。一个是从华尔街的高管们的贪婪中去寻求原因，从企业的社会责任的角度寻求出路；另一个是从美国公众的消费主义的伦理观念去寻求原因。将危机的根源归结于美国人的超前消费和大量透支，并为了掩盖这种现象将债务捆绑变成有毒资产，形成泡沫，一旦泡沫刺破，危机就接踵而来。这些观点，无疑是有一定的道理的，提出了反思危机一个新的视角。但是，如果仅仅停留在这样一个层面，那么，除了表达公众对华

* 本文原载《道德与文明》2010年第2期。

① 赵修义：《危机不仅仅是经济的，也是社会的和观念的》，《探索与争鸣》2009年第9期。

尔街金融精英的贪婪无度和不负责任的愤慨之情以及不发达国家的公众对于美国人的消费无度与享乐主义的不满之外，还是显得苍白无力。企业伦理等已经倡导多年，在美国尤甚，有的已经在一定程度上制度化，但是这次危机显示出它的约束力其实是非常有限的。有些在经济伦理的教科书中作为正面典型案例的公司，自“安然事件”之后，就已经显露出其本真的丑相。这就启示我们，若要进行包括伦理的反思在内的观念层面的反思，还必须在更深的层次上去探究。本文拟就此作一探讨。

上　篇

在观念层面对金融危机的反思，德国哲学家哈贝马斯的见解颇具代表性。他在 2008 年 11 月接受德国《时代》周报访谈时指出：危机表明了自由主义的破产。芝加哥学派的学说，在里根和撒切尔时代被转化为现实的权力。由于苏联的解体，在西方导致了一种胜利主义的情绪。在这种背景下，“一种经济政策，被吹嘘为一种世界观，渗透到所有的生活领域”，变成了一种生活方式。其中最突出的，就是市场原教旨主义所必定附带的社会达尔文主义成为许多人的生活信条。人人要成为竞争者。而在“竞争社会的自由猎场上，强者可以把成功看作个人的成就”。那些成功的经营管理者的闲言碎语被当作金科玉律，他们则觉得自己是精英，“在精神上比其他的社会阶层高出一等”①。

这段不长的文字，包含了丰富的内容，至少提出了以下几个方面问题：

第一，金融危机与主要的西方发达国家的经济政策是密切相关的，而这些经济政策是受到经济思潮的制约的。具体地说，就是受到芝加哥学派的新自由主义的经济学说的制约甚至是支配的。也可以说，金融危机在某种意义上就是这种新自由主义的经济政策的恶果，而危机则表明了它的破产。

第二，芝加哥学派的经济思想是在里根和撒切尔的时代，从一种学院中的学说转化为一种权力的。也就是说，20 世纪 70 年代末 80 年代初以撒切尔与里根为代表的整个新保守主义的政治潮流，是新自由主义的经济思潮和经济

① 赵光锐：《哈贝马斯谈新自由主义破产后的世界秩序》，《国外理论动态》2009 年第 3 期。

政策的推手。正是新保守主义的政治家们将新自由主义的经济政策付诸实施,并在世界范围大力推行。而世界政治格局的变化,尤其是苏联的解体,又使得西方世界弥漫着一种对于自由放任的资本主义的盲目乐观情绪——“胜利主义”。所以考察经济政策和经济思潮是不能就经济论经济的,必须在世界政治和社会思潮的大格局下,加以考察。

第三,在这种大格局下,在所谓的“胜利主义”情绪的支配下,被强势推行的新自由主义,不仅成为经济政策的主导,而且已经“被吹嘘为一种世界观,渗透到了所有领域”,其中最为突出的是社会达尔文主义成为人们的生活信条。这就是说,经济政策对于人们的价值观念有至关重要的影响;而经济政策之所以得以推行又有赖于人们伦理和价值观念的支撑。危机表明伦理和价值观层面的确存在着值得我们深刻反思的问题,但是这些问题是不能就伦理论伦理的,必须放在这个世界政治经济格局的大背景下去研究和思考,才能找出解决问题的症结。

如果我们将这三个方面的观点加以综合的话,就可以引申出这样一个结论,对于经济危机、经济现象,需要从广义道德哲学或者说是政治—社会哲学的角度加以考察。只有这样,我们才能作出比较深层次的反思。

这一视角,并非哈贝马斯的首创,历史上有许多大思想家就是这样思考问题的。亚当·斯密就是在广义道德哲学的构架中考察经济问题的。他那本被视为政治经济学的开创之作《国富论》,不仅是同道德哲学的著作《道德情操论》相辅相成,而且本身就不是就经济论经济的。意大利学者阿里吉近来在其《亚当·斯密在北京》一书中就《国富论》包含的“历史社会学”作了详细论证。[①]

另外一位值得关注的思想家就是凯恩斯。他在大萧条时代写过一篇《自由放任主义的终结》的论文,将大萧条视为自由主义终结的一个标志,并提出了一个颇有特色的主张:自由放任主义最主要的是一种政治哲学,而不仅仅是经济理论。他所说的政治哲学也可以理解为一种“社会哲学”(在《就业、利息和货币通论》中凯恩斯使用的就是“社会哲学”的概念)。

在凯恩斯看来,这种学说是由哲学家提出和倡导的。最初在 17、18 世纪

① [意]乔万尼·阿里吉:《亚当·斯密在北京》,社会科学文献出版社 2009 年版,第 32—60 页。

为推翻国王和教士而提出了各种政治哲学,其中包括洛克、休谟、卢梭、佩利、斯密、边沁等人的学说。到了19世纪,这些各具色彩的学派汇合成了一种个人主义与自由放任主义的潮流,几乎成为各派哲学和社会精英的一种共识。在19世纪的后期,这种哲学又受到了作为科学的达尔文主义的支持。这股潮流的基本信条是:“管得最好的政府是管得最少的政府”,“让我们自己干”,“自由放任代表了大多数公众的心声”。而与达尔文主义结合在一起的这股思潮,强调的就是个人之间的生存竞争式的自由竞争。

凯恩斯通过对思想史的考察得出结论说:“上百年来哲学家们统治着我们。”①那么经济学家又扮演了什么样的角色呢?凯恩斯认为经济学兴起于这个时期,受的就是这种哲学的导引,而所做的主要的工作,就是从经济理论的角度论证了私人利益和社会利益是和谐的,从而为自由放任主义提供了经济上的论证。从斯密的“看不见的手”到巴斯夏的“经济和谐”论,都想说明只要个人的利益追求不受到妨碍,自由放任,那么不仅私人利益和社会利益可以自然而然地导致和谐,而且所有的本性、所有的动机、所有的行动源泉、所有的利益都相互配合……结果是,所有的阶级都在一个不断提升的水平上无限地相互接近,换句话说,即普遍进步过程中的平等。

应该说,凯恩斯的这个考察是符合历史事实的。

凯恩斯在该文中,还指出这种政治哲学和相应的经济学说所设定的几个主要的推论前提都是靠不住的。他的是结论是:第一,假定人们在经济活动中有“天赋自由”这是不真实的。第二,世上不存在赋予权力的拥有者和获得者永恒保证的契约。第三,私人利益和社会利益必定相互一致是没有根据的。第四,说自利是开明的,也是没有根据的。个人追求其目标的时候常常是太愚蠢、太懦弱。第五,经验并未表明,当人们组成社会单位来行动的时候总会不如他们各自单独行动那样目光敏锐。

此外,凯恩斯对于在脱离了广义道德哲学之后,由马歇尔等建立的作为一门科学的经济学所采取的“假设—演绎方法”,也作出了哲学的分析,认为这些假设的一个特点是,它们之所以被采纳“是由于这一假设是最为简单明了的,

---

① [英]凯恩斯:《预言与劝说》,江苏人民出版社1997年版,第296页。

而不是因为它最接近事实”①。

他还指出，除了上面所指出的那些前提之外，自由放任的经济学还蕴含着两个不真实的假定。一个假定是，生产和消费过程根本不是有组织的；另一个假定是，对于环境和必需条件有充分的预见并存在获得充分预见的机会。正因为如此，严谨的经济学家在论证其观点的时候，后半段就涉及复杂性，而一旦涉及复杂性的时候，他们对上述假设就有所保留。尤其是那些第一流的权威的经济学家，往往对自由放任主义采取保留的态度。即使是斯密、李嘉图和马尔萨斯都没有使用“自由放任”这个概念，也没有把自由放任作为一种教条。反倒是那些二流的经济学家在教科书中不遗余力地张扬自由放任主义。

此外，凯恩斯把自由放任主义与社会达尔文主义视为大萧条的一个重要的思想根源。在他看来，正是社会达尔文主义的泛滥（甚至已经成为“婴儿的乳汁”），正是自由放任主义被一些人当作了宗教，不顾实情，刻意推行，才酿成危机。这不仅是泛指社会公众的观念，更是指政治家制定经济政策时所依据的观念。他的名言是：“经济学家以及政治哲学家之思想，其力量之大，往往出乎常人意料。事实上统治世界者，就只是思想而已。许多实行家自以为不受任何学理之影响，却往往当了某个已故经济学家之奴隶。”②

这是他对大萧条之前西方世界尤其是美国的经济政策的指导思想进行实际的考察作出的结论。大萧条之前的美国，当政的胡佛总统就公开提倡以社会达尔文主义为特征的“粗犷的个人主义”。他在《美国个人自由主义》一书中写道：聪明能干的人总会在美国出头。而一般的民众则只有感情而没有头脑，不会想办法，只会乱花乱用，怨天尤人。失业群众是罪有应得。③因此在危机来临的时候，胡佛坚持联邦政府不要出手去拯救失业工人，坚持自由放任的政策。与此相反，实行新政把美国带出危机的罗斯福，则针锋相对地提出，“如果我们让平庸之辈能够舒适而安全，那么他们就会像酵母一样让所有的社会阶层都蒸蒸日上”④。正是在观念上摆脱了社会达尔文主义与自由放任主义之

① ［英］凯恩斯：《预言与劝说》，江苏人民出版社1997年版，第308页。
② ［英］凯恩斯：《就业、利息和货币通论》，商务印书馆1983年版，第330页。
③ 刘绪贻、杨生茂：《美国通史》第5卷，人民出版社2002年版，第42页。
④ ［美］狄克特·韦克特：《大萧条时代：1929—1941》，新世界出版社2008年版，第53页。

后，罗斯福新政，尤其是“二次新政”，采取了一系列的改革措施，如制定“劳工关系法”，保障工人组织工会的权利，规定最低工资制，建立失业、养老保险制度，限制垄断资本，对非常巨大的个人收入和公司收入征收累进所得税、财产税，等等。这些限制既得利益者的特权、着力体现社会公平的强力措施，舒缓了尖锐的社会矛盾，在一定程度上实现了凯恩斯在《通论》中所说的对原有的制度的调整，才走出危机的。

可见，正是在观念的层面，而不仅仅是在经济政策的层面进行了深入的反思，才找到了走出危机的途径。凯恩斯学说不仅仅是一种主张国家干预经济的经济学说，而且还是有自己的政治哲学作为前提的。他所提出的不同于自由放任主义的经济政策，是以自己的政治哲学和伦理观念为前提的。

正因为如此，这种政策上的变化也必定是与公众在观念上的变化相辅相成的。如《大萧条时代》的作者韦克特所说，新政的时代是一个“寻求保障的时代”。人们普遍地认同要通过社会保障来“磨钝个人痛苦的刀口”。它可以称为“大萧条时代的良心”。因为，它使美国人摆脱了 20 世纪 20 年代“对群体福祉和个人满足之间的自私自利视而不见”，“帮助美国人记起他们是一个民族，只有通力合作”。没有这种观念的变化，以凯恩斯学说为导引的这些政策也是无法得到实施的。

可见，大萧条的历史表明，对于经济危机从政治哲学上进行反思，十分必要。尽管对于凯恩斯学说和罗斯福新政有不同的评价，但是，直到 20 世纪 80 年代初倾向于新保守主义的论者也不得不承认“它在政治上的成功则是不容置疑的”，留下了足以左右美国政策走向的教训。“新政中流传久远的部分是积极利用财政政策来保证有足够的总需求，致力于解决低收入人口的分配问题，以及加强对某些经济部门的管制。”①正是这些教训左右了里根之前近 50 年的经济、社会政策的走向，才有了战后西方的社会稳定和福利制度的普遍建立，实现了所谓的“资本的文明化”。当今的这场金融危机之所以没有激化为大萧条时代那样尖锐的社会危机，一个重要的原因就是战后普遍建立的社会保障制度为社会稳定奠定了基础。

---

① [美]赫伯特·斯坦：《美国总统经济史》，吉林人民出版社 1997 年版，第 20—21 页。

这段历史给我们留下的教训就是，当危机来临的时候，对于危机作出政治哲学的反思是何等重要。前面所引的哈贝马斯对这次危机的分析，其重要意义就是在新的历史条件下，继续从政治哲学的角度作出反思。尽管对他作出的具体结论，需要随事态变化不断地修正，但是就视角和基本的方法来说，无疑是值得我们借鉴的。

确实，这次危机无论从其程度还是特征来看，都不能简单地与30年代的大萧条作类比。如何从政治哲学的角度作出反思，包括伦理的反思，还有待于研究的深化。但是，这场危机与里根和撒切尔开始的新保守主义之间的关联，却是一个不争的事实。美国经济学家约瑟夫·斯蒂格利茨在《一群资本主义的白痴》一文中详尽地描述了，在五个关键时刻，从里根政府排斥他人重用格林斯潘到布什政府是如何作出一连串的决定，造成了这个悲剧性的结果。他在文章的结尾处写道："事实上大多数个人的错误可归结为只有一个：相信市场是自我调节的，政府的作用应该维持在最低限度。""再回过头来看看秋天在国会听证会期间的那种信仰，格林斯潘大声地说'我已经发现了一个缺点'。国会众议员亨利·韦克斯曼回应格林斯潘说：'换句话说，你的世界观、你的意识形态，是不正确的，是行不通的。''绝对准确'，格林斯潘答道。美国和世界许多其他地方都欣然接受这种有缺陷的经济理念，使得我们最终不可避免地落到今天这样的境地。"①连笃信艾因·兰德的个人主义哲学的格林斯潘都开始承认自己的世界观、意识形态与其经济决策之间的关联。我们作为马克思主义者，难道就不该认真地从世界观、意识形态、政治哲学上去审视20世纪80年代以来横行于世的新保守主义其所推崇的新自由主义经济理论的哲学前提，对这次危机作出深入的反思吗？我想答案是不言而喻的。

下　　篇

中国的学术界要不要反思，如何反思？这是摆在我们面前的一个严肃问题。在危机来临之初，资中筠先生就鲜明地提出了这个问题。她用孔夫子"见

① ［美］约瑟夫·斯蒂格利茨：《一群资本主义的白痴》，《国外社会科学文摘》2009年第7期。

贤思齐焉,见不贤而内自省也"的古训,告诫我们不要以为那是发生在人家那里的事情,只给人家把脉,更不要只是用自己的长处去比人家的短处,而要着重从危机中汲取教训,自省自己的不足。危机和克服危机的过程,已经说明,在已经融入全球市场的今天,我们的经济不可能隔离于世界市场之外。危机对我国的影响是显而易见的,其中就包括外部的危机将我们经济发展中积累的内在的深层次矛盾凸显出来。如果从观念的层面来看,在对外开放三十年间,国际上的思潮和学说都已经以各种不同的形式传到中国,无论在社会舆论、学界还是当政的各级干部中都有不可忽视的影响力。新保守主义及其所推行的新自由主义的经济理念,都已经不是远在天边与我们没有干系的东西了。

就社会氛围而言,尽管主流意识形态大力倡导社会主义核心价值,但是哈贝马斯所说的"市场原教旨主义所必定附带的社会达尔文主义"不胫而走,弥漫于社会。一个颇具代表性的现象就是"不要输在起跑线上""赢在起点"这两个相辅相成的早教口号流行于世。尽管早在2002年有识之士就对此提出批评,女作家池莉更是大声斥责这类口号"混账之极"。但是多年来,这类口号不但没能得到制止,反而在已经形成产业链的利益驱使和一些社会舆论的合力下,愈演愈烈,成了铺天盖地的权力话语。只要打开搜索引擎,点击"早教"这个词,就可以看到排在最前面的就是以"赢在起点"命名的早教网,其传播之广,连公交车上都可以听到,真有把社会达尔文主义当作婴儿乳汁的味道。针对成人的类似的口号更是不断在我们的传媒上张扬。它所传递的观念,就是把整个社会生活看作是个人与个人之间你死我活的动物般的生存竞争,把人生就看作是一场输赢的赌博。这就是所谓的"适者生存",或者说不适者淘汰(也就是不得生存)。

凯恩斯曾经将社会达尔文主义的观点形象地描述如下:把人生就看作是一场输赢的赌博。"生活的目标成为不断啮取树叶,直到能够得着的最高树干,而实现这一目标的最可能方式是,让脖子最长的长颈鹿活下来而饿死那些脖子较短的。"至于这种竞争性的斗争的代价则根本不予考虑。于是就把那些饿死的长颈鹿所遭受的痛苦,那些在争斗中落到地上并被践踏掉的甜嫩树叶,脖子较长的长颈鹿由于过量摄食而引起的不适,在这种原本温和的动物脸上所浮现出来的贪婪、焦虑等种种不愉快的表情等等，都统统被略去了。[①]这种观念在德国哲学家尼采手里就演化为，只有强者才能生存的所谓“生命道德法典”。这本来是在西方市场化过程中发生的东西，而且为众多思想家和明智之士所不齿。但是改革开放以来，它却在中国大地广为流传。其结果就是，人们关心的或谈论的都是胜者、败者，或强势者、弱势者(也就是被边缘化者)。人们开始把人生看作是一场赌博，赌的不仅仅是金钱、股票、官位，还有生命本身。“赢”成为人生的目标。无论在何种行业何种场合，处处都想赢怕输。赢则得意忘形，输则自惭形秽。给胜者戴上的一顶最为冠冕堂皇的帽子，就是“成功者”，或者叫作“成功人士”。“成功人士的标志”在相当一段时期里，成为出现频率最高的广告词。铺天盖地的广告所定下的成功人士的“标准”，就是香车、豪宅和各式各样的奢侈品，以至于当今人均 GDP 世界上排名甚后的中国竟高踞奢侈品销量的前列。近来有些主流媒体也开始把“成功人士”这个称号用于专指那些有财产、有资本的老板们。于是大款、大腕、大官、大牌，就成为全社会仰慕或者妒忌的对象。至于那些辛勤劳作、为国家默默耕耘的但是囊中羞涩买不起那些奢侈品的众多普通的体力和智力劳动者，自然就变成了“非成功人士”，在一定意义上也就属于“失败者”“输家”的行列，更不用说那些默默地承受着改革代价的困难人群了。

传统文化中那种带有等级制的鲜明特征的“望子成龙”观念与此结合在一起，就使得“成功”不仅意味着财富，而且还需要高踞他人之上，成为“人上人”。于是荀子所斥责的“只讲‘势荣’不讲‘义荣’”的现象，再次在一些地方重演。“爵列尊，贡禄厚，形势胜”成为荣辱的尺度。一味地以财富产业、功名利禄、门第势位等作为“成功的标志”。结果是刚刚富起来的或者有点权势的一些人群，就会如荀子所说“流淫污漫，犯分乱理，骄暴贪利”(即纵欲无度、恣意妄为，不择手段、违法乱纪，骄横暴虐、贪墨敛财)。整个社会弥漫着“势荣”泛滥的气息。具体地说，是四个为荣：“唯富为荣”“唯贵为荣”“唯名为荣”“唯奢为荣”。

更加需要提醒的是，此类观念之所以会广泛地流传，一个重要的原因是得到了新自由主义经济理论在学理上的支撑。自进行市场导向的经济体制改革

① [英]凯恩斯：《预言与劝说》，江苏人民出版社 1997 年版，第 296 页。

以来,西方的新自由主义的经济理论就以主流经济学的姿态进入中国,并且取得了强大的话语权,也可以说成为一种具有支配力的权力话语。这在国际国内的具体历史环境下,是难以避免的。如果仅仅就经济而言,主流经济学对于市场运作和经济运行的操作而言自然有其贡献,这是谁也不会去否定的。但是正如凯恩斯所说,自由放任主义的经济学说所假定的一些理论的前提,本来仅仅是一种方便的假设而已。它们之所以被采纳“是由于这一假设是最为简单明了的,而不是因为他最接近事实”①。如果把这些假设,视为事实,甚至视为颠扑不破的真理,那就是失之谬误了。新自由主义的经济理念就负载着一定的观念形态,如果把这些假设都视为事实或真理,那么,也就把新自由主义负载的理念当作普世的价值。这样诸如社会达尔文主义之类的政治哲学和伦理观念自然就会畅通无阻了。

令人惊讶的是,这样的事情,却在中国发生了。以自由主义经济学的基本假设“经济人”假说为例。②最先提炼出这一概念的约翰·穆勒明确指出:对人的这种定义,仅仅一种假设,是一种抽象,而不是对人事实上是什么,所作出的论断,更不是对人的本质的一种全面的概括。当这一假设把人视为仅仅是要取得财富和消费财富的时候,就把在“财富欲望”“厌恶劳动”和“对当下纵乐欲求”之外的所有的人类感情和动机(如爱慕、良心、义务感以及对人类福利的关心,等等)全部抽取掉了。之所以要做这样的一种抽象,是因为“有一些特定的人类事务,其主要的公认的目的就是获取财富”。只有抽象出来,才能把市场中的经济活动与其他的活动加以区别,以便对这类经济现象进行科学的研究,揭示出它的规律来。但是,在现实社会生活中,没有哪一个人的终生活动仅仅受追求财富的动机而不受任何其他冲动的直接或间接的影响。若考虑到出于非财富追求的其他动机和行为,那么,就一般而言,财富甚至不是人的主要目标,经济学“也并没有假装它的结论可用于对这部分非追求财富行为进行解释”。穆勒强调:“没有一个政治经济学家会如此荒谬地认为人类事实上如此。”③

① [英]凯恩斯:《预言与劝说》,江苏人民出版社1997年版,第308页。

② 赵修义:《“经济人”假设的哲学反思》,《文汇报》2005年3月20日。

③ [英]约翰·穆勒:《政治经济学定义及研究这门科学的哲学方法》,载《海派经济学》(第六辑),上海财经大学出版社2004年版,第135—138页。

把“经济人”视为“事实上的人”的一个后果就是剥去了人类本来具有的“良心、义务感以及对人类福利的关心”等道德情感，结果是对利益的追求、逐利的市场竞争，就变成赤裸裸的动物般的生存竞争。经济自由主义就这样与社会达尔文主义合流。

可是在中国学术界却有一些人士，不仅把“经济人”视为“事实上的人”，而且提升为人的永恒不变的本性。有的经济学家要求以此出发来设计我们的各种制度，包括干部的激励和待遇制度，主张在此基础上确立我们的道德观念，声称只有赚钱才是理想。这种观念还被用以解释中国古代的历史和历史人物。一本话说明朝历史的畅销小说写道：“斯密同志指出了这样一个真理——人天生，并将永远是自私的动物”。讲三国的名人的一句名言：“诸葛亮买了刘备这支绩优股”，传达的也是类似的观念。这种状况，不禁使人想起凯恩斯当年的感叹对自由放任和生存竞争的推崇达到了迷信的程度。其势力可以“比之于某种宗教”，因为可以让常人否认明显的事实。①

这种情况的出现与当代新自由主义经济学的一个重要的特征——“经济学帝国主义”是密切相关的。与穆勒等昔日的经济自由主义者不同，当代的新自由主义的一些代表人物，如公共选择学派的贝克尔，主张即把“经济人”假设等经济学的概念推广到社会生活的各个领域，用以解释政治生活、道德生活、社会生活，甚至可以解释生物群体的行为，而且以此自诩。这种观念和做法在一个以经济建设为中心、经济学成为显学的社会里，很容易为一些思想比较简单的人所认可。它也传到了中国。一些主流经济学家也常常越出自己的专业领域，用经济学的语言，谈论政治哲学或伦理学的问题，张扬新自由主义的政治哲学与伦理观念，并且借助于经济学的强势地位取得了强大的话语权。他们还结集出版了多本以“经济学帝国主义”为书名的文集，宣示自己的话语霸权。于是，在伦理道德的问题上，在作为道德理论的基础的政治哲学的问题上，伦理学界、哲学界的声音也常常被主流经济学家的话语所遮蔽。

在危机中全球的思想界已经开始着手对新自由主义的经济理念、对其背后的政治哲学及其“经济学帝国主义”进行反思，中国的思想界、学术界尤其是

① [英]凯恩斯：《就业、利息和货币通论》，商务印书馆1983年版，第302页。

伦理学界,难道就不该借此机会把二十年来中国思想界和学术界的演变,好好地做一番清理和反思吗?当然这种反思必须是冷静的、理性的、有分析的而不是独断的,不仅要梳理观念,而且要厘清源流,对于这些观念得以流行的社会根源,尤其是社会结构的弊端,以及一些经济、社会政策的后果,也要有所反思。

有人担心,清理和新自由主义会清理到我们自己头上,其实这是多虑了。如果你真像凯恩斯说的那样,对新自由主义达到了宗教般的信仰的程度,那么正应该冷静下来,摆脱情绪化,好好地去面对事实,清理清理头脑。如果真有一个冷静的理性的分析的态度,那么也就不会因对新自由主义的反思而去否定改革的基本方向。

这种清理之所以必要,不仅因为主流经济学家关于伦理道德的高头讲章经常出现在媒体,不时对公众的观念进行导引,而且对我们的干部也有不可忽视的影响力。有的干部把"自利的经济人"作为人生的信条,放任"财富欲望""厌恶劳动"和"对当下纵乐欲求"膨胀,把道德操守置之不顾,走上了公权力私用,权力与资本勾结,以权圈钱邪路。还有的干部信仰的就是社会达尔文主义,把自己视为生存竞争获胜的"成功者""精英""强势人物",内心深处认同胡佛的观念:聪明能干的人总会出头。而一般的民众则只有感情而没有头脑,不会想办法,只会乱花乱用,怨天尤人。于是信奉"依靠资本而不依靠劳动,依靠精英而不依靠大战,依靠强势而不依靠弱势"的原则。①于是在设计制度、制定和执行政策的时候,就把共产党的宗旨抛到九霄云外去了。"以人为本"的科学发展观在一些地方一些领域之所以难以落实,思想上的原因就在于此。这也从反面证明了对新自由主义经济理念及其背后的政治哲学进行反思,下一点"见不贤而内自省"功夫,是不能等闲待之的。

---

① 赵修义:《正确处理劳资关系关键在端正价值观念》,《探索与争鸣》2009年第10期。

经济伦理研究有待澄清的三个问题*

——反思新自由主义经济思潮影响下的经济伦理研究

经济伦理的研究在中国是20世纪90年代以后的事情。大体上说，在转向市场体制的改革之前中国很少有人研究经济伦理。1992年之后，尤其是党的十四届三中全会的决议，规划了向市场经济转型的方略之后，经济伦理的研究日渐兴起。其初衷是，面对市场经济带来的狂热的逐利冲动、把市场看作是道德无政府状态的场所的观念以及道德虚无主义的蔓延，以及市场中出现的信用缺失、钱权交易，伦理学界的一些同仁把目光转向市场与道德的关系，探索市场关系带来的伦理变革，揭示市场关系的伦理机制及其与非市场关系之间的界限、企业经营与伦理道德的关系等问题，并试图通过这种研究，呼吁社会各界尤其是经济界和企业界重视道德建设，寻求解决市场经济下道德建设诸多难题的途径。随着经济的繁荣，市场的兴旺，经济伦理学也成为伦理学诸分支学科中的显学，吸引了很多学术界同仁的关注，做了很多工作。除了对中国现实问题的研究之外，也涉及历史上的伦理学与经济学之间的关系等学理性问题。同时也开始面向世界，从广泛地介绍引进国际上的研究成果，与国际上的经济伦理学界开展交流和沟通，一直到走向世界、把中国的研究成果向国外介绍。

近两年，经历了第二次世界大战之后最大的一次全球性金融危机，对金融危机的反思，成为经济伦理研究的一个焦点。学术界提出了许多见解，对危机作了许多分析，尤其是对于导致危机的自20世纪80年代以后在国际上尤其是在西方国家盛行的新自由主义的经济思潮，作了许多分析，并提出了如何从中汲取教训的各种见解。但是，这种经济思潮对经济伦理学本身有什么影响？

* 本文原载《社会科学》2011年第3期。

是不是需要作出清理和反思？用中国古人的话来说，就是要不要用"反求诸己"的精神，来反思这场危机？即不仅要把"危机"作为我们的一个研究对象，而且要把我们以往所做的经济伦理的研究作为一个反思的对象，去思考我们以前的研究有一些什么问题？这个学科该向何处去？我曾经在《如何对金融危机进行伦理反思》一文中提出：对金融危机的伦理反思，不能停留于华尔街高管个人的贪婪和美国公众的消费主义的层面，需要深入到20世纪80年代以来新保守主义政治潮流推进的新自由主义经济思潮蕴含的政治哲学以及与其相应的伦理观念。其中与新自由主义结合在一起的社会达尔文主义的影响不可小视。中国学术界要正视由新自由主义的"经济学帝国主义"对各个学科的影响。①本文拟就新自由主义的经济思潮及其背后的哲学观念给经济伦理研究研究带来的三个问题，作一讨论。

一、如何看待经济与社会、经济与政治的关系？经济伦理学能不能囿于纯经济的视域？

自马歇尔以后的西方主流经济学的一个特点是，一反以往的古典政治经济学，对经济现象仅仅作一种抽象的研究，把其他的因素尤其是政治和社会等都抽象掉了。这种抽象固然有其价值，促进了经济学的数学化，推进了计量经济学等实证研究。但是，其天然的不足，就是就经济论经济，而且把功利主义的效率论作为基本的出发点，衍生出当今的GDP主义，或者可以称之为只求效率的"增长主义"。然而，这次金融危机给我们的一个重要启示，就是经济生活，尤其是市场其实不是自足的，它是镶嵌在包括政治生活在内的整个社会生活之中的。

金融危机，究其原因，自然有市场运行自身产生的问题，但是政府的政策，起了很大的作用，其中的经济政策显然不仅仅是从经济的角度制定的，还受其整个国家战略的支配。就一国范围来看，有学者已经指出，美国的金融危机与国家干预的失败和政府政治伦理的错位有关。泡沫往往是政府的作为所致。

---

① 赵修义：《如何对金融危机进行伦理反思》，《道德与文明》2010年第2期。

美国网络泡沫破灭之后，主持美联储的格林斯潘有意地制造房产的泡沫。他感到地产的收益对于消费的作用大于股票，于是就去刻意吹大泡沫。次级贷款这种金融的新形式就是为此服务的。美国的“两房”就是一个政府支持的机构，而其泡沫的积累也是在政府的政策下形成的。危机治理的过程，也与政府的经济、社会政策有密切的关系。在摆脱危机的过程中，有些国家出现了主权基金的信用危机，就足以说明这一点。在中国这样一个强政府的国家，能迅速地摆脱国际上的危机的冲击，政府的作用也是不可低估的。但是在另一方面，经济生活中出现的许多问题，包括伦理问题都不仅仅是从事经济活动的个人的品德所致，而是与政府的政策导向、激励机制等有密切的关系。经济生活中的钱权结合，它所导致的剥夺性积累的现象大量发生，以及相当普遍的分配不公等，这些都是经济生活中至关重要的一些问题，至少与整个社会的“公平正义”的缺失息息相关。而经济活动中的各种伦理问题是这种情况在观念上的反映。这里提出的一个问题是，经济问题不能就经济论经济？而经济生活中的伦理问题，也不能单纯地就经济伦理谈经济伦理。

如果从国际范围来看，全球性的金融危机，包括国际经济和金融体系所面临的许多问题，单单从经济视角是说不清楚也搞不明白的。因为，现在的世界不仅有一个全球市场，而且还是由为数众多的主权国家组成的。冷战之后的全球经济体系，是由依托其军事政治霸权的美国经济霸权为主导的。许多运行的规则和架构都是在美国主导下，以自己的霸权、国家利益以及为此服务的一些经济观念为前提制定出来的。以全球自由贸易为例，如意大利学者阿里吉(Giovanni Arrighi)所指出，20 世纪 90 年代在克林顿时期美国是积极追求和提倡全球化的，强调资本的自由流动和多边贸易，但是美国称霸世界的帝国计划与新自由主义的市场自我监管学说“仅部分相符”。①一旦自由市场的运作对美国的中心地位构成威胁，情况就不一样了。到小布什的时候就觉得“全球化”“听上去就想要制定诸多可能会限制总统的选择并淡化美国的影响力的规则”。②许多西方国家在对自己有利的情况下，大力推进自由贸易，一旦经济上

---

① [意]乔万尼·阿里吉：《亚当·斯密在北京》，社会科学文献出版社 2009 年版，第 188 页。

② 同上书，第 188—189 页。

遇到困境，就把本国的利益、本国的难题放到首位。自由贸易的旗帜大家都是还想要举的，但是贸易保护是舍不得丢掉的。只是想把保护主义这顶帽子加给他人，以取得自己更大的利益。而其中所说的利益不仅仅是经济的利益，还有许多，包括了军事地缘政治等国家利益。危机发展到今天，这一点就越来越清楚了。这些问题都是就经济论经济说不清楚的。

至于对于金融危机的伦理反思，起初相当一部分分析集中于两个方面：一个是从华尔街的高管们的贪婪中去寻求原因，从企业的社会责任的角度寻求出路；另一个是从美国公众的消费主义的伦理观念去寻求原因。将危机的根源归结于美国人的超前消费和大量透支，认为金融精英正是利用这种现象将债务捆绑变成有毒资产，形成泡沫。一旦泡沫刺破，危机就接踵而来。然而这类分析，除了表达公众对华尔街金融精英的贪婪无度和不负责任愤慨之情以及不发达国家的公众对于美国人的消费无度与享乐主义的不满之外，还是显得苍白无力。此后一段时间里，中国学术界又转向对财富观念的分析，试图从财富观念上寻求根源，并提出种种新的财富观念、财富伦理。然而财富如当年斯密所说，不是金银，而是劳动的产物，这就自然会涉及生产关系以及维系各种生产关系的政治等上层建筑，不同的财富观念就是被这些社会关系所决定的。

经济伦理作为一门交叉学科自然离不开经济学，但是能不能建立在马歇尔以后的抽象的经济学说的基础上，就成了一个问题。看来，起码需要重返政治经济学。离开了政治经济学这个基础的经济伦理，也就无法直面现实生活中的很多难题。危机之后在中国出现的一个新的现象就是，经济学界有一些学者更加重视政治经济学了，包括马克思的政治经济学、斯密的古典政治经济学以及李斯特等人的国民经济学。从事经济伦理的学者中也有一些同仁开始从政治经济学中汲取智慧，并探寻新的视角。

这是很有益处的。以亚当·斯密为例。只要读读这位“被引用最多但是被阅读最少的”的学者的著作，就可以看到，他在《国富论》中明确地把政治经济学定义为是一门政治家、立法家的学问而不是企业家的学问。这就意味着经济包括经济伦理，是离不开社会、政治的。此外，如阿里吉所说，他有一个历史社会学或者经济社会学视野，以一个“大分流”考察框架，具体地考察了世界经济格局的演进。对资本主义的中心如何从意大利到荷兰到英国，并对北美半殖民地（也就是今天的美国）前景作出分析。这个视角在经济全球化的今天非常重要。没有这个历史的大分流的视角，我们就无法理解美国何以会从最大的债权国演化为最大的债务国，并深陷信用危机；无法理解那些大的金融寡头和跨国公司的作为；无法理解今天的危机下各国的不同处境。个别企业和个人在经济活动中存在的各种伦理问题，也需要在这样一个大视野下去理解和解读。

许多经济伦理问题的产生，往往是经济之外的但对经济具有重大作用的东西，如政府的财政、货币、社会以至于军事外交等政策或者是政府对市场、企业的监管出了问题。研究经济伦理不能囿于经济领域，否则只能是隔靴搔痒，打“隔山炮”，击不中要害。当然，经济伦理研究并不是要取代政治学、社会学，但是它可以从伦理的角度为市场良法、政府政策提供价值维度和伦理支持。这本来就是经济伦理学研究的一个重要功能。经济伦理包含了企业伦理但是不能归结为企业伦理。

二、如何看待个体的经济活动及其伦理观念与社会的各种制度因素，包括生产关系之间的关系？经济伦理学要不要摆脱“原子主义”的思维模式？

政治经济学的一个特点就是不仅要研究经济如何运行还要研究各种生产关系和社会关系。

马克思的政治经济学明确地把生产关系尤其是资本主义下的雇佣劳动制度作为研究对象，而且在哲学上突出地强调“人的本质不是单个人所有固有的抽象物，在其现实性上，它是一切社会关系的总和”①。至于李斯特的国民经济学则鲜明地反对原子主义，强调国家才是“独立自主的政治实体”，一种真实的存在，而“个人都是他的国家的一个成员”②。“个人从国家那里获得文明、教

① 《马克思恩格斯选集》第1卷，人民出版社1995年版，第60页。

② ［德］李斯特：《政治经济学的自然体系》，商务印书馆1997年版，第208页。

育、进步、社会和政治制度以及科学和艺术的发展带来的利益。如果国家衰落,个人就得承担起衰落的灾难性后果。”①总之“个人的祸福系于国家的独立和进步”②。即便是亚当·斯密,也如美国学者沃哈恩所说,他确实是个人经济自由的倡导者,但不是方法论的个体主义者。他也没有说过,所有人都是“社会原子”。他说过人只能在社会中生活,他不是把人看作反社会的。③斯密在分析了资本主义社会的生产关系之后,明确地把地主、资本的占有者和雇佣劳动者加以区分,而不是泛泛地谈论个人,也不去泛泛地谈论富人。近来有学者把亚里士多德的“城邦公民”解读为“非个体的个体”④,这也许可以用以解读斯密的个体观。

但是新自由主义,无论在社会哲学上还是在方法论上的一个特点就是以原子主义的个体主义作为出发点。把人当作社会原子,把个体当作是自足的,而且把所有的社会现象包括经济现象解析为个人的行为,理解为个体之间的博弈。这样就把经济生活中各种制度因素,尤其是生产关系,包括企业内部的雇佣与被雇佣、劳动与资本的关系,经济生活中的分配关系以及国际经济秩序中占有霸权地位国家与其他的发展中国家的权力的不平等等,重要的环节都抽象掉了。这种抽象如果作为一种理论的假设,由此作出推论以展示经济生活中的某种现象演化的趋势或可能性,自然是有意义的。但是如果把这种抽象当作可以普遍适用的公式,甚至当作事实本身,那就失之谬误了。这也正是新自由主义与社会达尔文主义纠结之处。因为离开了生产关系、社会关系,自然也就会把市场竞争视为个人与个人之间的生存竞争。这种观察问题的方法在中国也颇为流行。一时间,离开了制度因素,离开了生产关系来谈论经济动机、谈论财富观念、穷人与富人、输者和赢者、强势和弱势,等等,到处可见。

这种情况对经济伦理学也颇有影响。我们引进的经济伦理学的著作,其中大部分是把康德的道义论或者是穆勒的功利主义作为其伦理学的前提,而

① [德]李斯特:《政治经济学的自然体系》,商务印书馆 1997 年版,第 28 页。

② 同上书,第 31 页。

③ [美]沃哈恩:《亚当·斯密及其留给现代资本主义的遗产》,上海译文出版社 2006 年版,第 196 页。

④ 参见黄显中:《公正德性论——亚里士多德公正思想研究》,商务印书馆 2009 年版。

这两者无不以原子主义的社会理论为方法论的基础。对于经济伦理的许多问题的讨论，如信任、企业责任等，往往也都是从以个体主义为基础的契约关系为基本的概念框架出发。但是，这并不足以解释现实生活中企业和企业家的全部行为。关于“企业的社会责任”，学界引进的是利益相关者的概念，把员工和企业主看作是一个利益相关者，这看起来好像并没有什么问题，但是企业中雇佣与被雇佣的关系就被遮盖了。雇佣劳动者能不能组织起来维护自己的权益，也被排除在视野之外。利益关系如恩格斯所说是生产关系的体现。所谓“利益相关者”是一个值得分析的提法，它实际上是把复杂的生产关系简单化和抽象化了。此外，现实生活中有的企业家在抗震救灾中自觉自愿地作出了很多奉献，其重要的原因是他们对于自己的国家、自己的同胞有非常强烈的认同感，意识到每个人如李斯特所说：作为国家的成员，与其他的成员一起“拥有共同的政府、共同的法律、共同的利益、共同的历史、共同的荣誉、共同的防御和保护他们的权利、财富、生命的共同的制度”。这些具有重大的伦理意义的行为，在原子主义的概念框架下，也难以得到解释。此外，还有许多经济生活中的现实问题，离开了制度因素，包括生产关系，是看不清楚也说不清楚的。金融危机之后，无论是国际上的贸易战、货币战，还是国际金融体系的权力之争，等等，也都与制度的因素有关。伦理生活的社会基础不是生产力，不是GDP，而是经济关系、生产关系、社会结构（职业分布，阶层结构等）以至于政治制度等制度性的东西。离开了这些制度性的东西，经济伦理就难以面向现实，也难以发生作用。看来，经济伦理的研究必须拓宽视野，纳入制度性的各种因素，跳出原子主义的窠臼。

三、如何对待“经济人假设”？经济伦理学要不要超越“经济人”概念？

在原子主义的基础上，新自由主义经济思想的最基本的前提，就是“经济人”概念，也就是认定：“人永远是一个功利最大化者”。“我们在一般情况下都仅仅受自利的驱动”，是“不管别人的人”，或者在经济交换的时候是“不关心别人的利益”的人，并把这一概念作为推论所有的经济问题的出发点。

人们往往把这一概念归诸亚当·斯密。但是正如马克·布劳格在《经济学方法论》一书中所指出,真正作出“经济人”假设并加以严格界定的却是约翰·穆勒。[①]1836年穆勒在《政治经济学定义及研究这门学问的哲学方法》一文中指出,政治经济学作为一种不同于技艺的“科学”,目的是要寻求一般的法则,那么它需要采用的方法就是“归纳推理综合法”或者可以直接称为“演绎法”。其特点在于,“这门科学必然是从假设而不是从事实中进行推论的”。而政治经济学预设的对人的定义,就是“把人看作必然是在现有知识水平上以最少劳动和最小生理节制获取最多必需品、享受和奢侈品”[②]。这一段文字就是“经济人”假设的经典表述。另一种表述就是,“只把人看作是渴望占有财富,并能对达到目的的各种手段的有效性进行比较”[③]。他“宁可要较大份额的财富而不要较小的财富”。简言之,就是把人看作是理性的、自利的、谋求利益最大化的。这也就是后来西方主流经济学对“经济人”的界说的基本内涵。

当年约翰·穆勒强调这仅仅是一种理论上的抽象、一种假设,这种假设仅仅在一个有限的范围内才有意义。具体地说,就是在市场交易中,人们既不像从事慈善活动那样,出于对弱者的同情,从利他的动机出发;也不像给亲友馈赠那样出于亲情、友情或对家族成员的义务。对市场中人们的经济动机的这种假设,比较确切地揭示了人们在市场中的经济行为,就这一意义而言,确实是“最接近真理的假说”。但是,穆勒还认为,即使在经济生活中,这一假设的适用范围也是有限的,还可以有另外的一些假设。或者可以把人视为与他人联系的,因而会产生诸如爱慕、良心、义务感;或者把人视为生活在社会中人,即是构成人类整体的一分子,因而会关注整个社会,以致全体人类的福利。所以“经济人”这一假设不意味着事实上就是如此。他一再发出警示:“没有一个政治经济学家会如此荒谬地认为人类事实上如此。”[④]可是当代的新自由主义早已将穆勒的警示置之度外。他们不仅把“经济人”假说当作“事实上的人”,

---

① [英]马克·布劳格:《经济学方法论》,北京大学出版社1990年版,第68页。

② [英]约翰·穆勒:《政治经济学定义及研究这门科学的哲学方法》,载《海派经济学》(第六辑),上海财经大学出版社2004年版,第140页。

③ 同上书,第137页。

④ 同上书,第138页。

把“自利”视为人的不变的唯一的本性，并推行一种“经济学帝国主义”，把这种假设推广到伦理、社会、政治等诸多领域和学科，将集体行为、利他主义等都视为出自利己的动机。可见把“经济人”视为“事实上的人”的一个后果就是剥去了人类本来具有的“良心、义务感以及对人类福利的关心”等道德情感，结果是对利益的追求、逐利的市场竞争，就变成了赤裸裸的动物般的生存竞争。经济自由主义就这样与社会达尔文主义合流。要旨就是把整个社会生活看作是个人与个人之间你死我活的生存竞争。这就是所谓的适者生存，或者说不适者淘汰（也就是不得生存）。英国著名经济学家凯恩斯曾经把这种观点形象地描述如下：把人生就看作一场输赢的赌博。“生活的目标成为不断啮取树叶，直到能够得着的最高树干，而实现这一目标的最可能方式是，让脖子最长的长颈鹿活下来而饿死那些脖子较短的”。至于这种竞争性的斗争的代价则根本不予考虑。于是就把那些饿死的长颈鹿所遭受的痛苦，那些在争斗中落到地上并被践踏掉的甜嫩树叶，脖子较长的长颈鹿由于过量摄食而引起的不适，在这种原本温和的动物脸上所浮现出来的贪婪、焦虑等种种不愉快的表情，都统统略去了。①

这类观念，近年来在中国十分流行。一方面，“经济人”不仅用于解释当今的经济行为而且还用于解释所有的人类行为，甚至解释古代的历史。连一本关于明朝历史的畅销书也说：“斯密同志告诉我们，人永远是自私的”。讲三国的名人的名言“诸葛亮选了刘备这支绩优股”，传递的也是这样的观念——古今中外人都是一个利己的动物。另一方面，社会达尔文主义这种本来是在西方也为众多思想家和社会人士所不齿的观念，也在中国大地广为流传。人们谈论的都是胜者、败者、或强势者、弱势者（也就是被边缘化者）。于是就把人生看作是一场赌博，赌的不仅仅是金钱、股票，还是生命本身。“赢”成为人生的目标。给“赢者”戴上的一顶最为冠冕堂皇的帽子，就是“成功人士”。“成功人士的标志”在相当一段时期里，成为出现频率最高的广告词。铺天盖地的广告所定下的成功人士的“标准”，就是香车、豪宅和各式各样的奢侈品。于是大款、大腕、大官、大牌，就成为全社会仰慕或者妒忌的对象。至于那些辛勤劳

① ［英］凯恩斯：《预言与劝说》，江苏人民出版社 1997 年版，第 296 页。

作、为国家默默耕耘但是囊中羞涩买不起那些奢侈品的众多普通的体力和智力劳动者，自然就变成了“非成功人士”“弱势群体”，在一定意义上也就属于“失败者”“输家”的行列，更不用说那些默默地承受着改革代价的困难人群了。更有甚者，“不要输在起跑线上”“赢在起点”这两个相辅相成的早教广告词，铺天盖地，大有将社会达尔文主义当作婴儿的乳汁的架势。

面对这样一种态势，经济伦理却显得软弱无力。究其原因之一，就是有些论者，仿效一些西方学者，把“自利的经济人”作为基本的出发点。以对信任问题的讨论为例。有些论者一味地强调，信任只能由“自利的经济人”在竞争中反复博弈才能产生。把信任和诚信的缺失归之于市场的不成熟。好像只要假以时日，等待市场成熟起来，这类问题就可以迎刃而解。要么认为依托胡萝卜加大棒的外在的制约和激励机制，经济伦理才可能有一定的约束力。还有的论者则力图证明，以利润的无限追求为目的的资本，本身就会在自身的演进中产生道德，因为道德也可以成为一种能够带来利润的资源，出于利润的追求就可以滋生出道德来。但是，当今的危机以严酷的事实告诉我们，即使非常成熟的市场经济中经过几百年的反复博弈建立起来的信用体系，也是靠不住的。而外在的各种约束和激励机制，真正能够发生作用的也只有严格的法制。然而如果只有依靠外在的法律的强制，那么，伦理也就被归结为法律了，自身的独特功能也就被隐去了。伦理学自身的价值又何以显示？把“自利的经济人”作为伦理学或经济伦理学的基本出发点，其结果必然会使伦理学或经济伦理学丧失自身的主体性而被边缘化，甚至沦为资本的工具。

看来，“经济人”能不能成为经济伦理的基本出发点，就成了问题，而这恰恰是关乎经济伦理何以可能的根本性问题。固然在市场经济下，“经济人”这一假设在一定的限度之内，是具有解释力的。因为事实上在市场的经济活动中，追求利益最大化确实是企业和个体的经济动机。如何对这种动机进行导引是经济伦理学需要直面的一大问题。但是，如果不把穆勒所说的“经济人”假设抽象掉的“人类本来具有的”“良心、义务感以及对人类福利的关心”等道德情感，恢复到人性的基本假定之中，不把人作为一个社会成员、一个归属于一定的国家民族和其他共同体的成员的社会感情（包括道德的传承）和认同感纳入推论的前提之中，那么，我们还有可能找到约束无止境的利欲追求的内在的约束力，发挥经济伦理本该具有的伦理功能吗？历史上和现实生活中许多德行感人的企业家的范例，其实已经给出了回答。

总之，这些问题如果处理不好，那么20世纪90年代我们从事经济伦理研究的初衷，就难以实现。搞得不好，就成了学者圈子里自弹自唱的卡拉OK，甚至会被新自由主义主流经济学所侵蚀，成为他们的附庸，失去自己存在的根据。

跋

80 岁生日之际,许多老朋友催我把多年发表的文字整理成书。我可一直在犹豫。总觉得头脑里还有许多问题搞不清楚,困惑多多。许多事情,越老越看不懂了。所以,对于自己以前做的事情,写的东西到底哪些还有点意思,值得结集,疑惑多多。与多位朋友交谈之后,想法有些变化。觉得困惑与求解,同整理旧文未必是绝对不相容的。若能借整理之机,梳理一下自己的思考一些问题的心路历程,在已有的认识的基础上,作出必要的反思,也许可以帮助自己想清楚一些问题。如能出书,也可以让年轻人了解我们这一代人经历过历史沧桑的学人是如何思考的。于是就着手选题。

我从小就喜欢胡乱看书,母亲批评我“乱嚼西瓜子”,但积习难改。书看得杂,想的问题也相当宽泛,兴趣常常会转移,但也有所聚焦。近二十多年,比较集中的就是在两个问题上,一个是哲学价值论;另一个就是如何从哲学和伦理学的角度去看待市场经济。本书汇集的文字,就是这第二个问题的思考在不同的历史阶段下的文章的汇集。

对市场经济问题的关注,是从 20 世纪 90 年代初,邓小平南方谈话之后开始的。最初的动因说来也许很好笑,不是从紧跟潮流,投身市场引发的,而是出于对当时面临的“经济繁荣,哲学贫困”的困境的不甘。我从 1955 年进哲学系读书,毕业后一直在教哲学,教有余力才做点研究,可以说就是一个教哲学的“教书匠”。教的是哲学,也可以说是一个“哲学匠”。这个词是读尼采时想到的。尼采把具有创造精神的原创性的哲学家同从事哲学的“worker”加以区分,这个词直译出来就是“工作者”,他显然是把它作为贬义词来使用的。可世上千千万万各行各业的工作者未必低人一等,许多事情都是靠他们才得以成就的。我觉得翻译成“匠人”一词也许更贴切。匠人也可以是有匠心的,也是可以有自己得意的手艺的。于是就以“哲学匠”自居。

哲学匠,自然与哲学作为一个专业的命运休戚相关。可那时,社会舆论充斥着对哲学的鄙视,动不动就是招生咨询时哲学专业"门可罗雀"。哲学系不仅经费拮据,招生也日渐困难。有的年份硕士研究生只能招到大专学历的,本科调剂志愿的比例也不小。教师流失,经商的经商,炒股的炒股,从政的从政,出国的出国。留下来的也满心狐疑,觉得前途茫茫。校方有的领导经常在盘算着,怎么关掉哲学系,丢掉这个包袱。青年人受的压力更大,不仅收入低,生活艰辛,而且承受着很大的精神压力。他们在遇到昔日同窗时,听到的常常是这样的话:"像你这样聪明的人,干吗还要留在这种地方?"连一些相知的党政干部私底下也会说:"理论有什么用? 你们还起什么劲?"与我年龄相仿的同仁,常常聚在一起,翻出恩格斯的《费尔巴哈与德国古典哲学的终结》,讨论"思辨从哲学家的书房走进交易所"之后,要不要保持一份"理论兴趣",要的话又如何保持,如何抵制社会上甚嚣尘上的"哲学无用论",以及"哲学必定边缘化"等等奇谈怪论。冯契先生常常用他在西南联大一个人跟金岳霖先生读书的经历鼓励大家。

那时曾经写信向大学时代的老师朱德生先生请教,他送了我两句话:"两眼关注天下事,一心只读圣贤书"。读书的结果是得出了两个看法:一个是,在西方近代市场经济兴起之时,正是哲学、伦理学繁荣之日。市场经济提出了许许多多的新问题,这些问题不仅是经济学的,也是伦理学的。对于这些问题的回答都引发了哲学和伦理学的研究和论争,由此带来了学术的繁荣。为什么中国在发展市场经济的过程中哲学必定会边缘化呢? 另一个是,经济学尽管后来发展成为一门实证科学,但是,最初政治经济学就是从广义的道德哲学中分化出来的。政治经济学的各种学说,无论就其方法论还是其基本的假设本身,都与一定的哲学联系在一起。而作为马克思主义的来源的古典政治经济学在这样的条件下产生的。于是就想对哲学、伦理学与经济学之间的关系作一些考察,以此来证明哲学在一个以经济建设为中心的时期,在向市场经济转变的过程中,应当而且可以有所作为,哲学必定边缘化、必定会贫困下去的论断是没有根据的。

对这一历史过程的考察,需要重新去读一些古典经济学的原著。读书的过程勾起了学生时代对经济学尤其是政治经济学的兴趣。1955 年我们进大学的第一年，政治经济学同辩证唯物主义一起列为两门主课。那时还没有政治经济学的教材，课外的参考书都是经典著作，除了列宁的《帝国主义论》以及论述社会主义的一些篇章和斯大林的《苏联社会主义经济问题》之外，最主要的就是《资本论》。当时的译本相当艰涩，读起来十分困难。正是应了毛泽东在延安时说的一句话：让十八岁的娃娃啃《资本论》。然而，赵靖先生条理清晰而又极有感染力的讲授，不仅把我们这些娃娃带进了政治经济学的殿堂，而且使许多同学兴趣盎然。有一位来自闽西农村的同学，用家里寄来让他暑期回家的路费，买了三卷《资本论》，留在学校，硬是把它啃完了。说实话，第一学年，我花在政治经济学上的功夫，比辩证唯物主义还多。毕业之后，这份兴趣也还留存。我曾经想把列宁的《帝国主义论笔记》与《哲学笔记》之间的关系作为一个研究的课题，改革开放之初还曾通读过三卷《资本论》。

但是，我们从那青年时代接受的教育，从中学时代读的于光远、许立群编的《社会科学基本知识读本》到大学的政治经济学，头脑里留下的都是"市场经济等于资本主义，计划经济等于社会主义"的公式。改革开放以后，邓小平依据"实践是检验真理的标准"这一马克思主义认识论的最基本的观点，深刻地总结了历史经验，以极大的理论勇气，作出了"社会主义也可以搞市场经济"论断，并把它付诸实践。尤其在南方谈话后，国家确立了以建立社会主义市场经济体制为目标的改革方向，而且在实践中取得了巨大的成就，带来了经济的高速增长，和社会生活的深刻变化。我们必须重新学习，才能跟上时代。本书汇集的文章，就是重新学习的心得。至于文章中反映出来的观点是否经得起历史的检验，没有把握。结集成书，无非是想留下我们这一代学人的心路历程。

最后，一定要感谢王子奇、龚咏梅夫妇。没有他们的多次特意登门鼓励，我不可能下决心去整理旧稿。没有他们的多方努力，也不可能有出版的机会。在此聊表谢意。

赵修义

2021 年 3 月于华东师大二村

图书在版编目(CIP)数据

社会主义市场经济的伦理辩护问题/赵修义著.—
上海:上海人民出版社,2021
(理论智慧与实践探索丛书)
ISBN 978-7-208-17049-0

Ⅰ.①社… Ⅱ.①赵… Ⅲ.①中国经济-社会主义市
场经济-文集 Ⅳ.①F123.91-53

中国版本图书馆 CIP 数据核字(2021)第 066204 号

责任编辑 郭敬文
封面设计 零创意文化

理论智慧与实践探索丛书
社会主义市场经济的伦理辩护问题
赵修义 著

出　版 上海人民出版社
(200001 上海福建中路 193 号)
发　行 上海人民出版社发行中心
印　刷 常熟市新骅印刷有限公司
开　本 720×1000 1/16
印　张 27
插　页 2
字　数 406,000
版　次 2021 年 5 月第 1 版
印　次 2021 年 5 月第 1 次印刷
ISBN 978-7-208-17049-0/F・2690
定　价 108.00 元